何勤华法学文集

He Qinhua Law Collection

何勤华　著

法律出版社 LAW PRESS·CHINA
北京

图书在版编目（CIP）数据

何勤华法学文集 / 何勤华著. -- 北京 : 法律出版社, 2025. -- ISBN 978-7-5197-9625-9

Ⅰ. D90-53

中国国家版本馆 CIP 数据核字第 20247HZ337 号

何勤华法学文集
HEQINHUA FAXUE WENJI

何勤华 著

策划编辑 沈小英
责任编辑 沈小英 陈 妮 张思婕
装帧设计 李 瞻

出版发行 法律出版社
编辑统筹 法治与经济出版分社
责任校对 王 丰 郭艳萍
责任印制 吕亚莉
经 销 新华书店

开本 710 毫米×1000 毫米 1/16
印张 19.75 **字数** 326 千
版本 2025 年 1 月第 1 版
印次 2025 年 1 月第 1 次印刷
印刷 北京中科印刷有限公司

地址:北京市丰台区莲花池西里 7 号(100073)
网址:www.lawpress.com.cn
投稿邮箱:info@lawpress.com.cn
举报盗版邮箱:jbwq@lawpress.com.cn

销售电话:010-83938349
客服电话:010-83938350
咨询电话:010-63939796

书号:ISBN 978-7-5197-9625-9
定价:166.00 元

凡购买本社图书,如有印装错误,我社负责退换。电话:010-83938349

作者简介

何勤华

1955年3月生，上海人。华东政法大学原校长，教授、博士生导师。北京大学法学博士。曾在日本东京大学法学部留学。兼任中华司法研究会副会长、全国外国法制史研究会会长、上海文史研究馆馆员。

著有《西方法学史纲》《20世纪日本法学》《中国法学史》《法律文化史谭》等多部作品。主编《法律文明史》(全16卷，参与撰写《法律文明的起源》《宗教法》《中华法系》《大陆法系》)。在法学类核心期刊发表论文180余篇。

1992年起享受国务院政府特殊津贴，1999年获“第二届中国十大杰出中青年法学家”称号，2009年获“国家级教学名师奖”。

序

大学老师，应该担当两项职责（两个分内事）。一是上好课，教书育人，为社会培养人才；二是搞科研，做学问，著书立说，延续人类在探索自然、探索世界、探索真理之道路上的脚步。

第一份职责，是上好课。我1984年12月从华东政法大学硕士研究生毕业，留校在法律史教研室工作，从助教、讲师到副教授、教授，刚好40年。在这40年中，我讲授的课程有“外国法制史”“西方法学史”“中国法学史”“法律文明史”等20余门，听过我课的本科生没有精确统计，粗略估计有6000余人。我亲自指导的硕士有70余人，博士120余人，博士后70余人。他们分布在国家建设的各行各业（在大学和司法系统的更多一些），为祖国和人民努力工作，做出了突出贡献，使我这位老师倍感自豪，十分欣慰。

第二份职责，是搞科研。我搞科研的历史比我教学的时间要更长一些。1980年，我在读大二的时候就在恩师李志敏教授的指导带领下，与师兄童兆洪、王志建一起，在《法学研究》（1980年第2期）发表了第一篇学术论文。李志敏教授和童兆洪师兄（毕业后一直担任法官）虽然已经仙逝，但其音容笑貌至今留在我脑海。尤其是李志敏教授（他也是中国第一位引碑体入行书的书法大家）。每每想起，记忆总是那么清晰，无法忘怀。自那以来，在44年的阅读和写作生涯中，我出版了专著、合著和译著，共130余部，发表论文300余篇。虽然自己满意的不多，一些是应景的，是为谋生的，但自己也很努力，一直没有停过，并且已经将著书、写论文、做课题，当成了自己每天生活的一部分，离开了它，就会感觉生活索然无味。

在我的认知中，出版文集，主要有三个目的：一是便于搜索、便于阅读。将作者分散在各刊物所发表的文章汇集在一起，以一卷或若干卷著作的形式出版，便于读者查找、阅读、研究。二是保存史料，延续学术。尤其是一些考证类的研究成果，分散在各种刊物，容易灭失。一般而言，报纸、杂志虽然发表文章的数量很大，但其自身，不如书籍那么稳定、便于保存、方便传播。三是纪念性目的，是以某个理由庆祝作者人生的某个节点，如退休、得奖、高寿等，通过出版文集来纪念。这在德国和日本特别流行，某位教授的花甲纪念文集、荣休纪念文集、古稀纪念文集、米寿纪念文集等。本文集是否兼顾了以上三个方面，我没有把握，但纪念性是可以肯定的，是学生为了纪念作为老师的我的 70 岁生日，而出版的一本著作。

本文集最初由我的博士后吴思远副教授倡议，并提出了详细计划。然后得到了王静、周小凡和张顺三位博士的响应。她们从我所发表的论文中，选择了 14 篇文章，相应代表了我这 40 多年所研究的领域，即中国法制史、外国法制史、中国法学史、西方法学史、法律文化史、法律文明史和比较法等。虽然是已发表的论文，但编辑时还是花费了她们许多宝贵时间。本文集的出版，得到了云南国际信托有限公司的经费支持。公司总裁舒广先生，以及该公司法律合规部负责人我的学生陈楠女士，倾心学术，尤其是支持学术著作的出版，令人钦佩。本文集的出版，也得到了法律出版社法治与经济分社沈小英社长和陈妮编辑、张思婕编辑的帮助，正是由于她们的辛勤劳动，文集能够以现在这么漂亮的装帧和精致的内容与读者见面。对此，一并表示我对上述各位的一片诚挚谢意。

再过几个月，我就正式满 70 岁了。古语说："人生 70 古来稀"，到了这个年龄段，可能会对未来考虑得更多一些。我的北京大学法律系老学长、后来一直在中国政法大学工作（曾出任校长）的陈光中先生，也是中国刑事诉讼法学界的泰斗，他在 70 岁那一年出了一本《陈光中法学文集》。他在"序"中说："如苍天保佑，假我以时日，我愿在 80 岁时再出版一本法学文集，为推进依法治国再做一点理论贡献。"20 多年过去了，陈光中学长正一步一步地推进着他的"老年学术规划"，2024 年 3 月，先生已经 94 岁高龄又出版了《陈光中口述自传》和《陈光中传》等新著，真是学术青春永驻啊！

2022年4月，在中国政法大学建校70周年之际，法大终身教授张晋藩先生向学校捐资建立“蓟门法史书苑”，以期发扬中华优秀传统法律文化，培养法律史学人才。2023年12月，书苑落成，2024年4月正式对外开放。基于此，2024年4月20日，法大法律史学研究院举办了“蓟门法史书苑揭幕仪式暨法律史学的过去·现在·未来”的学术研讨会，邀请全国同仁欢聚一堂，共商复兴法史学科大计。张晋藩先生虽已94岁高龄，仍精神矍铄，思维敏捷。

因此，对一位学者来说，70岁还不是学术终点。我也要向陈光中和张晋藩等前辈学习，继续努力。如同我在华东政法大学授予我“功勋教授”时所发的感言：“生命不息，写作不止。”

英国法律史学家迪阿芒德（A. S. Diamond，1897～1978年）在《原始法的过去与现在》（*Primitive Law Past and Present*）一书第3章开篇，很有感慨地说：Law can only mature in health under the sun of freedom and an advancing economy（法律唯在自由和蓬勃经济之光普照之下才能健康成长）。这颇符合笔者当下的心境。愿我们一起为此努力。

于华东政法大学

法律文明史研究院

2024年10月1日

目　　录

汉语“法学”一词的起源及其流变*

研究法学，必要探究各法律术语的含义、用法、起源以及其演变等，因为这些法律术语演变的背后，反映了法这一特定的社会现象的形成、发展和演变的过程，反映了某个国家、民族法律文化的所有内涵。在这些术语中，“法学”一词无疑是最基本和最重要的。

一般而言，现在我们所使用的“法学”一词，是一个舶来品，它的故乡在古代罗马，是经过两千余年的发展、演变后，才为西方各个国家所接受，并于近代传入中国的。对“法学”一词在西方历史上的演变过程，笔者在《西语“法学”一词的起源及其流变》①一文中已作了详细考证。然而，作为一个研究法学史的中国人，笔者对汉语“法学”一词的起源、流变以及其所反映的古代、近代中国人的法律意识和法律观念更加有兴趣。为此，试将本人对此问题的研究心得向学界同仁做个汇报，以求得大家的重视和指正。②

一

在中国近代以前的辞书（如《康熙字典》）或现代出版的解释中国古典文献

---

* 本部分原载于《中国社会科学》1996 年第 6 期，收入本文集时在文字上做了个别订正和补充。

① 载《法学》1996 年第 3 期，后收入拙著《西方法学史》（中国政法大学出版社 1996 年版）之中。

② 本部分的写作，得到了日本明治大学法制史教授冈野诚、明治史专家村上一博以及北京大学法律史教授武树臣的热诚帮助，在此一并表示诚挚的谢意。

的辞书(如《甲骨金文字典》《辞源》《辞海》)中,是没有“法学”一词的。高名凯、王立达和实藤惠秀等学者认为,“法学”一词是近代中国人在向日本学习过程中,从日本传入中国的。[③] 然而,这个结论仅仅在下述意义上才正确,即现代含义的汉语“法学”一词,是从日本传入的(关于其过程,我们后面再详述),但“法学”一词本身,早在中国古代即已出现。

在我国,“法”和“学”字出现得都很早,至今已有近三千年的历史。在我国古语中,“法”字写作“灋”。在中国现存最古老的文字甲骨文中,已出现了廌字,写作廌(读 zhì),[④]相传是一种善于审判案件的神兽。有的学者认为,该字事实上就是我国法的缔造者蚩尤部落的图腾,它的读音和文字表达符号就是“蚩尤”“咎繇”“皋陶”。[⑤] 在西周金文中,便出现了“灋”字,写作(克鼎)。[⑥] 至战国时期,出现了灋的简体字“法”。然而,一直到秦代,灋字仍被频繁地使用(这从前几年考古发现的云梦秦简《语书》中可以得知),有时也与“法”字一起使用,出现在同一篇文献中。[⑦] 汉代以后,尤其是在隋唐以后,“灋”字就逐渐消失,而为“法”字所取代。

“学”字比“法”字出现得更早。在甲骨文中,便已有了“学”字,写作“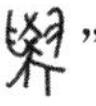”。在金文中,“学”字有了进一步的发展,写作“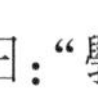”。[⑧]《说文解字》曰:“斅,觉悟也。”古教、学通用,释义为:(1)教也,《静簋(guǐ,食器)》:“静学(教)无斁。”(2)学也,《静簋》:“小子罘服罘小臣罘尸仆学射。”(3)学戊,神名。[⑨] 至春秋战国时期,在孔子、墨子、荀子、韩非子等诸子百家的文献中,上述含义的“学”字已是频频出现,如《论语》一书的开篇是“学而第一”,《荀子》一书的开篇是“劝

③ 参见[日]实藤惠秀:《中国人留学日本史》,谭汝谦、林启彦译,生活·读书·新知三联书店 1983 年版,第 329 页。

④ 参见方述鑫、林小安、常正光、彭裕商编著:《甲骨金文字典》,巴蜀书社 1993 年版,第 718 页。

⑤ 参见武树臣等:《中国传统法律文化》,北京大学出版社 1994 年版,第 128～129 页;李光灿、张国华主编:《中国法律思想通史》(一),山西人民出版社 1994 年版,第 35 页。

⑥ 参见方述鑫、林小安、常正光、彭裕商编著:《甲骨金文字典》,巴蜀书社 1993 年版,第 720 页。

⑦ 参见《周礼·天官冢宰第一》《周礼·地官司徒第二》等。

⑧ 参见方述鑫、林小安、常正光、彭裕商编著:《甲骨金文字典》,巴蜀书社 1993 年版,第 267 页。

⑨ 参见方述鑫、林小安、常正光、彭裕商编著:《甲骨金文字典》,巴蜀书社 1993 年版,第 268 页。

学”等。

“法”和“学”连在一起，作为一个专门用语“法学”来使用，最早是在南北朝时期。《南齐书·孔稚珪传》中云：“寻古之名流，多有法学。故释之、定国，声光汉台；元(帝)〈常〉、文惠，绩映魏阁。”[10]至唐代，在白居易的《策林四·论刑法之弊》中，有“伏惟陛下：悬法学为上科，则应之者必俊乂（yì，才德出众的人）也；升法直为清列，则授之者必贤良也。”[11]然而，“法学”一词虽然出现，但使用得极为罕见。在表示对法律之学问时，人们一般都使用“律学”一词（当然，孔稚珪和白居易在这里使用的“法学”一词，其含义仍接近于“律学”，与现代“法学”一词有重大区别）。

19 世纪下半叶，在西方列强的压力下，在人民革命斗争的浪潮中，清政府被迫进行了法律改革，并开始打开国门，向西方以及东邻日本等国家学习，包括翻译了大量的他们的法律和法学书籍。现代意义上的“法学”一词也从日本传入中国，逐渐印入中国士大夫的意识中。

19 世纪末 20 世纪初，无论是在司法官员和知识分子的论文中，还是在法律学堂的课程、讲义，以及政府官员的奏章中，“法学”一词都已被广泛使用。比如，在梁启超的《论中国宜讲求法律之学》（1896 年）一文中，不仅突出强调了“法律之学”，而且明确提出了“法学”之用语：“……天下万世之治法学者……”[12]20 世纪初，严复在翻译近代法国启蒙思想家孟德斯鸠（Montesquieu，1689～1755 年）的《法意》（De l’esprit des lois，现译《论法的精神》）时，也使用

---

⑩ （梁）萧子显撰：《南齐书》，中华书局 1972 年版，第 837 页。

⑪ （唐）白居易：《白居易集》（第 4 册），中华书局 1979 年版，第 1357 页。

⑫ 梁启超：《饮冰室合集》（卷一），中华书局 1989 年影印版，第 93 页。据笔者所见，这是中国近代最早提出“法学”一词的论著。当然，梁启超此处虽然用了“法学”一词，但其关于“法学”的观念还是中国传统型的。因为他认为这种法学，“是研究规范人群同类不相互吞食的号令”的学问，而这种号令，是“明君贤相”为百姓所立。为此，他对中国历史上法学的兴衰作了简单回顾，强调在“发明西人法律之学以文明我中国”的同时，“愿发明吾圣人法律之学，以文明我地球”（同上）。所以，梁启超这里所讲的“法学”一词的内涵与沈家本在《法学盛衰说》中对“法学”一词所阐述的相同，基本上接近于中国古代的“律学”。

了“法学”和“法学家”等词。⑬ 而在沈家本的作品中，“法学”一词出现得更多。他的著名论文《法学盛衰说》（约写成于1908年前后），全文不过两千余字，但“法学”一词共出现了20次。⑭

在19世纪末的一些文化单位，也出现了以“法学”命名的组织，如李光第编的《比较新旧刑法释义》一书，就是1897年由湘中法学社出版发行的。⑮ 在法律课程设置方面，在1905年3月开办的京师法律学堂之三年制本科和一年半制速成科，1906年7月设置的直隶法政学堂之二年制预科，都正式开设了“法学通论”的课程。⑯

在一些政府官员的奏章中，“法学”一词也不断出现，如在《大清光绪实录》卷五八三、光绪三十三年十一月己酉（1907年12月26日）条中，我们就看到有如下文字：“翰林院侍读学士朱福铣奏：……请聘日本法学博士梅谦次郎，为民商法起草委员，下（修订法律馆议），寻奏。查欧洲法学统系，约分法、德、英三派。日本初尚法派，近尚德派，自当择善而从。……”⑰

可见，尽管近代中国人对“法学”一词的理解还很不一样，但自19世纪末以后，“法学”一词开始大量出现则是事实。

二

由于近代意义上的“法学”一词及其观念不是国人从古代继承而来的，而是在近代学习西方文化过程中从日本输入的，我们有必要再来探索一下“法学”一词在日本出现和演变的历程。

---

⑬ 当然，在严复所译的《法意》一书中，“法学”一词还出现得极少。在大多数场合，孟德斯鸠原文中使用的是“罗马法学家某某”，而严复都将其译为“罗马法家（有几处用了“律家”）某某”。这说明在严复的观念中，“法学”的意识还不是很强。

⑭ 参见（清）沈家本撰：《沈寄簃先生遗书》（上），中国书店1990年影印版，第924～925页。

⑮ 参见中国政法大学图书馆编：《中国法律图书总目》，中国政法大学出版社1991年版，第731页。

⑯ 参见汤能松、张蕴华、王清云、闫亚林编著：《探索的轨迹——中国法学教育发展史略》，法律出版社1995年版，第166～169页。

⑰ ［日］岛田正郎：《清末近代法典の编纂》，创文社1980年版，第25页。

在日本古代,并没有“法学”一词。[18] 神龟五年(728 年),日本仿效中国隋唐官制,设置了律学博士。从此,在日本出现了“律学”一词和职业。8 世纪中叶,“律学”博士改称“明法”博士。[19] 以后,“律学”“明法”又常称为“明法道”“明法科”,但“法学”一词始终未曾出现。

明治维新前后,随着日本国民革命意识的高涨,西方的各种法律制度和法学理论也开始传入日本。1868 年,在神田孝平所著《日本国当今急务五条之事》(载 1868 年 4 月 10 日《中外新闻》)和津田真道编译的《泰西国法论》中,首次使用了“法学”一词。当然,前者只是提出了“法学”这一用语。但在后者的“凡例”中,则对此作了比较详细的说明:“法学,法语称之为 jurisprudence 或 science du droit,英语称之为 jurisprudence 或 science of law 或单称 law,德语称之为 rechtswissenschaft。[20] 汉土的语法与英语相似,故将此学的总名译为‘法学’。”[21]明治四年(1871 年)以后,在日本政府的文件中,也开始广泛使用“法学”一词。而作为讲义(课程)的名称,则是由穗积陈重(1855 ~ 1926 年)于明治十四年(1881 年)在东京帝国大学法学部首次使用的 Enzyklopadie der Rechtswiss-enschaft(“法学通论”)。[22]

至 19 世纪末,“法学”一词在日本已成为一个基础性概念,在一些法律论著,如高桥达郎编译的《英国法学捷径》(1883 年)、河地金代所译的《法学通论》(1886 年)、穗积陈重所著的《法律学的革命》(1889 年)、冈村司所著的《法学通论》(1900 年),以及各大学法学部的法学通论讲义中,“法学”一词都已被广泛使用。

按照东京大学法学部教授冈田朝太郎所著的《法学通论》的阐述,当时日本人对“法学”一词的理解,已是近代型的、西方型的。比如,冈田朝太郎认为:“法

---

[18] 笔者曾就此问题查阅了各种日本法律古籍,并特地请教了专治法制史的东京大学教授石井紫郎、明治大学教授冈野诚、国学院大学教授高盐博等先生,他们的一致答复是:在他们所看到的日本古籍中,没有发现“法学”一词。

[19] 参见日本国史大辞典编集委员会编:《国史大辞典》(第 14 卷)“律学博士”条(作者:久木幸男),吉川弘文馆 1993 年版,第 18 页。

[20] 原文中是日语片假名,笔者据其读音将其恢复为上述法、英、德语。

[21] [日]津田真道编译:“泰西国法论”之“凡例”,载《明治文化全集》(第 13 卷),1929 年版。

[22] 参见[日]穗积陈重:《续法窗夜话》,岩波书店 1936 年版,第 139 ~ 140 页。

学者，乃国家的科学之一部分。国家的科学者，乃心的科学之一部分。”心的科学，是科学的两个组成部分之一（另一部分是物的科学）。“科学者，辨识物心两界之原理者。”[23]这里，“物的科学”，可以理解为自然科学，而“心的科学”，则可以理解为“人文科学”。冈田朝太郎还为此画了一张关于“法学”的位置图（见图1）。[24]

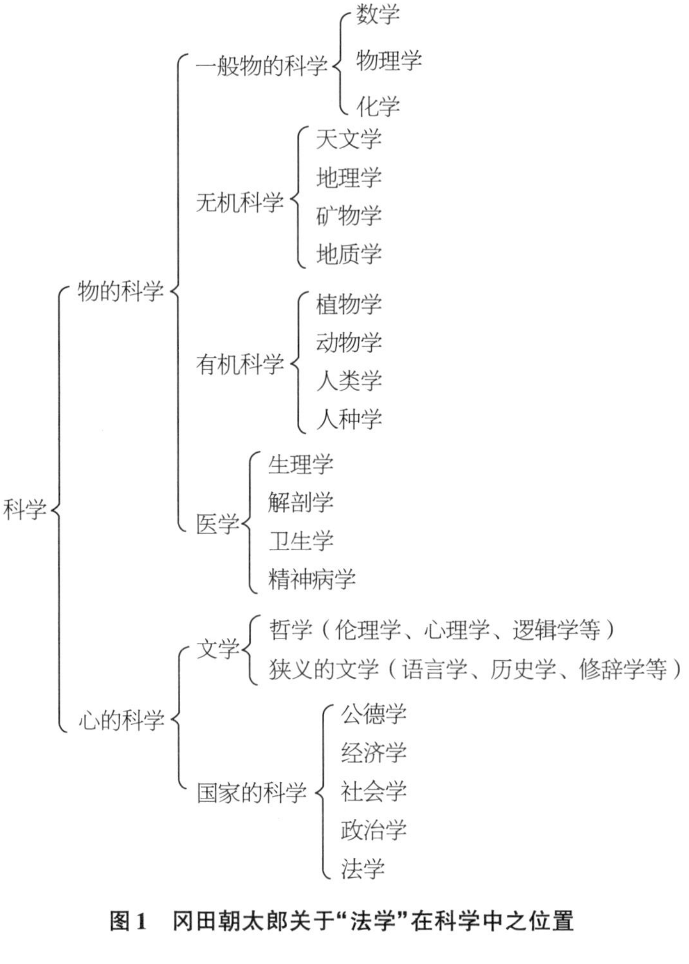

图1　冈田朝太郎关于“法学”在科学中之位置

---

[23] ［日］冈田朝太郎：《法学通论》，熊元翰、何勤华编，上海人民出版社2013年版，第1页。

[24] 参见［日］冈田朝太郎：《法学通论》，熊元翰、何勤华编，上海人民出版社2013年版，第2页。

三

那么,在日本被创造出来,并开始被广泛使用的“法学”一词,是通过什么途径传入中国的呢?

在上述高名凯、王立达、实藤惠秀等学者的研究成果中,只是列出了融入现代中国词汇中的844个日文词汇,里面包含“法学”一词,并说明这是中国人留学日本、从事翻译活动的成果之一。但该词具体在何时、通过什么途径传入中国,他们并未作出说明。因此,对此问题还应进一步作些探讨。

鸦片战争以后,西方列强用武力打开了中国的大门。清政府一方面是出于无奈,另一方面也是迫于人民的压力,在外交上与列强做些讨价还价,从19世纪60年代起开始翻译、引进西方法律。1864年,出版了由美国传教士丁韪良(W. A. P. Martin,1827~1916年)翻译的《万国公法》(*Elements of International Law*)一书。[25] 此后,北方的同文馆和南方的江南制造局开始了较大规模的翻译活动。据梁启超的《西学书目表》和徐维则的《东西学书目》的统计,从1862~1895年,译出的西方法律书籍有18种,但这些书都是法典和国际公法方面的作品,并未涉及“法学”之用语。[26]

1904年修订法律馆成立,在沈家本的主持下,清政府开始了又一轮更大规模的翻译外国法律文献的活动,1905年3月,在《删除律例内重法折》中,沈家本对开馆近一年的翻译做过一次统计。计译出外国法律有德意志《刑法》《裁判法》、俄罗斯《刑法》、日本《现行刑法》《改正刑法》《陆军刑法》《海军刑法》《刑事诉讼法》《监狱法》《裁判所构成法》,正在校正的有法兰西《刑法》。此外,法学著作有日本的《刑法义解》。

---

[25] 该书作者是美国著名国际法学家惠顿(H. Wheaton,1775~1848)。该书的中文简体横排点校本已于2003年由中国政法大学出版社出版(何勤华点校)。

[26] 李贵连:《中国法律近代化简论》,载《比较法研究》1991年第2期。笔者事后请教过李先生,他说这些书他都看到过,但未见到“法学”之用语。他认为,“法学”一词是从近代日本传入的,但其具体过程尚待研究。

两年以后，即1907年5月，沈家本在《修订法律情形并请归并法部大理院会同办理折》中对翻译又作了一次统计，计有法兰西《刑法》、法兰西《印刷律》、德意志《刑法》、德国《民事诉讼法》、普鲁士《司法制度》、俄罗斯《刑法》、荷兰《刑法》、意大利《刑法》、日本《刑法》、日本《改正刑法》、日本《海军刑法》、日本《陆军刑法》、日本《刑法论》、日本《裁判所构成法》、日本《裁判所编制立法论》、日本《监狱法》、日本《监狱访问录》《监狱学》《狱事谭》、日本《刑事诉讼法》、日本《新刑法草案》《法典论》、日本《刑法义解》，共23种。正在翻译的有德意志《民法》、德意志《旧民事诉讼法》、比利时《刑法》、比利时《刑法论》、比利时《监狱则》、美国《刑法》、美国《刑事诉讼法》、瑞士《刑法》、芬兰《刑法》《刑法之私法观》，共10种。[27] 从这些书目得知，当时译自西方的主要是法典，涉及法律理论的主要来自日本。

日本学者在解释西方的法律术语时，用的都是汉字。因此，虽然这种汉字的结合和中文不一样，发音不同，并且有些词此时其所表达的意思可能和它的原意也已大相径庭（如中国古代的“法律”一词是单音节合成词，它分别表示“法”和“律”两个含义，而日文中的“法律”一词不仅与中文发音不同，而且它只表示一个含义，以对应于英语的law，法语的droit，德语的recht等词），但中国人一看就明白，稍一解释就能理解其内涵，故当时中国人大量翻译、引进日本的法学著作，并且原封不动地照抄其汉字法律术语。正是在这种氛围下，当时中国人通过翻译日本的法学著作，将日本的“法学”一词以及其观念引入了中国。笔者认为，这是“法学”一词传入中国的第一个途径。

1896年，清政府向日本派出了唐宝锷等第一批留学生（共13人），此后，留日学生越来越多。至1905年前后，留日学生运动达到了高潮。据不完全统计，从1896～1911年辛亥革命前，留日学生总数不下2万人。[28] 他们之中，有官派的，但更多的是自费生。他们感愤于清政府的腐败，满怀革命的激

---

[27] 参见故宫博物院明清档案部编：《清末筹备立宪档案史料》（下册），中华书局1979年版，第838页。

[28] 参见施宣圆：《东瀛求索》，载《文汇报》1996年5月29日“学林版”。但李喜所的《近代中国的留学生》（人民出版社1987年版，第126～127页）一书中则认为该时期留日学生总数有39,056人。

情,前往学习西方获得成功并使自己强大起来的日本,来探索救国救民的方略。

在留日的学生中,学习法律的占有很大的比重。20 世纪初回国的留日学生中,大部分与法律(包括法学)有着密切的联系,即他们或在日本的大学法学部学习法律(如胡汉民、沈钧儒、章宗祥、曹汝霖以及汪精卫),或在那里阅读、研究法律(如梁启超、章太炎、杨度、吴玉章),或在那里编辑法学杂志、出版法学书籍,如由中国人自己编译的中国近代第一本《法学通论》㉙和第一本法律辞典《汉译法律经济辞典》(该辞典由日本法学博士清水澄编写,留学东京大学的张春涛、郭开文翻译,陈介校阅,并由东京神田区的奎文馆于 1907 年发行),㉚以及第一份法学刊物《译书汇编》(第二年改名为《政法学报》),就是在日本出版发行的。可见,中国近代留日学生的活动,是“法学”一词传入中国的第二个途径。

以 1895 年天津中西学堂头等学堂设置法律学为始端,中国近代新型的大学普通高等法律教育开始正式起步。至 1911 年,北京和各地兴办的法律学堂已有近 30 所。㉛ 这些学堂,除了由中国人担任教师之外,还聘请了一批日本法学家为法学教师,如冈田朝太郎、志田钾太郎、松冈义正、小河滋太郎等。据不完全统计,从 1897 ~ 1909 年,清朝各法律学堂聘请的日本法学家共有 57

㉙ 该书由留学日本法政大学的湖北法政编辑社社员编译,光绪三十一年(1905 年)由设在东京神田区的中国书林发售。编译者在前言中宣称:“法律之学,吾国尚未发达。”“敝社同人,留学法政大学。该大学各讲师皆法学泰斗,其学说丰富,足以风靡一世。同人毕业后,深慨祖国前途,欲一表贡献之忱,用就所闻于讲师之讲义,并参考本讲师及诸名家之著述,悉心结构,以成此编。”“编译专门法律之书,以定名词为最难,本书所用诸名词,多取之日本,并注西文于其下,以备参考。”(原文无标点)中国人翻译的《法学通论》还要更早一些,如 1902 年上海作新社译书局出版的《法学通论》、1902 年上海商务印书馆出版的《法学通论》(译者王国维)等。参见中国政法大学图书馆编:《中国法律图书总目》,中国政法大学出版社 1991 年版,第 735、741 页。

㉚ 参见[日]实藤惠秀:《中国人留学日本史》,潭汝谦、林启彦译,生活·读书·新知三联书店 1983 年版,第 299 页。2014 年,上海人民出版社出版了《汉译法律经济辞典》一书的点校本,改名《法律经济辞典》,由王沛点校。

㉛ 参见汤能松、张蕴华、王清云、闫亚林编著:《探索的轨迹——中国法学教育发展史略》,法律出版社 1995 年版,第 154 ~ 157 页。

人。[32] 这些日本法学家率先在中国开设了"法学通论"的课程。因此,日文"法学"一词及其观念,通过日本教师的讲课活动作为一个途径传入中国,应该是没有什么问题的。

明治维新后,清政府加强了与日本官方的接触。而当时日本政府中比较活跃的人物,如外相榎本武扬(1836～1908年)、井上毅(1844～1895年),首相伊藤博文(1841～1909年)、西园寺公望(1849～1940年)、原敬(1856～1921年),几乎都是学法学出身或从事过法律工作的人。因此,尽管在这种接触与交往中,不会对法学作一番理论阐述(明治政府中的相当一部分人,此时的"兴奋点"都在于如何扩张日本的势力来吞并朝鲜和中国),但在互相介绍身份、中国官员赴日本实地进行考察等耳濡目染之下,无疑也强化了日本法治社会和法学研究在中国人心目中的印象。关于此点,梁启超和董康(中国清末修律活动中的重要人物,民国初期的司法部长)等都有很好的论述。这是"法学"一词传入中国的第四个途径。[33]

通过对上述内容的叙述,我们虽然尚不能精确地指出"法学"一词是在哪一年通过什么人传入中国,但大体已可以图示出其流传的途径(见图2)。

[32] 汤能松、张蕴华、王清云、闫亚林编著:《探索的轨迹——中国法学教育发展史略》,法律出版社1995年版,第190页。

[33] 当然,由于近代最早将西方的"法学"以及其观念介绍进中国的学者,如梁启超、严复、沈家本等,本身都是熟读中国古籍的人,考证其使用的"法学"一词是采自日本的汉字,还是中国的古籍已相当困难(笔者认为也无此种必要,因为我们在后面所列的线索图中,也不否定现代汉语"法学"一词与中国古代"法学"一词的渊源关系)。然而,现代汉语"法学"一词所表达的现代西方法学观念,通过日本传入中国则是无可怀疑的。

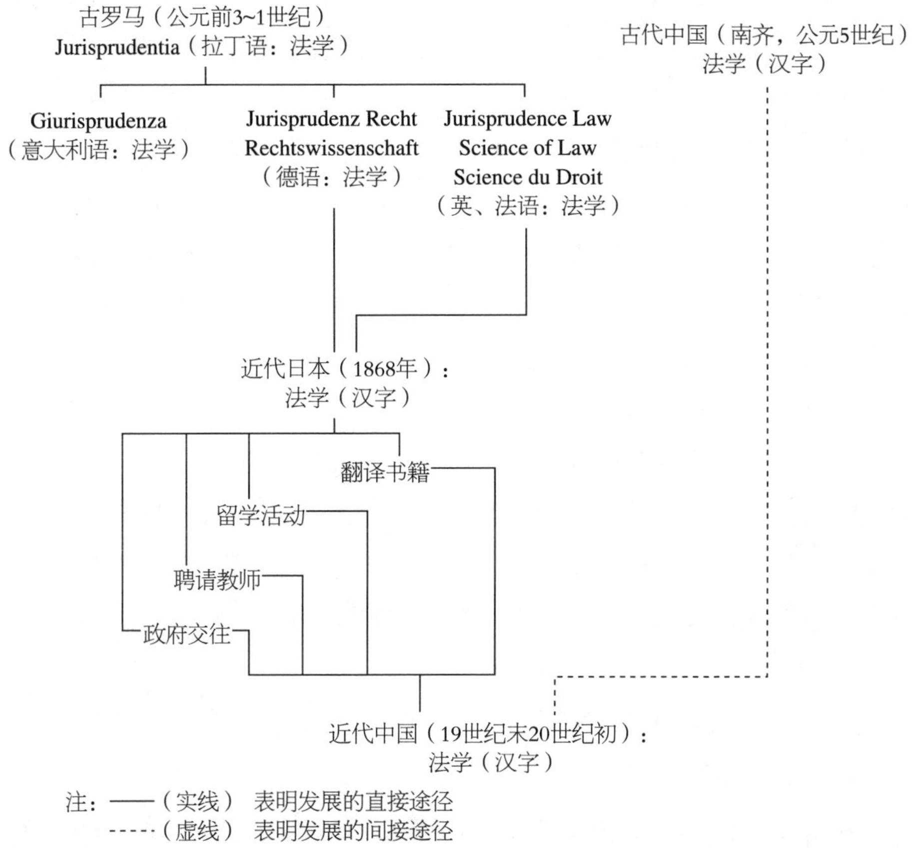

图 2　汉语“法学”一词的起源和发展

四

通过对汉语“法学”一词的考证，我们对其来龙去脉有了比较清楚的认识。但是，我们的研究还不能到此为止。这是因为，通过对汉语“法学”一词之起源与流变过程的探究，我们接触到了一些更深层次的问题。就笔者所想到的而言，至少下述四个问题应予进一步探讨。

第一，古代中国人为什么使用“律学”而不使用“法学”？如上所述，“法学”

一词出现得并不晚,在魏晋南北朝时期即已见诸文献,而且“法学”一词的出现和使用在时间上和“律学”也几乎是同时。然而,自唐代以后,“法学”一词就极少出现,取而代之的是“律学”。

虽然,就整个社会生活而言,律学并不很受人重视,有声望的士大夫(知识分子)阶层对此始终持鄙视态度,但毕竟在魏晋南北朝时期以后的各个朝代,设置了律学博士之官职(元代以后开始废止),在律的制定和实施领域内,在各代律注释书中,“律学”一词也是频频出现。尤其是唐代以后,不仅在典籍、注释书中讨论律学问题,而且以“律学”为标题的作品也开始登台,如宋代的作品《律学武学敕式》(贾昌朝撰)[34]和明代的注释书《律学集议渊海》(作者佚名)[35]等。出现这种状况的原因是非常复杂的,笔者认为,主要有以下原因。

首先,自公元前4世纪商鞅将李悝的《法经》携入秦国,改法为律以后,秦、汉、魏晋南北朝、隋唐直至明清,历朝各大法典都是以“律”冠名。[36] 在这种历史条件下,使用“律学”一词而不使用“法学”一词应当是很正常的。法学以立法的发达为进化的基础,以成文法典为主要研究对象,尤其是在古代法律注释学时代,中国成文法典被称为“律”的状况决定了对其注释、研究的学问形态也必然采用“律学”的名称。

其次,从上述一点进一步引申下去,在中国古代社会,“法”“刑”“律”可以互相诠释,在实质意义上可以通用,如《说文》曰:“法,刑也。”《尔雅·释诂》称,“刑,法也”,“律,法也”。因此,古代表示“法”的学问的三个词组:“法学”“律学”“刑名之学”之间,也是可以互相换用的。就是前述孔稚珪、白居易奏文中的“法学”一词,用“律学”来代替也是可以的。但是,如前所述,在中国历史上,自晋代以后,人们一直使用“律学”一词,而基本上不再使用“法学”和“刑名之学”

---

[34] 参见《宋史·艺文志》“刑法类”。《宋史》有贾昌朝传,但传中没有提及此书。

[35] 孙祖基所作的《中国历代法家著述考》(1934年上海刊)和张伟仁主编的《中国法制史书目》(我国台湾地区“中央研究院历史语言研究所”专刊,1976年发行)均未记载此书,笔者在东京大学法学部图书室看到此书的藏本。

[36] 关于律的产生和演变,可以参见岳纯之:《中国古代“律”的产生及其早期演变》,载《兰州学刊》2011年第11期;刘力伟:《中国古代“律族”法律文书名词研究》,辽宁大学2017年硕士学位论文,第8~9页。

这一现象本身,就说明了“法”“律”“刑”这三个字之间还是有着微妙的差异的。换言之,在古代中国人的观念中,对“法”“律”“刑”这三个字的认识和理解还是有所区别的。指出这一点,对理解本部分所涉的问题有非常重要的意义。

按照《辞源》的解释,在古代文献中,“法”一般在八种意义上被使用:(1)法则、法度、规章;(2)刑法、法律;(3)标准、模式;(4)方法、做法;(5)效法、遵守;(6)数学上的乘数或除数;(7)佛教用语,泛指宇宙的本原、道理和法术;(8)姓。“律”,主要用于:第一,乐器名;第二,法令;第三,爵命的等级;第四,梳理头发;第五,约束;第六,律诗;第七,戒律。而“刑”则表示八种含义:(1)处罚的总称;(2)割、杀;(3)法,典范;(4)效法;(5)成就;(6)治理;(7)铸造器物的模范;(8)盛羹的器皿。[37]

《辞源》的这些解释,尚有一些遗漏,如在古代文献中,“法”字还有两个很重要的用法,即第一,在中国古代,法(音废)、伐(音吠)音近,法借为伐,有“攻”“击”之义,如《管子·心术》中的“杀戮禁诛之谓法”即为一例。[38] 第二,法借为废,表示“废除”“不遵守”“永不叙用”等,如《秦墓竹简·语书》:“……今法律令已具矣,而吏民莫用,乡俗淫失(泆)之民不止,是即法(废)主之明法殹(也)……”[39]在《秦墓竹简》中,将法作为废来使用的共有十多处,而《辞源》对此没有加以说明;同时,就“律”而言,晋代以后,它事实上只表示刑法、刑事规范,用杜预在《律序》中所说的话来表达,就是:“律以正罪名。”[40]此外,“律”在古代,在许多重要的场合表示的都是“军法”“军律”,如《易经》称,“师出以律”,《史记》“律书”称:“六律为万事根本焉,其于兵械尤似重。”[41]这些仅根据《辞源》也是无法得知的。

---

[37] 关于中国古代“法”字的考证,也可以参见武树臣:《“法”字新考》,载《中外法学》1994 年第 1 期。

[38] 参见蔡枢衡:《中国刑法史》,广西人民出版社 1983 年版,第 5 页。

[39] 睡虎地秦墓竹简整理小组编:《睡虎地秦墓竹简》,文物出版社 1978 年版,第 15 页。

[40] (清)沈家本撰:《历代刑法考》(二),中华书局 1985 年版,第 811 页。

[41] 吴建璠:《唐律研究中的几个问题》,载《法律史研究》编委会、《中日文化交流丛书》编委会合编:《中外法律史新探》,陕西人民出版社 1994 年版。此外,在甲骨文中,已有六处出现“律”字,其中有两处为一惯用语“师惟律用”。学术界认为,“师惟律用”的律,与“师出以律”的律为同一含义,都指军律一类的号令。参见李光灿、张国华主编:《中国法律思想通史》(一),山西人民出版社 1994 年版,第 146 页。

尽管如此，上述《辞源》对“法”“律”“刑”的解释，与笔者接触到的古籍上对这三个词的说明基本上还是吻合的。据此分析，可以将“法”“律”“刑”以及“法学”“律学”“刑名之学”的关系表示为图3、图4。

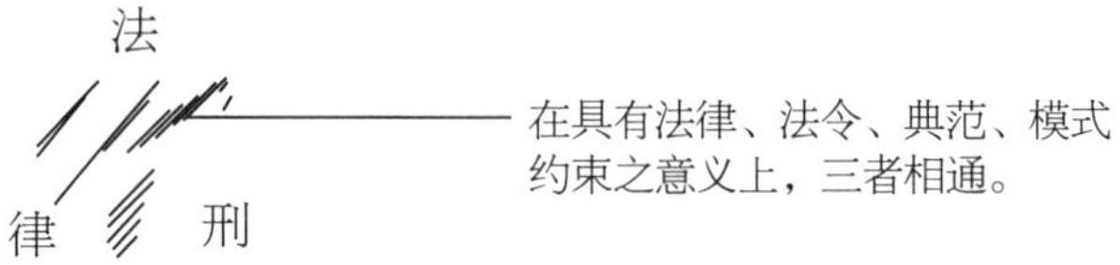

图3　“法”“律”“刑”三者之关系

由图3可知，“法”“律”“刑”三个词，既有相同、彼此可以换用的地方，又有许多区别。特别是商鞅改法为律，[42]绝不仅仅是简单的一字之改、名称之改，而是包含了丰富的文化内容。

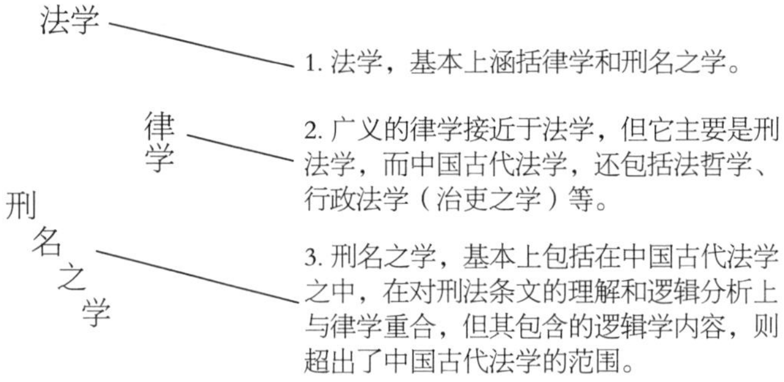

图4　“法学”“律学”“刑名之学”三者之关系

（1）将“法”改为“律”，结果就是法的义务色彩更浓、刑罚的功能更加突出，从而更加适合不受法律约束的皇帝的专制集权统治。如果说，在春秋战国时，臣下还有要求君主守法的意识，那么当法的义务观、惩罚观被突出、定型，皇帝不受法律约束之后，用“律”比之用“法”就更为符合最高统治阶级的利益。而这一过程恰恰与秦汉建立中央专制集权国家（至唐宋而达到完备，至明清达到

---

[42] 祝总斌先生认为中国历史上“改法为律”最早始于公元前260年前后，即商鞅死后八十余年，而并非商鞅时代，“商鞅‘改法为律’说不可信”。参见祝总斌：《关于我国古代的“改法为律”问题》，载《北京大学学报（哲学社会科学版）》1992年第2期。问题比较重大，不是一两句话能够说清。故先存此，待日后再考。

极端）、皇帝成为至高无上的主宰的时间和过程是一致的。

（2）据祝总斌先生考释，“律”字的主要组成部分是“聿”，而“聿”字在甲骨、金文上作，像手握笔以刻画甲骨器物之状，其后方引申指刻画甲骨器物之笔，并有了区分之义，后又有了界限、标准、行列之义，以“聿”为主要组成部分的“律”字，也具有了固定不变、规范、准绳的含义，并首先被用于定音乐、正礼义方面。[43]而律的这种含义，适应了战国末秦初统治者将自己的统治意志提升为规范划一的法律的需要。

（3）借用吴建璠先生的说法，“律”最初的含义是音乐的节拍和韵律，转变为“军律”后，强化了其强制性和镇压的力度。因此，改“法”为“律”，就是借用军事力量，突出其重要性和权威性，来保证法律的实施。[44]

（4）当“律”的含义从“军律”扩张至针对社会上所有的犯罪行为，成为一种约束人们的行为准则（“律者，所以范天下之不一而归于一也。”[45]）后，“正罪名”就成为律的主要内容，刑罪就被包容在律之内。而此时律的内涵就与法有了很大的差异。

因此，商鞅改法为律不是随意的，而是基于对法律的新认识，从刑、法、律的意义区别上采取的决定性转变，否定了将法归结为刑罚或仅仅从刑罚出发去研究法的传统观念，开创了从罪的角度出发研究法的先声。[46] 法的内容的这种演变，也影响了其学问（如果我们承认它是“学问”的话）。在“法学”“律学”“刑名之学”的使用上，就出现了隋唐以后只使用“律学”，而“法学”和“刑名之学”

---

[43] 参见祝总斌：《“律”字新释》，载《北京大学学报（哲学社会科学版）》1990 年第 2 期。

[44] 参见吴建璠：《唐律研究中的几个问题》，载《法律史研究》编委会、《中日文化交流丛书》编委会合编：《中外法律史新探》，陕西人民出版社 1994 年版。

[45] （东汉）许慎：《说文解字》。

[46] 参见程天权：《论商鞅改法为律》，载《复旦学报（社会科学版）》1983 年第 1 期。祝总斌认为，战国以后，中国成文法被称为“律”之后，就约定俗成，一直沿用至清末，其原因在于两个方面：一是律在诞生时兼有音乐（影响、感化人们，规制社会风俗）、度量衡（具有统一人们认识的法律规范作用）和率（标准）等 3 种含义，其中心特征紧扣划一、规范、准绳等内涵，因而便于准确表述成文法的内容。二是战国时期法字本身所具有的缺陷，即当时“法”在具有“标准”“刑罚”等含义的同时，还具有“废”的含义，不适合充当体现宣传以法治国的重要性和遵守成文法所规定的行为规范的必要性的用语。参见祝总斌：《关于我国古代的“改法为律”问题》，载《北京大学学报（哲学社会科学版）》1992 年第 2 期。

几乎不被使用的局面。[47]

秦亡后,秦代禁止私人学习、讲授和解释法律的局面被打破,律学研究开始勃兴,出现了许多以此为业,并世代相袭的家族,如西汉的杜周、杜延年父子(人们称其律为“大杜律”“小杜律”),东汉的叔孙宣、郭躬、马融、郑玄、吴雄,以及魏晋时期的杜预、张斐等,形成律注蜂起,著名注释者就有“十有余家,家数十万言”的繁荣局面。[48] 魏晋以后,中央开始设立律学博士。以此为开端,律学博士成为国家的重要官职之一,从而使“律学”不仅成为一门约定俗成的学问、选官考试的科目、一个公认的研究领域,而且也是一种国家认可的职业、社会地位和谋生手段,并有了具体担当者“律学博士”。在这种情况下,就没有必要再使用“法学”这一用语了。

这一点使我们联想到罗马“法学”和“法学家”的产生过程。公元前 3 世纪以后,在 jurisprudentia(法学,juris 为“法”,prudentia 为“学问”)产生的同时,从事法律教育和法律研究的担当者就被称为 jurisconsultus(法学家,juris 为“法”,consultus 为“解释者”)。罗马和中国古代的历史情况不尽相同,其法学发展的结果也不一样,但其中某些规律是一样的。

第二,古代意义上的汉语“法学”和现代意义上的汉语“法学”一词的区别何在?如前所述,由于在中国古籍中已出现“法学”一词,中国近代的士大夫只要阅读古籍,都可能接触到汉语“法学”一词。因此,通过查询中国近代哪一位学者最先使用“法学”一词来论证中国近代“法学”的产生,并无意义。我们所要探讨的是体现现代观念的汉语“法学”一词的发展和演变。所以,在弄清了中国古代法学和律学的差异后,我们要进一步搞清楚的是古代意义上的汉语“法学”一词与现代意义上的“法学”一词的区别在什么地方。很明显,前者是在中国古代自然经济和宗法社会的基础上产生的,而现代意义上的“法学”是商品经

---

[47] 关于“刑名之学”,还需多说几句。该学原是战国时期名辩思潮的产物,研究的重点是推敲“法令之所谓”(法律之名实),强调对刑(形)、名的逻辑分析、演绎,核心在于“定分止争”(商鞅语)、“名法正义”(申不害语)、“循名责实”(韩非语),为战国时期封建地主阶级从奴隶主阶级手中夺得的统治地位寻找合法的根据。因此,随着法家学派的衰落和地主阶级与奴隶主阶级的斗争成为历史、秦始皇的大一统专制王朝的建立(这一王朝不允许学术争辩),“刑名之学”也失去了存在的社会基础。

[48] 参见《晋书·刑法志》。

济和法治社会长期发展的成果,两者的区别主要表现在三个方面。

首先,两者所依据的世界观不同。中国古代之“法学”是建立在封建正统思想之基础上的,这种思想以强调社会等级、宗法制度、大一统国家和忠君孝悌等的儒家学说为核心,倡导君主专制,以法、术、势役使臣民的法家理论和主张君主无为无不为、君主南面之术的老庄学说为补充,重视德主刑辅、名分等级和臣民的义务。因而,它不是一种法学的世界观,而是一种律学的世界观,核心是将法视为役使臣民的工具,镇压人民的手段。现代意义上的“法学”一词,是建立在近代政治与法律学说之上的,它强调法的平等性、公正性和权威性,将法视为制约统治权力、保障公民的自由与权利的手段。

其次,两者的范围不同。古代汉语“法学”一词所包含的主要是法(律)注释学,而且基本上仅仅局限于刑法领域,有时也涉及一些行政法学(事实上是如何役使官吏的“治吏之学”)和关于法律的起源与功能等问题的法哲学(事实上是“刑法哲学”)的内容,而且这种法哲学是伦理学家和哲学家(如孔子、孟子)或政治家(如商鞅、韩非)或官僚(如马融、张斐、杜预)的法哲学。因此,它的范围、内涵相对比较狭小。而现代“法学”一词,不仅包含了法哲学(法学家的法哲学)、法律条文注释学,而且还包括法史学、法社会学和比较法学等诸多法学基础理论学科。即使是法律条文注释学,与古代的相比,范围也大为扩大,除刑法学之外,还有宪法学、民法学、行政法学和诉讼法学等,并且现代法学将这些法注释学都视为一门科学,而不仅仅是条文和词句的注释。

最后,两者的重心不同。古代汉语“法学”一词所重视的是统治者的权力意识,强调臣民的义务、责任,注重从理论上阐明封建君主专制统治和宗法等级秩序这种法律运行现实的合理性。而现代“法学”一词所体现的是民主的观念、平等的观念以及公民的权利和自由观念,它孜孜以求的是从理论上阐明法在促进社会文明进步中的作用和法如何才能成为保障公民权利的屏障。

第三,明治维新时期日本在学习西方、翻译西语“法学”一词时,日本学者为什么不使用他们比较熟悉、习惯的“律学”“明法道”“明法科”,而使用一个他们历史上所没有、对他们来说比较生疏的“法学”?笔者认为,这个问题与上述两个问题相连,同样涉及日本人对“法学”“律学”等词的理解。

很明显,即使是明治维新时期的日本学者,其法学观大多还是以"法律应是以刑为核心""法等同于刑、律"为主体的律学观。1875 年,当铃木唯一翻译孟德斯鸠的《论法的精神》一书时,用的还是《律例精义》的书名;明治维新后,日本在制定刑法典时,还以中国刑律为蓝本,编纂了《假刑律》(《暂行刑律》,1868 年)、《新律纲领》(1870 年)和《改定律例》(1874 年)等,这就是明证。

但是,一方面,明治维新后,日本相继聘请了许多外国法学家[如法国巴黎大学法学院教授、法学博士保阿索那特(G. E. Boissonade,1825 ~ 1910 年)]来日本立法、讲学,这些外国法学家不仅将西方的法、法学等名词引入日本,而且将西方的法学观也带了进来;另一方面,19 世纪上半叶,随着"兰学"(研究以荷兰为首的西方国家的文化的学问)的兴起,日本赴西方学习法律者也不断增加。当轮到明治时期著名法学家津田真道、西周、穗积陈重等人出国时,他们对西方的法和法学已有一定了解。加上这些人在西方,比较扎实、系统地学习了法学通论和各个部门法学知识,亲自聆听了西方法学家的讲义,耳濡目染了西方法治社会的运行现状,这种经历和环境,使得他们比较深地理解了西语 law、droit、recht 以及 legal science、science du droit 和 rechtswissenschaft 等词的真谛,他们认为再用"律""刑"等来对应翻译 law、droit、recht 等词,用"律学""明法道"等来对应翻译 legal science、science du droit、rechtswissenschaft 等词,显然是不确切的。

此外,明治维新前后,日本整个民族向西方学习的心情都是非常迫切的,这从福泽谕吉(1835 ~ 1901 年)的一本介绍西方文化的书 1866 年一出版便销售了 75 万册一事便可得知。[49] 当日本明治时代著名法学家箕作麟祥(1846 ~ 1897 年)着手翻译《法国民法典》时,当时的司法大臣江藤新平(1834 ~ 1874 年)甚至提出:"即使翻译错了也不要紧,只要快就行了。"[50]在这种氛围之下,日本各界的确全神贯注地投入学习和研究西方文化包括法和法学的活动之中。箕作麟祥在翻译法国《六法全书》时,挖空心思、殚精竭虑,给一个个西语法律名词,配

---

[49] 参见张灏:《晚清思想发展试论》,载姜义华、吴根梁、马学新编:《港台及海外学者论近代中国文化》,重庆出版社 1987 年版。

[50] [日]潮见俊隆、[日]利谷信义编:《日本の法学者》,日本评论社 1975 年版,第 1 页。

上了对应的汉字,除“权利”(right)和“义务”(obligation)已有现成(前者在箕作麟祥之前已从荷兰语中译出,[51]后者则来自汉译本《万国公法》)[52]的译名之外,其他法律用语,几乎都是箕作麟祥呕心沥血推敲出来的。津田真道和穗积陈重同样如此,不仅认真听讲,细心记笔记,而且不时向老师请教,以弄懂对东方人来说比较陌生的法律专业名词,从而用汉字“法学”一词,比较确切地对应翻译了西语 jurisprudence、science du droit、science of law 和 rechtswissenschaft 等词。因此,津田真道、穗积陈重等人用“法学”而不用“律学”等词,并不是偶然的,而是当时日本立法改革、法学观念进化的必然结果。

第四,由于数千年中国传统法律文化的影响,新中国成立后,人们将“法学理论”一直称为“国家与法的理论”,这种状态一直持续到 20 世纪 80 年代初;20 世纪 50 年代,虽在上海华东政法学院出版了以“法学”命名的杂志,但中央政府所在地北京的中国政治法律学会(后由中国社会科学院)出版的法学研究刊物,则被称为“政法研究”(1978 年复刊后始改为“法学研究”)。全国报刊索引在分类上,在法学栏目,也不使用“法学”标题,而是用“法律”一词。至今,全国新华书店总店主办的《社科新书目》,在介绍法学著作栏时,用的也是“法律类”一词。即使是专以复印、汇集各报纸杂志上法学文章为己任的中国人民大学书报资料中心《复印报刊资料·法学》,直到 1986 年底为止,使用的仍是“法律”,而非“法学”。甚至在目前,五大法科大学中,除中国政法大学拥有政治系外,其他如华东、西南、中南和西北四所大学均无政治系,但校名都是“某某政法学院(大学)”。

在中国,虽然社会主义法制建设取得了巨大的成功,法学研究获得了重大成就,但要真正树立法的权威并非易事,要发展和繁荣法学事业,也需要我们法律工作者做出长期的持续的努力。

---

[51] 参见[日]川岛武宜:《日本人の法意识》,岩波书店 1967 年版,第 16 页。

[52] 国内学术界已有许多人认为,日语中“权利”一词也借用自汉译本《万国公法》。参见李贵连:《话说“权利”》,载《北大法律评论》1998 年第 1 期。

西语“法学”一词的起源及其流变[*]

现代“法学”一词，是古代罗马法学家留给人类的一笔历史文化遗产。对此，学术界已有诸多研究，并无多大分歧。[①] 但西语“法学”一词具体始于何时？其产生、发展过程又是如何？以及该词的演变反映了法学发展的哪些内在规律？对此问题，学术界的研究并不充分。就笔者所能查阅到的外国文献来看，专门论述此问题的论著非常少；而在中国，还是一个空白。为此，笔者不揣浅薄，谈一点自己的看法，以求教于学界同仁。

一

西语“法学”一词，拉丁语为 jurisprudentia。该词是由 ius 和 providere 合成，前者解释为法律、正义、权利，后者表示先见、知晓、聪明、知识等，两者合成一词 jurisprudentia，就表示有系统有组织的法律知识、法律学问。

要精确说明 jurisprudentia 究竟成于何时，当然是十分困难的，但从古代罗马法学家留下来的文献来考证，该词至少在公元前 3 世纪末罗马共和国时代就已经出现。公元前 451 ~ 前 450 年，罗马颁布了著名的《十二表法》(Law of the

---

* 本部分原载于《法学》1996 年第 3 期。

① See F. Schulz, *History of Roman Legal Science*, Oxford, 1946, p. 100; G. C. Lee, *Historical Jurisprudence*, New York, 1922, p. 388; E. Ehrlich, *Fundamental Principles of the Sociology of Law*, trans. by W. L. Moll, New York, 1936, p. 260.

Twelve Tables)。为了让这一成文法典得以贯彻实施,罗马统治阶级加强了对该法的解释和讲授。最早,这种解释和讲授的权利控制在少数神职人员手中,其范围也很狭窄。所以,解释和讲授法律活动还未被社会广泛知晓,也未能成为一门比较系统的学问和固定的职业。

公元前254年,平民出身的科伦卡纽士(T. Coruncanius)担任了大神官,他开始在公开场合讲授法律的条文。公元前198年,执政官阿埃利乌斯(Aelius)进一步以世俗官吏的身份讲授法律、著书立说,从而使法律知识面向社会,走入市民生活,最终成为一门世俗的学问。这门学问,就被称为jurisprudentia,[②]而讲授的人,就被称为jurisconsultus(法学家,是ius和consultus的合成词。consultus意为智慧、精通、考虑者、训练者)。

至2世纪罗马帝国前期,jurisprudentia一词已经被广泛使用。当时的五大法学家之一的乌尔比安(Ulpianus,约170~228年)就曾对jurisprudentia下过著名的定义,“法学是神事和人事的知识,正与不正的学问”[③](jurisprudentia est divinorum atquehumanorum rerum notitia,justi atque injusti scientia)。至6世纪,东罗马帝国皇帝查士丁尼(优士丁尼,Iustinianus,约482~565年)在编纂《学说汇纂》(Digesta)和《法学阶梯》(Institutiones)时,就把这一定义收录进去,从而使它得以传至后世。

二

11世纪,经过长时期沉寂之后,西欧出现了复兴罗马法的运动。而按照西方学者的观点,复兴罗马法,实际上就是复兴罗马法学。[④] 当时,以伊纳留斯(Irnerius,约1055~1130年)为首的注释法学派,以意大利的波伦那(Bologna,现译为“博洛尼亚”)大学为中心,对查士丁尼的《国法大全》(Corpus Iuris

---

② 参见[日]碧海纯一、伊藤正已、村上淳一等:《法学史》,东京大学出版会1976年版,第7、32页。

③ Ulpianus. Digesta, 1, 1.10.

④ See F. Schulz, *History of Roman Legal Science*, Oxford, 1946, p.100.

Civilis,也称《民法大全》)尤其是《学说汇纂》进行系统的注解、讲授。至13世纪,这种注释活动越出意大利,波及法国、德国以及其他欧洲国家,从而使古代罗马法学的文化遗产包括拉丁语“法学”(jurisprudentia)这一用语在欧洲各国得到广泛传播。

在法国,从9世纪到14世纪,是法兰西民族形成、封建国家确立时期,也是古代法语形成、发展时期。法国人民在形成自己的民族语言,创造新名词的同时,也吸收了拉丁语的诸多成果。其中,jurisprudentia 这一用语,也以 Jurisprudence 的构成,融入法语之中,用来表示“法学”“法律解释”“判例”等含义。同时,随着中世纪末期资产阶级人文主义思潮的勃兴,以权利为核心的近代法观念的出现,既表示法律,又表示权利,还表示法学的 droit 一词也开始形成(作为古代法语,droit 一词本身的出现,当然要更早一些⑤)。在 droit 和 jurisprudence 两个词的基础上,结合拉丁语词根 scientia(表示“知识”“学问”“科学”),又形成了 science du droit(法学、法律科学),science juridique(法学、法律科学)等词。⑥

在德国,中世纪时期的人们曾以自己是罗马帝国的当然继承人(“神圣罗马帝国”的居民)自居,罗马法学的复兴在德国也进行得最为充分。因此,罗马法学及其观念对德国的影响要比法国更大一些。从中世纪末期开始,以拉丁语 jurisprudentia 为词根的德语 jurisprudenz(法学)和既表示权利又表示法律,还表示权利与法律之学的 recht 就已经出现。到了19世纪,这两个词又成为“潘德克顿学”(Pandektenwissenschaft)的基础概念。德国历史法学派的代表人物萨维尼(F. C. von Savigny,1779～1861年),正是在研究 jurisprudenz 和 recht 的基础上,进一步引入历史学的研究方法,创造了 rechtswissenschaft(法学、法律科

---

⑤ 吉涅贝尔在《法国人民简史》(第1卷)一书中说,公元842年查理大帝的孙子秃头查理和日耳曼人路易在斯特拉斯堡宣布结盟,当时语言用两种语言表达,即罗曼斯语(最初的法语)和条顿语(最初的德语)。这表明,在9世纪中叶,法、德两国的本族语言已经形成。参见张芝联主编:《法国通史》,辽宁大学出版社2000年版,第51～53页。

⑥ 笔者曾就这个问题,专门请教了在法国大使馆工作了多年的时任上海大学科研处处长董建平教授和从瑞士留学回国精通法语的华东政法学院国际法系徐冬根博士。他们说,根据他们的经验,现在法国人在表述“法学”一词时,用得最多的还是 droit 一词。

学)一词。[7] 这样,近代以后的德国,共有 3 个词,可以从不同的侧面来表示“法学”这一含义。

此外,在意大利和西班牙,jurisprudentia 也成为表示“法学”giurisprudenza 和 jurisprudencia 两个词的词根,而融入这两个国家的法律用语之中。

三

英国和欧洲大陆不一样,并没有走全面复兴罗马法的道路。11 世纪,当欧洲大陆卷起复兴罗马法高潮的时候,英国借助强大的中央王权,却发展起了符合自己国情的独立的普通法(Common Law)体系。这一法律体系的表现形式是判例,其渊源则是英国各地的习惯。

英国虽然没有全面复兴罗马法,但吸收了罗马法的许多原则、内容和术语,包括拉丁语“法学”(jurisprudentia,英语和法语一样,演变为 jurisprudence)一词。中世纪后期的英国法学家,尤其是当时的著名法官格兰威尔(R. Granville,1130 ~ 1190 年)和布雷克顿(Bracton,1216 ~ 1268 年),在吸收罗马法成果的基础上,通过对当时英国的诉讼习惯和判例的深入研究,分别在《关于中世纪英格兰王国的法和习惯的解释》(*Tractatus de legibus et consuetudinibus regni Anglie qui Glanvilla vocatur*)和《英国的法和习惯》(*Delegibus et consuetudinibus Angliae Libri quingue*)两本书中,发展起了英国自己的法学(判例法注释学)。当然,由于当时上层社会使用的语言是拉丁语或是古法语,法学一词主要是用 jurisprudence 或 law 来表示的。[8] 用近代英语来表示法学一词的 legal science,juristic science 或 The science of law 等还未出现。[9]

---

⑦ 参见[日]世良晃志郎:《历史学方法论の诸问题》,木铎社 1973 年版,第 24 页。

⑧ 根据美国学者威廉·莫理斯所编的《美国英语大词典》的解释,表示法律、权利也表示法学一词的 law,在英国中世纪即已存在。See W. Morris, *Dictionary*, HMC. Boston, 1979.

⑨ 美国著名法学家 W. L. Moll 在翻译埃利希(E. Ehrlich,1862 ~ 1922)的《法社会学的基础理论》时,这 3 个词是交换使用的,但用得最多的则是 Juristic science 一词。See E. Ehrlich, *Fundamental Principles of the Sociology of Law*, trans. by W. L. Moll, New York, 1936.

1758年,英国著名法学家布莱克斯顿(W. Blackstone,1723～1780年)在牛津大学首次用英语讲授英国法以后,进一步推动了英语"法学"概念的发展,但是,一直到1861年,在梅因(Henry James Sumner Maine,1822～1888年)的名著《古代法》(*Ancient Law*)一书中,在表示"法学"一词时,大量使用的还是Jurisprudence一词。[10] 在英国,law,legal science,juristic science和The science of law这4个词,是在20世纪初期以后才被广泛使用的。[11]

四

综上所述,西语"法学"一词,自公元前3世纪开始出现jurisprudentia,发展到现代的jurisprudence, jurisprudenz以及legal science, juristic science, The science of law, science du droit, science juridique, rechtswissenschaft以及law, droit,recht等形态,成为表示一门科学的专门用语,经历了2300多年的演变过程。那么,"法学"一词的这种演变,反映了法学发展的哪些规律呢?它对西方法制建设和法学研究又发生了哪些影响呢?笔者认为有以下几个方面。

第一,"法学"一词的形成和发展,和商品经济的发展紧密相关。公元前3世纪到前1世纪,是罗马从一个农业国发展为一个横跨欧、亚、非地区的商品经济大国的时期,社会生活发生了巨大变化,法律关系也日趋复杂。对此,既需要有各种法律去调整,又需要法学家对这些法律关系和法律规范作出说明、解释,使其能够得到很好的贯彻实施。正是在这种背景下,罗马法学日趋繁荣,从而导致各种法律术语、概念包括"法学"这一用语的产生。

11世纪以后,西欧城市的出现,资本主义商品经济的勃兴,又推动了法和法学的发展,在表述"法学"这一学问的概念、术语方面也不断丰富、准确。特别重

---

⑩　梅因在本书中只在一处使用了"the science of jurisprudence"一词。See Maine, *Ancient Law*, New York, 1864, p. 3.

⑪　See G. C. Lee, *Historical Jurisprudence. Introduction*, New York, 1922; W. Morris, *Dictionctry*, HMC. Borton, 1979; E. Ebrlich, *Fundamental Principles of the Sociology of Law*, trans. by W. L. Moll, New York, 1936.

要的是,无论是罗马的简单商品经济,还是中世纪后期开始勃兴的资本主义商品经济,都强调了公民的民事权利平等、法律的公平正义,而表达“法学”一词的用语,无论是 jurisprudence, jurisprudenz,还是 droit,recht 和 law,都具有公平正义、权利平等的内涵。

所以,可以说,“法学”一词在罗马诞生,并在中世纪末获得迅速发展,是有内在的经济原因的。马克思和恩格斯在论述法律(包括法学)和商品经济发展的关系时曾说过:“法也和宗教一样是没有自己的历史的。”⑫这句话的实际含义,当然不是说没有法制史和法学史,而是强调法和法学的形成和发展,在最终意义上,是由商品经济的发展所引起以及商品经济的发展必然会打破国界而采用一些人类共同的法律规范来调整、促进。⑬ 因此,结合“法学”一词的演变,理解马克思和恩格斯的上述论断,对我们目前发展社会主义市场经济是非常有意义的。

第二,“法学”一词的形成和发展,与自然法学说密切相连。自然法学说,源于古代希腊,其核心是强调神法和理性法的无上权威以及它对人类制定法即实定法的支配力,强调法律所应当体现的公平和正义,强调法律对当事人的自然权利的保护。

按照日本罗马法学者船田享二的观点,罗马法学家在创造和运用法学 jurisprudentia 这个词时,已经受到了古希腊自然法学说的深刻影响。他引用中世纪西方学者的话说,在罗马法学家的观念中,正义是一种德,法律(ius)的任务是为了实施正义这种德,而 jurisprudentia 这一解释法律的知识、学问,其目的则在于帮助正义这种德的实施。⑭ 正是在这种意义上,乌尔比安将 jurisprudentia 解释为“正与不正的学问”。

至中世纪末期,古代希腊罗马的自然法学说得到复兴,并迅速影响各国的学术界,成为一种新型的法学世界观(法学观)。这种法学观强调民事权利主体

---

⑫ 中共中央马克思恩格斯列宁斯大林著作编译局编译:《马克思恩格斯全集》(第 3 卷),人民出版社 1960 年版,第 71 页。

⑬ 马克思和恩格斯在讲这句话之前,用了大段篇幅来回顾私有制和商品经济的发展,迫使资产阶级不得不采用罗马法,包括大西洋彼岸的英国。

⑭ 参见[日]船田享二:《法律学名称の起源について》,载《法律学研究》第 24 卷第 5 号,1928 年。

的平等,强调私有财产所有权神圣,强调契约自由,强调法的公正性和权威性。正是在这种背景下,不仅 jurisprudentia 一词成为英、法、德、意等国的“法学”一词的词根,也出现了用这种新的法学观来解释法学的法律科学的概念,如 legal science, science du droit 以及 rechtswissenschaft 等。可以这么说,以自然法为核心的强调法的公平正义和理性的世界观,是“法学”一词形成、发展、丰富和科学化的根本动力之一。

第三,西语“法学”一词的形成、发展,得益于西方社会的各种历史文化条件。这些条件,除上述商品经济的发展、自然法思想的流行之外,还有立法尤其是成文法的发达、法与宗教或神学的分离(法的世俗化)、职业法学家阶层的出现以及比较宽松的学术氛围。其中,职业法学家阶层的出现与宽松的学术环境对“法学”一词的形成与发展尤为重要。

众所周知,古罗马从公元前 3 世纪中叶起,就出现了职业性的法律知识的传授活动,从而逐步形成了一个专业性的法学家阶层。从公元前 2 世纪末起,法学名家开始辈出,如斯卡埃喔拉(Scaevola. 曾任公元前 95 年的执政官,著有 18 卷《市民法论》)、鲁福斯(Rufus,曾任公元前 51 年的执政官,据传留有 180 多种法学著作,收有弟子数百人)、拉贝尔(Labeo, 公元前 50 ~ 20 年,留下法学著作 400 多卷)等。据中世纪后期法国著名私法学家朴蒂埃(R. J. Pothier,1699 ~ 1772 年)的考证,在罗马时代,仅古典时期的著名法学家(classical jurists,包括乌尔比安等五大法学家在内)就有 92 名之多。⑮ 正是职业法学家的成批涌现,才使法学这门学科不断成熟、日益精密,从而演化出各种制度、原则和概念术语。

11 世纪以后,在波伦那出现了同样的情形。起初,法律教育只是波伦那大学教育中很小的部分,被归在“自由学艺”(artes-liberales,包括文法、修辞和辩证法 3 个科目)中的修辞学科目之下,并无独立地位。随着对《国法大全》的注释、讲授和研究活动的展开,不仅要求教师必须拥有渊博的学识和专心致志的信念,而且作为他们的学生,也必须全力以赴,除集中学习《国法大全》之外,已无精力去学习其他课程。这样做的结果,就是法律这门课程越出了修辞学的范围

---

⑮ See Sir John Macdonell & Edware Manson, *Great Jurists of the World*, Boston, 1914, p.465.

而成为一门专门的科目,法律教师和法律学生也与其他教师和学生相区别,成为一个专事法律的阶层和职业。这样,一门独立的学科——法学或注释法学便形成了。罗马法学的各种成果(制度、原则和概念等)也由此得到全面复兴并发扬光大。

资产阶级走上历史舞台以后,法学更成为社会科学领域中的一个重要组成部分,法学家也成为一个不可缺少的社会阶层。而与这一历史过程相伴的,就是学术争鸣活动的绵延不断。从罗马时代的萨宾派(Sabinus Scholae)和普洛克鲁斯派(Proculus Scholae)的对立,到中世纪以后注释法学派等。正是西方历史上法学家的活动和学术争鸣的展开,才使包括“法学”一词在内的法学学科的进化不断得到新的营养。

第四,“法学”一词的形成、发展,也是一个内容不断丰富、含义日渐深刻的过程。这一过程,体现在两个方面。

首先,最早表示“法学”的用语 jurisprudentia,发展到现代,其含义也已有了重大发展和变化,由于它源于法律传授和解释,它最初表示的是法律知识和法律教育,后引申至法律注释学;由于受到自然法思想的深刻影响,它又表示一种法哲学、法理学(正与不正的学问);由于当时的罗马法学家一般都从事法院的诉讼活动,罗马法的许多原理和原则又从诉讼中引申出来,jurisprudentia 到中世纪后期又表示“判案所遵循之途径”。这影响法国法学的发展,jurisprudence 在法语中被解释为“法院当处理讼端时所持之态度”⑯,英语中的 jurisprudence,也从同一解释;由于该词被美国法学家斯托里(J. Story,1779 ~ 1845 年)用作“公道法院”一书的书名“Equity Jurisprudence”,该词又可以被解释为“法院”;由于在英美国家,法律是从法院的判决中产生,jurisprudence 又被转注法律,并进而引申为一国的法律体系。⑰

这样,到目前为止,jurisprudence 就至少有了 5 种含义:(1)法学、法理学、法

---

⑯ 此外,在近代法语中更多的是用 jurisprudence 来表示判例,如“法国行政法院判例”是用 Ia jurisprudence du Conseil d'Etat 来表示的。法国历史上最早的行政判例著作《行政判例要论》(作者 Macarel,1914 年),书名用的也是 Eiement de Jurisprudence Administrative.

⑰ 参见[美]滂恩:《法学肄言》,雷沛鸿译,商务印书馆 1928 年版,第 1、2 页。

哲学、法律学(指研究法律原理和现象的科学);(2)法学的一个部门(如民法、刑法、诉讼法等);(3)法律体系;(4)(法院的)裁判规程、判决录、判例法;(5)法院的裁定(尤指复审裁定)。⑱

其次,在"法学"一词的发展过程中,尽管 jurisprudentia 的内涵越来越丰富,但学者发现仍不能确切地反映社会上法律科学的发展状况以及成果。尤其是随着近代科学技术的勃兴,各部门法的发达,人们开始用各种科学的方法来研究法学,说明法学发展的某些内在规律,并将法学本身也视为一种科学,在 jurisprudentia 以及 dorit, law, recht 之外,又发展出了 the science of law, science du droit, rechtswis senschaft 等词,从而使西语"法学"一词形成一个概念群,对法学这一学科的说明和表述也越来越充分,越来越科学。

---

⑱ 参见张仲绛等编:《英汉法律词典》,法律出版社 1985 年版,第 458 页。

法学形态考

——"中国古代无法学论"质疑*

法学形态,是法学理论研究中一个重要的问题,它关系我们对中国古代到底有没有法学这个有着重大分歧的问题的基本看法。因此,尽管法学形态以前还没有人提起过,研究它也有相当的难度,笔者还是想对它作一些探讨。

一

中国古代有没有法学,这是一个颇有争议的问题。

中国、日本和美国等大部分学者一般都认为,中国古代有法学,而且比较发达、完善,如中国近代法学家沈家本在《法学盛衰说》一文中,就详细论述了中国古代法学在战国、秦汉、魏晋、隋唐、宋元以及明清等各个阶段的发展过程,并得出了"法学之盛衰,与政之治忽,实息息相通。然当学之盛也,不能必政之皆盛;而当学之衰也,可决其政之必衰"①的著名论断。中国现代法制史学者陈顾远也在《中国法制史》一书中指出,战国时期是中国古代法学的最盛时期,具体表现为"法理探讨,战国为最著""律文整理,战国集其成"等。② 此后,中国学者如张

---

* 本部分原载于《法学研究》1997 年第 2 期。

① 参见(清)沈家本撰:《历代刑法考》,中华书局 1985 年版,第 2143 页。

② 参见陈顾远:《中国法制史》,商务印书馆 1934 年版,第 42~43 页。

国华、张晋藩、林剑鸣、高恒、武树臣、俞荣根、周密、王洁卿，日本学者中田薰、仁井田陞、滋贺秀三、大庭脩、八重津洋平、中村茂夫，以及美国学者蓝德彰(John D. Langlois Jr.)等，包括中国最权威的法学辞书《中国大百科全书·法学》，都不同程度地表达了与沈家本和陈顾远相近的观点。

但近年来，也有一些学者认为，中国古代没有法学，法学是西方文化的产物，是至近代才传入中国的"舶来品"。如梁治平认为："中国古代虽有过律学的兴盛，却自始便不曾产生何种法学。"③张中秋进一步指出，中国古代只有律学，而无法学，因为"律学"与"法学"绝不是一个简单的名词之别，也不是一个无关紧要的措词之争，而是反映了两种形态的法律学术不仅仅在外延上(这是次要的)，而且在内涵即质的规定性上，存在根本区别。④ 区别在哪里呢？区别就是法学以正义为核心，而律学中无正义的位置，离开了围绕正义而展开的上述诸问题(关于法的本质和法的价值等——引者)的探讨的法律学术，不应该被称为法学。⑤

笔者认为，这两种彼此对立的观点，在一定意义上都是正确的。对前者而言，中国古代的确存在法学，不仅有"法学"这一术语，⑥而且在汉、晋、隋、唐，其法学研究也曾达到古代世界所少有的繁荣境界。我国7世纪的著名法典注释书《唐律疏义》，在结构体系的合理性、概念阐述的科学性、条文注释的完整性、原则内容的系统性等方面，都与古代罗马查士丁尼《国法大全》相媲美。说中国古代没有法学，人们很难接受。对后者而言，"法学"一词本身，早在中国古代已出现，但现代意义上的"法学"一词的确是近代才经由日本从西方传入中国的。⑦ 中国古代存在的研究法律的学问，尽管在文字上、逻辑上对法律条文进行了详细解释，但它只注重君主和国家的利益，只关心刑罚的宽与严、肉刑的存与废、是否允许亲属犯罪后相互容隐、子女可否为父母被杀复仇、皇帝应否大赦、

③ 梁治平：《寻求自然秩序中的和谐——中国传统法律文化研究》，上海人民出版社1991年版，第286页。

④ 参见张中秋：《中西法律文化比较研究》，南京大学出版社1991年版，第233页。

⑤ 参见张中秋：《中西法律文化比较研究》，南京大学出版社1991年版，第234页。

⑥ 参见何勤华：《汉语"法学"一词的起源及其流变》，载《中国社会科学》1996年第6期。

⑦ 参见何勤华：《汉语"法学"一词的起源及其流变》，载《中国社会科学》1996年第6期。

“律”“令”等法条的具体运用，以及礼与刑、法与道的相互关系等，完全忽视对公民个人权利和自由的保障，充满了等级的、伦理的色彩，对国民来说，几乎是一种关于义务的说教。这与现代法学所强调的公平、正义，以保障公民个人的权利和自由为使命是完全不同的东西。因此，也很难说服持这种观点的学者接受中国古代存在法学且比较发达的结论。

那么，问题的症结在哪里呢？笔者认为，上述两种观点，虽然讲的都是事实，但只表达了对法学这一社会现象和学术领域的一个侧面的认识，只表达了法学发展中的部分真理，因而没有能够得出一个比较完整的概念，说出大家都能接受的道理。

法学首先是一个历史的概念，它是在不断发展变化的。古代罗马的法学，与中世纪西欧以意大利波伦那大学为核心发展起来的注释法学就不一样，而中世纪的注释法学与近代资产阶级革命以后的法学也不一样，第二次世界大战以后，西方的法学又发生了重大的变化。因此，将法学视为一种静止的状态是不符合事实的。

法学，也是一个哲学的概念，即在历史上的各种法学之中，存在共同的因素，如讲法学者必有一种指导思想(或法的精神)体现在其中，必然要对法的起源、本质、特征以及法与其他社会现象的关系作出阐述，也必然要对法律条文进行注释，等等。但是，法学又有各种表现形态，在世界上，东方的法学与西方的法学不同；在西方法学之中，大陆法学与英美法学不一样；即使在同一个大陆法学之内，各个国家的法学也呈现出各种不同的特点，因而显得千姿百态。法学，就是这样一个包含了普遍性和特殊性的哲学现象。如果不承认这一点，我们就不能正确认识法学的本质和法学发展的客观规律。

法学还是一个文化的概念，即法学作为社会文化的一个层次，作为一门学术或学问，它是可以分为若干层次的，有低级发展水平的法学形态，也有中级、高级发展水平的法学形态。比如，罗马法学，尽管在古代世界是最发达、最完善的法学形态，但它与现代法学相比，又显得比较简陋、比较原始、比较落后。

所以，在没有对上述问题作出周密的分析之前，就说中国古代有或者没有法学，我认为是一种片面的、肤浅的认识，也无法正确回答大家所要解决的论题。事实上，无论是从哲学、历史，还是从文化上看法学这一社会现象，都遇到它的发展形态问题。只有弄清了这个问题，才能正确回答中国古代是否存在法学，以及它与近现代西方法学有何区别，各个形态的法学在其发展过程中有哪些共同的规律等深层次问题。

二

按照各种汉语辞典的解释，所谓形态，就是指“事物的形状和表现”。这一解释，对认识动物、植物或其他自然界的物品而言，是完全可以领会和理解的，但用于分析阐述法学这一学术领域，就似乎过于抽象和不够了。为此，让我们再来看看英文对“形态”一词的解释，或许能对我们有点启示。在英文中，关于形态，共有 4 个词表示，即“form”“formation”“shape”“pattern”。除“pattern”一词外，其他 3 个词在表示事物的形状、形态的同时，还表示事物的种类、类型、格式、外形、结构、条理、组织、轮廓、方法、惯例、具体表现、各部分的组合、有条理的安排等。其中，“事物的具体表现”“各部分的组合”“有条理的安排”等释义尤为重要。

了解上述英文中关于“形态”一词的诠释，对我们分析法学的形态具有重要意义。具体言之，我们认为，法学形态，是指法学的具体表现形式，或法学之内部结构的组合形式。也就是说，作为一门学科、一种学术、一种社会现象，法学是由各种要素组合而成。这些要素主要有经济基础，立法基础，世界观（指导思想）或理论基础（法哲学，即对法的本质、价值、起源、作用、法与其他社会现象的关系等的研究、阐述），研究内容（法律主体、法律关系、法律规范等），法的体系、原则、概念术语、分支学科和相关学科，法学教育，法学研究方法，法条注释。⑧

---

⑧ 这一点区别于其他人文科学形态，如哲学、文学、美学等。因为法律是强制性的社会规范，它被作用于人们的行为，而法条注释（在判例法国家是判例及其原则的注释）是使法律规范有效地作用于人们之行为方式的必不可少的手段，因此，作为研究法律之学问的法学，必须有法条注释这一部分，它是判断是否存在法学的必备要素。

上述分析，尽管简单，但已可以使我们得出如下几点结论。

第一，在上述各法学形态要素中，有些是一般要素，有些则是必备要素，如法学世界观（理论基础、法哲学）、法条注释学、法学研究作品（著作、论文）等，只有具备了这些必备要素，我们才可以认为其已有了法学；反之，则不存在法学。至于那些一般要素具备与否，只是表明该国、该地区的法学的发达和完整程度，而不涉及是否存在之问题。但这并不是说，一般要素是不重要的，因为正是这些一般要素的差异的存在，才使世界各国的法学发展呈现出先进与落后、发达与简陋、完整与残缺等千姿百态的局面，才奏成一曲丰富多变的动听的法学发展交响乐。

第二，我们以前经常说的，法学就是关于法的学问，其使命是为了帮助法的制定和实施，因此，凡是历史上产生过法的国家或民族，都存在过法学这种观点是不对的，至少是不精确的。因为法学是一种由各种要素组合而成的体系，仅有法律未必一定能产生法学，只有具备了那些必备的形态要素，才能认为已形成了法学。

第三，法律思想不等于法学，法哲学也不等于法学，它们都只是法学的一个形态要素、一个组成部分。在有法律存在的场合，可能有法律思想或法哲学，但未必就发展起了法学。

第四，由于法学形态要素经常处在变动之中，由其组合而成的法学形态也是非常丰富多彩的，绝不仅仅是一种单调的，固定的模式。比如，有的法学形态，其法哲学可能非常发达，但其法条注释并不严谨、细密；有的法学形态，其法律注释学非常发达，但其法哲学可能非常贫乏；也有的法学形态，其私法部分的规定和解释可能很系统，但在公法方面没有什么成就；等等。

第五，由于决定法学的形态的最终要素是该社会的生产方式以及相对应的文化类型，而在世界历史上又存在多种不同的生产方式和文化类型，在世界历史上就可能存在多种法学形态。

20世纪80年代初，我国法学界曾对法学体系展开过热烈的讨论，提出了诸多见解，如三分说、五分说、七分说等。[9] 这里，“体系”一词，按现代汉语辞典的解释，是指，“若干有关事物或某些意识互相联系而构成的一个整体”。在英文中，“体系”一词是由“system”和“setup”两个术语来表示的，其中心意思为系统、制度、方法、秩序、分类等。法学体系，一般是指法学的部门法学分科的问题，是法学学科的内部结构，即法学的各个分支学科“相互关联而又相互区别的系统”[10]。

法学形态理论与法学体系理论相近，在表现法学的内部结构，组成部分方面具有相同点。但两者也有明显区别。概言之，法学形态的外延比法学体系要宽，后者主要侧重于其内部构成，尤其是各个部门法学分支学科的比例、发展与状况的分析，而前者除了这些内容之外，还要分析研究其赖以存在的经济基础和立法基础，其所运用的方法论，表示其发展程度的原则和概念的运用情况，其据以存在的法学教育状态、法学主体即法学家阶层的状况，以及法学的学术研究氛围、最终价值目标等。在内涵方面，法学体系基本上是静止的、平面的，即法学体系是在法学发展到一定的阶段，形成一个系统以后，再来分析其各个组成分支学科的合理性，以及如何保持协调以使法学成为一个有机的整体，更好地发展。而法学形态则注重法学内部构成、组合的各种要素之间动态的，立体的发展变化，着重表现法学这门学科的状况和表现形态及它的产生与发展方面（当然，也包括法学结构的进一步完善方面），因此，法学形态与法学体系是反映法学内部构造以及发展规律的两个相互联系又相互区别的方面。笔者提出法学形态的问题，并不是玩概念游戏，而是试图在研究法学的构造与发展规律方面搞得更加细致一点，挖掘得更深入一些。尤其是如同下面论述所表明的那样，在分析古代社会是否有法学存在这一点上，法学形态理论有着法学体系理论所无法替代的作用。因为，在古代社会，其法学不管如何发达，几乎都只存在一个部门法学，或是刑法学，或是民（私）法学，用法学体系的理论去分析，可以

---

[9] 三分说，是指法学体系由理论法学、部门法学和技术法学（如法医学等）3 大部分组成；五分说，是指将法学体系分为 5 个分支：法哲学、法史学、部门法学、国际法学、技术法学；七分说，则是将法学体系分为理论法学、宪法行政法学、民商法学、刑事法学、诉讼法学、国际法学和技术法学 7 个部分。由于这 3 种理论的倡导者人数较多，这里就不再一一列举。读者可参阅当时各主要的法学杂志。

[10] 余先予、何勤华：《大众法学常识》，上海社会科学院出版社 1987 年版，第 59 页。

说是无从着手的。

三

那么,根据上述法学形态的理论,世界历史上哪些国家和地区存在过法学呢?

让我们先来看看除中国之外的其他三大文明古国古代埃及、古代巴比伦和古代印度。

古代埃及是人类最早进入文明的地区之一,早在公元前4241年就发明了先进的历法(将一年分为三季12个月365天)。[11] 与此同时,根据确实的史料,大约在公元前4000年埃及创建了法律制度。[12]

根据当时埃及的法律(包括习惯法)的规定,国王是全国最高的统治者,每一块土地都属于国王,每一个臣民也属于国王,所有的法律与司法程序也都自他而出。[13] 国王是唯一的立法者。据传埃及历史上最早的立法者是埃及第一王朝的创始人美尼斯(Menes,约前3200年登位)。[14] 据现存资料分析,埃及已制定和颁布过一些成文法(国王立法),当时,法典(Codes)被安置在法庭当中法官前面的木牌上,供法官当场适用。非常遗憾的是,由于岁月的流逝,这些法典本身都已全部佚失,这对世界法律史来说,无疑是一个非常巨大的损失。[15]

当时,在古代埃及,司法与一般的行政的界限也不清楚。大约在古王国时期(公元前2686~前2181年),在中央政府的法院之下,分设了6个大的地区法院,它们都由国王的大法官(chief judge)领导,而在里面工作的法官则同时兼任

---

⑪ 参见翦伯赞主编:《中外历史年表》,中华书局1961年版,第1页。

⑫ See John H. Wigmore, *A Panorama of the World's Legal Systems*, Vol. I, p. 12. West Publishing Company, 1928.

⑬ Ibid., p. 13.

⑭ Ibid., p. 17.

⑮ Ibid., p. 18。古代埃及的法典虽然没有流传下来,但国外学者的研究表明,国王颁布的法典和法令是存在的。我国有些学者提出的"埃及没有制定和公布成文法"(古棣、周英:《法和法学发生学——法和法学的历史探源》,中国人民大学出版社1990年版,第372页。)的观点是不能成立的。

着地区的行政官员,并且还都是高级僧侣。进入中王国时期(公元前2040~前1786),这种分设六大地区法院的组织形式开始消失,而至新王国时期(公元前1553~前1085),法院组织的变动更加频繁。尽管如此,直到新王国时期,大法官的职位一直没有被取消。[16] 作为国王的代表,他在国王的宫殿里主持日常的开庭事务。

到目前为止,我们还没有发掘到古代埃及法庭开庭审理案件时的起诉状和辩护状等史料,但已经有了当时法庭上的一些原始记录。这些用古埃及文字书写在纸莎草纸上的法庭记录,是世界上到目前为止所发现的最古老的法庭记录,其年代大约是公元前2500年。[17] 然而,根据已发现的史料分析,在古代埃及,"尚未出现过关于法律的论文,而且它们也不可能存在"[18]。公元前525年,古代埃及被波斯征服,前332年,又被马其顿占领,前168年,古代埃及沦为罗马的附属国。这样,古代埃及奴隶制法的独立发展也就中断了。

根据以上对古代埃及法律制度的分析,我们可以认为在古代埃及,虽然公布过国王的法典,形成了一定的法院组织体系,司法审判活动也很活跃,但没有能够产生法学。[19]

在巴比伦地区,很早就出现了成文法典。公元前2100年前后,乌尔第三王朝的创始人乌尔纳姆(Ur-Namma,公元前2113~前2095年在位)就颁布了《乌尔纳姆法典》。随后的伊新和拉尔萨等王朝,又颁布了《苏美尔法典》《苏美尔亲属法》《李必特·伊丝达法典》等成文法律。而约公元前1776年由古巴比伦第六代国王汉谟拉比(Hammurapi,约公元前1810~约前1750年)颁布的《汉谟拉比法典》,则使巴比伦地区的立法达到最高的水平。

从《汉谟拉比法典》的内容来分析,当时已存在比较原始的法哲学理论,如在该法典序言中,强调了君权神授,提出颁布法典的目的在于"发扬正义于世,

---

⑯ See S. Haley Allen, *The Evolution of Governments and Laws*, Vol. I, p. 133. Princeton University Press, 1922.

⑰ See John H. Wigmore, *A Panorama of the World's Legal Systems*, Vol. I, p. 32.

⑱ Ibid., p. 13.

⑲ 据美国学者威格摩尔的叙述,在古代埃及,曾出现过法哲学思想,如关于司法正义的观点等。See John H. Wigmore, *A Panorama of the World's Legal Systems*, Vol. I, p. 13 – 17.

灭除不法邪恶之人”,[20]国王的任务之一是“使公道发扬,以正直的法管理部落”。[21] 在正文婚姻家庭等法律条文中,主张赡养生病之前妻终身的人道主义立场。[22] 在结语中,反复强调汉谟拉比的法律是正义的体现,他的司法判决和裁定是“公正之道”,等等。[23] 同时,《汉谟拉比法典》的整个内容,虽然是习惯法的简单汇编,但从其分为序言、正文和结语之三大部分的结构,从其条文按诉讼程序、盗窃、军人份地、租佃关系、雇佣关系、商业高利贷关系、债、婚姻家庭、遗产继承、奴隶买卖等有条理的排列来看,当时的立法技术也已达到一定水平。然而,虽然法哲学和立法技术都是法学形态的构成要素,但由于汉谟拉比创立的巴比伦王朝很快就被赫梯人灭亡(公元前1595年),巴比伦法的发展迅速中断,零星的法哲学思想和立法技术没有能够导致法学的产生。到目前为止,虽然在《汉谟拉比法典》之外,我们还发现了一批巴比伦地区的官方文书和私人书信,[24]但无论是在考古发掘还是在现存文献的研究中,都未发现在巴比伦已出现法学的证据。

古代印度的情况与上述两个国家稍有不同。古代印度是一个宗教国家,其法律是在印度婆罗门教(公元前7世纪)、佛教(公元前6世纪)和印度教(4世纪)的产生演变过程中发展起来的。因此,一些具有法律约束力的文献,如婆罗门教时代的《吠陀》《法经》,佛教时代的《律藏》以及婆罗门教、印度教的经典《摩奴法典》(约公元前2世纪~2世纪)等,本身就是宗教教律。尽管国内有些学者否认《摩奴法典》具有法典性质,但鉴于古代社会宗教教义兼法典的情况很普遍,如教会法的基本渊源是《圣经》、伊斯兰法的基本渊源是《古兰经》等,将

---

[20] 法学教材编辑部《外国法制史》编写组编:《外国法制史资料选编》(上册),北京大学出版社1982年版,第18页。

[21] 法学教材编辑部《外国法制史》编写组编:《外国法制史资料选编》(上册),北京大学出版社1982年版,第20页。

[22] 参见法学教材编辑部《外国法制史》编写组编:《外国法制史资料选编》(上册),北京大学出版社1982年版,第35页。

[23] 日本学者平野秩夫于1969~1970年,在名古屋大学的《法政论集》第45~50卷上曾连载发表了《上古东方法哲学史觉书》一文,内中比较详细地论述了古代埃及和巴比伦的法哲学思想。这是笔者所见到的中日学术界至今所发表的唯一的一篇关于古代东方法哲学的论著。

[24] 参见B.H.狄雅可夫、H.M.尼科尔斯基编:《古代世界史》,日知译,高等教育出版社1954年版,第83页。

《摩奴法典》视为古代印度的基本法典也是可以的。

除《摩奴法典》《法经》等法律和宗教合二为一的文献之外，在古代印度，也存在一批由世俗的国王制定的法令。这些法令在孔雀王朝时期（公元前 325 ~ 前 187 年）还曾上升为当时印度的主要法律渊源。此外，传说孔雀王朝的创始人旃陀罗笈多（Chandragupta，约公元前 324 ~ 前 300 年在位）的大臣乔底利耶（Kautiliya，生活时代为约公元前 300 年）所著的《政事论》也被当时国家视为法典。[25] 所以，认为古代印度没有由国家发布的成文立法的见解[26]也是不正确的。

除了法典和法令外，在古代印度也出现了法律思想、法哲学。日本学者白井骏在《古代印度的刑法思想》（白顺社 1985 年版）一书中，对以犯罪、刑罚和刑事诉讼为核心的古代印度的法律思想作了系统的研究。

但是，如前所述，法哲学和法律思想与法学并不是一回事，它们只是法学形态的构成要素。从目前所发现的古代印度留下来的历史文献来看，尚未发现一部法学论著。因此，在没有新的考古发现之前，认定古代印度不存在法学大概是不会错的。

在古代希腊，由于城邦制度繁荣的时间太短，各个城邦之间经常发生战争，立法也未能充分发达等，在古代希腊只是产生了比较发达的法哲学和法律思想，尽管这些思想为罗马法学的诞生奠定了理论基础，尽管柏拉图的《法律篇》（*The Laws*）被誉为西方历史上第一部法哲学著作，但在古代希腊，没有法典注释学，没有产生法学家，也没有形成系统的法学学科。[27] 在古代世界产生法学的国家和地区，主要是罗马、英国、西欧基督教会和阿拉伯国家。在古代罗马，由于商品经济的高度发展，成文法典的发达，法律与宗教的分离，法律教育的兴起，以自然法为核心的法学观的传播，职业法学家阶层的产生，以及百家争鸣学术研究环境的形成，诞生了西方历史上最早的法学。[28] 在中世纪英国，虽然没有

---

[25] 参见林榕年主编：《外国法制史新编》，群众出版社 1994 年版，第 121 页。

[26] 参见古棣、周英：《法和法学发生学——法和法学的历史探源》，中国人民大学出版社 1990 年版，第 378 页。

[27] 关于古代希腊没有产生法学的原因，参见何勤华：《西方法学史》，中国政法大学出版社 1996 年版，第 11 ~ 28 页。

[28] 参见何勤华：《西方法学史》，中国政法大学出版社 1996 年版，第 29 ~ 41 页。

成文法典,但由于在11世纪发展起了通行全国的普通法体系,在14世纪形成了对普通法起补充作用的衡平法体系,开始了对判例的注释和对法律原则的诠释活动,因此,从12世纪起,就出现了众多的法学著作,如格兰威尔的《关于中世纪英格兰王国的法和习惯的解释》,布雷克顿的《英国的法与习惯》,利特尔顿(D. Littleton,1407~1481年)的《土地法论》,福特斯库(Sir John Fortescue,活跃时期为15世纪中叶)的《英国法赞美论》,爱德华·科克(Edward Coke,1552~1634年)的《英国法概要》等,形成了比较系统的中世纪英国封建法学。[29] 中世纪西欧基督教会的情况也大体相同,由于从9世纪开始基督教会势力的扩张,教会法渊源的丰富,从12世纪起就开始了对教会法渊源的注释、汇编和整理工作。1140年,出版了由意大利一所修道院附属学校的教会法教师格拉梯安努斯(Gratianus,约1179年去世)编纂的《格拉梯安努斯教令集》(也称《矛盾之教会法令调和集》),这部作品被认为是中世纪西欧的第一部法学著作。加上教会法教育活动以及神学法哲学体系的展开,逐步形成了一个比较完整的教会法学体系。[30] 在阿拉伯国家,从8世纪开始,随着人们对其基本法律渊源《古兰经》和《圣训》等的编辑、整理、注释活动的展开,在社会上出现了一个教会法学家阶层,其著名者有哈尼法(699~767年)、马立克(约715~795年)、沙斐仪(767~820年)以及罕百勒(780~855年)等,出版了众多的教会法学著作,如马立克的《穆瓦塔圣训集》、沙斐仪的《法源论纲》等,出现了百家争鸣的局面,并形成了比较系统的注释教法学。[31] 因此,尽管教会法和伊斯兰法是宗教和法律合一的体系,但由于出现了法哲学(尽管是神学的)、法典和法典注释学,仍然产生了比较发达的法学体系。

以上分析证明法学的形成必须具备一些基本的条件(形成要素),如果没有这些条件,即使有了法典,有了法哲学,也不可能产生法学。此外,以上各国的历史发展也证明,法学形态是非常丰富的,在具备了一些法学形态的基本要素

---

[29] 关于中世纪英国法学的详细情况,参见何勤华:《西方法学史》,中国政法大学出版社1996年版,第284~357页。

[30] 参见何勤华:《西方法学史》,中国政法大学出版社1996年版,第88~90页。

[31] 关于伊斯兰法学研究的详细情况,参见高鸿钧:《伊斯兰法学及主要流派》,载《外国法译评》1996年第1期;吴云贵:《伊斯兰教法及其改革》,载《宁夏社会科学》1988年第5期。

的前提下,由于各国和各个地区的其他经济和文化条件的不同,可以产生许许多多形态各异的法学。[32]

那么,中国古代的情况如何呢?

四

按照法学形态的理论,中国古代无疑已经产生了法学。

首先,中国古代很早就出现了成文立法。比较可靠的史籍记载,我国在春秋时期,就有公元前536年郑国子产(? ~前522年)的《刑书》,公元前505年前后邓析(公元前545~前501年)的《竹刑》,前513年晋国的《刑鼎》等。在战国时期,又进一步出现了由魏国李悝(前455~前395年)编纂的比较系统的《法经》(前407年)。秦汉以后,以秦国的《秦律》和汉朝的《九章律》为开端,历代的统一的成文法典更是绵延不绝。这些法典,不仅体系完整、概念术语明确,而且指导思想、立法原则、各种罪名和刑名以及从抽象的原则到具体案件的推理程序等一应俱全。尤其是7世纪初制定颁布的《唐律》,其立法水平可以说在当时世界范围内都是领先的。

其次,与上述一点相连,中国的法典注释学出现得很早。因为有法律,就要执行;要执行,就必须对法律进行解释。因此,在一般情况下(国家未被入侵、灭亡,法制发展没有中断等),成文法典的持续颁布,法制的长期发展,必然导致法典注释学的产生,在中国,自公元前3世纪前后的秦国开始,就出现了比较明确系统的法典注释学《法律答问》。至汉代以后,各大经学家开始了以经注律的活动,法学作品丰富,法学名家辈出,著名者有郑玄、马融、张斐、杜预、刘颂、郭躬、陈庞等。《晋书·刑法志》说:当时注释法律者“十有余家,家数十万言”。可以

---

[32] 在古代和中世纪,存在法学的国家还有日本。因为在中世纪日本,已经存在比较系统的法典(如701年的《大宝律令》、718年的《养老律令》以及1232年的《御成败式目》等),有法典注释学(其代表作是9世纪面世的《令义解》《令集解》以及13世纪以后出现的各种关于《御成败式目》的注释书),也有法哲学——以中国儒家思想为核心的律学世界观。因此,虽然日本古代没有出现“法学”之名,但已存在“法学”之实。

认为,中国古代的法律注释学,是除罗马之外世界上最为发达的形态。

再次,中国的法哲学出现得也很早,远在西周时代,就出现了“天罚”“明德慎罚”等法哲学思想。到春秋战国时期,随着各个学派的崛起,百家争鸣的氛围的出现,中国古代的法哲学达到了一个鼎盛的阶段,无论是法家,还是儒家、道家、墨家、名家,都对法的起源,法的本质,法的作用,法与其他社会现象的关系,法、刑、律的关系,以及法的客观性、平等性、公开性、稳定性等问题展开了热烈的讨论,阐发了各自的主张。秦汉以后,关于法的本质、法与道德的关系,以及肉刑的废复、复仇是否可行、株连与反株连、亲属应否容隐、同罪异罚与同罪同罚、刑讯的限制与否定、“司法时令说”的得失、赦与非赦等问题的争论始终没有停止。尽管这些争论中探讨的大多是刑法问题,但其中包含的人们对法的根本见解这一法哲学立场是不容置疑的。

又次,中国古代的法律教育起步也比较早,早在春秋战国即已出现。史籍记载,邓析就曾聚徒讲授法律知识,弟子多达数百人。虽然荀子教学生以儒家经典为主,但韩非和李斯在他那里学了法律则是不可否认的事实。秦始皇统一中国以后,虽然对文化采取了专制主义的立场,但从“若欲有学法令,以吏为师”[33]来看,法律教育未曾中断。而3世纪魏明帝采纳卫觊的意见,设立律博士以后,中国的法律教育更是有了专门的组织,得到了国家的鼓励和支持。此后,虽然各个朝代的律博士称呼不一,所在部门经常变动,规模人数也不一致,但一直到元代,中央政府的以大理寺(隋)、国子监(唐、宋)为中心的高等法律教育一直没有中断过。法律教育的实施,对法律的制定、施行,对法律的学习、解释,以及对法律的宣传和研究所起的积极影响,是不可否认的。

最后,在中国古代法学研究中,所用的方法也是非常丰富的、逻辑的、历史的、社会的、比较的以及技术检验的,这些在张斐(3世纪中叶人)的《律注要略》、长孙无忌(594～659年)等人的《唐律疏议》以及宋慈(约1186～1249年)的《洗冤集录》中,都得到了充分的证明。同时,在法律原则、法律概念和术语的创制、阐明方面,中国古代的成就也是令世人瞩目的,张斐在上述《律注要略》中

㉝ 《史记·秦始皇本纪》。

对20个刑法概念的诠释，以及《唐律疏议》对各种罪名、刑名的说明，其水平令今人都叹为观止。此外，在中国古代，与法典注释学和法哲学相关的其他学科也已露萌芽，如历代正史中的《刑法志》，实可算是一篇篇水平高超的法制史论文；《管子》一书中提出的"仓廪实则知礼节，衣食足则知荣辱"[34]，不能不说已包含了法经济学的观点；白居易（772～846年）等人的针对社会时弊而提出的法律对策的论文，也已经涉及了法社会学的思想。当然，由于中国特殊的国情，上述这些思想未能发展成为近现代西方的法史学、法经济学和法社会学，而且在这里将它们相提并论也似有牵强比附之嫌。但这些思想对中国古代法学发展的促进作用是不可低估的。

通过上述分析，我们可以清楚地看到，中国不仅具备了法学存在的必备要素，而且具备了相应的各种一般要素。古代中国人在这个领域创造的如此丰富的思想文化成就，使我们无论如何也无法否认中国古代法学的存在。因此，笔者认为，中国古代不仅存在法学，而且还是一种比较发达的法学形态。

五

那么，为什么有些同志还是认为中国古代没有法学呢？看来，除了列出中国古代法学存在的表现之外，还必须阐明中国古代法学与其他各种法学在形态上的区别与特点，这样，我们才能对这个问题有更深一层的理解。

让我们列表来比较一下中国古代法学与古代罗马法学、伊斯兰法学和近代西方法学在法学各形态要素上的相同点与差异（见表1）。

---

[34] 《管子》卷一《牧民第一·经言一》。

表1　法学形态对照

形态要素	古代中国	古代罗马	中世纪伊斯兰	近代西方
经济要素	封建经济	商品经济（简单型）	封建经济	商品经济（发达型）
立法要素	成文法典（刑法为主）	成文法典（私法为主）	成文法典（法律教义合一）	成文法典（分门别类）
部门法体系	不完整	不完整	不完整	完整
法律注释	发达系统（刑法注释）	发达系统（私法注释）	发达系统（教法注释）	发达系统（综合注释）
法哲学	丰富（以宗法伦理为核心）	丰富（以自然法为核心）	丰富（以教义为核心）	丰富（以公平正义为核心）
法学原则	基本形成（刑法原则）	基本形成（私法原则）	基本形成（教法原则）	发达完善（综合型）
概念术语	系统科学（刑法学）	系统科学（私法学）	系统科学（教法学）	系统科学（综合型）
研究方法	比较丰富	比较丰富	比较丰富	丰富科学
相关学科	有一些	有一些	无	齐全
法学主体	法学家（多为官僚兼）	法学家（职业性）	教法学家（教会人士兼）	法学家（职业性）
价值目标	义务、和谐	权利、正义	尊从安拉	社会正义
法律教育	不发达	比较发达	不发达	发达
学术环境	基本不自由	基本自由	不自由	自由

表1所列虽然非常简单，但从中已可以大体得知中国古代法学的一些基本特点。

第一，中国古代的法学，是建立在以小农经济为基础的封建经济基础之上的。在这种经济基础之上，商品交换不发达，宗法体制盘根错节，主要权力都集中在地主阶级的总代表皇帝手中，臣民只有义务而无权利，法律成为维护君主专制统治和确保社会秩序稳定、和谐的工具。这一切,都影响了中国古代法学的特殊风貌和基本性格,形成了与古代罗马以及近现代西方法学不同的特点。

第二,中国古代的法哲学虽然起步早,发展一以贯之,但它的基本立场在于论证法律在宗法家族体制中的地位,君君、臣臣、父父、子子之间的法律关系,法律在统治人民、平息纠纷、镇压敌对分子中对道德的辅助作用,而从来没有去研究如何保护国民(中国古代未曾出现过"公民",所以我们只能使用"国民"一词)的权利和自由问题,也没有取得过独立于伦理和政治的地位。因此,中国古代的法哲学实质上是一种伦理法哲学、政治法哲学和刑罚法哲学。全面阐述中国古代法哲学的特点需要专门写篇论著,这里只能点出上述 3 个特色,以帮助我们理解为什么古代中国法学和古代罗马法学以及近现代西方法学存在不同。

第三,中国古代虽然很早就出现了成文法典,并且在以后的发展中这个传统一直绵延不绝,但中国的法典,从春秋战国时期的《刑书》《刑鼎》《法经》,到《秦律》《九章律》《魏律》《晋律》《唐律》以及以后各个朝代的法典,都是刑法典或是以刑法内容为核心的法典,调整民事关系的私法规范很少,而且绝大部分民事法律规范是处理民事问题的刑法规范。[35] 在这种状况下,中国古代比较发达的法律注释学是刑法注释学,它不是为如何保护国民的权利出谋划策,而是着重于研究如何更好地完善其律(律文)这个刑事镇压的工具。[36]

第四,尽管中国古代的法律教育开始很早,魏以后在中央政府也设有进行法律教育的机构,但中国古代的法律教育,从来没有获得过独立的地位。在春秋战国时期,它主要依附于其他学术教育;在秦代,它只是官吏的附带职责;在汉代,它又成为经学教育的内容之一;魏以后,它也只是为选拔官吏而学习之科目的一种。即使在将法律教育作为中央高等教育内容之一的唐宋年间,当时律学也与国子学、太学、四门学、算学和书学等合在一起,且在人数和地位上也不如其他学科。如唐代国子学学生 300 人,太学学生 500 人,四门学生 1300 人,而

㉟ 关于中国古代民事刑法化的详细论述,参见张中秋:《中西法律文化比较研究》,南京大学出版社 1991 年版,第 85 页。

㊱ 当然,中国古代法律注释学中也有许多关于正确适用法律条文、正确定罪量刑及防止出现冤假错案的论述和技术,但可惜的是,由于中国古代的特殊国情,上述这些内容,都被包摄在法律的刑事镇压的工具属性之中了。

律学生仅 50 人。[37] 元以后，朝廷索性取消了中央政府的律学博士，从而使元明清的法律教育只能成为府县衙门中幕僚和胥吏中间一种学徒式学习方式。[38] 中国没有出现专门法律教育机构，也不曾出现过法律教育组织。即使在后汉和魏晋律学最昌盛之时，法律教育也仅仅局限于民间的私整类型。

第五，以百花齐放、百家争鸣为表现形式的学术自由，虽然不是法学存在的必备要素，却是法学发达和繁荣的重要条件。在中国历史上，曾经有过 3 次大的学术自由时期，一次是春秋战国时期，一次是魏晋南北朝时期，还有一次是明清交替时期。但是，第一次时代还比较早，中国的成文法发展还处在初期阶段，因而这次学术自由对中国古代法哲学的形成有很大的帮助，但对法学的整体发展作用不是很大。尤其必须注意的是，由于中国国家和法形成的特殊状况，即中国国家与法是在部族征战中形成和发展起来的，中国古代法一开始就带上了氏族镇压的色彩，这样，围绕法的本质、法的起源、法的作用等问题的讨论也带有明显的伦理色彩、政治色彩和刑罚色彩。而第二次和第三次学术自由的时期，一是时间比较短，二是从秦代开始，中国进入了中央集权的政治体制，国家所能给予臣民的学术自由也是非常有限的。因此，中国古代法学事实上始终未能摆脱其作为政治附属物的地位。

第六，在古代中国，职业的法学家数量并不多，绝大部分法学家并不专门从事法律教育和法律著述事业，而只是一批官僚，或者是文学家、哲学家，如东汉著名律学家郑玄(127 ~ 200 年)，是官僚、经学大师，马融(79 ~ 166 年)是官僚、经学家和文学家；西晋著名律学家杜预(222 ~ 284 年)，则是大将军、经学家；《唐律疏议》的主要编纂者长孙无忌是初唐的大官僚；其他法律思想家如韩愈(768 ~ 824 年)、柳宗元(773 ~ 819 年)和白居易等，也是文学家、哲学家和诗人。像担任法官职务又从事立法、法律著述的郭躬(1 ~ 94 年)、张斐、陈宠(? ~ 106 年)等，人数并不多。而完全不担任官职，专心致志于法律教育和法律研究的人，如古代罗马盖尤斯(Gaius，约 130 ~ 180 年)那样的法学家更是凤毛麟角。

---

[37] 参见张耕主编:《中国政法教育的历史发展》，吉林人民出版社 1995 年版，第 23 页。

[38] 这一点，张伟仁先生在《清代的法学教育》(载台湾大学《法学论丛》第 18 卷第 1、2 号，1988 年)中有很好的阐述，请参阅。

因此。中国古代独立的纯法学理论著作很少，有相当多的作品往往是法学、哲学、文学、经济互相混合，如《管子》《韩非子》等。即使是最为完善的《唐律疏议》，也主要是法典注释型作品。

从上述6点（当然还有其他一些方面）可以得知，为什么在本篇一开始时笔者就说中国古代无法学的观点在一定意义上是正确的。因为，中国古代的法学确实是一种完全与古代罗马和近现代西方不同的面貌、完全不同的风格，如以古代罗马法学和近现代西方法学为参照系，那么中国古代确实没有法学可言。但是，问题也出在这里，如上所述，法学是一个有机的整体，是一种由许多要素组合而成的体系，具有丰富多彩的形态，它不可能是一种模式、一种样态，我们不能以古代罗马或近现代西方的法学作为标准衡量世界其他国家是否存在法学，认为凡是与其相同者，就是法学；不同者，就不承认是法学。如果只有"以正义为核心的法学"才是法学，那世界上的法学形态不是太单调了吗？研究世界法学史不是太容易了吗？很显然，中国古代法学与古代罗马法学以及近现代西方法学的不同，不是"是"还是"不是"法学的区别，而是法学形态的区别。就像文化一样，我们不能说由于中国的文化与西方的文化之间存在差异，就否认中国文化的存在。

事实上，法学的完善形态只是在现代社会才存在。古代罗马的法学，其实也存在诸多缺憾。比如，即使是它最发达的私法学，许多概念术语也是很原始的。它虽然有法人制度和法律行为的萌芽，但却没有"法人"这一对商品经济来说至关重要的概念，也没有"法律行为"这一对法律主体的活动和法律关系的形成而言极为重要的概念，这两个概念都是迟至19世纪初叶德国历史法学派崛起后，由德国法学家胡果（Gustav Hugo，1764～1844年）提出，并经由其弟子萨维尼和普赫塔（Georg Friedrich Puchta，1798～1864年）以及祁克（Otto Friedrich von Gierke，1841～1921年）等人的阐述，才发展起来的。但在罗马法学中没有"法人"和"法律行为"的概念，责任并不在罗马法学家，因为当时还没有创制出这两个概念的条件。此外，古代罗马也没有宪法学、行政法学和刑法学，没有法医学，没有法史学、法社会学和比较法学，因为所有这些学科都是近代以后，随着社会的发展、文明的进步、国家机器的完善才一步步形成的。我们不能说因为罗马法学与近现代法学之间存在这种区别，就否认古代罗马存在法学。事实上，无论是古代罗马法学，还是古代中国法学，都只是一种残缺的法学形态，因为它们都未完全具备法学形态所要求的全部要素。完整意义上的法学形态是近代以后才出现的，而且这种完整也是一个变化的概念。从今人的眼光来看是完整的，以后人的眼光来观察就可能是残缺的，因为法学的发展永无止境。

这里的问题是由于罗马法学是直接建立在简单商品经济之上的，它当中包含的体现商品经济发展规律的成分与近代建立在复杂商品经济之上的资产阶级法学之间有着内在的、必然的联系，古代罗马法学与近现代西方法学之间有着诸多共同的东西，能够为后者所继承，而其法学形态也容易为人们所认同。而中国古代法学，因为建立在封建的小农经济之上，所以到近代随着这种经济基础被资本主义商品经济所摧毁，建立在其上的法学形态便理所当然地为建立在资本主义商品经济之上的近代西方法学所取代。然而，这并不等于中国古代不存在法学，或中国古代的法学不是“法学”。

六

法学形态的理论，具有重要的理论和实践价值。其意义不仅仅是在证明中国古代是否存在法学这一层面上，而且对我们加深认识、理解法学的内在结构、本质和发展规律，也都有重要的指导意义。如何结合我国法制建设的实践，来探讨各个部门法中的理论问题，即创立一般所说的部门法哲学，将是摆在我们面前的一项重要任务。[39] 又如，通过法学形态的理论，我们可以知道，在我国培养职业法学家队伍的任务十分迫切，提高法学工作者的主体意识和独立意识，提高法学工作者的创造性和探索精神，都是摆在我们面前的需要抓紧解决的问

[39] 这方面，我们已经做了一些努力，如出版了陈兴良的《刑法哲学》（中国政法大学出版社 1992 年版）、徐国栋的《民法基本原则解释》（同上出版社 1992 年版）、王利明的《侵权行为法归责原则研究》（同上出版社 1992 年版）以及梁慧星的《民法解释学》（同上出版社 1995 年版）等。此外，李锡鹤的《论民法精神》（载《法学》1996 年第 7 期）一文，也在这方面作出了可贵的努力。

题。再如,如何营造法学研究中的学术氛围,给予法学工作者以自由研究学术问题的权利,鼓励法学研究中的百花齐放和百家争鸣,提倡多种研究方法的并用,以及深入进行法律教育管理体制和教学内容等方面的综合改革等,也都是我们所应当关注的课题。

秦汉律学考*

中国古代律学是中国古代法学的主体部分,也是其主要的表现形态,是中国古代学术中的一个重要领域,是立法发展到一定程度,语言学、文字学、逻辑学等有了相应发展以后的产物。在中国,早在春秋战国时期,随着立法的进步以及中国古代语言学的发达,就已经出现了对立法事件、某些法律规定、某些名词概念的诠释活动。但是,对国家的整部法典或法规作出系统而完整的注释,并使这种注释成为一门学问即律学,则是秦汉以后的事情。本部分拟对中国古代律学的内涵,秦汉时期中国古代律学的诞生过程及其内容,秦汉律学的特点及其传统等,作一些初步的探索。

一

学术界一般认为中国古代律学诞生于秦汉时期,但在秦汉时期的文献中,事实上并无关于律学研究状况的记载,①也无"律学"之用语。对律学研究活动明确作出记述以及"律学"一词的使用,是魏晋以后的事情。

比如,《晋书·刑法志》不仅对董仲舒、马融、郑玄、应劭等人的释律、著律章

* 本部分原载于《法学研究》1999 年第 5 期。

① 《史记》《汉书》等在记述一些法律工作者的活动时,仅提到跟随父亲学习法律(《汉书·于定国传》),当狱吏、学律令(《汉书·路温舒传》),执法官吏之间互相论定律令(《史记·赵禹传》)等,尚未对律学研究活动作出明确的记述。

句等活动作了记述，而且对魏明帝时卫觊上书奏请设立律博士的过程也作了详细叙述。在《晋书·石勒载记》和《南史·孔(稚)珪传》中，又分别出现了“律学”之用语：“太兴二年，(石)勒伪称赵王……(任命)参军续咸、庾景为律学祭酒。”“永明中，珪上律文二十卷，录序一卷，又立律学助教，[②]依五经例。诏报从之，事竟不行。”但此时，人们对释律活动并未冠以“律学”之概念，使用“律学”一词时，主要是指律博士(助教)这一学(官)职。

至唐宋时期，上述局面有所改变，律学的概念进一步明晰。《册府元龟》卷六一二记载：“(永徽)三年诏曰：律学未有定疏，每年所举明法遂无准凭，宜广招解律人条义疏奏闻，仍使中书门下鉴定。”[③]《宋刑统》卷一《名例·五刑》记载：“律学者云……”这里，律学一词已不仅仅指律学博士等学职，而是专指一门学问。

进入明清时期，随着私家释律著述的大量出现，表示一门学问之律学一词的使用也愈加频繁。但总的来说，在中国古代，人们对律学的内涵和外延的界定并不非常明确，一般都只是笼统地称其为研究法律的学问。

近代以后，学术界尽管发表了不少论述中国古代律学的论著，但对律学的界定仍不是很清楚。一方面，国内一些权威的辞书，如《康熙字典》、《辞海·语词分册》(上海人民出版社版)、《法学词典》(上海辞书出版社版)、《中国古代法学辞典》(南开大学出版社版)、《简明法制史词典》(河南人民出版社版)等，均无“律学”一词的释文。《中国历史大辞典·隋唐五代史》中虽有“律学”一词，但其释文为“学校”，即唐宋时期国家正式设立的、与太学等相并列的一种教育场所和设施。《辞源》(商务印书馆版)中有“律学馆”和“律学博士”条目，前者指修订法律的机构，后者指的是一种官职(学职)。总之，上述各类辞书对作为一门学术的律学，均未作出说明。

另一方面，在清末民初一些学者如沈家本和程树德的作品中，虽然大量涉及律学，但在前者那里，“律学”常和“法学”一词混用，是笼统指称关于法律的

---

② 《南齐书·孔稚珪传》中，“律学助教”写为“律助教”。

③ 刘俊文点校：《〈唐律疏议〉中的点校说明》，中华书局1983年版。

学问[4];在程树德的著作中,律学的内涵也是比较宽泛的,如他认为,何休、郑玄的以律注经也是律学的组成部分,归属于律学之范畴;律学在战国时已经昌盛[5]。清末学者张鹏一,写了一本名为《两汉律学考》的著作,但笔者在东京大学法学部图书室见到它时,发现其仅仅是20页罗列汉代立法、执法及法律著述人员的表格,并未对两汉律学作出系统的考证。

进入现代之后,学术界对律学的研究渐趋活跃,但观点仍然未得到统一。一部分学者将律学的外延放得比较宽,认为在先秦时期,中国就已经有了发达的律学。如陈顾远在《中国法制史》一书中说:"中国之律学,似以所谓法家者流,承其正统,实则概言之耳。法家之能否独立,姑置不论,而从事律学者不必限于法家,则为定谳。"高恒在《秦汉法制论考》一书之自序中进一步说:"有人说,律学是'从汉代起','依据儒家学说对以律为主的成文法进行讲习、注释的法学'。这样理解'律学',过于狭窄了,显然不合历史实际。春秋战国之际,随着先秦法家'以法治国'理论的出现,也就出现了关于律的学说。以先秦名学为理论基础而形成的中国古代(或称古典)律学,与哲学、政治学、伦理学等,有明显区别。它具有自己独特用语(法言法语),名词概念精当,判断推理符合逻辑,在发展过程中,吸取了诸家理论,主要是儒家的伦理学说,逐渐成为了一门真正的科学。"钱大群在《中国古代盗窃罪研究》一文中,[6]分析晋代律学家张斐给盗窃罪所下的定义"取非其有谓之盗"时,也指出:"这种观点实际早在春秋时就确立。春秋时的律学家也是以此顺利地解决了辗转相盗中犯罪性质的确定问题。"此外,怀效锋在《中国传统律学述要》一文中,也阐述了同样的观点。[7]

另有一批学者对律学下了比较严格的定义。如张友渔、潘念之在《中国大百科全书·法学》序文"法学"中,对"律学"一词作了界定:通常所说的中国古

---

④ 参见沈家本:《法学盛衰说》,载《寄簃文存》,商务印书馆2015年版,第114~117页。

⑤ 参见程树德:《九朝律考·汉律考》,商务印书馆2010年版,第228~229页。

⑥ 参见钱大群:《中国古代盗窃罪研究》,载《法律史研究》编委会、《中日文化交流丛书》编委会合编:《中外法律史新探》,陕西人民出版社1994年版。

⑦ "律学实质上就是中国古代的法学,它发轫于商鞅变法,兴起于汉,繁荣于魏晋,成熟于唐,衰微于宋元,复兴于明,至清而终结。"参见怀效锋:《中国传统律学述要》,载《华东政法学院学报》1998年第1期。

代律学,“即依据儒家学说对以律为主的成文法进行讲习、注解的法学。它不仅从文字上、逻辑上对律文进行解释,也阐述某些法理,如关于礼和法的关系,对刑罚的宽与严,肉刑的存与废,‘律’‘令’‘例’等的运用,刑名的变迁以及听讼、理狱等”。师棠在《律学衰因及其传统评价》一文中指出:“中国古代的律学,是研究制定法的内容及其如何适用的问题。它的研究对象是业已颁布的现行法,主要采用注释诠解的经学方法,目的在于将制定法更加妥帖地适用于实践。律学滥觞于秦,发展于两汉,昌盛于魏晋,至唐以后便趋向衰微。”⑧刘笃才在《论张斐的法律思想——兼及魏晋律学与玄学的关系》一文中进一步强调:“产生于汉代的律学,因其研究对象是律而得名。如果说当时由于统一的刑法典尚未完成,它所研究的汉律还包括较广泛的内容,那么到了魏晋时期及其以后,朝廷颁布的刑法典便是它唯一的研究对象了。”⑨钱剑夫在《中国封建社会只有律家律学律治而无法家法学法治说》一文中,也持与上述学者相同之观点。⑩

笔者基本赞同上述第二种观点,但稍有变化,即笔者以为,律学是中国古代特有的一门学问,是秦汉时期随着成文法典的出现,统治阶级为了使法典(因当时法典尚未定型,故也包括单行的律、令)得以贯彻实施而对其进行注释诠解因而形成的一个学术研究领域,它是中国古代法学的一个重要组成部分,但两者并不是一回事。它不包括中国古代法哲学(法律思想),不包括法史学(如历代刑法志等)和法医学,也不包括以律注经等学术活动。本部分的以下论述,均以此观点为出发点。

二

作为特定的以注释、阐述现行法为对象的中国古代律学,诞生于秦汉时期

---

⑧　师棠:《律学衰因及其传统评价》,载《法学》1990年第5期。

⑨　刘笃才:《论张斐的法律思想》,载《法学研究》1996年第6期。

⑩　参见钱剑夫:《中国封建社会只有律家律学律治而无法家法学法治说》,载《学术月刊》1979年第2期。

对法律的注释活动，其标志为秦代法律注释书《法律答问》的出现，西汉董仲舒等人以经释律（决狱），东汉马融和郑玄等人以经注律活动的展开。其具体过程大体可以分为三个阶段。

（一）以《睡虎地秦墓竹简·法律答问》为代表的秦代律学

1975年湖北省云梦县睡虎地出土的秦简中的《法律答问》是一篇比较系统完整的律学（法律注释学）作品。《法律答问》出土时位于墓主颈右，计竹简210支，解释法律187条，多采用问答形式，对秦律的一些条文、术语和律文的意图作出明确的解释。

从《法律答问》的内容范围来看，它所解释的是秦律中的主体部分，即刑法。据《晋书·刑法志》和《唐律疏议》等文献得知，商鞅制订的秦法系以李悝的《法经》为蓝本，分盗、贼、囚、捕、杂、具等6篇。《法律答问》解释的范围，与这6篇大体相符。从《法律答问》所引用的律文来看，既有秦王政时期的法律，又有商鞅时期的原文，还有当时的判例（“廷行事”）。此外，还有一部分是关于诉讼程序的说明。

由于商鞅变法实行“权制独断于君”，主张由国家制定统一的政令和设置官吏统一解释法令，《法律答问》不会是私人对法律的任意解释，在当时应具有法律效力。[11]《法律答问》可以说是目前为止所发现的秦汉时期最为完整的律学作品，是我们研究秦代法学的珍贵文献。

（二）西汉时期的律学研究（法律注释）活动

与秦相比，西汉时期对法律的注释，首先是在范围和深度上有许多发展。

首先，汉在秦的基础上制定了许多单行律条，但由于这些律文都已佚失，我们无法得知其运行的具体情况。[12] 但是，由于张汤、赵禹等人都是汉时的法律家，在他们制定律令时，伴有对律文的解释和研究是可以推定的。《史记·赵禹

---

⑪　参见睡虎地秦墓竹简整理小组编：《睡虎地秦墓竹简》，文物出版社1978年版，第150页。

⑫　参见《晋书·刑法志》；钱剑夫：《中国封建社会只有律家律学律治而无法家法学法治说》，载《学术月刊》1979年第2期。

传》对此有所记载,“今上时禹以刀笔吏积劳积迁为御史,上以为能至太中大夫,与张汤论定诸律令。”

此外,《汉书·于定国传》记载,廷尉于定国,虽然没有像张汤、赵禹那样制定过律令,⑬但他出身于法律世家,其父于公为县狱史,郡决曹,决狱平,罗文法者于公所决皆不恨。郡中为之生立祠,号曰“于公祠”。于定国少时跟随父亲学习法律,从事狱史工作。后因审案公正,政绩卓著,官职升至廷尉、御史大夫。由此可以推论,在西汉,随着《九章律》《傍章律》《越宫律》等一批法律的出台,当时的法律注释以及教育活动也同时得以蓬勃开展。

其次,随着汉武帝独尊儒学的政策的推行,用儒家经典的原则和精神来解释法律的活动也开始兴起,出现了董仲舒等以经释律的大师。

董仲舒原为研究《春秋》的经学大师,在公元前139年汉武帝举行的“贤良对策”中名列第一,由此踏入政界,参与西汉立法与司法活动。在这些活动中,董仲舒运用儒家的学说(《春秋公羊传》中的原则),解释当时的法律,审理各种疑难案件。

比如,当时有一件疑难案件:某甲从路旁拾到了一个小孩,将其收养为义子,该小孩长大后因杀人而犯了罪,而某甲听其叙述后将其隐藏起来,不去报告。对于这样一个隐藏杀人犯的案件,按照当时的法律是要严厉惩处的,即汉律不仅规定杀人者应处死,首匿者(隐藏杀人犯者)也为大罪,要被处以鬼薪至弃市的刑罚。⑭ 但董仲舒却断曰:“甲无子,振活养乙,虽非所生,谁与易之。……《春秋》之义,父为子隐,甲宜匿乙而不当坐。”由此某甲免予刑事处分。⑮

史籍记载,类似上述以经释律,审案断狱的案件,董仲舒处理了232件。⑯这里,董仲舒虽然是在断案,但是他的活动,事实上是对当时的法律规定作出了

---

⑬　程树德在《九朝律考》(第30页)中引《唐六典》注称“宣帝时,于定国又删定律令科条”。此外,《魏书·刑罚志》也称:“于定国为廷尉,集诸法律,凡九百六十卷,大辟四百九十条,千八百八十二事,死罪决比凡三千四百七十二条,诸断罪当用者,合二万六千二百七十二条。”可见,于定国也曾汇编、删定过律、令、比。但是,《汉书·于定国传》中未提及这些事。

⑭　元封四年(公元前107年),毕梁侯婴坐首匿罪人为鬼薪;元康元年(公元前65年),修故侯福坐首匿群盗弃市。参见程树德:《九朝律考》,中华书局1963年版,第100页。

⑮　参见程树德:《九朝律考》,中华书局1963年版,第164页。

⑯　参见(清)沈家本撰:《历代刑法考》(三),中华书局1985年版,第1770页。

限制性(从宽)解释,对当时法律的适用产生了重要的影响。[17]

此外,如叔孙通、张欧(叔)、晁错、路温舒、公孙弘、丙吉等,也都是既通儒家经典,又熟悉法律知识的大学者,在他们的学术活动中,也可以推定包含法律解释的内容。[18]

(三)东汉时期法律注释活动的活跃

东汉的法律注释活动,在西汉的基础上有了进一步的发展。史籍记载,东汉时以儒家经义注释法典、阐述律意的著名人物,就有郑兴、郑众、许慎、马融、郑玄、何休、应劭、服虔、文颖等。《晋书·刑法志》在论述这一点时说,对当时的汉律,"后人生意,各为章句。叔孙宣、郭令卿、马融、郑玄诸儒章句十有余家,家数十万言。凡断罪所当由用者,合二万六千二百七十二条,七百七十三万二千二百余言"。

应当说,上述各位学者的律章句,是东汉时期最典型的律学著作,也是秦汉时期律学诞生的重要标志之一。然而,非常遗憾的是,这些以经注律的律章句作品没有一部得以流传下来。因此,我们研究东汉时期的律学,只能像大海捞针一样,从浩如烟海的众多史籍中钩沉梳爬,以获取东汉人释律的史料。此项工作,笔者认为可以从下述四个方面入手。

第一,郑玄等人不仅注律,也同时注经。他们注律的律章句著作虽然都已佚失,但其注经的作品大部分得以保存下来。此外,郑玄等人注律注经时,运用的章句方法是一样的,对在律文和经文中都曾出现的同一个概念的注释也应是一致的。因此,我们可以从郑玄等人对经文中的法律概念的解释中,窥见其律

---

⑰ 关于董仲舒的法律思想,中国法律思想史和法制史的著作一般都有涉及,单行本可参见杨鹤皋:《董仲舒的法律思想》,群众出版社 1985 年版。最新的成果可参见徐世虹主编:《中国法制通史·战国秦汉》(第 2 卷),法律出版社 1999 年版。

⑱ 叔孙通原为文学博士,后制定《傍章律》18 篇(《汉书·叔孙通传》);张欧"孝文(帝)时以治刑名侍太子,然其人长者"(《汉书·张欧传》);晁错"学申商刑名于轵(zhi,县名)张恢(先)生所,……以文学为太常掌故",汉文帝时"太常遣错受《尚书》伏生所,还,因上书称引解说"(《汉书·晁错传》);路温舒曾"学律令,转为狱史","又受《春秋》,通大义,举孝廉"(《汉书·路温舒传》);公孙弘著《公孙子》,言刑名事,亦谓字直百金(《西京杂记》);丙吉字少卿,治律令,为鲁狱史,积功劳,稍迁至廷尉(《汉书·丙吉传》)。

章句释文的大体面貌。

比如,“伤人”或“伤”,是汉律中的一个重要名词,如“盗伤与杀同罪”“取人兵刃以伤人,罪与杀人同”(《盐铁论·刑德》),“(薛)况首为恶,(杨)明手伤,功意俱恶,皆大不敬。……律曰:‘斗以刃伤人,完为城旦,其贼加一等,与谋者同罪”(《汉书·薛宣传》)。但是,何谓“伤人”或“伤”?汉律本身并未作出很明确的定义。郑玄在注《周礼·秋官司寇·禁杀戮》时,对此概念作了明确的解释:“见血乃为伤人耳。”虽然,郑玄的此概念系为注经所作,但由此推论他在律章句注汉律中“伤人”或“伤”之概念时,也作出了同样的解释,应当是合乎情理的。

第二,学术界认为,律章句是郑玄等人注释汉律的作品,而后人阐述汉律时常引的“律说”可能就是律章句的成果形式之一。⑲ 律章句虽然都已佚失,但某些“律说”由于汉末及魏晋学者在注解《史记》《汉书》时不时加以引用而得以保存。程树德在《九朝律考·汉律考·律家考》中辑出这种“律说”8 条。其中,有一条为“封诸侯过限曰附益”(《汉书·诸侯王表》注张晏引律郑氏说)。张晏是三国时期魏国人,著有《西汉书音释》40 卷,对汉代史料比较熟悉,且离郑玄生活的东汉末期不远(20 余年),故亲眼见到郑玄的律章句并加以引用,是可以相信的。

当然,以上我们所见到的“律说”还是间接的史料,而在 21 世纪初出土于敦煌的汉简中,则有汉代人直接引用的汉律律说佚文:“行言者若许,多受赇以枉法,皆坐赃为盗,没入(官)□□。行言者,本行职□也。”⑳此条律说的律本文,见《汉书·外戚恩泽侯表》如淳注:“律,诸为人请求于吏以枉法,而事已行,为听行者,皆为司寇。”所谓行言,就是托言行贿,所以律说解释为“如果听从,收受贿赂,结果多是受赇枉法,以坐赃为盗论罪”㉑。

第三,有一部分东汉学者,如应劭、服虔、文颖等,《晋书·刑法志》中虽然没

⑲ 参见徐世虹主编:《中国法制通史·战国秦汉》(第 2 卷),法律出版社 1999 年版,第 232 页。

⑳ 林梅村、李均明:《疏勒河流域出土汉简》,参见徐世虹主编:《中国法制通史·战国秦汉》(第 2 卷),法律出版社 1999 年版。

㉑ 徐世虹主编:《中国法制通史·战国秦汉》(第 2 卷),法律出版社 1999 年版,第 233 页。

有明确记载他们著有律章句,[22]但他们注解、阐述《史记》和《汉书》中所包含的大量汉代律令的文字大部分被保存了下来,这部分也可视为汉代律学的重要内容。

比如,《汉书・景帝纪》记载:"……后二年五月诏曰:'……其唯廉士,寡欲易足。今訾(zi)算十以上乃得宦(拥有十万以上的财产才可以获得官职),廉士算(财产)不必众。有市籍不得宦,无訾又不得宦,朕甚愍之。訾算四得宦,亡令廉士久失职,贪夫长吏。"对此条诏令,服虔解释道:"訾万钱,算百二十七也。"应劭曰:"古者疾吏之贪,衣食足知荣辱,限訾十算乃得为吏。十算,十万也。贾人有财不得为吏,廉士无訾又不得宦,故减訾四算得宦矣。"按照汉代原来的法律,只有拥有十万以上财产的人才能做官,这既使清廉之士永远得不到官职,又助长了士人敛财贪婪的风气。因此,汉景帝下诏将十万入宦降为四万。而服虔和应劭两人对此条诏令的注释,使人们更容易认识和理解其律意。

第四,在汉代出版的一些辞书中,不仅收集有一般生活中的字、词,也有一部分为当时法律中的用语。当辞书作者对这些字、词作出解释时,事实上也就是在解释汉律。这部分释律的内容,也应是汉代律学的重要内容。这方面突出的事例,就是许慎所著的《说文解字》。

许慎是当时著名的经学家和文字学家,以经解释法律的重点在于说明某些法律用语、字、词的内涵和外延,以帮助人们对这些用语、字、词的理解和适用。比如,"赀"是汉律中的一个重要用语,汉律曰:"民不繇,赀钱二十三。"对此,许慎解释道:"赀,小罚财以自赎也。"又如,汉律规定:"能捕豺貀购(奖励)钱百。"许慎解释说:"貀,貀兽,无前足。"再如,汉令规定:"蛮夷长有罪,当殊之。"许慎解释说:"殊,死也。一曰断也。"此外,许慎在阐述伐、寸、辟、法、臣、狱、牢、告、正、诽、谤、讼、制、范、典、罪、戕、令、犯、治、贼、型等字时,也都不同程度地作出

---

[22] 应劭著有律章句一事,《汉书・应劭传》有记载。但服虔和文颖是否著有律章句,其他文献中也无记载。或许他们有这方面的著作,但为《晋书・刑法志》的作者所省略了,因为"十有余家"的律章句,《晋书・刑法志》只说了叔孙宣、郭令卿、马融、郑玄 4 家。

了和上述原则相类似的解释。[23]

作为中国古代律学诞生的上述三个阶段，其律学的具体表现形态是不同的。

就秦王朝而言，虽然实行了高压的专制集权统治，并且对几乎所有的学术研究活动均予以取缔和镇压，[24]但其对法律却给予了异常的重视，实行了“以法为教，以吏为师”的国策。因此，在这种情况下，秦王朝的其他学术如文学、史学等均受到了摧残，律学却得到了国家强有力的支持。当法律处于独尊地位、法律教育成为一种官僚教育、社会教育，[25]当统治者急于让全国百姓都熟悉、了解法律时，对法律进行注释讲解的学问——律学就形成了。虽然，缺少其他学术支撑的秦代律学，其表现形态是比较稚嫩的，但其无疑为两汉律学的发达提供了合适的基础。

进入西汉以后，一方面，随着封建统治阶级的日益成熟，法律适用和德治教化手段的行使之关系开始被理顺。另一方面，随着思想领域以儒为宗，各家兼容之封建正统法学世界观的确立，律学的发展也克服了一味用刑的缺陷，而得到了较厚实的理论基础。而东汉时期经学方法在注律实践中的运用，使律学变得更为系统、细密、严谨。这些，是汉代律学区别于秦代律学的特点所在。

三

经过秦、西汉、东汉三个阶段的法律注释活动而诞生的律学，大体包括如下内容。

---

[23] 应该说，自近代以来学术界在辑录汉律佚文方面已取得了重大成就，先后出版了薛允升的《汉律辑存》、张鹏一的《汉律类纂》、杜贵墀的《汉律辑证》、沈家本的《汉律摭遗》和程树德的《汉律考》等作品。但在对汉代律学著作佚文的钩沉梳理方面，还未能推出系统的成果，这是非常令人遗憾的。

[24] 《史记·秦始皇本纪》：“非秦记皆烧之，非博士官所职，天下敢有藏《诗》、《书》、百家语者，悉诣守、尉杂烧之。”

[25] 笔者认为，以吏为师，使社会底层的一大批吏也成为可以带有法律学子的教师。此种教育已带有民间办学的性质，具有广泛的社会性。《法律答问》伴着墓主喜——秦代一名基层官吏一起埋葬，汉初重臣萧何、曹参等都出身于“刀笔吏”等，均充分说明了这一点。

第一,通过对法律用语的注释,执法的官吏了解法律的含义,从而使法律得到更好的执行。例如,《法律答问》在解释"盗及者(诸)它罪,同居所当坐"之法律条文时指出:"可(何)谓'同居'?(同)户为'同居',坐隶(奴隶犯罪,主人应同坐),隶不坐户谓也(主人犯罪,奴隶不连坐)。"㉖

又如,在解释什么是"犯令",什么是"废令"时,《法律答问》指出:"律所谓者,令曰勿为,而为之,是谓'犯令';令曰为之,弗为,是谓'法(废)令'殹(也)。廷行事(判例)皆以'犯令'论。"㉗

再如,在解释什么是"不直",什么是"纵囚"时,《法律答问》回答道:"罪当重而端(故意)轻之,当轻而端重之,是谓'不直'。当论而端弗论,及____(减轻)其狱,端令不致(故意使其达不到判罪的标准),论出之,是谓'纵囚'。"㉘

仅从出土的《法律答问》残篇中,我们就可以看到,这种解释是非常明确而详尽的。在 210 支竹简上,共解释法律条文 187 条,解释法律概念 70 余个。由于这种解释与法律具有同等的效力,它有力地帮助了法律的执行。

至汉代,随着经学之训诂方法的运用,汉儒对汉律令中的概念也作出了各种比较精确的界定和阐述。比如,《汉书·惠帝纪》记载:"(四年)省法令妨吏民者;除挟书律。"应劭对诏令中"挟"字解释说:"挟,藏也。"《汉书·文帝纪》记载:"朕初即位,其赦天下,赐民爵一级,女子百户牛酒,酺(pu)五日。"服虔释曰:"酺,音蒲。"文颖解释曰:酺,"音步。汉律,三人以上无故群饮酒,罚金四两。今诏横赐得令会聚饮食五日也"。《汉书·宣帝纪》记载:"(地节三年)诏:'池籞(yu)未御幸者,假与贫民。"对此,应劭注释曰:"池者,陂池也。籞者,禁苑也。"

又如,"顾山"是汉律中一个比较重要的用语,如《汉书·平帝纪》记载:"(元始元年诏)天下女徒已论,归家,顾山钱月三百。"对此,应劭作了明确说明:"旧刑鬼薪,取薪于山以给宗庙,今使女徒出钱顾薪,故曰顾山也。"这一解释,就使人们了解了顾山就是负有上山打柴作为服刑内容之女犯人,由于体力

㉖ 睡虎地秦墓竹简整理小组编:《睡虎地秦墓竹简》,文物出版社 1978 年版,第 160 页。
㉗ 睡虎地秦墓竹简整理小组编:《睡虎地秦墓竹简》,文物出版社 1978 年版,第 212 页。
㉘ 睡虎地秦墓竹简整理小组编:《睡虎地秦墓竹简》,文物出版社 1978 年版,第 191 页。

不支，以每月出钱三百来雇佣他人为其打柴供应宗庙之行为。

再如，"左道"一词，也是汉律中的一个重要术语，屡见于《汉书》的记载，如"皆奸人惑众挟左道"(《郊祀志》)，"不知而白之，是背经术，惑左道也，皆在大辟"(《杜延年传》)，"许皇后坐执左道，废处长定宫"(《淳于长传》)。但何谓"左道"？从上述记载中是看不出其明晰的含义的。郑玄在注解《礼记·王制》时，将汉律的这一概念定义为"若巫蛊及俗禁"[29]，于是，这一概念便由不明晰变得明晰。

第二，对律令的文意作出解释。比如，《汉书·高帝纪》记录了汉初的法律："约法三章：杀人者死，伤人及盗抵罪。"对此律文，服虔解释说："随轻重制法也。"《汉书·高帝纪》记载："(高祖七年)春，令郎中有罪耐以上者，请之。"对此法令，应劭解释说："轻罪不至于髡，完其耐鬓，故曰耏。古耐字从彡，发肤之意也。杜林以为法度之字皆从寸，后改如是。言耐罪以上，皆当先请也。耐音若能。"《汉书·惠帝纪》记载："上造以上及内外公孙耳孙有罪当刑及当为城旦舂者，皆耐为鬼薪白粲(can)。"应劭解释说："上造，爵满十六者也。内外公孙，谓王侯内外孙也。耳孙者，玄孙之子也。今以上造有功劳，内外孙有骨血属姪，施德布惠，故事从其轻也。城旦者，旦起行治城；舂者，妇人不豫外徭，但舂作米：皆四岁刑也。今皆就鬼薪白粲。取薪给宗庙为鬼薪，坐择米使正白为白粲，皆三岁刑也。"《汉书·武帝纪》记载："(天汉三年)初榷酒酤(gu，卖)。"应劭释曰："县官自酤榷卖酒，小民不复得酤也。"《汉书·哀帝纪》记载："除任子令及诽谤诋欺法。"应劭释曰："任子令者，汉仪注吏二千石以上视事满三年，得任同产若子一人为郎。不以德选，故除之。"以上各条释文，对律令文句的含义均作了比较清楚的说明，有助于司法实务人员更好地执行法律。

第三，对律令的立法背景和历史渊源作出解释，以帮助人们加深对律令规定内容的理解。比如，《汉书·惠帝纪》记载："六年冬十月辛丑……令民得卖爵。女子年十五以上至三十不嫁，五算。"应劭释曰："国语越王勾践令国中女子年十七不嫁者，父母有罪，欲人民繁息也。汉律人出一算，算百二十钱，唯贾人

---

[29] 杨鹤皋主编：《中国法律思想通史(三)》，山西人民出版社1998年版，第817页。遗憾的是，该书将"巫蛊"二字写成"丞盎"，不知是笔误还是校对错误。

与奴婢倍算。今使五算,罪谪之也。”《汉书·文帝纪》记载:“(元年冬,十二月)尽除收帑相坐律令。”应劭对此解释说:“帑,子也。秦法,一人有罪,并其室家。今除此律。”《汉书·景帝纪》记载:“(中六年)十二月,改诸官名。定铸钱伪黄金弃市律。”应劭释曰:“文帝五年,听民放铸(钱),律尚未除。先时多作伪金,伪金终不可成,而徒损费,转相诳耀,穷则起为盗贼,故定其律也。”《汉书·昭帝纪》记载:“(始元五年)夏,罢天下亭母马及马弩关。”应劭解释说:“武帝数伐匈奴,再击大宛,马死略尽,乃令天下诸亭养母马,欲令其繁孳,又作马上弩机关,今悉罢之。”㉚《汉书·昭帝纪》记载:“(始元六年)二月,诏有司问郡国所举贤良文学民所疾苦。议罢盐铁榷酤。”应劭释曰:“武帝时,以国用不足,县官悉自卖盐铁,酤酒。昭帝务本抑末,不与天下争利,故罢之。”《汉书·宣帝纪》记载:“(地节四年,诏曰)令甲,死者不可生,刑者不可息。此先帝之所重,而吏未称。今系者或以掠辜若饥寒瘐死狱中,何用心逆人道也!朕甚痛之。其令郡国岁上系囚以掠笞若瘐死者所坐名、县、爵、里,丞相御史课殿最以闻。”文颖对此诏令中“令甲”一词的起源及含义解释说:“萧何承秦法所作为律令,律经是也。天子诏所增损,不在律上者为令。令甲者,前帝第一令也。”

当然,以上寥寥数例,不能全面反映秦汉时期丰富的律学内容。睡虎地秦墓竹简所显示的较为完备的秦代法律体系,东汉时期达 7,732,200 余言的律章句,都表明了秦汉律学的发达。而对其佚文进行收集整理,必定是一件极为有价值的工作。本部分的上述简略叙述,仅仅是抛砖引玉。

四

与萌芽时期(战国时期)的法律注释活动相比,诞生期(秦汉时期)的律学,具有自己的鲜明特征。

第一,内容丰富、注释详尽。秦汉时期的学者,在注释法典诏令时,既有对

㉚ 对此释文的后半部分,后人持不同意见。三国时期魏国人孟康指出:“旧马高五尺六寸齿未平,弩十石以上,皆不得出关,今不禁也。”唐人颜师古说:“亭母马,应说是;马弩关,孟说是。”

某项法律、法令的历史背景和发展演变的分析阐述，又有对律文的立法宗旨、含义等的归纳总结，还有对法律概念、术语的训诂、解读和界定，呈现一种较为系统的形态。

一方面，就汉代的以经注律活动而言，其领域遍及礼制、官制、教育、刑事、民事、诉讼等各个方面，其内容可以说是无所不包。另一方面，从秦代的律学来看，仅以《法律答问》残篇而言，其所涉及的范围就非常广泛，既有对犯罪的责任年龄、诬告反坐、株连、犯罪未遂、共犯、教唆犯等涉及刑事犯罪共性问题的解释，又有对盗窃、窝赃、挪用公款、行贿、斗殴、游荡、逃婚、男女私通、出使外国未归、逃越国境、逃避服役、因讨债强行索取人质、擅自设立神位、司法官吏的“不直”和“纵囚”、麻风病人的犯罪、亲属相告、告不实、路见凶案不加援救等各项具体犯罪的说明阐述，还有对官长和啬夫、捕获逃亡犯人的奖励、看守仓库保管粮食的官员的责任、宫中各种官吏及奴仆的职责、官员收取田赋等行政法规的解释，以及涉及侵权行为及损害赔偿等民事法律方面的解释。可以说，在公元前3世纪就有如此比较系统发达的法律注释活动，这在世界法律发展史上也是非常罕见的。

当然，与后来成熟时期(隋唐时期)系统、完善、发达的律学相比，秦汉时期(尤其是秦代)的律学还显得比较简陋，如《法律答问》虽然比较详细，但在篇章结构上比较杂乱，缺少逻辑性。比如，该答问以刑法为主，并且也涉及一些刑法总则的问题，如共犯、犯罪未遂、诬告反坐等，但这些都被淹没在各种具体的罪名之中，没有一种秩序可寻。当然，我们所看到的《法律答问》是残篇，也许原来排列秩序的逻辑性要强一些，但我们从后来魏《新律》制定时，将《具律》的秩序挪到篇首的记载(《晋书·刑法志》)中可以推知，在秦汉律中，其篇章结构还不尽科学合理，这也影响到对法律的注释的结构体系。律学的体系的比较科学合理，是经过魏晋南北朝几百年律学发展以后唐代的事情了。

第二，以刑法解释学为主、诸法解释学并行。秦汉时期的律学，虽是中国古代律学的活水源头，但已经显现出以刑法为主，诸法并存的特点。比如，在《法律答问》中，除了重点对各种刑事犯罪作出的详尽解释外，还有对土地制度、农业生产、赋税徭役、商业和手工业，以及官制、政府管理等规定的解释。又如，虽然由于汉代应劭的《律本章句》、郑玄的《律章句》等作品已经全部遗失，我们无从得知汉代律学的全貌，但从汉代经学家上述以经注律作品中，可以得知汉代的律文注释除刑事法律以外，已经遍及国家的礼制、官制、婚姻、契约、侵权、诉讼等各个领域。这些律学成就，经过魏晋南北朝的发展，终于至隋唐结出硕果，推出了《唐律疏议》这部以刑法为主，兼及其他法律部门的律学的经典作品。[31]

第三，儒法逐渐合流。战国时期在法学世界观以及各个具体法律问题上立场不同甚至针锋相对的儒家和法家，至秦汉时期逐步趋于一致，在许多重要的方面如立法和司法的政策等，逐步合为一体。而该时期对法律的注释活动，是儒法合流的重要催化剂。

秦汉时期在法律上儒法合流，首先表现为在秦代的律学中，已经重视儒家学派一贯强调的宗法伦理思想。比如，《秦律》规定："父盗子，不为盗。"《法律答问》解释道："今叚（假）父（义父）盗叚（假）子（义子），可（何）论？当为盗。"这里，《法律答问》已经严格界定了具有血缘关系的亲生父子关系和没有血缘关系的义父义子关系的差别，并强调了法律对具有血缘关系的亲生父子关系的严格保护。又如，《秦律》规定，"子告父母，臣妾告主，非公室告，勿听。"《法律答问》解释道："可（何）谓'非公室告'？主擅杀、刑、髡其子、臣妾，是谓'非公室告'，勿听。而行告（如仍行控告），告者罪。告（者）罪已行（控告者已经处理），它人有（又）袭其告之，亦不当听。"这种解释，明显突出了对尊者（主人、父母）的法律保护。再如，《法律答问》在阐述通奸罪时，认为："同母异父相与奸，可（何）论？弃市。"而"甲、乙交与女子丙奸，甲、乙以其故相刺伤，丙弗智（知），丙论可（何）殹（也）？毋论"。同母异父之子女通奸，处以弃市；而普通人通奸，即使两男为争夺女方而斗殴刺伤，女方也没有罪。这里，明显突出了对具有血

[31] 蒋集耀在《中国古代魏晋律学研究》（载《上海社会科学院学术季刊》1990年第3期）一文中指出：秦汉以后的律学与先秦法学的区别，主要在于前者是形而下的，着重于律文意义的阐发，而先秦法学是形而上的，目的在于营造法的上层建筑。这一见解基本上是对的，但还应当补充两点：第一，先秦时期只有法哲学，尚未形成法学（详细理由请参见何勤华：《法学形态考——"中国古代无法学论"质疑》，载《法学研究》1997年第2期）。第二，律学也并不全是形而下的，它当中部分内容是对法律之基本问题的看法，笔者称其为"律学世界观"，它虽然与西方的"法学世界观"在立场、观点和方法等方面相异，但也是一种形而上的法律思维活动。

缘关系者相奸的严厉打击。这种规定，与孔子以后儒家的主张是完全相同的，并直接影响了儒法合流以后《唐律》的制定。[32] 正是在这种意义上，陈寅恪先生指出："秦之法制实儒家一派学说之所附系。"[33]当然，儒法两家均重视宗法伦理思想，其社会根源在于儒家和法家，都是在中国宗法社会这一土壤上成长起来的学派，其学说和主张最终无法跳出中国宗法社会这一大的环境。

秦汉时期儒法思想的合流，其次表现为通过以经决狱的活动，儒家思想进一步深入国家的立法和司法活动中。如前所述，以经决狱，执法官员以儒家经义在审判实践中对律、令等作出解释，也是律学的一个重要方面和重要形式，而这一点，除了表现为上述董仲舒等人的春秋决狱之外，还可以从汉代的立法者和司法人员的队伍组成中儒者占有相当的比例中寻到一些间接的证明。

如前述西汉时期的立法者叔孙通，秦时以文学被征为博士。跟随刘邦后，定拜皇帝礼仪，作《傍章律》18 篇，"汉诸仪法，皆通所论著也"（《汉书·叔孙通传》）；当过"狱史""廷尉史"的路温舒，曾"受《春秋》，通大义，举孝廉"（《汉书·路温舒传》）；廷尉于定国，既出身法律世家，又曾"迎师学《春秋》"（《汉书·于定国传》）。

又如，东汉初期的立法者侯霸，少"笃志好学，师事九江太守房元，治《谷梁春秋》，为元都讲"，后拜大司徒。他"明习故事，收录遗文，条奏前世善政法度有益于时者，皆施行之。每春下宽大之诏，奉四时之令，皆霸所建也"（《后汉书·侯霸传》）。汝南太守何敞，出身法律世家，"通经传"。作济南王康之太傅时，"辅康以道义，数行法度谏正之，康敬礼焉"。迁汝南太守之后，"及举冤狱，以《春秋》义断之。是以郡中无怨声，百姓化其恩礼"（《后汉书·何敞传》）。廷尉郭禧出身法律世家，"少明习家业，兼好儒学，有名誉，延熹中亦为廷尉"（《后汉书·郭躬传》）。廷尉陈宠，出身法律世家，永元六年（94 年）代郭躬出任廷尉。性仁慈，"数议疑狱，常亲自为奏，每附经典，务从宽恕"。"宠虽传法律，而兼通经书，奏议温粹，号为任职相。"（《后汉书·陈宠传》）立法者应劭，"少笃学，博览多闻，灵帝时举孝廉"。后多次删定律令。"凡朝廷制度，百官典式，多劭所

---

[32] 如《唐律》将亲属之间犯奸称为"内乱"，列入"十恶"之中，以重刑论处。

[33] 冯友兰：《中国哲学史》（下册），中华书局 1961 年版。

立。”并著各种法学作品，除《律本章句》外，还有《廷尉板令》《决事比例》《司徒都目》《五曹诏书》《春秋决狱》等(《后汉书·应劭传》)。

第四，与上述一点相连，秦汉(主要是汉代)律学的第四个也是最重要的特点，是以经注律。这是中国以前或以后各个历史时期中都没有的，或者没有如此鲜明的特点。具体言之，它表现在两个方面。

首先，汉时儒者以儒家经义来阐述法律文意。比如，《汉书·诸侯王表》记载：“武有衡山、淮南谋，作左官之律。”(汉武帝时有衡山王刘赐、淮南王刘安的谋反事件，因此制定了左官之律)对此条法律，汉儒服虔的解释为：“仕于诸侯为左官，绝不得使仕于王侯也。”应劭的解释为：“人道上右，今舍天子而仕诸侯，故谓之左官也。”这里，服虔和应劭的释律，虽然有一些当时制度上的根据，但所据之立场主要是儒家的君臣父子之秩序不得僭乱，尊卑贵贱之等级不得逾越的大义。因此，唐朝经学家颜师古评论说：“左官犹言左道也。皆僻左不正，应(劭)说是也。汉时依上古法，朝廷之列以右为尊，故谓降秩为左迁，仕诸侯为左官也。”

其次，用经学之方法，来阐述诠释法律概念。对于经和经学，学术界有各种不同的见解，[34]比较一致的看法是，经是指儒教经典，如《诗》《书》《礼》《易》《春秋》等，经学则是训解和阐发上述经典的学问。[35] 经学研究中运用的方法主要是训诂，以对儒家经典中的字、词、句进行解释，阐述其包含的文意。如郑玄在解释《周礼·秋官司寇·士师》关于“士师之职，掌国之王禁之法，以左右刑罚。一曰宫禁，二曰官禁，三曰国禁……”时，阐述道：“左右，助也。助刑罚者，助其禁民为非也。宫，王宫也。官，官府也。国，城中也。古之禁，尽亡矣。……”[36]

至东汉，训诂已成为学术界相当普及的研究方法，儒者不仅用它来注解经书，也用它来注解法律，从而使对法律条文和用语的分句析意更为明确、精密，

[34] 参见(清)皮锡瑞：《经学历史》，中华书局1959年版，第3～15页；范文澜：《中国经学史的演变》，载中国社会科学院近代史研究所编：《范文澜历史论文选集》，中国社会科学出版社1979年版；蒋伯潜、蒋祖怡：《经与经学》，上海书店出版社1997年版，第3～15页。

[35] 参见《哲学大辞典·中国哲学史卷》编辑委员会编：《哲学大辞典·中国哲学史卷》，上海辞书出版社1985年版，第472页。

[36] 《十三经注疏》(上)，上海古籍出版社1997年影印版，第874页。

使法律注释的整体水平大为提高。前述汉儒对汉律中的“左官”“左道”“挟”“耐”“伤”“顾山”“鬼薪”“白粲”“令甲”等概念的解释,即是例证。

五

如前所述,秦汉时期律学的诞生,是当时中国社会特定的历史条件的产物。首先,秦汉时期社会生产力的提高,经济的发展,政治大一统局面的形成,以及国家机构的日益完备,为律学的诞生创造了比较安定的经济和政治条件。其次,秦汉时期成文立法的发达,法律数量的日益繁多、庞杂,也为律学的出台提供了客观的需要。再次,秦汉时期封建正统法学世界观的形成,经学的发达,也为法律注释活动的展开创造了必要的文化环境。[37] 最后,秦汉时期中国文字的发达,也是该时期律学诞生的一个非常重要的条件。据学术界考证,至秦汉时期,中国的文字已经有了3000多年的发展历史,已经达到相当成熟和高度发达的程度,[38]这也为以文字为载体的律学的诞生开辟了道路。

秦汉时期诞生的律学,在中国法律界,开创了一系列的传统,对后世中国法和法学的发展产生了重要影响。

首先,开创了以经释律的传统。中国的经学源自汉代。而当经学家如许慎、马融、郑玄、何休等人用儒家经义解释法律时,就在中国开创了以经释律的特殊做法。这一做法经曹魏的刘劭、西晋的刘颂、杜预等人的发扬光大,终于演化成为一种法律界的传统。虽然《唐律疏议》的制定,最终使儒家经义与法律融为一体,法律的儒家化过程基本结束,但以后封建帝王在诏令、士大夫在朝议、奏章、政论中用儒家经义阐述法律的现象仍不绝于世,包括法官在审案中,也仍然频频用儒家经义来解释法律、适用法律。及至中国封建社会末期,以沈之奇、

---

[37] 学术界认为,在汉代,法律规定为官必须精通儒家经典和“颇知律令”,“明经”和“明法”是士大夫入仕的两条途径。此种法律规定的贯彻,在社会上导致了经学和律学并盛的局面。参见徐世虹主编:《中国法制通史·战国秦汉》(第2卷),法律出版社1999年版,第237页。

[38] 参见苏宝荣:《〈说文解字〉助读》,陕西人民出版社1993年版,第3页。

吴坛、王明德等为代表的清代律学家,在解释《大清律例》时,也始终以儒学的经义为最高指导思想。如沈之奇在解释"名例·十恶·谋反"一条时,明确指出:"周官曰:断五刑之讼,必原父子之亲,君臣之义。又曰:凡制五刑,必即天伦。此条所载,皆无君无亲,反伦乱德,天地所不容,神人所共愤者。故特表而出之,以为世戒。"㊴在解释"户律·婚姻·典雇妻女"一条中"若将妻妾妄作姊妹嫁人者,杖一百,妻妾杖八十。知而典娶者,各与同罪,并离异"时,沈之奇指出:"妇人义当从一而终,和同本夫。妄作姊妹嫁人,则夫妇之伦已灭绝矣。后夫不能正其始,前夫不能正其终。故并离异。至于典雇者,妻妾虽无罪,而忽去忽来,犹得称夫妇之正乎?故亦离异。"㊵

其次,开创了立法者同时编撰律疏的传统。自秦代在发布法律的同时又撰写公布关于法律的答问、汉代的立法者如应劭在制定法律的同时又撰写解释法律的《律本章句》等作品后,在中国就逐步形成了立法者同时编撰律疏的传统。汉以后,曹魏的刘劭参与制定魏《新律》以后,又写下《律略论》5卷,西晋的杜预在参与制定《泰始律》的同时,又撰写了《律本章句》,同时代的张斐,也在制定律例的同时,写下了著名的《律注表》。至唐代,长孙无忌等人,也在编纂《唐律》之后,又编撰了系统完备的《唐律疏议》。宋、明、清进一步继承了这一传统,在制定法典时,也编撰了相应的律(例)的解释书。律疏的编写,不仅能帮助司法人员更好地理解法律,使法律能够更好地执行,而且大大推动了律学的发达。

再次,开创了对法律的定义解释、扩张解释、限制解释等的传统。例如,《法律答问》在解释律文规定的"后子"时,指出:"官(官方认可)其男为爵后(爵位的继承人),及臣邦君长所置为后(嗣)大(太)子,皆为'后子'。"又如,对什么是"宫更人",《法律答问》解释道:"可(何)谓'宫更人',宫(内奴)隶有刑(受过肉刑),是谓'宫更人'。"再如,在解释什么是"旅人"时,《法律答问》回答道:"寄(居)及客(外来的客人),是谓'旅人'。"这种定义解释,在《法律答问》中比比皆是,如"同居""加罪""赃人""不直""纵囚""家罪""官长""啬夫""甸人""集人""介人""戮""封""谋""具"等,共达70余处。从而,不仅帮助了当时的司

㊴ (清)沈之奇撰:《大清律辑注》,法律出版社2000年版,第5页。
㊵ (清)沈之奇撰:《大清律辑注》,法律出版社2000年版,第5页。

法官吏和民众加深对这些法律名词的理解，也为后世的法律名词解释提供了经验。如张斐在对《晋律》作的注解《律注表》中，对故、失、谩、诈等20个法律名词的解释，《唐律疏议》对笞、杖、徒、死、谋反、不道、不睦、内乱、共犯、自首、公罪、私罪、相须、应别、私约、和诱、参市、行滥等190余个专用法律名词的解释，宋代律学家孙奭在《律附音义》中对《唐律》中御宝、官当、略、教令、教诱、律令、嫡以长等752个名词的解释等，就是这一传统的最好例证。

同时，《法律答问》通过对某些法律条文的含义作出扩张解释，扩大了其适用面。如《秦律》只规定对"害盗"加罪，[41]而《法律答问》通过对"害盗"和"加罪"的内涵的解释，将加罪范围扩张适用至"求盗"[42]；《秦律》只规定对休妻者处以罚二甲（两副军甲）的刑罚（"弃妻不书，赀二甲"），《法律答问》通过对该句的解释，将被休的妻也纳入罚二甲的处罚范围。秦汉时期对律文的扩张解释，对后世的律注释书也很有影响，如《唐律疏议》在解释"名例律·工乐杂户及妇人犯流决杖""卫禁律·宫殿作罢不出""户婚律·同姓不婚"等律文时，运用的都是扩张解释的方法。明代王肯堂的《律例笺释》对"户律·检踏灾伤田粮"等条的解释，清代沈之奇的《大清律辑注》对"职制律·官员袭荫"等条的解释，运用的也是扩张解释的方法。

此外，对秦律的许多规定，《法律答问》还作了限制性解释，以进一步帮助人们对这些规定的理解。例如，对撬门键者，未撬开就走，当天被拿住，如何论处？《法律答问》解释道：以盗窃为目的，未撬开就走也作盗窃犯论处；不以盗窃为目的，未撬开就走，被抓住，则不以盗窃犯论处，仅处以罚金。又如，《秦律》规定："疠者（麻风病人）有罪，定杀。"什么叫"定杀"？《法律答问》解释道："定杀"就是活着投入水中淹死。有人认为，活埋也是"定杀"。《法律答问》明确指出，这不对，因为活埋与律意不合。这样，《法律答问》通过以上解释，就将"定杀"限制为活着淹死，而将活埋排除出了"定杀"的范围。秦汉时期律注释学中限制解释的方法，对后世的影响更为巨大。《唐律疏议》在"名例·除名"条中，将被别姓收养、出家修道以及死者排除出亲属犯十恶重罪而缘坐之列，在"名例·以赃

---

[41] 《秦律十八种·内史杂》简文中，"害盗"也作"宪盗"，系一种捕"盗"的职名。

[42] 亭中专司捕"盗"的人员。

入罪”条中,将生产、孳息严格限制在“婢产子、马生驹”的范围内等,就是中国古代律学中运用限制解释方法的典型事例。

最后,开创了法律注释活动与私学并行的传统。[43] 由于汉代废除了秦代严禁私学的法律,随着法律注释活动的展开,那些参与法律制定以及编纂律疏的律学家,也开始广招学生,传授自己的法律知识。这样,就从汉代起,开创了法律注释与私学并行的传统。如东汉的马融“教养诸生,常有千数”(《后汉书·马融传》),郑玄“学徒相随已数百千人”(《后汉书·郑玄传》),郭躬“少传家业,讲授徒众常数百人”(《后汉书·郭躬传》),沛国陈咸家族则五代以律为学,因而终于造就出了陈宠、陈忠这两代著名律学家。秦汉时期开创的这一传统,经魏晋南北朝、隋唐宋元,一直延续至明清时期。如曹魏时期的刘劭,两晋南北朝时期渤海的封氏家族,隋唐时期的王通、杨汪,宋代的孙奭、朱熹,明清时期的王樵和王肯堂父子、王明德之家族等,都是这一传统的实践者和发扬光大者。

---

[43] 本部分所说的私学,是形式意义上的,即办学的经费非来自官府,授课的主体是以私人身份出现的官吏,讲学的场所一般设在教师的家里,等等。它属于私塾性质,是民间办学的一部分。至于实质意义上的私学,如孔子创办的那种以自由探讨学术为宗旨并不时评论统治者的为政得失的教学活动,就法律领域而言,不仅汉代没有,终至中国封建社会解体也未曾出现过。因为即使在明清私家注律繁盛期,私人法律教育事实上也是一种官学,它从来未敢与最高统治者的法律见解相对抗。

中华法系之法律学术考

——以古代中国的律学与日本的明法道为中心*

作为世界五大法系之一的中华法系，是人类文明史上一个重要的法律体系。自公元7世纪前后诞生之后，延续了近1300年，范围波及日本、朝鲜和越南等整个东亚地区。而作为一个历史悠久的法系，其不仅需要一种精神（如儒家学说等），若干大的法典（如《唐律》《养老律令》等）作基础，需要一批职业法律学家的辛勤劳动，也需要一种厚实的、高水平和精细化的法律学术的支撑。这一学术，就是古代中国、日本、朝鲜和越南的律令注释学（律学）。本部分限于篇幅以及作者的知识背景，仅就古代中日两国的法律学术即中国的律学和日本的明法道的形成、发展、主要内容、基本特征以及其异同与内在规律、对中华法系的贡献作些探索，以求教于学界同仁。

一、律学（明法道）的起源和发展

考虑到本部分是在中华法系之格局中对古代中国和日本的法律学术进行探索，因此本部分所述古代，在中国是指隋唐（中华法系诞生之时期）至清末，在日本是指645年“大化革新”全面学习中国的律、令制度到1868年“明治维新”。

---

* 本部分原载于《中外法学》2018年第1期，系国家社科基金重大项目“法律文明史”（项目编号：11&ZD081）第7个子课题”中华法系”的阶段性成果。

本部分所述法律学术,是指关于研究法律的系统学问。由于当时中国的法律主要由律、令、格、式等构成,作为系统学问的法律学术也是对律、令、格、式等的研究,这一研究被称为"律学"。可以说,律学是中华法系的学术表现形态,它的形成和发展对中华法系的确立与发展、对中国及其周边国家的法制建构都给予了重要的理论支撑。

(一)律学(明法道)的语源

具体而言,律学是中国古代特有的,是秦汉时期随着成文法典的出现,统治阶级为了贯彻实施法典而对其进行注释诠解而形成的一门系统学问,它是中国古代法学的一个重要组成部分。对律学的外延和内涵的界定,法律史学界的专家学者,如张晋藩、高恒、杨一凡、刘笃才、俞荣根、怀效锋、张中秋、何敏、吕志兴、李俊、尤陈俊等都发表了看法,基本上达成了共识,即律学的外延是关于律、令、格、式、例等的注释(律令注释学),关于判例的汇集和分析研究(判例法研究),关于法医检验的知识与技术(法医学)等。而律令注释学是律学的主体,以下关于律学的论述,就是在这个意义上展开的。律学的内涵则涉及对律令性质和功能的看法(法的理念),对历朝法制发展得失的梳理和总结(刑法志),立法体例的推敲,刑法原则的阐述,律令专门术语和概念的界定,法典内容(律条、令文)的注释和解读,律令实施中的问题研讨以及律学研究方法的运用等。

虽然律学诞生于秦汉,成熟于隋唐,①在其成长过程中,也受到了儒家经典解释和佛教经典解释的影响,但律学的诞生与成长,有着自身的渊源,其历史可以追溯到先秦时期。早在《尚书》《左传》等文献中,就已经有了对一些法律用语如法、刑、罪、宪、盗、讼、墨、刖、宫、大辟等的释义。至魏文侯执政、李悝编纂《法经》时,进行了对各国刑典的比较研究活动。到商鞅变法时,进一步提出了

① 参见何勤华:《秦汉律学考》,载《法学研究》1999年第5期。

“法官、法吏”解释法律的构想,[②]这一构想至秦王朝建立时变成了现实,秦始皇、李斯等人提出的“以法为教、以吏为师”[③]之国策,就是商鞅思想的延伸和贯彻。而湖北云梦睡虎地出土的秦简《法律答问》,显示了对成文法典之注释、解读和阐述的律学的诞生。[④] 至汉代,律学这一法律学术形态,又吸收了以郑玄、马融、许慎为代表的儒家经典解释的世界观和方法论,从而进一步变得丰满、厚重。至魏晋南北朝,律学又吸收了玄学世界观和佛教经典解释学的成果,使自己更为成熟。到中华法系诞生之隋唐时期,终于定型。

当然,律学虽然诞生于秦汉时期,但在当时的文献中,并无关于律学的概念和研究状况的记载。严格意义上的律学,即作为学术形态和学科的律学,是到了魏晋南北朝时期才开始得到官方记录并日益成熟的。[⑤] 三国魏明帝曹叡(204~239)时,大臣卫觊上书:“刑法者,国家之所贵重,而私议之所轻贱;狱吏者,百姓之所悬命,而选用者之所卑下。王政之弊,未必不由此也。请置律博士,转相教授。”[⑥]之后,在《晋书·石勒传》和《南史·孔(稚)珪传》中,又分别出现了“律学”之用语:“太兴二年,(石)勒伪称赵王……(任命)参军续咸、庾景为律学祭酒。”“永明中,珪上律文二十卷,录序一卷,又立律学助教,[⑦]依五经例。诏报从之,事竟不行。”但此时,人们对释律活动并未冠以“律学”之概念,使用“律学”一词时,主要是指律博士(助教)这一学(官)职。

---

② 《商君书》“定分第二十六”对此有说明:“故圣人为法,必使之明白易知。名正,愚知偏能知之;为置法官,置主法之吏,以为天下师,令万民无陷于险危。……行法令,明白易知,为置法官吏为之师,以道之知,万民皆知所避就。”高亨先生认为这篇中有“丞相”一词,而丞相是在商鞅去世后30年才由秦武王设置,因而否认该篇是商鞅所作。参见《商君书注译》,高亨注译,中华书局1974年版,第185、192页。但笔者认为从这篇的思想、内容和叙述口气来看,应该是商鞅或其弟子据商鞅思想所作。

③ “丞相李斯曰:‘……臣请史官非秦记皆烧之……若欲有学法令,以吏为师。’制曰:‘可。’。”(汉)司马迁撰:《史记》卷六,“秦始皇本纪”,中华书局1982年版,第255页。

④ 如《法律答问》在解释“不直”“纵囚”的含义时,指出:“罪当重而端(故意)轻之,当轻而端重之,是谓‘不直’;当论而端弗论,及傷(减轻)其狱,端令不致,论出之,是谓‘纵囚’。”参见睡虎地秦墓竹简整理小组编:《睡虎地秦墓竹简》,文物出版社1978年版,第191页。

⑤ 由于本部分的格局限定于中华法系内中日两国的法律学术,而中华法系形成于6世纪末7世纪初,在中华法系诞生之前秦汉以及魏晋南北朝时期的律学作品,如1975年出土的湖北睡虎地秦简《法律答问》《岳麓书院藏秦简(壹)》公布的《为吏治官及黔首》(2010年由上海辞书出版社出版)等,这里就不再展开。

⑥ (晋)陈寿撰:《三国志》卷二一,“魏书二十一·卫觊”,中华书局1982年版,第611页。

⑦ (梁)萧子显撰:《南齐书》卷四八,“孔稚珪”,中华书局1972年版,第838页。

经过500多年的曲折发展与演变，至中华法系形成之时的隋唐时期，律学已经成熟，成了一门专门的学术。唐高宗永徽三年（652年）下诏："律学未有定疏，每年所举明法，遂无凭准。宜广召解律人条义疏奏闻，仍使中书、门下监定。"[⑧]从这份诏书中可以看出两点：一是《永徽律》虽然已于永徽二年（651年）颁布，律学也已趋成熟，但中央、地方在审判中对法律条文理解不一，每年科举考试中明法科（律学）考试也无统一的权威标准，因此需要做"律条义疏"；[⑨]二是当时律学并不只是由中央国子监律学和司法部门兴办主持，政府各个部门[⑩]以及民间亦有解律人研究这门学问，因而诏书要求把这些解律人集中起来，由他们逐条义疏律典，然后再由政府颁布实行。[⑪] 正是在此背景下，经过律学精英一年多的集体努力，于永徽四年（653年）十月颁行了著名的《永徽律疏》（元以后改名《唐律疏议》）。

与此同时，在日本，公元592年推古天皇即位（592～628年在位），推行政治与法律改革，派遣隋使、遣唐使学习中国的律令及律学。神龟五年（728年）成立了作为法律教育的律学。到了8世纪中叶，又将律学改为明法道。而日本古代使用"明法"一词，也是借用了中国古籍。在中国，"明法"一词，早在先秦时期就已经频繁出现了。如《管子》一书中，就有"明法篇"，其中强调君主有明君与暗君，用法也有明法与恶法，而能够彰显法律、尊崇法律的，就是明法。至韩非（约公元前280～前233年），对明法的含义就说得更加清晰了："人主使人臣，虽有智能，不得背法而专制；虽有贤行，不得瑜功而先劳；虽有忠信，不得释

⑧ （后晋）刘昫等撰：《旧唐书》卷五〇，"刑法"，中华书局1975年版，第2141页。

⑨ 也有学者认为，这份要求定疏的诏书，也可以理解为是当时佛教律学已经编纂了正式的律疏，所以促使世俗律学接受佛教律学的成果而实现从无定疏到有定疏的转变。参见陈灵海：《通往唐永徽〈律疏〉之路——中古佛教律学与世俗律学互动论》，载《学术月刊》2015年第9期。

⑩ 这从此诏的以下文字中可以得到印证："于是太尉赵国公无忌、司空英国公勣、尚书左仆射兼太子少师监修国史燕国公志宁、银青光禄大夫刑部尚书唐临、太中大夫守大理卿段宝玄、朝议大夫守尚书右丞刘燕客、朝议大夫守御史中丞贾敏行等，参撰律疏，成三十卷，四年十月奏之，颁于天下。自是断狱者皆引疏分析之。"参见（后晋）刘昫等撰：《旧唐书》卷五〇，"刑法"，中华书局1975年版，第2141页。

⑪ 有学者认为，这时的律学不仅不是学在官府，而且可能民间的律学较官府更好，所以才需要广召解律人。参见何莉萍：《传统律学新探》，载《湘潭大学学报（哲学社会科学版）》2010年第5期。民间是否存在解律人，学界尚有争议。但笔者认为从下文所引日本学者利光三津夫考证出的唐代中国传入日本的法律文献中，不仅有法典，还有不少私家法律著作一事中，民间有解律人一事可以得到证明。

法而不禁——此之谓明法。”[12]也就是说，臣子即使有智能、贤行、忠信，也必须尊崇法律、遵守法纪，这就是明法。这里的“明”字，是一个动词，含义就是彰示、尊崇。管仲、韩非等法家学派的明法观，为秦始皇、李斯等秦统治者所信奉，成为秦帝国的法学观和指导思想。《史记·李斯列传》明确记叙：“明法度，定律令，皆以始皇起。”[13]《史记·秦始皇本纪》也记载：“二十八年，始皇东行郡县，上邹峄山。立石……其辞曰：皇帝临位，作制明法。”[14]这里，“作制明法”，就是“建立制度、彰示法律”。明法的基本含义是重视、彰显法律，公正、平等、严格地实施法律。

至晋代，明法也开始成为一种官职，如《唐六典》卷一八记载：“晋置丞、主簿、明法掾。”[15]这一明法掾的设置，为北齐所继承，还增设了“司直明法”。《隋书·百官志》记载：后齐“大理寺，掌决正刑狱。正、监、评各一人，律博士四人，明法掾二十四人，槛车督二人，掾十人，狱丞、掾各二人，司直、明法各十人”[16]。到了隋，设置明法的做法仍然被延续了下来：高祖受命，置大理寺“卿、少卿各一人”，“不统署，又有正、监、评各一人，司直十人，律博士八人，明法二十人”[17]。那么，此时明法掾和明法的职责是什么呢？日本明法道研究专家布施弥平治教授认为应是大理寺的书记官。[18] 这一推测可以成立，因为晋代律学名著《律注表》的作者张斐（魏末晋初人），其官职就是明法掾。这应该是一个有力的旁证。

至唐代，在大理寺中，不再看到有冠以“明法”的笔帖（书记官），在刑部的属官中，也没有了作为独立官职的明法的设置，明法成了举荐官员的定额。《唐六典》卷二记载：“凡诸司置直，皆有定制。（小字）诸司诸色有品直：……门下省明法一人……刑部明法一人，……中书省明法一人……大理寺明法二人……外官直考者，选同京官。其前官及常选人，每年任选。若散官、三卫、勋官直诸

---

⑫ 《韩非子·南面第十八》。

⑬ （汉）司马迁撰：《史记》卷八七，“李斯列传第二十七”，中华书局1982年版，第2546页。

⑭ （汉）司马迁撰：《史记》卷六，“秦始皇本纪第六”，中华书局1982年版，第243页。

⑮ 在晋代，作为廷尉的属官，有丞、主簿和明法掾。参见（唐）李林甫等撰：《唐六典》卷一八，陈仲夫点校，中华书局1992年版，第501页。

⑯ （唐）魏徵等撰：《隋书》卷二七，“百官中”，中华书局1973年版，第756页。

⑰ （唐）魏徵等撰：《隋书》卷二七，“百官中”，中华书局1973年版，第775～776页。

⑱ 参见［日］布施弥平治：《明法道の研究》，新生社1966年版，第42页。

司者,每年与折一番。"[19]也就是说,在唐代,明法主要不是一种官职,而是科举取士的一门科目,它与秀才、明经、进士、俊士、明字、明算等一起,并列为七门科举取士中的一门。此时,"明"的含义和"明经""明算"等科目中的"明"含义一样,是通晓的意思。《唐六典》卷二还记载:"其明法试律、令各一部,识达义理,问无疑滞者为通。(小字)粗知纲例、未究指归者为不[通]。所试律、令,每部试十帖,策试十条;律七条,令三条,全通者为甲,通八以上为乙,以下为不第。"[20]

唐代的明法,经过遣唐使(如大和长冈和吉备真备等),传到了日本。但开始时,日本并没有马上把律令解释称为明法,而是经过了一段时间的名称演变。比如,日本著名历史学家井上光贞认为,日本明法科,设置于天平二年(730年)。[21] 而大多数学者认为,明法科或明法道,是由圣武天皇神龟五年(728年)设置的"律学"改名而来,[22]明法博士也是"由律学博士改名而来"。当然,从称呼"律学博士"到称呼"明法博士",也不是一下子就转过来的,中间经历了一个称"明法师""令师"甚至"律学博士"和"明法博士"两者混用的过渡。[23] 但利光三津夫根据早在和铜年间(708~715)的史籍中,就散见有"明法博士",以及表达"明法博士"的"令师""律师"等用语,主张明法科的设置可以从圣武天皇神

---

⑲ (唐)李林甫等撰:《唐六典》卷一八,陈仲夫点校,中华书局1992年版,第35页。

⑳ (唐)李林甫等撰:《唐六典》卷一八,陈仲夫点校,中华书局1992年版,第45页。

㉑ 参见[日]井上光贞:《日本律令的注释书》,尹琳译,载何勤华编:《律学考》,商务印书馆2004年版。

㉒ 由于这么一个历史背景,在日本的古籍中,说到明法博士时,往往会用括号标明:"也称律学博士。"例如,后普光园摄政良基的《百寮训要抄》中就有"明法博士(律学博士),应该选择有特殊才能的知名法曹儒士。他们专攻律令格式,属于法曹系列。是大判事(司直大理正)判断罪名的职业,现在也是检非违使之一"。参见[日]布施弥平治:《明法道の研究》,新生社1966年版,第61页。又如,诞生于贞观十年(868年)由明法博士惟宗直本撰写的《令集解》,在注释718年制定的《养老律令》中的"职员令第二之二·式部省"条规定"大学寮"时,也明确指出:"释云:天平二年三月二十七日奏……律学博士二人。……明法生十人,文章生二十人。简取杂任及白丁聪慧,不须限年多少也。"参见《新订增补国史大系23·令集解前篇》,吉川弘文馆1966年版,第80页。天平二年,为730年。那就说明,至少在730年之前,在日本"律学博士"还是一个式部省之下大学寮中的正式官职(学官),虽然学生已经称为明法生,但学官还没有称"明法博士"。

㉓ 参见[日]布施弥平治:《明法道の研究》,新生社1966年版,第62页。

龟五年(728 年)往前上溯至元明天皇和铜年间。[24] 笔者认为,利光三津夫的研究成果即使能够成立,将日本明法博士的设置时间提前 20 余年,对明法科或明法道由最早的(从中国隋唐传入的)律学转变而来这一观点也没有任何影响。[25]

而明法道的语源,按照日本大学教授布施弥平治的解释,它源于明法这一职业:“担任明法博士和判事之人,被称为明法家。这些明法家专修的道,即专修的律令格式的道,就称为‘明法道’。”明法道与日本当时的明经道、纪传道(文章道)和算道并列,全称为四道。这四道都是当时式部省[26]下属的教育机构大学寮中的学官专修的学问的分类,广义上称诸道。其他,还有医道、历道、阴阳道等,即明法道是诸道之一,特别是四道之一。[27] 因此,日本的明法道实际上就是律学,它不仅是从律学转变名称而来,而且其内涵也是律令格式的解释学问。

(二)律学(明法道)的成长背景与成熟定型

那么,律学和明法道成长和成熟的历史背景是什么呢?我认为有以下 6 个方面。

第一,立法的进步,为律学的成熟提供了客观基础。在中国,到汉代,法律数量已经很多,并出现许多的单行律和令、科、比等。到汉和帝永元六年(94 年)时,汉律令中,已经有死刑条文 610 条,耐罪 1698 条,赎罪以下 2681 条。[28]

---

[24] 参见[日]利光三津夫:《律令制とその周边》,第一章“奈良时代に击け石大学客明法科”,庆应通信 1967 年版,第 117 页。

[25] 其实,关于“明法博士”的诞生时间,笔者觉得可以再提前几年。《续日本纪》卷二“天之真宗丰祖父天皇·文武天皇”条记载,在《大宝律令》制定后,朝廷为了更好地贯彻实施,掀起了自上而下的宣传活动,大宝元年(701 年)8 月,朝廷派“明法博士”去各地讲解新令,贯彻实施。参见《新订增补国史大系 2·续日本纪》,吉川弘文馆 1966 年版,第 12 页。这一记载比利光三津夫所说的和铜年间(708~715 年)还要早 10 余年。笔者认为,也许在这个时候,以解释和疏通新法律令条文为己任的明法博士已经出现了。或许它没有得到正式化的编制,但跟后面的明法家应该是有时间上的承袭关系的。

[26] 式部省,是日本 645 年“大化革新”之后改革国家官制的产物。649 年,日本在中央政府设置了二官八省,式部省是其中之一,主管人事、朝仪和学事(教育)。参见[日]安藤达朗:《日本史:古代·中世·近世》,东洋经济新报社 2016 年版,第 74 页。

[27] 参见[日]布施弥平治:《明法道の研究》,新生社 1966 年版,第 61 页。

[28] 参见(唐)房玄龄等撰:《晋书》卷三〇,“刑法”,中华书局 1974 年版,第 920 页。

在这种情况下,统治者一方面要让立法更加简约、凝练、方便、实用,魏的《新律》,晋的《泰始律》,以及北周、北齐的立法,都在这方面做出了努力,并取得了非常好的效果,从而至隋唐律精简至 500 余条律文;另一方面立法的这种进步,也推动了法律学术的进步,为律学的精细、深入发展提出了需求也提供了条件。

第二,司法的发展为律学的成熟提供了实践基础。随着秦帝国的建立,在统一的国家治理模式之下,司法审判也获得了发展。两汉出现的"引经决狱"和决事比,就是试图提升司法审判的正义性(道德性)的努力。至晋代,明法掾张斐在总结历代司法审判之经验的基础上,进一步推动了审判理论的发展。一方面,张斐补充、发展了董仲舒的"原心定罪"的主观主义审判理论,强调司法审判不能置法律于不顾;另一方面,他又提出了类似近代审判心理学的审判原则,"本其心,审其情,精其事",强调"心感则情动于中,而形于言,畅于四支,发于事业""喜怒忧欢,貌在声色;奸真猛弱,候在视息""是故奸人心愧而面赤,内怖而色夺。……仰手似乞,俯首似夺,捧手似谢,拟手似诉,供臂似自首,攘臂似格斗,矜庄似威,怡悦似福"㉙。这些成果无疑促进了隋唐时期对司法审判事务的研究,也催生了中国古代律学中的第一本判例研究作品,即唐代张鷟的《龙筋凤髓判》的面世。

第三,晋代以后律学研究的日益精致,为隋唐律学的成熟积累了学术基础。集秦汉律学研究之精华,魏晋律学研究的精细达到了一个新的高度。《晋书·刑法志》登载了上述张斐的《律注表》的片段,这是历史上唯一保存下来的魏晋时期律学家的作品。在这篇作品中,张斐对故、失、谩、诈、不敬、斗、戏、贼、过失、不道、恶逆、戕、造意、谋、率、强、略、群、盗、赃共 20 个重要法律名词作了精密诠释。其水准足以成为后世律学的楷模。例如,对"故"的解释为"知而犯之谓之故",对"失"的解释为"意以为然谓之失",对"过失"的解释为"不意误犯谓之过失",都是从犯罪主体行为时的心理状态入手,来给犯罪行为下定义:"故"是故意,"失"是过于自信的过失,"过失"是疏忽大意的过失,从而使"故""失"

㉙ (唐)房玄龄等撰:《晋书》卷三〇,"刑法",中华书局 1974 年版,第 930 页。

“过失”这几个法律概念有了比较明确的含义。又如,对“谋”的解释为“二人对议谓之谋”,“造意”是“唱首先言谓之造意”,也明确了二人或二人以上的互相商议、策划是共同犯罪的要件,最先提出建议(犯罪意图)的,就是共同犯罪中的首犯。张斐的这些阐释,确实让人钦佩。

第四,玄学和佛教律学的兴起,为律学的成熟提供了方法论基础。玄学,最初是指魏晋时期研究“三玄”(《老子》《庄子》《周易》三书)而得名的专门之学。这里的“玄”字,出自《老子》第一章:“玄之又玄,众妙之门。”后玄学家用老庄道家学说来解释儒家的经典,提倡尚自然,笃名教,极力糅合儒道两家学说,遂形成了一种新的哲学思潮。它是对东汉谶纬、经学的一种否定和扬弃,是以一种新的世界观、方法论以及一整套概念体系,来建构关于宇宙和人的学说,包括注释、研究律令的学问。一方面,他们用“执一统众”“以简御繁”的思维方式,打破了自西汉以后律学研究中的儒学(经学)方法,为律学世界观的转变,即从烦琐到简约、从模糊到明晰、从杂乱到有条理提供了新的方法。另一方面,玄学家郭象系统阐述的另一方法“辨名析理”,也对该时期的律学研究产生了重要影响。“辨名析理”就是要对一类事物的规定性,对其内涵进行分析、阐述,以帮助人们对其加深理解,而该时期律学研究成果中对法律名词(如上述张斐对 20 个法律名词)的明确界定和逻辑分析,以及对律条的精密解释,就是这种影响的一项突出成就。[30] 而玄学世界观的方法论,之后就慢慢融入晋以后南北朝的立法与律学研究之中,直到隋唐开出绚丽的花朵。

5 世纪以后,佛教律学开始崛起。随着 404 年北朝后秦与南朝宋对《十诵律》《四分律》《摩诃僧祇律》《五分律》等一批佛教律典的翻译、研究,慢慢形成了一个译经者、译律者、解经者、明律者组成的佛教律师阶层,其学问形态佛教律学也开始形成。从《高僧传》和《续高僧传》的记载来看,“明律”居位佛教十科之四,明律僧占比居第六。《宋高僧传》记载,唐代以后的高僧中,明律僧已经达到 68 人,占总数 656 人的 10% 多。律师要研习和讲解佛教戒律,就自然要撰写律疏。律疏条分缕析,律师也以分析细密见长,如刘宋时的慧询、道俨、僧隐,

---

[30] 参见刘笃才:《论张斐的法律思想——兼及魏晋律学与玄学的关系》,载《法学研究》1996 年第 6 期。

萧齐时的志道、法颖、法琳、智称等，就是这方面的代表。至刘宋以后，实际上佛教律学已经大行其道，不仅推出了第一部律疏著作，即慧猷著《十诵义疏》，而且表述佛教戒律学术的名称也由开始的律部、律藏、律禁、律品、律苑等称呼，最终定格在“律学”一词上。这样，早于《唐律疏议》面世之前，佛教已经完成了三大疏、五大部的佛教戒律律疏，使其律学达到了空前繁荣的程度，[31]其解释律文规则之成熟精密的研究方法和模式，也为唐代世俗律学的成熟提供了方法论基础。[32]

第五，学术分科的要求，为律学的成熟提供了内在动力。两汉的引经注律，使律学与政治伦理结合而日兴。但经学的发展，导致其成为专门索隐发微的章句之学，流于烦琐迂腐，日近绝路。至晋，大将军兼儒学、律学大师杜预(222～284年)和前述担任晋武帝时明法掾的张斐从学术分科这一理论源头解决了这一问题，他们明确提出了法律并非穷理尽性之书的观点。张斐在《律注表》中还对上述“故”“失”“过失”“造意”“谋”等20个专用法律名词进行了解释，从而使律学日益成熟、精致，律学与经学有了区分，也使其与魏晋时期风行的玄学及影响日渐的佛学有了明确的界限，奠定了律学成熟、独立分科的理论基础。[33] 而这一理论成果又推动了立法和司法实务的发展。正是在两汉魏晋律学发展的基础上，才使隋唐的律学成熟，并推出如《唐律疏议》这样代表中华法系最高水平的法律学术成果。

第六，士族社会的发展，为律学的成熟提供了人才基础。魏晋南北朝的世

---

[31] 参见陈灵海：《通往唐永徽〈律疏〉之路——中古佛教律学与世俗律学互动论》，载《学术月刊》2015年第9期。

[32] 《十诵律》现存只有《律》和《戒本》，《疏》已全部失传。慧猷的《十诵义疏》，与其后智称著《十诵义记》8卷、僧祐著《十诵义记》10卷，全部都是隋代以前的著作，均已失传。目前，仅有有僧璩《十诵羯磨比丘要用》尚存。受本部分主题和篇幅所限，下面举《十诵羯磨比丘要用》的一段文字，从中可以窥见其行文风格：“僧今和集欲作何事。受三归五戒文第一（双行小字：受三归五戒法，白衣初来，欲受三归五戒……合掌忏悔三业，然后受之戒师应教云）：‘我某甲，从今尽寿，归依佛两足尊，归依法无欲尊，归依僧众中尊。’（双行小字：如是三说）……某甲求出家，忆持（双行小字：若有袈裟，应著；若无，和上应与教……）。”页下对小字文中的“师”“云”“三”和“和上”等词又作了注，即“师”等于“归”，“云”等于“也”，“三”等于“云”，“和上”等于“和尚”。参见高楠顺次郎等编：《大正新修大藏经》第二十三卷，大正一切经刊行会刊行，1922～1934年，第496a、496b页。这里的叙述和注释虽然都非常简单，但我们还是可以了解当时佛教律学的一些痕迹，并可以比较它和世俗律学的关系。

[33] 参见何莉萍：《传统律学新探》，载《湘潭大学学报（哲学社会科学版）》2010年第5期。

家大族是汉以后至隋唐时期一种以血缘家族为基础的特定的社会群体。据统计,有高门、门户、门地、门第、势家、世家、世胄、世族、士族等28种称谓,其中最具代表性的称呼是士族,㉞"魏晋士族,主要是由儒学世家和官宦世家演变而成,文化人为多,家族的儒学之风是其最大的特色"㉟。学与仕的结合使士人之族突破纯粹师承流派的学术领域,拓展到社会和政治领域。这种声望不仅是对个人的品行学识的认可,也是对其世代相传的家学家风的认可,也为律学的产生准备了人才。"具孝友之行"使他们能够准确把握自汉武帝以来开始的法律儒家化的大趋势,而家学也使对法律的研习不再以吏为师,走上了专门的教与学道路。两汉及三国魏晋南北朝时期的陈咸、陈躬、陈宠及陈忠祖孙四代,崔玄伯、崔浩、崔祖思等家学,以及封氏家族等律学世家,就是这方面的代表。㊱

在日本,明法道的语源已如上述。由于日本的律学是继受、传承中国隋唐律学而来,省却了许多律学形成中的环节。至于律学传入日本的历程以及之后的发展(命运),也同样是8~12世纪日本社会变迁的结果。592年推古天皇即位后,第二年即任用其甥厩户王(圣德太子,574~622年)为摄政,开始了政治改革,全方位地向中国的法律文化学习,在603年制定冠位十二阶、604年制定宪法17条的同时,于600年向中国派出了第一批遣隋使。之后,607年、608年、614年又派出了由小野妹子、高向玄理、僧旻等著名的留学僧、留学生参加的多批遣隋使。㊲ 618年唐王朝建立以后,日本又从630年开始,先后派出了19批遣唐使,㊳这中间,就有前述日本中世第一代法律学者大和长冈(689~769年)和吉备真备(695~775年)这样著名的人物。

701年,日本制定了《大宝律令》,718年,又推出了《养老律令》,从而进入律令制国家时代。为了让这些律令得到很好实施,从8世纪上半叶起,解释律令格式的学问明法道就迅速发展起来,不仅由政府出面推动宣传、讲解律令的活动,在日本式部省中设置了大学寮,专门从事明法知识的传授教育,而且明法

㉞ 参见毛汉光:《中国中古社会史论》,上海世纪出版集团、上海书店出版社2002年版,第141页。

㉟ 阎爱民:《汉晋家族研究》,上海人民出版社2005年版,第304页。

㊱ 参见何莉萍:《传统律学新探》,载《湘潭大学学报(哲学社会科学版)》2010年第5期。

㊲ 参见[日]安藤达朗:《日本史:古代·中世·近世》,东洋经济新报社2016年版,第62页。

㊳ 参见[日]安藤达朗:《日本史:古代·中世·近世》,东洋经济新报社2016年版,第85页。

学生以及毕业之后担任明法博士者，同时被朝廷任命为少判事、大判事以及检非违使[39]等重要司法官吏，参与到法律运行之中。此时，明法博士虽然未能进入国家上层权力核心，但经过奈良朝（710～794年）80多年的历练，进入平安朝（794～1192年）之后，一些优秀的明法博士逐步形成了律学（明法）的家学，即律学世家，如赞岐氏、惟宗氏、坂上氏、中原氏等，从而使日本的律学（明法道）至10世纪前后进入了鼎盛阶段。

（三）律学（明法道）的发展演变

律学，作为中华法系的法律学术，在中国，经过春秋战国时期的萌芽，秦汉时期的诞生，魏晋南北朝初期的遭受轻视[40]以及一批法律人的奋起推动，隋唐时期的成熟之后，到宋代以后进入了一个缓慢发展并曲折演变的历史时期。

一方面，宋王朝的皇帝与高级官僚、士大夫对法律都比较熟悉，因此，在唐王朝达到成熟完善的律学进一步获得了发展；另一方面，自宋以后，皇帝专制和中央集权进一步得到强化，加之朱熹（1130～1200年）理学的兴起，律学开始受到遏制和排挤。进入元代以后，这种情况更甚，律学作品鲜有问世，律学博士被

---

[39] 弘仁七年（816年）日本天皇政府为了维持京都的治安，设置了检非违使厅。该厅长官检非违使负责弹正台、卫府、刑部省等部门的司法与警察权的行使。参见［日］安藤达朗：《日本史：古代·中世·近世》，东洋经济新报社2016年版，第102页。

[40] 关于律学在魏晋南北朝时期是得到发展、达到鼎盛，还是遭受轻视、苟延残喘，学术界有不同的认识。张晋藩、怀效锋、俞荣根、郭东旭、申慧青、邢义田等都发表了很好的意见。而苏亦工认为判断“律学”等学问盛衰不仅仅需要看该学科的繁荣与否，还必须看其体现的价值观是否包含“仁”“仁政”（社会进步）的内核，从而肯定了沈家本在《法学盛衰说》中所说“晋、北齐、隋、唐、宋诸代，皆法学盛世”的观点。参见苏亦工：《法学盛衰之辨》，载“沈家本与中国法律文化国际学术研讨会”组委会编：《沈家本与中国法律文化国际学术研讨会论文集》（下册），中国法制出版社2005年版，第476～480页。而陈灵海则全面否定了魏晋南北朝时期是中国律学盛世的观点，并列举了魏明帝时卫觊说“刑法者，国家之所贵重，而私议之所轻贱”；晋初贾充、羊祜向郑冲咨询修律事宜，后者嘲讽律令为琐务，律学为俗学；东晋初熊远批评“处事不用律令，竞作属命，人立异议，曲适物情，亏伤大例……主者不敢任法”；东晋中期葛洪说“今在职之人，官无大小，悉不知法令……作官长不知法，为下吏所欺而不知”；齐武帝时崔祖思说“今廷尉律生，乃令史门户，族非咸、弘，庭缺于训”；同期孔稚珪上奏称“今之士子，莫肯为业，纵有习者，世议所轻”等6个原因。参见陈灵海：《通往唐永徽〈律疏〉——中古佛教律学与世俗律学互动论》，载《学术月刊》2015年第9期。笔者认为，对于律学而言，魏晋南北朝是一个过渡时期（如同欧洲中世纪一样），是秦汉初创发展起来的律学，经过魏晋南北朝300多年的沉寂、衰弱、准备到逐步复兴，然后到隋唐达到鼎盛的阶段，这种准备和逐步兴起的标志就是设置了律博士教授律学；律令格式等各种法律形式开始得到明确区分；律典的篇章体例和逻辑结构得到简约优化；律学与经学分离日益独立等。

撤销,官方(科举)的律学教育正式被废止。之后,明清两朝专制集权统治达到顶点,法律成为这种统治的主要工具。在此情况下,统治者对律学十分重视,律学在形式上似乎得到“复兴”进而显得很“昌盛”。有学者认为,《大明律》《大清律例》都明文要求“讲读律令”,统治者积极鼓励私家注律研究,导致一批水平较高的私家律学作品如雨后春笋般涌现。清代私家注律达到鼎盛,从内容上看,出现了许多创新,涉及注释、校勘、文字、音韵等方面知识,有的还涉及现代法理学、刑法学等知识;从种类上看,有以图表注释的,以歌诀成文的,分析案例的,专攻律例考证的,也有比较研究的,极大地丰富了我国的律学宝藏。[41] 但也有学者认为:“明清之世,思想高压、文化专制愈演愈烈,清代复夹带种族之见,文字之祸,交踵而至,文人学子无不噤若寒蝉。政治之失德,莫此为甚,又何谈学术之昌明。”[42]律学应该具有的核心价值“仁”和“仁政”被抽空,只剩下一张律令注释之皮囊,明清时期律学进入衰世。笔者以为,对此问题的争论虽然很激烈,但在律令注释的技术层面上,明清律学确实达到了相当高的水平。

在日本,明法道在8世纪上半叶形成以后,也经历了发展、繁荣和逐步衰落、走向消亡等过程。以《令义解》《令集解》和《律集解》的编纂面世为标志,日本的明法道在8~10世纪走向了巅峰,涌现出了如锻冶大角、越智直广江、盐屋吉麻吕、山田白金、穴太内人、赞岐千继、赞岐永直、樱井右弼、兴原敏久、额田今足、惟宗直宗、惟宗直本、惟宗公方、惟宗允亮等一大批著名的明法学家。1192年源赖朝(1147~1199年)在镰仓建立幕府以后,日本的国家权力和重心移到了镰仓,幕府开始建立武家法律体制,以解决社会上新出现的各种问题,原来以天皇中央集权统治为中心的律令制度开始走向衰落,明法道的命运也趋于多舛。但即使在此时,在研究《御成败式目》等武家法时,仍出现过一些律学成果,如各种对式目的注释书等。[43] 同时,由于在镰仓幕府,以及后来的室町幕府(1336~1573年)和德川幕府(1603~1868年)期间,《养老律令》在形式上仍然是

---

[41] 参见张晋藩:《清律研究》,法律出版社1992年版,第164~176页。

[42] 苏亦工:《法学盛衰之辨》,载“沈家本与中国法律文化国际学术研讨会”组委会编:《沈家本与中国法律文化国际学术研讨会论文集》(下册),中国法制出版社2005年版。

[43] 参见[日]池内义资编:《中世法制史料集·别卷·御成败式目注释书集要》,岩波书店1978年版。

日本社会的基本法典,明法道的研究表面上仍然持续着(虽然地位已大不如前)。

至17世纪、18世纪,随着中国《大明律》(以及之后的《大清律例》)对日本的影响,日本又出现了第二波研究律令的高潮。明清时期的律、例、令、会典等法律形式,以及明清律例的注释书,如金祇的《大明律直解》、王肯堂的《律例笺释》、雷梦麟的《读律琐言》、杨简的《律解辨疑》等先后传入日本。日本的学者,如神原篁洲(1656~1706年)、荻生徂徕(1666~1728年)、高濑喜朴(1668~1749年)、荷田春满(1669~1736年)、获生北溪(1669~1754年)、芦野德林(1695~1775年)、薗田守良(1785~1840年)等,也都推出了自己关于律例的作品。[44] 当然,此时明法道已经不再被提起,律学家也不再被称为明法博士了。[45] 日本律学(明法道)的这一发展演变形态,和中国有所不同,最根本原因在于中国是律学的原产国,而日本是继受国。因此,它的发展起伏与引进中国律学的范围和力度有很大关系。7世纪吸收中国隋唐的律令以及注释成果和16世纪以后吸收中国明清律例这两波浪潮,也决定了律例注释研究的高潮都紧跟在引进继受中国的法律学术之后。

二、律学(明法道)的主要内容

(一)对律(令)典、律(令)条、篇目、概念等的注释、解读和阐述

中日两国法律学术的发展,虽然道路迂回曲折,但历久而存,为后世留下了为数可观、内容丰富、体例多样的律学作品,从这些作品中,我们大体可以窥见中华法系之法律学术的基本内容。

第一,梳理律令,解释其中的内容、概念和术语,这是律学也是日本明法道的学术基础。如《唐律疏议》就是对律、令、格、式的性质、内涵、功能以及彼此之

---

[44] 这些学者的作品,详细可参见本部分"古代中日法律学术发展简述"。

[45] 日本明法道研究专家布施弥平治将明法道延续的下限定在14世纪中叶,所列举的最后一位明法博士中原季教,其活跃时期就是贞和年间(1345~1350年)。参见[日]布施弥平治:《明法道の研究》,新生社1966年版,第301页。

间的内存联系，名例、卫禁、职制、户婚等 12 篇具体规定，死刑、流刑、徒刑、杖刑、笞刑之五刑的解读、说明，以及“十恶”加重、皇亲官僚减免、宗法伦理、德主刑辅、老幼废疾减免刑、罪刑相当、罪刑法定、比附和类推、本律优于《名例》、诬告反坐等诸项刑法原则等，进行的详尽论证；清朝王明德所著《读律佩觿》，对《大清律例》的实施中至关重要的 8 个“律母”、36 个“律眼”作了解释和阐述；日本明法博士额田今足、兴原敏久、赞岐永直等提议编纂的《令义解》对官位令、职员令等的内容等进行了详细解释。

第二，探究律令的篇目以及各项制度的沿革，以了解其来龙去脉。如宋代律学家王键所辑《刑书释名》就是一部解释历代刑书(法典)中的刑名以及用刑方法的作品。另一位律学家刘筠所著的《刑法叙略》中对刑官的设置以及历史沿革作了比较系统、完整的叙述。元代的律学家徐元瑞在《吏学指南》中，也对吏制、册籍制度、肉刑制度和推鞫制度等的历史沿革进行了清晰的阐述。而清代吴坛所撰《大清律例通考》和薛允升所著《读律存疑》则上下承接，对自古到清代光绪年间的历代律例条文逐条进行了探源溯流似的考证，并附按语以抒己见。日本明法博士惟宗直本的《令集解》，也充分运用历史主义的观点，不仅全面吸收和发扬了之前《令义解》的注释学成果，还对中国历代注释律令的作品进行了梳理和总结。

第三，阐发法理，凸显法的精神。每一部律学作品都是以一定的法理为基础的。《唐律疏议》的重要特点之一，就是以儒家思想为基础的中国古代正统法学世界观全面渗入律学，达到了全部律文“一准乎礼”的境界，强调“德礼为本，政教为用”㊻。明以后律学作品如雷梦麟的《读律琐言》等也处处渗透着中国古代正统法学的精神。而在日本的律学作品中，这一点也为统治者和律学家们所极力倡导。比如，上述日本古代最系统的私人法律注释书《令集解》在注释《户

㊻　当然，这里的“礼”，已经不是早期儒家所强调的孔、孟的礼，而是经过上千年变迁改造的唐代的礼，即“唐礼”。参见苏亦工：《唐律“一准乎礼”辨正》，载《政法论坛》2006 年第 3 期；高明士：《中华法系基本立法原理试析》，载朱勇主编：《中华法系》第 1 卷，法律出版社 2010 年版，第 16～26 页。实际上，礼和法、律与经的互通、融合，在汉代就已经实现了。叔孙通制《傍章》18 篇、赵禹作《朝律》6 篇，都是礼仪的典章。参见钱剑夫：《中国封建社会只有律家律学律治而无法家法学法治说》，载《学术月刊》1979 年第 2 期。

令·国遣行条》"有不孝悌悖礼,乱常不率法令"中"悖礼"和"乱常"两个词时,就是这么阐述的:"悖,逆也。乱常者,紊乱五常之教也。不率法令者,率,循也,不遵律令格式也。""古记云,悖礼,孝经,子曰:不爱其亲,而爱他人者,谓之悖德;不敬其亲,而敬他人,谓之悖礼。"[47]该条集解在解释"悖礼"时还说:"注云,尽爱敬之道,以事其亲,然后施之于人,孝之本也。"[48]

除了上述三个方面的内容之外,穷尽各种著述种类,着力宣传法律知识;比较各朝律条得失,提升当朝立法水平等,也是中国古代律学和日本明法道的重要内容。

(二)日本明法道与中国律学的差异

由于日本明法道是在继受中国律学的基础上改名而来的,明法道与律学是同种同质,具有相同性。但仔细分析,两者仍然有着差异。第一,学术的样态有所区别。同样是律令注释学,中国偏重律,以《唐律疏议》、《律解辩疑》(何广撰)、《大明律释义》(应槚撰)、《大清律辑注》(沈之奇撰)等律注释学作品为代表;日本偏重令,以《令义解》《令集解》等令注释学作品为代表。出于这一历史原因,在中华法系内部,中国保存了较多隋唐时期的律,日本保存了较多的令,仁井田陞(1904~1966年)就是在此基础上编撰了《唐令拾遗》一书。第二,学术的指导思想有所区别,中国以儒家思想为主,吸收法、墨、道、佛等家学说;而日本不仅吸收了中国的儒家思想,以及相应的其他学说,而且还传承了自己民族历史上的神道思想。[49] 第三,学术的内容有所区别。从大的方面说,如中国的十恶(谋反、谋大逆、谋叛、恶逆、不道、大不敬、不孝、不睦、不义和内乱),在日本的法学界,被转变成了八虐,即去掉了当时日本统治者认为危害没有像在中国那么严重的"不睦"和"内乱";中国的八议(议亲、议故、议贤、议能、议功、议贵、议勤、议宾),日本律学界认为最后两个"议勤""议宾"也不是十分重要,所以删

---

[47] 《新订增补国史大系23·令集解前篇》,吉川弘文馆1966年版,第325页。

[48] 《新订增补国史大系23·令集解前篇》,吉川弘文馆1966年版,第325~326页。

[49] 以祭祀神为核心的思想,就是"神道"。参见[日]石田一良、[日]石毛忠编:《日本思想史事典》,东京堂出版社2013年版,第18页。

除,变成六议。第四,学术的主体有所区别。在中国,隋、唐、宋的律学研究主体,是社会的士大夫阶层,中央和地方的行政司法官员,如长孙无忌、房玄龄、于志宁、司马锐等。只是在明清以后,开始有一些基层官府的幕友加入这一行列。而在日本,从事明法道研究的主体原来主要是归化人,[50]因而形成了由这些移民的后代延续的明法世家(律学世家),社会地位不高,其职位还经常被剥夺、免去。[51] 第五,学术的传授有所区别。中国在唐宋期间,律学是国家的官方教育,明法科是科举制度中必要的组成部分,虽然每年人数不多,但仍是广大青年入仕的重要通道之一,明法科毕业生不仅从事立法和司法工作,也从事国家其他管理事务,所以中国律学的社会基础比较广泛。而在日本,由于在大的格局中没有移植中国的科举制度,其式部省下属大学寮中的明法科,是一种专业化、职业性教育,其培养目标是明法博士——国家的司法官员,且后来基本上被赞岐氏、惟宗氏、坂上氏和中原氏等律学世家所垄断。

产生上述差异的原因,在于古代中国和日本社会的区别。一方面,中国成文法典的历史源远流长,制律的知识积淀也极为厚重,自商鞅改法为律起,至隋《开皇律》已达近千年,中间历经秦、汉、魏、晋、北周、北齐等大的成文律典,唐以后,《大明律》《大清律例》也是国家法制的基石。即使是宋代的刑统,实际上也是唐律的另一种表现形式。相对于律,令的历史短且地位低,受重视程度当然不如律。而日本国家成立晚,成文法律的历史更短,在7世纪学习中国建立中央集权政府时,由于涉及国家的治理和政府的运作,令的功能与律具有等同甚至超越的作用,[52]日本最早的法典都以令冠名。[53] 即使制定国家大法时,也仍然

---

[50] 中国和朝鲜过来的移民,如著名明法世家惟宗氏就是中国秦代归化日本香川郡的秦忌寸氏的后代。参见[日]利光三津夫:《律令制とその周边》,第一章"奈良时代に击け石大学客明法科",庆应通信1967年版,第138页。

[51] 当然,日本法律世家中也有个别贵族,如赞岐氏就是神栉皇子的后裔。参见[日]利光三津夫:《律令制とその周边》,第一章"奈良时代に击け石大学客明法科",庆应通信1967年版,第138页。

[52] "令,谓教令也。教以法制,令其不相违越(官位上下贵贱)。"参见《新订增补国史大系23·令集解前篇》,吉川弘文馆1966年版,第3页。

[53] 如668年颁布的其真实性日本学术界尚有争议的《近江令》,以及689年颁行的《飞鸟净御原令》等。参见[日]浅古弘、[日]伊藤孝夫、[日]植田信广、[日]神保文夫编:《日本法制史》,青林书院2010年版,第29~30页。

律令并重,推出了《大宝律令》《养老律令》。[54] 我想,这些就是中国律保留得好、律解释学发达,而日本令保存得多、令注释学发达的主要原因。另一方面,日本在绳文、弥生时代(公元前 12000 ~ 公元 250 年)就诞生了对各类神(如能带来人口繁殖的妊妇女神、带来丰富食物的地母神、保佑子孙后代幸福安康的祖先神等)的崇拜意识和祭祀习惯,[55]这些意识和习惯在后来日本国家与法产生的过程中,日积月累发展成为日本神道思想。[56] 6 世纪末 7 世纪初日本学习中国隋唐政治法律制度、建设律令制国家时,虽然也移植引入律学的指导思想儒家的"礼",但并没有全部照搬,而是将其和上述日本神道思想结合在了一起。其经典的表现就是,在中国礼制下,从皇帝至百官,都以不同颜色的服饰来宣示自己的身份,而日本引入中国的律令学说后,在规定朝廷的礼制服饰时,只规定了皇太子以下的服装颜色(黄、紫等),而没有规定天皇的服饰。[57] 那么,作为国家至尊天皇的衣服,应该是什么颜色呢?日本就按照传统神道思想,要求天皇着白色,因为天皇带领百官祭祀日本神时,穿的就是白色衣服。[58] 由此可见,日本的明法道,虽然是中国律学的翻版,但已经被做了日本化的改造。在法制的其他领域也一样。中国是中华法系的母法国,而日本是中华法系的继受国和移植国。而从中国移植过来的法律,必然有一个本土化的过程,有一个修正改造使其适合日本国情的实践过程。正是在这样的社会大背景之下,出现了归化人对律学比较熟悉,较容易担任这一职位;出现了律学内容发生变异,"十恶"变成了"八虐","八议"成为"六议";出现了日本的大学寮明法科教育由于缺少科举制

---

[54] 日本学者大津透认为,律令制的高度统治技术之特点,就是文书行政,而文书行政的运作,主要是靠令。由于日本社会开化比中国晚,国家治理机构和政府行政也相对比较落后,这样,在将中国律令制引入日本时,也更加重视令的作用。参见[日]药部直、[日]黑住真、[日]佐藤弘夫等编:《日本思想史讲座 1 · 古代》,ぺりかん社 2012 年版,第 112 页。

[55] 参见[日]药部直、[日]黑住真、[日]佐藤弘夫等编:《日本思想史讲座 1 · 古代》,ぺりかん社 2012 年版,第 44 ~ 46 页。

[56] "日本人祈愿神,基本上就是限于希望生命的繁衍、增长,生活的安乐、繁荣,即生活上、现实上的考虑。"参见[日]石田一良、[日]石毛忠编:《日本思想史事典》,东京堂出版社 2013 年版,第 20 页。

[57] 参见[日]药部直、[日]黑住真、[日]佐藤弘夫等编:《日本思想史讲座 1 · 古代》,ぺりかん社 2012 年版,第 110 页。

[58] 参见[日]药部直、[日]黑住真、[日]佐藤弘夫等编:《日本思想史讲座 1 · 古代》,ぺりかん社 2012 年版,第 111 页。

度的依托，而在社会性、广泛性、群众性等各个方面不如中国的律学教育等一系列相异结果。古代中日法律学术的发展情况见表1⑲。

表1　古代中日法律学术发展简述

时间	作品	作者	主要内容与学术价值	社会影响	备注[1]
653年	《唐律疏议》	长孙无忌等	对《唐律》的精密注释，为中华法系学术的发展奠定了基础	影响了之后中华法系学术的发展	官撰
7世纪末	《龙筋凤髓判》	张鷟	4卷，总计79条判例案由，含呈报审理复核裁决之全过程	迄今完整传世的最早的一部官定判例集[2]	官撰
701～718年	《古答》	大和长冈[3]	《大宝律令》的注释书	保留了《大宝律令》的史料，为各家律注释书所引	日本
720年前后	《新令私记》	不详	《养老律令》的注释	保留了《养老令》的史料，为后世律学所引	日本
725年前后	《令释》	不详	《大宝律令》和《养老律令》的注释	保留了日本令的史料，为后世律学所引	日本
8世纪中叶	《贞记》	贞江连继[4]	日本律令注释书	为《令抄》等律学著作所引用	日本
780年前后	《春记》	春日户足[5]	《大宝律令》的注释书	为《令集解》《政事要略》等律令注释书所引用	日本

⑲　表1所引文献，绝大部分是笔者数年来所收集的中日学者的成果，因数量众多，这里就不再一一注明。此外，表1也引用了杨一凡所编的《中国律学文献》（多卷本，前三辑由黑龙江人民出版社出版，第四辑开始由社会科学文献出版社出版）中收录的部分中国古代律学作品。

续表

时间	作品	作者	主要内容与学术价值	社会影响	备注
787～795年	《律释》	不详	《大宝律令》和《养老律令》的注释书，逸文涉及名例、户婚、厩库等6篇	为《政事要略》《法曹至要抄》等所引用	日本
791～795年	《跡记》	阿刀氏	《大宝律令》《养老律令》的注释书	为《令集解》等律令注释书所广泛引用	日本
793～798年	《穴记》	穴太内人	《大宝律令》《养老律令》的注释书	为《令集解》等律令注释书所广泛引用	日本
798～812年	《律书残篇》	不详	对五刑的内容及运作进行了研究	保存了《大宝律令》和《养老律令》中没有的史料	日本
800年前后	《新删定明法述义》	不详	对《大宝律令》《养老律令》在实施时遇到的问题进行解释	对基层司法官员执法影响很大	日本
9世纪初	《政事要略》	惟宗允亮	奈良时期、平安前期法律事件和律令格式内容的记录	通过日记记录，保存了律令格式的史料[6]	日本
810年前后	《物私记》	物部敏久	《大宝律令》和《养老律令》的注释书，内容既涉及律，又包含了令	为后来的律令注释书所广泛引用	日本
834年	《令义解》	兴原敏久、赞岐永直等	作为《养老律令》的官方注释书，对日本令作了系统完整权威的解释	对日本中世的令注释学产生了重要影响	官撰，日本
9世纪前期	《赞记》	赞岐永直[7]	《大宝律令》《养老律令》的注释书	为《令集解》等律令注释书所广泛引用	日本
840年前后	《额记》	额田国造今足	《大宝律令》《养老律令》的注释书	为后来的律令注释书所广泛引用	日本

续表

时间	作品	作者	主要内容与学术价值	社会影响	备注
850 年前后	《律附释》	不详	共 10 卷，是对名例、卫禁、职制、户婚等 12 篇的注释	对《律集解》《令集解》的编纂有重要影响	日本
850 年前后	《五记》[8]	不详	《大宝律令》的注释书	为《律集解》《令集解》等律令注释书所广泛引用	日本
868 年	《令集解》	惟宗直本	《养老律令》的私家注释，也是对 9 世纪前期各家令注释成果的汇集	保存了《养老律令》及《令义解》的珍贵史料	日本
9 世纪末	《律集解》	惟宗直本	借鉴《唐律疏议》的注律方法，对日本的律进行了汇集注释	保存了《大宝律令》《养老律令》的若干珍贵史料	日本
963 年	《宋刑统》	窦仪等	宋代刑律的规定，传承了《唐律疏议》的律学成果	对宋元的法律和律学影响很大	官撰
约 989 年	《疑狱集》	和凝、和嵘	对唐末五代时期判例的汇编、分析和评述	对宋代以后判例汇编评述具有开创意义	
11 世纪初[9]	《刑法叙略》	刘筠	对刑官等制度的设置及历史沿革作了研究	保存了中国古代刑法方面的史料	
1029 年	《律附音义》	孙奭	保存了《唐律》原文，对《唐律》作了解读音释	成为后世传承唐代律学的作品之一	
11 世纪	《刑统赋解》	傅霖[10]	以歌、赋的形式，对《宋刑统》中的一些重要规定进行通俗诵唱	保存了《宋刑统》的法条，开创了普法的新方式	
12 世纪初	《折狱龟鉴》	郑克	分 20 门，评述了春秋战国至北宋政和年间的 600 多个案例故事	对宋以后司法部门具有重要的指导意义	

续表

时间	作品	作者	主要内容与学术价值	社会影响	备注
1150 年前后	《法曹类林》	藤原通宪	收录了赞岐永直等数十位明法博士出具的明法勘文,内容涉及官制和行政公务事项	保留了这些明法博士的法律意见,有珍贵的史料价值	日本
12 世纪[11]	《刑书释名》	王键	解释历代刑书及用刑方法	保存了中国古代刑法的史料	
12 世纪末	《唐律释文》	此山贯冶子、王元亮	对《唐律疏议》疏文中的字、词作出音读释义	保存了唐、宋的法律史料[12]	
12 世纪末	《法曹至要抄》	坂上明兼、坂上明基	收录各类法条 180 余项,并予以解读	保留了日本中世的律、令、格、式等法律史料	日本
1213 年	《棠阴比事》	桂万荣	汇集评述了刑法中的一些典型案例,涉及法医鉴定的内容	为宋以后判例研究和法医学提供了基础	
1247 年	《洗冤集录》	宋慈	对法医检验进行了系统的论述,开创了中国古代法医学的先河	为宋以后的法医检验、研究奠定了基础	
1261 年	《名公书判清明集》	幔亭曾孙	收集了 49 名士大夫的 473 篇书判,对案例的解读十分深刻	保存了珍贵的古代书判,传承了判例文化	
1301 年	《吏学指南》	徐元瑞	为官吏学习法律而编写的关于法律知识和为政品质的读物	保留了古代法律和官吏治理的知识和经验	
1308 年	《无冤录》	王与	在《洗冤集录》的基础上,丰富发展了法医检验的理论和知识	为后世法医检验提供了理论和实务的指导	
1340 年前后	《刑统赋疏》	沈仲纬	对傅霖的《刑统赋解》的逐句疏解	扩大了对刑法条文通俗化解释的路径	

续表

时间	作品	作者	主要内容与学术价值	社会影响	备注
1386 年	《律解辩疑》	何广	通过列举律文，再提出议曰、问曰、答曰、讲曰、解曰、又曰等形式，逐条注释、讲解《大明律》	保留了洪武年间[13]制定的《大明律》原文，特别珍贵	
1487 年	《大学衍义补·慎刑宪》	丘濬	分 16 个部分，或围绕一个专题，或针对史上某一事件，广征博引，阐述法律制度和思想	不仅比较历朝法律，阐述律意，而且广引先贤的相关论述	
16 世纪上半叶	《祥刑要览》	吴讷	涉及经典大训、先哲议论、善可为法、恶可为戒等四大部分内容	作者的编选、阐述，对当时的统治者和士大夫阶层有指导意义	
1543 年	《大明律释义》	应槚	没有引用其他注释书，通篇都是以“释义”对《大明律》律文的阐述。只引《大诰》，没有附条例	本书虽简略，但它对律文的解释比较清楚、准确和明白易懂	
1549 年	《法家哀集》	陈永	涉及宗服歌、六赃课法、诬告折杖歌、律难引用、招议指南、律颐断法、法家秘诀等	“律难引用”部分，列举了 46 种情形，对律的适用意义重大	
1557 年	《读律琐言》	雷梦麟	层层分析，论述律文所涉主体、事项，立法用意，执行时可能遇到的问题以及如何处理等	释律时附了相关的问刑条例，因而保存了法律史料	
1600 年前后	《律学集议渊海》	佚名	先是引用律文，接着以“谨详律意……疏议曰……答曰……”等展开论述，集各家之长	保存了博答、哀集、集解、管见、辩疑、琐言等著作文献	

续表

时间	作品	作者	主要内容与学术价值	社会影响	备注
1610年前后	《律例笺释》	王肯堂	对《大明律》的律文、例文等作出了权威解释	在明清时期被律学家奉为圭臬，广为流传	
1610年	《在明律集解附例》	高举	是地方官府刊刻的律例注释书，汇集了《大明律》律文、例文的解释、纂注以及相关的条例	由于系统、完整，解释权威，成为明代中后期的律学名著	
1638年前后	《折狱新语》	李清	分10卷，收判词210篇，涉及婚姻、诈伪、淫奸、贼情等，附“疑狱审语”	我国现存唯一的一部明代判词专集，具有重要的史料价值	
1676年	《读律佩觿》	王明德	将律文的次序全部打乱，放在各章之中，按照专题的性质分类，并与图表、注解、刑罚、罪条、法医检验等内容糅合在一起	该书既是对律文、条例的注释书，又是论说性质的专著，是明清律学发展过程中的高潮	
1699年	《问拟》	黄六鸿	通过“问其所犯之由而拟其罪”的形式，解释律例以及用语的基本含义	其八字之义、释十六字、释看语等，对律学理论和实务有价值	
1713年	《大明律例谚解》	榊原篁洲	德川幕府时期最早的律例注释书。以汉字和日文假名混合进行注释	引用中国古代政治法律文献达117部，受到时人赞扬	日本
1715年	《大清律辑注》	沈之奇	通过上、下栏的方式，对458条律文、448条条例作了融理论与实务为一体的诠释	与《读律佩觿》一起，成为清代律学的经典，系后世律例注释之楷模	
18世纪初	《明律国字解》	荻生徂徕	用日语诠释《大明律》，注解律460条，例382条	对日本近世律例注释学的发展影响很大	日本

续表

时间	作品	作者	主要内容与学术价值	社会影响	备注
18 世纪初	《类聚三代格考》	荷田春满	对类聚三代格(弘仁格、贞观格和延喜格的汇编)作的研究	梳理了日本格的渊源,保存了史料	日本
1720 年	《大明律例译义》	高濑喜朴	受德川吉宗之命翻译的《大明律》和问刑条例等的注释书	对当时日本各藩的刑事立法有重大影响	日本
1729 年	《合例判庆云集》	周梦熊	按照法律名词的字数,将法律内容归纳总结阐述,如盐法、夜禁、告状不受理、造作不如法等	对司法实务部门理解执行律例有指导意义,对读律人有参考价值	
1730 年前后	《明律译》	荻生北溪	对《大明律》的日文翻译,试图用明刑慎罚的思想来影响司法官吏	为日本学界进一步研究《大明律》提供了基础	日本
1743 年	《大明律例详解》	高濑喜朴	吸收前人研究注释《大明律》的成果,包含律例详解 21 卷,问刑条例详解 9 卷,比较系统	呈给和歌山藩主之后,就被其作为座右铭而珍藏、遵循	日本
1774 年	《律例图说正编》	万维翰	共 10 卷,分吏、户、礼、兵、刑、工 6 个部分,对《大清律例》的条文进行画图解说	是清代律学通俗化作品的代表之一,对司法实务部门有指导意义	
1784 年	《刑名一得》	白如珍	共 2 卷,收录论命案、论强窃盗、论抢夺等 15 篇专题论文	对律学研究和司法实务有参考价值	
1785 年	《佐治药言》	汪辉祖	论述了尽心、尽言、息讼等 40 项心得,强调要提升司法官吏的职业道德和业务水平	作者任刑幕 20 多年的经验总结,对司法实务和律学教育有参考价值	

续表

时间	作品	作者	主要内容与学术价值	社会影响	备注
1795 年前后	《驳案新编》	全士潮等	32 卷,收录驳案 319 宗,精心挑选,详尽评述,深入分析	对司法实务部门具有重要的指导意义	
1798 年	《祥刑经解》	汪泩	对原刑象天地、立刑豫禁戒、致刑慎听断、丽刑戒滥私、明刑弼教化等进行了专题论述	对律学研究和司法实务部门办案有参考价值	
1822 年	《刑台法律》	沈应文、萧近高等	首卷、附卷和副卷关于刑罚、行政司法公文程式等的阐述,正文 16 卷是对律的释文	具有律学百科全书的性质,对律学的理论与实务发展贡献甚大	
1831 年	《折狱卮言》	陈士鑛	通过引经据典(如《周易》《吕刑》等)阐述对刑狱的看法,强调慎刑恤罚的主旨	对律学研究、司法实务以及司法官员品德修养有启迪意义	
1831 年	《续刑法叙略》	谭瑄	接续宋刘筠的《刑法叙略》,继续梳理论述宋以后刑法的变迁	对司法实务有参考,为刑法史研究积累史料	
1834 年	《刑案汇览》	祝庆祺、鲍书芸等	清代规模最为庞大的判例集,共收判例 4045 个	为律学研究和司法部门广泛引用,影响巨大	
19 世纪上半叶	《新释令义解》	薗田守良	共 48 册,对《养老令》进行了逐条注释	为整理和保留日本令作出了贡献	日本
1834 ~ 1845 年	《刑部比照加减成案》	许梿、熊莪	共 64 卷,收录嘉庆、道光年间比照加减成案 2992 个	为司法实务部门办案提供一套参考标准	
1841 年	《琴堂必读》	白元峰	收录论命案、论抢夺、论批呈词、论叙供等 20 篇作品	对当时的律学研究和司法实务有参考价值	
1858 年	《刑名》	徐栋	共 3 卷,对律令、律本经术、刑名总论、审理杂案等进行了论述	为司法实务部门办案提供了思路	

续表

时间	作品	作者	主要内容与学术价值	社会影响	备注
1864 年	《大清刑律择要浅说》	志和	对犯上、亲告乃坐、纵容妻妾与人通奸等律例内规定进行逐项讲解,阐述很详尽	对律学研究和司法实务部门均有参考价值	
1870 年前后	《重修名法指掌图》	沈辛田撰、徐灏重修	以图表的方式演绎解说律例文义	对司法实务部门有指导意义	
1883 年	《律法须知》	吕芝田	收录论叙供、论命案、论窃盗贼等十大类 420 则律例解说,对律例内涵的阐述比较深入	对律学理论和司法实务均有参考指导价值	
1884 年	《大清律例略记》	江峰	分 436 门,对律例"按条发挥、逐句解释"	对习律例者是入门书,对司法实务者有参考价值	
1884 年	《办案要略》	王又槐	清乾隆中期重要的律学文集,收有论命案、论犯奸及因奸致命案、论强窃盗案等论文 14 篇	是重点研究罪与罚的论文集,对律学界影响很大	
1885 年	《提牢备考》	赵舒翘	整理清王朝建政以来有关监狱管理的条例、章程以及重要狱务的处理方法	中国历史上第一部关于监狱学的专著,学术价值很高	
1778 年	《大清律例通考》	吴坛	通过按语方式,对律文以及所附条例进行详细考释,说明其历史变迁以及渊源变化	对清代律文、例文变迁的精致考释,为学术界提供了厚实的史料	
1887 年	《读律一得歌》	宗继增	就律例内容作歌,举律例 393 条,律眼 21 条,六赃六杀 2 条	在赋韵释律之上,开创出歌诀释律例的形式	
1899 年	《汉律辑证》	杜贵墀	从中国古籍关于法律的规定中梳理出可能是汉律的内容	对沈家本、程树德等的汉律收集整理有影响	

续表

时间	作品	作者	主要内容与学术价值	社会影响	备注
19世纪末	《唐明律合编》	薛允升	对《唐律》和明律(例)作出比较、分析、阐释,附以其他各家律学的观点,最后提出自己的意见	论述除了旁征博引外,还开创了对法典进行正式比较的传统	
1903年	《读例存疑》	薛允升	通过引律文、附条例和"谨按"的方式,对《大清律例》中例的历史和内涵作出深入的阐述	对例的分析研究达到一个新的高度,对司法实务部门影响巨大	
1910年前后	《历代刑法考》	沈家本	4卷,涉及刑制、刑法、赦、律令、狱、刑具、刑官等的考证,含汉律摭遗、寄簃文存等	对中国法制史、刑法史的奠基产生了重大影响	

注:〔1〕因为收集的文献中,中国律学著作多,日本的少,私家律学的多,官撰的少,所以在备注中只标注日本的和官撰的。

〔2〕详细参见(唐)张鷟撰:《〈龙筋凤髓判〉校注》,中国政法大学出版社1996年版;霍存福:《张鷟〈龙筋凤髓判〉与白居易〈甲乙判〉异同论》,载《法制与社会发展》1997年第2期。

〔3〕此书作者不明晰,但庆应大学教授利光三津夫根据诸多史料推测为《养老律令》的编纂者之一大和长冈。参见[日]利光三津夫:《律の研究》,明治书院1961年版,第220页。

〔4〕日本古籍《法曹类林》卷百九十七(收入《新订增补国史大系》第27卷中,吉川弘文馆1965年版,第5~20页)等提及此人,知道是明法博士。而其他情况就一无所知了。

〔5〕《春记》的作者,利光三津夫推测为因幡国春日户村的主人"春日户足"。参见[日]利光三津夫:《律の研究》,明治书院1961年版,第63页。

〔6〕如在卷五一交替杂事(调庸未进事)中,就记录如下:"延喜二年(902年)三月十三日,《贞民格》云:应复旧勘诸国贡调,国郡司违期事……"参见《新订增补国史大系28·政事要略》,吉川弘文馆1964年版,第259页。

〔7〕关于《赞记》的作者,泷川政次郎认为是赞岐永直。参见[日]三浦周行、[日]泷川政次郎:《令集解释义》"解题",国书刊行会1982年版,第11页。但因为赞岐家族是日本中世法律世家,在赞岐永直之前,还有他的祖父赞岐千继、哥哥赞岐广直等著名的明法学家,所以利光三津夫认为将《赞记》的作者定为赞岐家族似乎更为妥当。参见[日]利光三津夫:《律の研究》,明治书院1961年版,第231页。

〔8〕因为在《令集解》中,有"一卷私记""二卷私记"等说法,故利光三津夫推测《五记》是《五卷私记》的律注释书的简称。参见[日]利光三津夫:《律の研究》,明治书院1961年版,第226页。

〔9〕刘筠参与了宋代四大书之首的《册府元龟》的撰稿,承担了其中的刑法部分。《刑法叙略》是这刑法部分内容单独抽出来的作品。《册府元龟》撰写于1005~1013年,刘筠是该书的作者,因此我们虽然不清楚刘筠的具体生卒年月,但大体可以知道他是10世纪末11世纪初的人。《刑法叙略》也应该是该时期的产物。

〔10〕傅霖,《宋史》无传,在《刑统赋解》的重刻序中,沈家本推测其是北宋人。由此推断,《刑统赋

解》面世的时间应该在11世纪中叶。

〔11〕王键,《宋史》无传,其他相关资料中也只提及他是宋人,没有其他更加详细的线索。但从《刑书释名》中有金的刑罚的介绍这一点来推测,王键应该是南宋时人。因为北宋的延续时间是960~1127年,而金的延续时间是1115~1234年,即金王朝建立12年后,北宋就灭亡了。因此,王键要研究金的刑罚,应该是在金王朝建立以后,而此时就已经到了南宋时期了。

〔12〕沈家本在《唐律释文跋》中认为:"释文本为《刑统》而非《唐律》注释。"参见(清)沈家本撰:《历代刑法考》(四),中华书局1985年版,第2249页。但我们知道,《宋刑统》全面继承了《唐律疏议》,因此,此书保存了唐、宋两朝法律的相关史料。

〔13〕洪武年间为1368~1398年。

三、律学(明法道)的基本特征

关于律学的基本特征,凡是研究律学的学者,如张晋藩、杨一凡、张伯元、俞荣根、王立民、怀效锋、朱勇、武树臣、张中秋、刘广安、王宏治、苏亦工、吕志兴、何敏等几乎都作了阐述。如归纳一下的话,大体包括以下9个方面:多元、丰富的表现形式;以儒学为指导思想,以注释为基本形态;官学与私家注律相辅相成;以"律""令"为主要研究对象,重刑事、重行政、轻民事;在整体风格上偏重实用,理论分析和阐述不突出;职业律学家群体地位不高,在中国还没有形成独立的职业阶层;实行特殊的律学教育体制;律学成果直接影响着法律的运作实践;律学研究的精致化。详细分析这些特征,可以使我们进一步深入地认识律学的本质。限于篇幅,以及避免与其他学者论述的重复,这里仅对多元、丰富的表现形式,官学与私家注律相辅相成,以及律学研究的精致化3个方面,并结合日本明法道的情况,进一步作些分析和探讨。

第一,律学的表现形式丰富多样。隋唐以后,随着律学的不断发展,其表现形式更为多元:(1)综合性的法典化的律注释书,如《宋刑统》等;(2)用音义解读法律条文和名词的著作,如孙奭的《律附音义》等;(3)体系性的律例注释书,如雷梦麟的《读律琐言》、王肯堂的《律例笺释》、沈之奇的《大清律辑注》等;(4)歌赋类的律例解释书,如傅霖的《刑统赋解》、宗继增的《读律一得歌》等;(5)图解类的律学作品,如沈辛田的《名法指掌图》等;(6)专题论文集性质的著作,如蓝鼎元的《鹿洲公案》、王又槐的《办案要略》等;(7)充任幕府读律用律和律学教育的作品，如张廷骧的《刑幕要略》、汪辉祖的《佐治药言》、万维翰的《幕学举要》等；(8)监狱管理的著作，如赵舒翘的《提牢备考》等；(9)解读判例的作品，如许梿和熊莪的《刑部比照加减成案》、祝庆祺的《刑案汇览》、全士潮等的《驳案新编》等；(10)普法读物类作品，如徐栋的《牧令书》、包世臣的《齐民四术》等。[60] 当然，这十个方面的分类，其实也是形式上的，只是为了便于分析。因为许多律学作品本身可能兼具多种类型的特征，如体系性的一般也都具有综合性著作之特征等。

在日本，通过学习、传承中国的各类律学作品，也发展起了多种注释、讲解、阐述律令和其他法律形式的明法作品。如《律集解》是注释、讲解《大宝律令》《养老律令》的律文，《令义解》《令集解》是注释解读《大宝律令》《养老律令》的令文，只是前者为官方，后者是私家注令。《额记》《穴记》等也都一样。而《政事要略》是对历史上所发生的法律事件和律令内容的记录，有点类似于中国古代各朝的刑法志。《类聚三代格考》则是专门对《弘仁格》《贞观格》《延喜格》之汇编的考证研究。由于在律学研究方面，日本是一个继受国家，在日本律学作品形态中，还多出了一种形式，即翻译、讲解中国的律学著作，如高濑喜朴的《大明律例译义》、荻生北溪的《明律译》，以及荻生徂徕的《明律国字解》、榊原篁洲的《大明律例谚解》等。

第二，官方律学与私家注律相辅相成。在中国古代，律学从其产生到隋、唐、宋时期，虽然官学、私学均有发展，但总体上以官方注释(官方律学，以《唐律疏议》《宋刑统》为经典)为基本形式。然而，元以后，由于官方律学(教育)被取消，私家注律进一步兴起。尤其是明清时，统治者开始鼓励官吏和刑名幕友私家注律，以利用他们丰富的实践经验和集思广益来弥补官方注律的狭隘和不足。此时，私家注律基本上成为律学的主要部分，明清时期一批高水平的律学

---

[60] 虽然上述律学作品形式多元、内容丰富，但其贯穿的核心价值是一致的，这就是自汉代确立，由《唐律疏议》综合其成的中国古代正统的法学世界观，它也是以儒学为主，吸收法、道、佛等各家传统思想的律学观，体现了中华法系的鲜明特征。这一律学观的优点是强调民本思想，提倡法律简约、德主刑辅、宽猛相济、德刑并用、刑无等级、慎刑恤罚等。其局限是过分突出礼的功用，强调道德的无尽力量，法、律、刑相通，因此法律的工具属性比较浓厚。

著作，都是私家注律的成果。[61]

在日本，虽然私家注律比官撰更多一点，如在对日本律令的注释书中，除了《令义解》是官撰的以外，其他全部是私家注律（令），但这些私家注律，一方面，基本上都是对《令义解》的重复、补充和延伸；另一方面，即使是私家注律，也都是在《大宝律令》和《养老律令》的框架之内。因此，日本律学（明法道）中的官撰、私家注释也是非常默契、相辅相成的。尤其是13世纪日本的国家政治体制与古代中国相异后，即在日本的幕藩体制下，有许多律学作品，实际上是藩一级政府或首长指示律学家编撰的，官、私属性很难分清。如18世纪和歌山藩高濑喜朴完成的两本律学名著《大明律例译义》（1720年）和《大明律例详解》（1743年），就是接受藩主的要求而编撰的，然后由藩政府予以保管、组织实施。因此，这一法律学术，既有私家注律属性，又是官方组织编撰实施的结果。

第三，律学研究精致化。这一点，在《唐律疏议》中就已经体现得极为充分了。经过之后各代律学家的努力，至明清两代，律学在技术层面上已经极为精致，到了几近完美的境界。对此，我们可以清代王明德的《读律佩觿》为一典型，稍作分析。该书充分吸取了其他律学作品的长处，并进一步提炼升华。一方面，《读律佩觿》一书的体系非常精致。八字广义，"读律八法"，例、杂、但、并、依、从，以及从重论、累减、递减、听减、得减、罪同、同罪等字、词（王明德称其为"律眼"）的律义等，一应俱全。另一方面，《读律佩觿》的释文风格有独创性，不以法典的结构顺序为纲目，而是以专题，即以一项罪名或一项刑法原则为轴心，而后将法典各个部分中有关的律文附上，展开论述。如"以枉法论"这一专题，就收入了吏、职制、公式、仓库、课程、兵、刑、捕囚和断狱等各律中与"枉法"相关的44项律文，进行详细阐述。此外，在明清的律学著作中，一般都载有"例分八字之义"，但除王肯堂的《律例笺释》外，解释都十分简略。只有《读律佩觿》一书将此八字定名为"律母"，对其作了进一步的阐述，极为详细。此外，《读律佩觿》关于读律方法的阐述，也特别精细，作者将其称为"读律八法"，即"一曰扼要、一曰提纲、一曰寻源、一曰互参、一曰知别、一曰衡心、一曰集义、一曰无我"。

---

[61] 关于清代私家释律的集中研究成果，可以参见张晋藩：《清律研究》，法律出版社1992年版，第164~176页。

由上可知,《读律佩觿》既是一部对律文、条例的注释书,又是一部论说性质的专著。它代表了中华法系法律学术的最高成就。[62]

就日本的情况而言,明法博士除引进、吸收中国律学的成果及其精细化的注释、中国律学的指导思想(儒学),从而推出了众多自己的作品外,13 世纪以后日本律学家在注释、阐述日本幕府的武家法典《御成败式目》时,也充分运用了中国的经验。比如,在《御成败式目》制定后不长的时间内,日本学者编撰的式目注释书就达 34 种,其中,《御成败式目荣意注》《御成败式目唯净里书》《芦雪本御成败式目抄》等,无论在体系、注释,还是在语言等方面,都达到了相当高的水平。[63] 如对"得让状后其子先父母令死去迹事"(第 20 条),《御成败式目荣意注》作者解释道:"右其子虽令现存,至令悔还者,有何妨哉。况子孙死去之后者,可任父祖之意也。"接着,作者依据中国古代儒学经典,对其作了进一步的阐述:"法意,子孙亡后,财已异财之后,不可悔返,况其后有妻子者可传领,父母不可悔返。式目已违背,让有夫之女子财悔返之。家语曰,孔子曰,尧子丹朱,舜子商均,禹父鲧,舜父瞽,不肖。无忧者,其惟文王乎。以王季为父,以武王为子,父作之子述之,武王缵大王王季,文王之绪,壹戎衣而有天下,身不失天下之显名,尊为天子,富有四海之内,宗庙飨之,子孙保之也。虽有其子不孝,则父母不让之,虽他人,孝忠贞则让之,尧禅舜,舜禅禹者也。"[64]话语之间,不仅儒家之立场异常坚定,引用文献十分丰富,阐述条文特别细密,还充满了对式目的批判精神。

四、律学的内在逻辑及其历史遗产

通过上述对律学的语源、诞生、发展演变、主要内容以及基本特征等的梳

[62] 关于律学研究的特征,还可以参见何敏:《清代注释律学特点》,载《法学研究》1994 年第 6 期。在此文中,何敏指出了律学的六大特征:重归纳,轻演绎;重考证,轻分析;重实用,轻理论;重刑事,轻民事;重成案,轻判断;重善疑,以求真。

[63] 参见[日]池内义资编:《中世法制史料集·别卷·御成败式目注释书集要》,岩波书店 1978 年版,第 574 ~ 576 页。

[64] [日]池内义资编:《中世法制史料集·别卷·御成败式目注释书集要》,岩波书店 1978 年版,第 574 ~ 576、79 ~ 80 页。

理，我们可以大体了解律学的内在逻辑，也就是它的内在规律：律学作为一种学术形态，它是依附于其研究对象律（令、格、式以及例等）的生存与运行状态的。当统治者重视立法和司法，加强法律的运行成为人们社会生活之重要部分时，律学的处境就好，乃至趋于繁荣。当其受到经济方式的转变、社会形态的变革而失去服务的对象，慢慢丧失自我时，其发展就受到阻碍。日本明法道的发展情况也一样。当奈良、平安两个时代统治者对学习引进中国律令制兴趣盎然时，明法道就在日本蓬勃地发展起来，形成了所谓“律令制时代”。然而，当源赖朝在镰仓建立起幕府，天皇大权旁落，幕府自己开始建设武家法制，从而律令制法律体系失去发展之根基时，明法道也开始走向衰落。而当 1868 年“明治维新”之后，社会从小农经济转变为工业化的资本主义商品经济时，明法道就彻底终结了自己的生命之旅，成为一种法律文化遗产。

中华法系之律学虽然退出了历史舞台，但其作为文化遗产的法律学术价值并没有完全丧失，它仍然是我国及东亚国家新时期法和法学进步、发展与繁荣的本土资源，而可以为我们所继承、吸收和利用。在这一法律遗产中具有当代文化传承意义者，可以举出许多，如律学作品通俗易懂，基层司法人员对其有很大的认同感；与司法实践的紧密联系，所探讨的问题都是法律实务中需要解决的疑难问题；不管是研究还是写作，都具有很强的针对性；等等。如下 3 个方面，则更是律学中的精华，对当代法和法学研究具有极为重要的传承、弘扬价值。

第一，周密严谨精致的律令注释学，是律学的基本特征，也是它最为主要的传世价值。如清代沈之奇所著的《大清律辑注》，在解释、阐述律例之规定、含义时，就是非常精致地展开的。首先，通过下栏（主体部分）对大清律律文进行逐字逐句注解并附以相关的条例。其次，再通过上栏的释文，对问题作出如下阐述：其一，对下栏内律文、条例中的名词作解释；其二，对下栏律文和注解中的文化背景和历史典故作出解释；其三，对下栏律文中的律意作出进一步的说明；其四，对各家律学著作的观点作出分析，提出自己的观点；其五，对下栏律文中的注，作出进一步的说明；其六，对下栏中的律文和条例的关系作出说明。《唐律疏议》《宋刑统》，惟宗直本的《令集解》，雷梦麟的《读律琐言》，王肯堂的《律例笺释》，薛允升的《读例存疑》，以及上述王明德的《读律佩觿》等，与《大清律辑注》具有同样的水准。这批律学作品就是通过这样逐层推进、细致入微的阐述，使中国古代律学的解释学水平达到了一个非常高的境界，成为中华传统文化中一颗异常绚丽的明珠。

第二，丰富、多元的研究方法。在律学研究中，不仅有归纳的、演绎的方法，训诂的方法，扩张解释、限制解释、字义解释、文句解释等的法律解释学方法等，还有历史的方法，即阐述各项法律规定时，必定将其起源、发展、演变的历史说得清清楚楚。如宋代刘筠的《刑法叙略》，在解释"刑官"的起源及发展历史时，就从虞舜时代"咎繇作士"说起，历经夏、商、周之制，春秋战国的规定，秦制与汉制，魏晋的变迁，南北朝的改革，隋唐的发展，五代十国时的规定，以及宋初的因袭等，十分详尽。又如社会学的方法，《唐律疏议》在"户婚律"中解释"诸州县不觉脱、漏、增、减"户口的法律责任时，吴坛的《大清律例通考》在"户律·市廛"中解释"私充牙行埠头"时，都充分列举了当时社会中户口变迁与管制、牙行之现状与变化等社会状况来说明律文和例文的正确含义。再如文献学的方法，丘濬在《大学衍义补·慎刑宪》中，引用的文献就达30余部，有《诗经》《尚书》《周易》《春秋左氏传》《管子》《周礼》《论语》《孟子》《史记》《贞观政要》《宋史》《通典》《资治通鉴》《梦溪笔谈》等。此外，还有佛教律疏的方法等。[65] 而比较，更是成为律学中的一个重要方法，薛允升的《唐明律合编》是这方面的典范。这些方法，虽然和现代意义上的还有一定差距，只能说是各种方法的雏形，但毕竟在中国古代的律学中，已经得到了充分的运用和发挥。

第三，更为重要的是律学对法的正义的追求。中国古代的法律学术，虽然大量的是逐条、逐句、逐词地解释律令的含义，阐述律令在实施中遇到的问题，但也不乏对立法与司法之正义的追求。比如，丘濬在上述《慎刑宪》中就强调了"法须公正，法胜君言"的观点："帝王之道，莫大于中。中也者，在心则不偏不倚，在事则无过不及……夫是之谓祥刑。""夫法有定制，而人之犯也不常，则随其所犯而施之以责罚，必明必允，使吾所罚者，与其一定之法，无或出入，无相背

[65] 参见陈灵海：《通往唐永徽〈律疏〉之路——中古佛教律学与世俗律学互动论》，载《学术月刊》2015年第9期。

戾……用狱如此，无不利者矣。”[66]王明德在《读律佩觿》中，更为强调律学研究的正义价值，他认为，法律工作者不仅考虑“我”的得失是不对的，就是希望为民作主、审好案件是积功德的想法也是不能有的：“‘我’之为害，千古一辙。无论庸愚鄙陋，赋性凶残，惟私是营，如赵禹、张汤之属，卒归戮灭，否亦痛遭天谴，自不必言。即秉质温良，慈祥和易，立心于布泽伸恩（功德），一以全活为主脑，亦不免蹈有‘我’之癖。……其所谓功德，实乃孽德，非功德也。功德可自做乎？独不思法乃天下之公，即天子亦不容私所亲。……殊不知圣贤立教，惟有一中。中，则洞洞空空，不偏不倚，何有于功德。倘意见微有执着，虽公亦私，难免乎有‘我’矣。……故曰：读法必先于无‘我’。”[67]

日本的明法道，虽然在12世纪末镰仓幕府建立、律令制时代结束后，开始走向衰微，但其文化价值仍然存在。不仅其明法博士、明法道12世纪后继续存在（如中原章久之明法世家、坂上明盛之明法世家等），明法学家的活动一直延续至1868年以后的明治维新时代（如荻生徂徕、荷田在满是18世纪，薗田守良是19世纪的明法学家，势多章甫的律学研究一直持续到19世纪90年代的明治中叶），而且明法道中包含的律令注释学中的一些精华，如对律条解释的精益求精，在解释法律条文时的历史方法、解释学方法、比较方法、音读和训读方法、文献学方法（如日本近代律学家神原篁洲所著《大明律例谚解》一书，在阐述律例含义时，就引用中国古代政治法律文献达117部）等，以及对司法正义的追求，也都为近代以后日本的法哲学和法律解释学所继承和发扬光大。[68]

---

[66] （明）丘濬：《大学衍义补·治国平天下之要九：慎刑宪·总论制刑之义》下，上。

[67] （清）王明德撰：《读律佩觿》，载四库全书存目丛书编纂委员会编：《四库全书存目丛书：子部·法家类》第37册，齐鲁书社1997年版。

[68] 参见何勤华：《20世纪日本法学》，商务印书馆2003年版，第6页。

中华法系之法律教育考

——以古代中国的律学教育与日本的明法科为中心*

中国在227年,曹魏尚书卫觊上奏魏明帝曹叡置律(学)博士,开创律学教育之后,两晋南北朝继承发扬了这一做法,形成了国家有正规法律教育的传统,从而为隋唐时期中华法系诞生之时法律教育的成熟与定型奠定了基础。

一、中华法系法律教育的形成与发展

中华法系法律教育形成于隋唐时期,它承继两汉魏晋南北朝之律学教育的传统,但已有了巨大的变革和提升,并传播至古代日本、朝鲜和越南等地。

(一)中华法系法律教育的形成

中华法系定型时期的7世纪,中国律学教育进入了一个新的发展时期。7世纪初,隋文帝杨坚废除了九品中正制,①隋炀帝杨广创设了分科举人,以策问

---

* 本部分原载于《法律科学(西北政法大学学报)》2018年第1期,与袁也合作。

① “东汉末,曹操当政,提倡唯才是举。献帝延康元年(220年),曹丕采吏部尚书陈群的建议,推选各郡有声望的人出任中正,将当地士人按才能分别评定为九等(九品),政府按等选用。谓之‘九品官人法’,仍保持曹操用人‘不计门第’的原则。”晋、六朝时沿用此制。隋文帝时废除此制,改行科举制。参见夏征农、陈至立主编:《辞海普及本》(上)(第6版),上海辞书出版社2010年版,第2023页。

取士的制度,[②]并在中央设立了专门管理教育的行政机构国子监。隶属于国子监的中央学校有国子学、太学、四门学、书学和算学。而律学则属于大理寺,设律博士、律博士弟子员,并沿用魏晋南北朝以来律学由司法部门主管的体制。到了隋朝末年,律学才归国子监管理。[③] 唐王朝建立后,进一步建立了进士科,从而正式创立了以考试来选拔官员的科举制度。当时,分常科和制举两种,其中常科中就设置有明法一科(源自晋时在百官中设立"明法"之官职),形成了独立成熟的官方律学教育。[④] 按照唐代法律规定,在刑部的属官中,已没有了作为独立官职的明法的设置,明法成为举荐官员的定额。《唐六典》卷二记载:"凡诸司置直,皆有定制。(双行小字)诸司诸色有品直……门下省明法一人……刑部明法一人……中书省明法一人……大理寺明法二人……"[⑤]明法成为科举取士的一门科目,它与秀才、明经、进士、俊士、明字、明算等一起,成为7门科举取士中的一门。虽然明法在唐以前就有,律博士(律学博士)在魏时就已经设立,但创立科举制度并将明法作为科举的一个科目成为官方法律教育的核心,则是唐王朝的发明。这就是我们说唐的法律教育与之前的法律教育有本质之区别,以及中华法系的法律教育形成于唐代的理由。

中华法系的主要继受国日本的法律教育,其起步和发展,与中华法系的形成和发展,几乎是同步的。为了学习先进发达的隋唐法律制度和文化,日本派遣了多批遣隋使和遣唐使来中国学习。这一活动,可以视为日本最早的律学教育,即把中国的官府和律学家当作老师,学习中国的隋律、唐律,并将其学习的成果带回日本。因此,日本最早的律学教育,是一种通过留学方式开展的法律

---

② 俞大纲、唐长孺、何忠礼、金铮等学者认为隋朝废除了九品中正制,又开始了以各科举人的做法,但性质上仍然是一种察举制。是唐朝开创了以进士为主要取士科目,士人定期赴试,国家从中选拔人才的科举制。

③ 参见徐道邻:《中国法制史论集》,台北,志文出版社1975年版,第182页。

④ 《通典》卷一五"选举"记载:"其常贡之科,有秀才,有明经,有进士,有明法,有书,有算。自京师郡县皆有学焉。"参见(唐)杜佑撰:《通典》卷一五,"选举",中华书局1988年版,第353页。

⑤ (唐)李林甫等撰:《唐六典》,陈仲夫点校,中华书局1992年版,第35页。

教育。这在人类历史上也是不多见的。[⑥] 而法律留学生中的佼佼者,有大和长冈(689～769年)、吉备真备(695～775年)等。根据日本学术界的研究,日本国内的律学教育,大体始于奈良(710～794年)、平安(794～1192年)两个时代。在《大宝律令》和《养老律令》中,已经有了关于"录用官吏考试的明法(律学)"[⑦]的规定。在这之前,在元明天皇的和铜年间(708～715年),依据格创立了明法科(律学科)。[⑧] 但此时,明法科尚处在草创阶段,至圣武天皇神龟五年(728年),明法科的制度才最后得以定型,明法(律学)的教育获得进一步的发展。[⑨]

那么,日本在大学寮中,是何时设置明法科的呢?根据《类聚三代格》所载贞观十三年(639年)11月27日的算博士家原氏主的解文,以及"官位令"集解关于神龟五年(728年)的格的解释,载有令外官律学博士(明法博士)的定员和相应位阶(正七位下),故许多学者认为可以推算明法科也是在同一年设置的。但日本学者利光三津夫认为,根据日本令外官设置惯例,一般都是先在大学寮的教育中设置某一学科从事教育,然后过了若干年之后,该学科的令外官的定员和位阶才得以确定。如果依此来推论,那么在神龟五年(728年)令外官律学博士的定员和相应位阶定下来时,实际上在大学寮的教育中早已经有了明法科

---

⑥　11世纪,在罗马法复兴的浪潮中,在意大利形成了以讲授、注释罗马法为使命的博洛尼亚大学,吸引了欧洲各国的年轻人前来学习法律,其人数最多时达到一万余人。参见[日]碧海纯一、[日]伊藤正己、[日]村上淳一等编:《法学史》,东京大学出版会1976年版,第85页。应该说这也是世界历史上为数不多的以留学教育为中心的法律教育。

⑦　"明法"一词,在中国先秦文献中出现较多,如《管子》《韩非子》中多处使用该词,尤其是《管子》中"明法"成为独立一篇。与君主有"明君"和"昏君"一样,法律也有"明法"和"暗法"。而在通史作品中,"明法"最早出现于《史记》卷六"秦始皇本纪"之中,即"作制明法""普施明法"。该词为秦始皇巡游鲁地邹峄山和河南阳武县博浪沙时所刻在石头上的文辞中。至于"明法"一词的内涵,《韩非子》中"南面篇"说得最为清晰:"人主使人臣,虽有智能,不得背法而专制;虽有贤行,不得逾功而先劳;虽有忠信,不得释法而不禁,此之谓'明法'。"在之后的文献中,如《晋书·刑法志》《隋书·百官志》《唐六典》《太平御览》等,都有"明法"的记载。

⑧　日本学术界的通说,认为日本设置明法科,是圣武天皇神龟五年(728年)。但利光三津夫根据早在和铜年间(708～715年)的史籍中,就散见有"明法博士",以及表达"明法博士"的"令师""律师"等用语,主张明法科的设置可以从圣武天皇神龟五年(728年)往前上溯至元明天皇和铜年间。参见[日]利光三津夫:《律令制とその周边》,庆应通信1967年版,第117页。

⑨　日本历史学家井上光贞认为,日本明法科,设置于天平二年(730年)。参见[日]井上光贞:《日本律令的注释书》,尹琳译,载何勤华编:《律学考》,商务印书馆2004年版。

的设置。[10] 据此,以及《令集解》关于“僧尼令”的集解、养老四年的格中出现“明法博士”“令师”“律师”“明法师”用语等资料,利光三津夫认为明法科的设置应当是在元明天皇的和铜年间(708～715 年),其组织完善是在天平年间(729～749 年)。[11]

(二)中华法系法律教育的发展

根据《宋史》“选举志三”记载,宋代开国之初,没有设律学,只设有律博士掌授法律。宋神宗熙宁六年(1073 年),才在国子监设立律学,设律学教授 4 人。元丰年间(1078～1085 年),设律学博士、学正各一人。宋哲宗绍圣二年(1095 年),又设置律学博士。有学者指出,在南宋的史料中,还没有发现有关律学和律学博士的记载,故学者推测,中国可能自南宋起,就不再设置律学,因而也就没有律学博士了。[12] 但是,《宋史》“选举志三”详细记载了南宋庆元年间(1195～1200 年)、嘉定年间(1208～1224 年)、咸淳年间(1265～1274 年)律学考试的内容及程序、方式,故笔者认为南宋期间律学似乎并未取消。沈家本认为律学及律学博士自元代起才被取消的观点,[13]应当受到重视。

与唐代一样,宋代的教育行政管理机构在中央是国子监,下面常设国子学、太学和律学等。在地方,各路设提举学事司。宋代县级学务由县令及佐官兼任。北宋初,国子监设有广文、太学、律学三馆,但律学馆没有法律教师。宋代法学教育的发展与完善,与北宋时期的 3 次兴学有密切关系。第一次兴学在庆历年间(“庆历兴学”),由范仲淹发起,目的是改进中央办学,提倡地方办学,以及改革科举制度和教学方法。第二次兴学在熙宁、元丰年间(“熙宁—元丰兴学”),由王安石在变法中发起,兴学中律学教育有了比较大的发展。第三次兴学在崇宁年间(“崇宁兴学”),由宋徽宗发起、蔡京等人具体操作,这次兴学对

---

[10] 参见[日]布施弥平治:《明法道の研究》,新生社 1966 年版,第 88 页。

[11] 参见[日]利光三津夫:《律令制とその周边》,庆应通信 1967 年版,第 114 页。

[12] 参见徐道邻:《中国法制史论集》,台北,志文出版社 1975 年版,第 185 页。

[13] “自元代不设此官,而律学遂微。”参见(清)沈家本撰:《历代刑法考》(四),中华书局 1985 年版,第 2060 页。

律学的规范化、实用化也有影响。[14]

从元代开始,政府取消了法学教育的机构,[15]从而使法学教育趋于衰落。之后,官方的律学教育再也没有恢复过,一直到 1912 年清朝的灭亡。但明清时期,因统治者的提倡,社会要求官吏与百姓对法律的了解和理解更加强化。如《大明律》“吏律 · 公式”明文规定:“凡国家律令,参酌事情轻重,定立罪名,颁行天下,永为遵守。百司官吏务要熟读,讲明律意。剖决事务。”“若有不能讲解,不晓律意者,初犯罚俸钱一月,再犯笞四十附过,三犯于本衙门递降叙用。”[16]《大清律例》“吏律 · 公式 · 讲读律令”条在此基础上,进一步规定:“其百工技艺诸色人等,有能熟读讲解,通晓律意者,若犯过失,及因人连累致罪,不问轻重,并免一次。其事干谋反、叛逆,不用此律。”[17]这些规定,都推动了在任官吏通过各种途径积极学习法律,而律学教育便担当起了让官吏“明法通律”的重任。

明清两朝虽然在学校教育中有一些法律的内容,但由于明代对知识分子实施高压政策,而清代又由于除顺治和康熙等个别人之外,大部分满族上层分子对法学的轻视,以及汉族士人的尊儒斥法,法律教育在明清两朝都是不受重视的。然而,社会又不可能没有法律,而立了法又不可能没有人去执行,执法者又不能对法律一无所知,官方又没有正规的法律教育的途径,在这种情况下,法律教育走入民间和衙门,成为一种(由地方官员聘请的私人助理,即幕友主导的)幕府教育。由于幕友的社会地位并不高,关于幕友法学教育的资料并不集中,历史上留下来的主要有清乾隆年间名幕汪辉祖所著的《汪龙庄遗书》及清末曾任多处州县幕职的陈天锡所著的《迟庄回忆录》。而我国台湾地区学者张伟仁

---

[14] 关于宋代 3 次兴学的详细情况,参见汤能松、张蕴华、王清云、闫亚林编著:《探索的轨迹——中国法学教育发展史略》,法律出版社 1995 年版,第 40 ~ 42 页。

[15] 《元史》卷八一“选举一”称:“隋、唐有秀才、明经、进士、明法、明算等科,或兼用诗赋,士始有弃本而逐末者。宋大兴文治,专尚科目,虽当时得人为盛,而其弊遂至文体卑弱,士习萎靡,识者病焉。”参见(明)宋濂等撰:《元史》卷八一,“选举一”,中华书局 1976 年版,第 2015 页。根据这一认识,元遂废除了唐、宋的明法科目、官方的律学教育,对整个科举制度的重视程度也逐步下降。

[16] 怀效锋点校:《大明律》,法律出版社 1999 年版,第 36 页。

[17] 田涛、郑秦点校:《大清律例》,法律出版社 1999 年版,第 157 页。

则搜集各种史料，梳理钩沉，对清代幕友的法学教育作了比较系统的研究。[18]

在日本，从神龟五年（728年）至天长三年（826年），明法科经过99年的发展，已经达到相当发达的程度。但之后，明法科开始走向衰落。按照日本学者布施弥平治的观点，日本明法科教育的衰落，第一个原因是834年《令义解》的编纂面世。之前，日本解释、传授《大宝律令》《养老律令》是百家争鸣、百花齐放，从而促进了明法研究和明法教育的繁荣，而《令义解》的公布，使各家学说归于一，法律学术和法律教育的迅速发展局面不再持续。[19] 第二个原因，是令制本身的崩溃。虽然，律令制度一直延续到1868年"明治维新"运动的爆发，但实际上《延喜式》（908年实施）之后，明法科的考试就被停止了。[20] 之后，官员岗位都由门阀贵族所把持。日本南北朝（1336～1392年）以后，即使有一些律学研究成果如《令抄》《公事根源》等，也都是由非明法博士的学者所创作。明法科成为少数几个家族的私学，且开始衰落，连在中世纪显赫一时的赞岐家族、惟宗氏家族也都慢慢消亡，只剩下两家，即中原氏和坂上氏，但到江户时代（1603～1868年）也基本消失。只是在明治前期略有复兴，但此时的日本西法已经东渐，明法科只能为西方法学和法律教育所同化吸收。[21]

二、中华法系法律教育的内容与特点

在中国古代，与现代的法律教育不同，中华法系法律教育的内容服务于当时社会立法与司法的发展与需求，适合培养法律人才的要求以及官员治理、考核的需要，因而也具有自己的特色。

---

[18] 参见张伟仁：《清代的法学教育》，载张伟仁：《磨镜——法学教育论文集》，清华大学出版社2012年版，第29页。

[19] 这有点类似于古罗马《学说引证法》（Legge delle Citazioni）的颁布，国家在赋予帕比尼安（Papinianus，约140～212）、乌尔比安等五大法学家以等同于法典效力的法律解释权、使罗马法学家解释法律的观点趋于统一的同时，也遏止了百家争鸣、百花齐放的法律解释之繁荣局面，罗马法学趋于衰落。

[20] 参见［日］布施弥平治：《明法道の研究》，新生社1966年版，第161页。

[21] 参见［日］布施弥平治：《明法道の研究》，新生社1966年版，第162页。

(一)法律教育的内容

1. 入学资格

关于法律教育(律学)的入学资格,在中国,《唐六典》是这么介绍的:"律学博士,掌教文武官八品已下及庶人子之为生者。"㉒《通志·选举》也记载:"(唐)龙朔二年(662年),东都置国子监、丞、主簿、录事各一员……一曰国子学……四曰律学。(双行小字)取年十八以上、二十五以下,以八品九品子孙及庶人之习法令者为之。"㉓这里的记载虽然不是很详细,但基本上规定了律学(明法科)专业入学的条件与资格,即身份:八品九品子孙及庶人之习法令者;年龄:18岁以上、25岁以下。至于其他要求,《唐六典》也规定了:学生的"束脩之礼(学费),督课、试举,如三馆(太学、国子、四门)博士之法"㉔。唐代法律的这些规定,也为日本所全盘吸收、借鉴。

在日本明法博士惟宗直本编撰的《令集解》(868年出版)一书中,在解释《养老令》"职员令·式部省·大学寮"条时,引用了天平二年(730年)的格,即,"释云:天平二年(730年)三月二十七日奏,直讲四人(双行小字:一人文章博士)。律学博士二人……明法生十人。……简取杂任及白丁聪慧,不须限年多少也"㉕。根据《养老律令》的其他规定,我们可以得知,这里所说的明法科的入学资格(杂任、白丁),限定于大初位以下的下级官僚,现在担任舍人、史生、伴部、使部、兵卫、帐内、资人之职者,甚至还可以是庶民,即作为不具有荫位特权等的无位者的中男、正丁,年龄17岁以上、25岁以下的聪慧之人。㉖

在中国,发展至宋代,律学馆主要招收文武官八品以下子弟及庶人之俊异者,研习法律,"凡命官、举人皆得入学,各处一斋",入学者不以品官子弟为限,各地举人也要入馆习律,律学馆选拔律学生的条件比较严格。举人入律学馆必

㉒ (唐)李林甫等撰:《唐六典》,陈仲夫点校,中华书局1992年版,第562页。
㉓ (宋)郑樵撰:《通志》(第1册),中华书局1987年版,第723页。
㉔ (唐)李林甫等撰:《唐六典》,陈仲夫点校,中华书局1992年版,第562页。
㉕ 《新订增补国史大系23·令集解前篇》,吉川弘文馆1966年版,第80页。
㉖ 参见[日]利光三津夫:《律令制とその周边》,庆应通信1967年版,第132页。

须有人荐举,“举人须得命官二人保任,先入学听读而后试补”[27]。只有取得补试资格方可继续学习。由于元代取消了官方律学教育明法科,并一直未能恢复,在明清时期,学律之人大多入幕府跟随刑名师爷学习(学幕)。学幕的人大多是家境贫寒或在科举上失意之人。幕友的教育并无正式的机构和制度,全凭师徒相授,因此,想学幕的人要找老师并无一定的途径,几乎完全取决于个人的机遇,主要靠亲故的介绍和提携。[28] 如果一位幕友决定顺应亲友之请,收纳一个青年为徒,亲友就要安排一番拜师的礼仪。此后,学徒就迁入幕斋,跟随幕师起居作息,帮忙做一些文书事务,幕师对他除了教授幕学知识,辅导实务练习之外,还要照顾其生活,管教其言行。在学期间,幕徒的衣食花销也都是幕师津贴的,师生之间的关系很是亲密。[29]

2. 学习内容

日本古籍《故实拾要》卷八明确指出:“明法者,律学也。官位令、职员令、三代格式等是也。”[30]从日本学术界的这一认识可以得知,明法科教育,就是以律令等法律规范为学习对象、教授内容的,明法科相当于今天的法学院。日本法律学界的这一认识,源自对中国律学(明法)教育制度的移植。在中国唐代,律学生学习的主要内容是律令和格式等。《唐六典》卷二一“国子监”记载:“律学博士一人,从八品下……以律令为专业,格、式、法例亦兼习之。”[31]格、式,是中华法系法律形式中的法律渊源之一,而法例,应该就是判例集,因为唐代就已经有了官撰和私人编写供律学生学习和考试用的判例集了。[32] 因此,在中国唐代,明法科的学生已经在律令之外,必须学习格、式和判例。从日本古籍的记载来看,学生的学习压力是很大的。日本红叶山文库本《令义解》纸背后所引《弘仁式》逸文记载:“大学《弘仁式》云:凡应讲说者……《周礼》《仪礼》《毛诗》、律,各

---

[27] (元)脱脱等撰:《宋史》(第8册),中华书局1985年版,第3672页。

[28] 参见郭润涛:《官府、幕友与书生——“绍兴师爷”研究》,中国社会科学出版社1996年版,第127页。

[29] 参见张伟仁:《清代的法学教育》,载张伟仁:《磨镜——法学教育论文集》,清华大学出版社2012年版,第42～44页。

[30] [日]利光三津夫:《律令制とその周边》,庆应通信1967年版,第103页。

[31] (唐)李林甫等撰:《唐六典》,中华书局1992年版,第561～562页。

[32] 如由唐代律学家张鷟所撰的《〈龙筋凤髓判〉校注》,中国政法大学出版社1996年版。

四百六十五日……《尚书》《论语》、令,二百日。”[33]律,要在465日内,令,要在200日内讲完。律的条文大概有500条,令文约有950条。因此,平均每天学习律令的任务,基本上是一天一条律文,5条令文。

律学生平日除学习已有的律令、案例外,如有朝廷新颁条令,刑部立即送来学习。[34] 这与宋神宗时期不断改革新法有密切的关系。律学生对新法的熟识,为变法改革提供了大量可用之才。如果在学习刑名过程中,对法律条文或者断案有疑问,须与审刑院、大理寺商议。至明清,幕友法学教育的第一要目是研读律例和有关幕务的书籍。[35] 第二项是在老师的指导下进行实习。一般为先由幕师在署内案卷中调出已经办理完毕而比较特殊的命盗、奸拐、户婚、田土等案若干,交给幕徒批阅,经过一定数量的案件的批阅,幕徒基本上对办案的手续有了一个大致的了解。[36]

3. 考试

《唐六典》卷二记载:“其明法试律、令各一部,识达义理,问无疑滞者为通。(双行小字)粗知纲例、未究指归者为不〔通〕。所试律、令,每部试十帖,策试十条;律七条,令三条,全通者为甲,通八以上为乙,以下为不第。”[37]其他科目如“进士科”虽然在礼部考试时不涉及法律的内容,但在考中“进士”后仍须通过吏部“身、言、书、判”的考试后才能被任命做官,其中的“判”就是根据两个模拟案例写两份判决书。

明法科学生的考试制度非常严格。比如在日本,首先是入学后的明法生,要考其应该背诵的律令的条文,十日一次。《养老律令》的“学令”记载:“其试

---

[33] [日]利光三津夫:《律令制とその周边》,庆应通信1967年版,第147页。

[34] 北宋熙宁年间规定:“凡朝廷有新颁条令,刑部即送学。”参见(元)脱脱等撰:《宋史》卷一五七:“选举志三”,中华书局1985年版,第3673页。

[35] 名幕陈天锡在《迟庄回忆录》中说:“学幕之初,兄命先读《大清律例》……尤须熟背其目录。律例中首应细读《名例》,其余各律,则须按需用之多寡,为研读之先后。”参见郭润涛:《官府、幕友与书生——“绍兴师爷”研究》,中国社会科学出版社1996年版,第138页。

[36] 在清代幕友的法学教育中,除了阅读书籍、实习办案之外,还有一项重要的内容就是学习如何当好一名幕友,即所谓幕友的道德教育(职业教育)。对此,汪辉祖根据自己的亲身经验,在《佐治药言》和《续佐治药言》中谈得很多,如“立心立品”(心术纯正,品德良好)、“修身持家”、“择主事官”、“检吏制役”(监察抑制吏人和差役的非法舞弊行为)、“敬业爱民”,总的是一句话“为民谋利除害”。

[37] (唐)李林甫等撰:《唐六典》,陈仲夫点校,中华书局1992年版,第45页。

读(背诵律令)者,每千言内,试一帖三言。”㊳这一规定来自对唐代法律的继受。唐代律学的考试,就是这么考的。同时,帖试都是口试,即回答问题。如果在10天时间里,不能读千言文,就推迟考试。讲读法律(类似于后世的法解释学)的考试,首先也是每10天考一次,选择3条条文,问其包含的意义。在每10天的旬试中,回答3条条文,能回答两问者为合格,一问及以下为不合格。不合格者要由明法博士“斟量决罚”㊴。这种每10日考一次的旬考,宋代规定得更为详细和严格。如《宋会要辑稿》关于监考,就有如下一记载:“遇试日,其主掌敕书及检用条例,乞于诸路及百司,将来试中吏人内指差两人充;其本学诸杂文字,乞于审刑院、刑部、大理寺指名差手分二人行遣。本学合要刑统、编敕、律令格式,及应系刑法文字、并乞于合属去处取索。”㊵考试过程非常周密,严防作弊。

除了每10日的旬考之外,明法科更重要的考试就是每年一次的岁考,即在每年的年终,由大学寮长官或次官出席进行的考试。《令集解》“学令・先读经文条”记载:“释云:称年终者,依考期以七月可为年终。何者?为定博士考课故。《职制律》云:考校,谓内外文官武寮,年终应考校功过者。”㊶《学令》还记载:“每年终,大学头助,国司艺业优长者试之。试者,通计一年所受之业,问大义八条,得六以上为上,得四以上为中,得三以下为下,频三下。……并解退。”㊷这里,《学令》规定得很清楚,如果连续3次(频三)为下第者,就将被认为违反官吏服务规则,勒令退学。

当然,作为明法科学生,最为重要的考试就是毕业前的明法试,即可以成为司法官的录用考试。明法试的前提是学习优秀成为举人者。在《养老律令》之“考课令”中所见的官吏录用考试之考生资格里,有贡和举两类。㊸《律集解》

㊳ 《新订增补国史大系23・令集解前篇》,吉川弘文馆1966年版,第450页。

㊴ 《令集解》“学令・先读经文条”记载:“《古记》云:……问,荫子真决,若令赎哉?答:据律令赎。但寮例决罚耳。”参见《新订增补国史大系23・令集解前篇》,吉川弘文馆1966年版,第451页。可见,在《古记》出版的天平十年(738年)前后,就已经形成了对明法科学生在帖试和法解释学考试时落第不合格者,进行决罚的习惯法。

㊵ (清)徐松辑:《宋会要辑稿》,中华书局1957年版,第2211页。

㊶ 《新订增补国史大系23・令集解前篇》,吉川弘文馆1966年版,第451页。

㊷ 《新订增补国史大系23・令集解前篇》,吉川弘文馆1966年版,第451～452页。

㊸ 参见《新订增补国史大系23・令集解前篇》,吉川弘文馆1966年版,第167页。

“职制律·贡举非其人条”记载:“贡者,依令,诸国贡人;举者,若别敕令举,及大学送官者。”[44]由此(大学送官者)规定可以推论,在大学寮明法试的资格当中,也有贡人和举人两个种类。由于在当时的日本,民间的贡人并不多,明法试举人,几乎是明法试考试的唯一成员。举人被推荐给太政官,太政官就向式部省下符,每年11月在此进行录用考试。监考人员是式部省次官以上的官员。根据《养老律令》的“考课令”以及释文解释,我们得知,明法试的考试时间是上午8时开始,至中午继续,一直到晚上才结束。关于考试的题目,“考课令”几乎全盘学习了中国唐代的制度:“凡明法,试律令十条。(双行小字注:谓,依此令,必可有明法博士及生)律七条,令三条。识达义理,问无疑滞者为通;粗知纲例,未究指归者为不(通)。全通为甲,通八以上为乙,通七以下为不第。”[45]

除了入学资格、学习内容、考试制度以外,关于明法科的学制,在学期间的待遇,对学生的管理以及毕业后去向等,也有相应的规定。限于篇幅,这里就不再展开了。[46]

(二)法律教育的特点

第一,法律教育始终未能达到独立法科大学职业化教育的程度。中华法系的法律教育,即使在辉煌的唐宋年间(日本是奈良、平安时代),也是附属于儒学教育的,在中国是国子学、太学、四门学、算学、书学等多个学科之一,排名在第四;在日本,隶属于式部省下属大学寮之内,与明经、纪传、算学并列,但地位是排在明经等学科之后的。而在中国元代以后,官方的法律教育就干脆被取消了。日本在1192年镰仓幕府建立以后,由于统治者注意力的转移,明法科的教

---

[44] 《新订增补国史大系23·令集解前篇》,吉川弘文馆1966年版,第34页。

[45] 《新订增补国史大系23·令集解前篇》,吉川弘文馆1966年版,第166~167页。

[46] 比如,关于学制,蔡芹香的《中国学制史》一书中说唐代官学的学习年限,国子学为9年,太学及四门学与国子学相同。律学“六年毕业”。参见蔡芹香编著:《中国学制史》,世界书局1933年版,第47~48页。这说法应该来自《文献通考》的记载:国子学、太学、四门学生员“在学九岁、律生六岁,不堪贡者罢归”。参见(宋)马端临:《文献通考》(第2册),中华书局2011年版,第1208页。又如,关于学生休假等,《文献通考》也指明“旬给假一日”,“每岁五月有田假,九月有授衣假”等。再如,关于毕业去向,中国唐宋的律学生员,如果终考合格可以获得官职,日本奈良、平安时代合格的明法学生则可以担任明法博士、大判事和检非违使等司法职务。

育也是日趋衰落。至《延喜式》(908 年实施)颁布后,明法科的考试就被停止了。[47]

第二,时断时续,律学教育发展不稳定。中华法系的法律教育,即使在隋唐时期,也是时断时续,不太稳定。比如,唐建立后,于高祖李渊武德年间(618 ~ 626 年)设立律学,隶属于国子监,但随后就被废。太宗李世民执政时,又将其恢复。《旧唐书》"太宗本纪"记载:贞观六年(632 年)"戊子,初置律学"[48]。同书"高宗本纪"记载:显庆三年(658 年)9 月,"废书、算、律学"(未说明理由)。该纪又记载:龙朔二年(662 年)在大规模改革官制的同时,"乙巳,复置律、书、算三学"[49]。《新唐书》"百官志"记载:"律学,博士三人,从八品下……(小字)有学生二十人。"[50]但到了第二年,即龙朔三年(663 年),律学又被废。律学博士变更为隶属于当时已经改称"祥刑寺"的大理寺。[51] 此次被废的律学,什么时候得到恢复尚不清楚,但从《唐会要》"学校"所记载的武则天和唐中宗时期的变迁来看,武则天圣历年间(697 ~ 700 年)大臣上书提到"三馆生徒"中,只有国子学、太学、四门学,不包括律学。[52] 之后,在唐中宗神龙二年(706 年)时,我们又看到了律学的记载:"神龙二年九月,敕:……初入学,皆行束修之礼,礼于师。国子、太学,各绢三疋;四门学,绢二疋;俊士及律、书、算学,州县,各绢一疋。皆有酒酬。"[53]唐代对律学的又置又废状况,对继受唐代制度的日本也造成了巨大影响,从而使在日本律令中最为重要的《大宝律令》(中的"官员令")和《养老律令》(中的"职员令")中,也没有规定明法科,造成了法律教育的不稳定。

第三,在中华法系的法律教育中,虽然也设置了律学(明法科),但它始终是

---

[47] [日]布施弥平治:《明法道の研究》,新生社 1966 年版,第 161 页。

[48] (后晋)刘昫等撰:《旧唐书》(第 1 册),中华书局 1975 年版,第 42 页。

[49] (后晋)刘昫等撰:《旧唐书》(第 1 册),中华书局 1975 年版,第 78、83 页。

[50] (宋)欧阳修、宋祁撰:《新唐书》(第 4 册),中华书局 1975 年版。

[51] 龙朔三年(663 年)废律学的事情《旧唐书》《新唐书》都没有记载。《旧唐书》只记载了龙朔三年(663 年)2 月"律学,隶祥刑寺"。参见(后晋)刘昫等撰:《旧唐书》卷四,"高宗本纪",中华书局 1975 年版,第 84 页。日本学者利光三津夫据此认为,祥刑寺即大理寺中的律学博士是司法官员,不是学校教育官职,所以此时作为教育的律学又被废除了。参见[日]利光三津夫:《律令制とその周边》,庆应通信 1967 年版,第 107 页。

[52] 参见(宋)王溥撰:《唐会要》,中华书局 1955 年版,第 634 页。

[53] (宋)王溥撰:《唐会要》,中华书局 1955 年版,第 634 页。

偏学、小学，人数少，地位也低。我们从由唐玄宗时代出任宰相19年的李林甫(683～753年)所组织编写、反映盛唐时期典章制度的《唐六典》的记叙来看，律学博士的设置就一人。而同一时期的国子博士2人，太学博士3人，四门博士3人。从唐代博士的地位而言，国子博士"正五品上"，太学博士"正六品上"，四门博士"正七品上"，而律学博士只有"从八品下"[54]，从官位级别上看，律学博士比其他博士要差好几个等级。从律学所招学生来看，国子学科招学生300人，太学学科招学生500人，四门学科也有500人，而律学生只招50人。[55] 这还是盛唐时期的状况，其他时期就更不用说了。日本的情况也一样。649年设置的式部省大学寮中，并没有关于律学的制度。701年《大宝律令》，以及718年《养老律令》，也没有律学。神龟五年(728年)确立律学(明法科)教育以后，律学博士(明法博士)和律学生(明法生)的人数与地位仍然不如其他学科。比如，根据对《养老律令》"职员令·大学寮"的集解释文，当时文章生招20人，算生30人，而明法生才10人。[56] 在招生年龄上，明经科招生要求13岁以上、16岁以下，而明法生是17岁以上、25岁以下；明经生必须从官位五品以上的贵族子弟中选，而明法生是从下级基层官员及一般庶民子弟中招收。明法科毕业生授官时情形也一样，秀才、明经、进士诸科毕业，起点就是正八位官品，到了一定年龄，就自然晋升为正五位以上的官员；而明法科毕业，优秀者也只是甲等，只能授予大初位(官员品级中最低一级)上的品位。因此，日本律学研究专家利光三津夫感叹地说："官位五品以上的名门子弟，几乎就不会选择明法科了。"[57]

第四，法律世家比较多，且历史传承久远。比如，在唐代，就有韩仲良、韩瑗父子，戴胄、戴至德叔侄，苏瓌、苏颋父子，狄仁杰、狄光嗣、狄兼谟家族等。在宋以后，有和凝、和𡼏父子，王樵、王肯堂父子，以及王明德家族等。在日本，法律世家也是一个中世法文化中的普遍现象，若干家族历代出任明法博士，从事大

---

[54] (唐)李林甫等撰：《唐六典》，中华书局1992年版，第559～561页。

[55] 参见(唐)李林甫等撰：《唐六典》卷二一，"国子监"，中华书局1992年版，第555～556页。《文献通考》对唐代教育体制的记载，与《唐六典》的稍有不同，如四门学招生，为"千三百人"。参见(宋)马端临：《文献通考》(第2册)，中华书局2011年版，第1207页。

[56] 参见《新订增补国史大系23·令集解前篇》，吉川弘文馆1966年版，第80～81页。

[57] [日]利光三津夫：《律令制とその周边》，庆应通信1967年版，第141～142页。

学寮明法科的法律教育。如赞岐法律世家,从赞岐千继、赞岐广直,到赞岐永直、赞岐永成等,延续数代;惟宗世家有惟宗直宗、惟宗直本、惟宗公方、惟宗允亮、惟宗国任等;坂上世家有坂上范政、坂上明兼、坂上明基、坂上重俊、坂上明政等;因改姓从下述中原家族分化出来的势多世家,如势多治房、势多章坚、势多章武等,以及从惟宗世家因赐姓"中原"而分化出来的中原世家,如中原季直、中原业伦、中原章继、中原章政、中原章职、中原章政、中原明继等。其中,中原世家延续数十代,律家(明法博士)上百人[58]。

第五,私学比较发达。就中国的情况而言,元代取消官方的法律教育以后,学习法律基本上就是下级官员个人或庶民的事情了。明清时期基层官员的幕府法律教育,贫穷的年轻人或者科举考试落第之人,跟随幕府师爷学习。但中国的幕府律学教育,即使学习结束成绩优秀,充其量也只是一名"吏",还无法成为"官",是地方官员的私人助理、法律幕僚。在日本,由于秀才、明经和进士等科,都为五品以上官位的贵族子弟所占据,下层官僚以及庶民子弟在大学寮招生中就只能往门槛比较低的明法科挤。由于明法科学生招生名额不多,竞争激烈,考试难度极大。如果在入学之前没有长期的律令(包括古代汉语)的基础学习和训练,几乎是进不了大学寮的。这样,一方面造成了千军万马过独木桥(拥挤)进入明法科的情景;[59]另一方面也带动了私家法律教育,以及法律家学的繁荣,出现了上述各法律世家。

三、法律教育与中华法系之兴衰、传承

由上可知,法律教育与中华法系的命运,是息息相关,彼此互动的。它们是

---

[58] 至贞和五年(1349年)还在活跃的中原季教,人数估计超过100人。参见[日]布施弥平治:《明法道の研究》,新生社1966年版,第301页。

[59] 利光三津夫经过对相关日本古代文献的考证,认为《养老律令》的《职员令》虽然规定了明法生一年招收10人,但实际上限于各种条件,一年也就招收一人,"如果不是幼时就亲近汉籍且接受作为家学的律学的话,很难通过明法科的入学考试"。参见[日]利光三津夫:《律令制とその周边》,庆应通信1967年版,第142页。

整体与部分的关系。法律教育作为中华法系的一个重要组成部分,它的发展与繁荣,以及它的受到冷落、衰亡,必定反过来影响中华法系的兴衰。尤其是法律教育,是一项特殊的事业,它通过将前人的法律知识传授给后代,通过法律学术积累的层层延伸,对一个国家和一个民族的法和法学的生存、延续、发展至关重要。而中华法系,作为以中国为主由若干个国家法律组成的共同体,其命运受法律教育的影响,当然是不言而喻的。换言之,就大的方面而言,在中国,隋、唐、宋三代,中华法系鼎盛,因而此时的法律教育发达,法律教育也为国家输送了大量的高端人才;元以后,中华法系影响日渐衰微,因此元以后中国古代的法律教育也是逐步衰退,以私学幕府等培养的法律人才大量集中在基层司法工作岗位,以及幕府之中,失去了参与国家重大决策的机会和路径。

不仅如此,由于中华法系的灵魂是儒家思想,躯体是律、令、格、式、例等法律体系,其运行动力是众多在司法第一线的律家(以行政司法官员为主)。而这样一种灵魂、躯体和动力,在封建社会的现实条件和机制下,都受制于皇帝及其顶端统治者的法的理念和法律素养,而最高统治者的治国模式是人治,并不是法治,他们对法律是不重视的,仅仅将其作为统治的工具之一,而且是在道德说教无效之时不得已才去采用的工具。在这种情况下,统治者忽视法治是常态,重视法治是例外(如隋初、唐初时期),法律教育也好,中国古代的中华法系的建设与运作也好,都是以最高统治者的统治利益衡量为标准,甚至根据统治者的注意力和心情而发生变化。日本的情况也一样。奈良、平安时代对法律教育的重视,是加强以天皇为中心的律令制国家的需要,而幕府政权的崛起,统治者的注意力马上转到幕府的统治,更加注重武家社会的政治与习惯。

而这一点也解释了为什么中华法系的法律教育在 7 世纪初就已经得到确立,却始终未能发展、转化、提升为近代法科大学一样的法律教育。因为真正独立的法律教育,尤其是近代型的法科大学教育,不仅要求有机构,有科目,有老师,有学生,毕业生有好的出路,而且更加重要的是要有法律教育的自治权。

虽然有这么多的制约,但中华法系的法律教育,还是为中华法系的发展、延续和传承作出了贡献。具体而言:第一,中华法系的法律教育,为中华法系的成长和延续培养了人才。在中国,隋、唐、宋三朝的科举考试制度中,都设置了律学。虽然官方律学教育时断时续，规模也不大，但毕竟持续了近680余年，为国家的法制建设培养了不少人才。应该说，在中国古代，唐宋两朝对法制最为重视，皇帝和官员的法律素养最高，与比较发达的法律教育有着相当大的关系。在日本，奈良时代和平安时代前期约200余年明法科的发达，也离不开大学寮的法律教育。明法科毕业生人数虽然不多，但他们都被授予明法博士、大判事、检非违使等司法职务，既从事法律教育，又承担着司法审判工作，还作为天皇政府的法律顾问，为朝廷提供明法勘文（法律意见书）。日本中世纪一批著名的法律家如山田造县麻吕、民友人、赞岐千继、赞岐广直、穴太内人、兴原敏久、额田今足、赞岐永直、御辅长道、樱井右弼、惟宗直本、令宗允正、小野文义、坂上范政、中原章贞等，几乎都是由日本明法科教育所培养出来的高端法律人才。

第二，推动了立法和司法事业的进步。律学教育，是一种实务教育，也是一种经验教育。虽然，律学教育中也有四书五经的内容，以儒家的理论为教育之灵魂，但法律的教育，律、令、格、式以及法例等，仍然是明法科学习、背诵以及考试的基本内容。“《周礼》《仪礼》《毛诗》、律，各四百六十五日……《尚书》《论语》、令，二百日。”[60]日本《弘仁格》的这一规定，其制度原型来自中国唐代的律学教育的学习要求。经过这样严格学习和训练的明法科的学生，对当时中日两国的主要法典如《开皇律》《唐律疏议》《大宝律令》《养老律令》等应该是非常熟悉的了。加上每10日一次的旬考，每年一次的岁考，以及毕业时的终考，明法科的毕业生的法律基础非常扎实，也能在国家的立法与司法事业中发挥重要的作用。中国唐代永徽二年（651年）参与编纂《唐律疏议》的司马锐，以及接受了中国明法科教育，回到日本参加《养老律令》编纂的大和长冈和吉备真备等，就是这方面的杰出代表。在日本，自8世纪以后，国家所推出的律、令、格、式，基本上也都是经由明法科培养成长起来的明法专家如盐屋吉麻吕、穴太内人、樱井田部贞相、惟宗直本、三善信贞、中原章久、坂上明盛等人的辛勤努力的成果。

第三，传承了法律学术。中华法系的法律教育，在为国家的立法、司法和法律服务等方面作出努力的同时，为传承中华法系的法律学术作出了贡献。中国

---

[60] ［日］利光三津夫：《律令制とその周辺》，庆应通信1967年版，第147页。

隋唐以后一批重要的法典注释作品如《唐律疏议》《律附音义》《宋刑统》《律解辨疑》《读律佩觿》《大清律辑注》等,都是法科教育的成果,并因律学家的努力而使其释法水平达到极致。日本的情况也一样,明法科教育,既传承了日本的律学传统,又极大地提升了律学研究的水平。利光三津夫通过自己的研究,提出在日本明法科教育刚刚开始时,日本律学的水平不仅无法与中国相比,就是与新罗(朝鲜)也是无法比的。然而,经过 120 多年严格的明法教育,至 9 世纪时日本的律学水准已经达到了一定高度。《三代实录》贞观四年(862 年)8 月 17 日记载:承和年间(834 ~ 848 年),大判事兴原敏久和明法博士额田今足,将在平时审判时积累下来的 10 道刑法难题摘抄出来,准备赴唐向中国律学专家请教。日本明法博士赞岐永直自告奋勇,说他可以来回答这些难题。[61]

---

[61] 参见〔日〕利光三津夫:《律令制とその周边》,庆应通信 1967 年版,第 154 ~ 155 页。

中华法系之律家考

——以中国古代与日本为中心*

中华法系之所以能够形成，并传播到整个东亚，屹立于世界法律文明之林，不仅是因为有一批著名的法典，如《唐律》《大宝律令》[①]《养老律令》[②]《宋刑统》《大明律》《公事方御定书》[③]《大清律例》《经国大典》[④]《国朝刑律》[⑤]等，还因为有一大批著名的律家[⑥]（在日本也称明法博士）。正是由于他们的辛勤劳动，中华法系的法律文明才从中国向周边国家扩散，中华法系的精神才得以发扬光大。这些律家著书立说，参与国家的立法与司法活动，还任法律顾问，带教学生，从事法律教育，传授法律知识，其活跃时期将律学事业越做越大，最终为中华法系奠定了扎实的学术和制度基础。

---

* 本部分原载于《中国法学》2017 年第 5 期，原标题为《以古代中国与日本为中心的中华法系之律家考》，系国家社科基金重大项目“法律文明史”（项目编号：11&ZD081）第 7 个子课题”中华法系”的阶段性成果。

① 日本，701 年颁布实施。

② 日本，718 年颁布，757 年实施。

③ 日本，1472 年施行。

④ 朝鲜，1461 年颁布，1485 年修订后施行。

⑤ 越南，又称《洪德法典》《黎朝刑律》，是黎朝时代（1428～1789 年）制定颁布的法典。

⑥ 历史学家钱剑夫先生说：“中国古代社会只有律家、律学、律治，而没有法家、法学和法治。”参见钱剑夫：《中国封建社会只有律家律学律治而无法家法学法治说》，载《学术月刊》1979 年第 2 期。笔者比较赞同他的观点，因此使用了“律家”这一名称，来指代中华法系的法律工作者（实际上，称法律学家、法家、法学家或律学家也是可以的）。

一、律家的兴起与发展

律家,就是指中国古代从秦汉至清末社会发展中主持和参与制定律令(有的朝代还包括科、格、式和例等),并解释、研究、运用和实施律(令)文的法律工作者,是一个包括专职或兼职从事法律事务的政治家、行政与司法官吏以及士大夫阶层的群体。本文的研究主题是中华法系,因此本文所说的律家,在中国是指隋唐(中华法系诞生)以后的律、令、格、式、例等的制定、阐释与实施者,在日本是指公元645年"大化革新"以后从事律、令(包括格、式)编纂、解释、执行、实施的法律工作者(明法博士等)。

与现代法学家基本上是从事法学教育与法学研究者不同,中华法系之律家群体的构成要素比较复杂,既有政治家,如魏征、王安石等,行政官员,如藤原不比等、刘文静等,司法官员,如狄仁杰、包拯等,在法律研究领域著书立说的律学家,如额田今足、沈之奇等,还有经学家,如孔颖达、颜师古、荻生徂徕等。但有一个要素是相通的,即只有那些在履行本职工作的同时,发表了关于法律的看法(观点和学说),或者参与了律的注释、研究的人,才可以称为律家。本文所指的律家,就是这个意义上的。

从古代中日两国的情况来看,一方面,立法、行政和司法三个部门尚没有明确分开,除日本的一些法律世家之外,独立的职业化的法学家阶层还没有形成。另一方面,古代中日两国的高层官员,在其履历中文章道德都是必修的课目。此外,由于许多官吏岗位(如日本的明法博士、检非违使⑦等)的袭荫制度,律家中的许多人以研习律令为其世代相传的专门职业。因此,从上述这些特征来讲,古代中日两国的律家不是单纯的法家或法理学家,也不是单纯的行政、司法官吏,他们当中绝大多数人都是兼取儒、法、墨、道,既通经术,又善长律法的,有些还是文学家或诗人(如白居易、苏轼等)。虽然中华法系形成于隋唐,但律家

⑦ 检非违使厅长官,负责维持京都的治安,于弘仁七年(816年)设立。参见[日]安藤达朗:《日本史:古代·中世·近世》,东洋经济新报社2016年版,第102页。

活动的思想准备和学术积累,早在两汉时期就已经开始了。

首先,两汉是律家辈出、研究律学之风盛行的时代。作为西汉开国元勋之一的萧何(公元前257~前193年),就出身于"刀笔吏"(法律官吏),其爱好法律且有极高的法律素养。在刘邦(公元前256~前195年)领兵打下秦朝首都咸阳时,其他人都关注金银财宝,唯有萧何专心致志地收集秦的法律文献。仅此,就可以说明萧何是当之无愧的中国古代律家的鼻祖。继萧何之后,两汉著名律家还有杜氏父子(杜周、杜延年),郭氏家族(郭弘、郭躬、郭晊、郭镇、郭贺、郭桢、郭禧等),陈氏家族(陈咸、陈躬、陈宠、陈忠等),⑧以及经学大师马融和郑玄等。到了魏晋时期,又有张斐、杜预、刘颂、钟繇、刘邵等一批律学名家涌现。此时律学地位和经学同等重要,律学学府与经学学府成为并立的学府。从魏开始官府设立的律博士,专门传授律学,开创了律学专门学府的先例。

其次,隋唐是中华法系之形成时期,也是我国古代律学发展到极盛的时期。经过之前700多年的学术积累,律学发展到唐代已经完全成熟,从而支撑起了中华法系之学术大厦。由于年代久远,关于唐代律家的事迹我们知悉不多。就官方注律而言,我们主要是从《唐律疏议》中获得唐代律家的一些情况,如编纂《唐律疏议》的,就是唐代一批对法律有研究的社会精英,如长孙无忌、李勣、于志宁、褚遂良、柳奭、唐临、段宝玄、韩瑗、来济、辛茂将、刘燕客、裴弘献、贾敏行、王怀恪、董雄、路立、石士逵、曹惠果、司马锐等,⑨这些人是有官员背景的律家。此外,唐代民间的律家,根据孙祖基等学者的考证,也有李文博、邯郸绰、李敬玄、刘仁轨、崔知悌、赵仁本、裴光庭、宋璟、刘瑑、张戣、李崇、王行先、元泳、卢纾、李保殷、王朴、卢质等。⑩

隋唐时期,日本积极向中国学习法律制度,包括律学。当时有许多遣隋使和遣唐使曾不断购买隋唐时期的律学著作运回日本,这些中国的律学著作为日本学者所广泛引用,从而在日本保留至今的法律文献《律集解》《令义解》《令集

---

⑧ 参见《后汉书》卷四十六(郭陈列传第三十六),中华书局1965年版,第1543~1547页。

⑨ 参见(唐)长孙无忌等撰:《唐律疏议》,刘俊文点校,中华书局1983年版,第578~579页。在"进律疏表"所列举的这些律家中,实际上以"律学博士"职位参与的只有司马锐一人。

⑩ 参见孙祖基:《中国历代法家著述考》,上海,1934年刊印。刘仁轨、宋璟等本身也是朝廷重臣,但其从事律学研究则是个人行为,故也可以列入民间的律家的行列。

解》等中,可以看到一些唐代民间律家的活动印记。根据日本庆应大学教授利光三津夫的梳理和研究,日本法律注释书中引用的唐代私家法律注释作品共有15种,其中可以确认的律家有张氏、宋氏、简氏、杨氏、曹氏、栗氏等10余家,数十人。[⑪] 虽然这些线索还都比较模糊,但我们已经可以大体作出这样的判断:唐代中国的律家人数已经不少,而且非常活跃,不仅有官方的,也有民间的。正是在他们的辛勤努力下,才能推出如《唐律疏议》这样伟大的律学作品。

再次,宋以后,统治者更加重视经过朱熹(1130~1200年)等理学家所改造后的儒家经学,并将其作为科举考试的官方学问。律学之地位虽然不再如前,但宋王朝的各代皇帝,精通法律、重视法律,宋代的士大夫阶层,也都是具有极高法律素养之人。加上唐代传下来的良好的律学基础,所以,宋代中国律学的发展仍然在持续,并涌现出了一批杰出的对法律有研究的律家,如和凝、和㠓、范质、窦仪、剧可久、刘筠、李觏、宋绶、宋敏求、孙奭、桂万荣、宋慈、蔡杭、刘克庄、范应铃、傅霖等。

最后,到了明清时期,统治权力进一步集中,法律作为统治工具的属性重新受到关注。统治者不仅要求对国家法典《大明律》和《大清律例》进行全民讲读,也对私家注律更加重视,律学著作的种类达到了中国历史之最。在这种社会大背景之下,明清时期,中国律家的人数与创造力也达到了历史上的最高水平。就律家而言,著名者就有宋濂、李善长、刘惟谦、况钟、丘濬、李贽、王樵、王肯堂、雷梦麟、舒化、李清、刚林、朱栻、沈之奇、蓝鼎元、万维翰、吴坛、全士潮、刘衡、许梿、祝庆祺、鲍书芸、薛允升、刚毅等。至清末,由于律家群体的努力,最终将律学与西方法学结合起来,律学中的成果融入了近代法学之中,律家也蜕变转化成为中国近代法学家,如沈家本、董康、夏同龢、程树德等。

在日本,自藤原不比等(659~720年,《大宝律令》《养老律令》的编纂者和解释者)开创了律令制建设与注释传授并行的律学(8世纪后改为明法道)传统

⑪ 参见[日]利光三津夫:《律令及令制研究》,明治书院1959年版,第71页。

之后，律家(8世纪后称明法博士[12])人才辈出，绵延不绝。从参与《大宝律令》《养老律令》编纂、解释到奈良时代(710～794年)的大和长冈、盐屋吉麻吕等，到平安时代(794～1192年)的山田白金、穴太内人、赞岐永直、惟宗直本、坂上明兼、中原明基等，[13]再到15世纪以后，在吸收中国《大明律》《大清律例》之基础上形成的近世日本律家群体，如榊原篁洲、荻生徂徕、高濑喜朴、荷田在满等，都说明律学之所以能在日本中世以及近世，一直延绵不绝、持续发展，就是因为有了律家群体的辛勤劳动，从而使日本古代的律学(明法道)走向成熟。

二、律家的地位和社会作用

律家在古代立法和司法中负有重要使命。他们除了研究律文、传授律学，还要直接参与修订法律、从事司法实践。具体而言包括以下几个方面。

1. 参与立法活动，起草修订律令

如中华法系形成时期的隋唐两朝，频繁地进行法律修订，以求实现最佳的统治效能。而在此过程中，律家就发挥了重要作用。特别是隋朝的《开皇律》和唐朝的《武德律》《贞观律》《永徽律》等律典的修订对后世的影响和贡献很大。隋初高颎、苏威、牛弘等人，在总结南北朝“用法深重”“诛杀无度”的基础上，制定了《开皇律》，“尽除苛惨之法”，在一定程度上克服了前朝刑罚的野蛮性。而唐初的房玄龄、李勣等人，又在《开皇律》和《武德律》的基础上，制定了《贞观

---

[12] 日本接受中国的“律学”，之后改名“明法道”，起先的“律学博士”后来改名“明法博士”一事，从《令集解》关于令的注释中可以看得非常清楚。该书作者惟宗直本在注释718年制定的《养老律令》中的“职员令第二之二·式部省”条规定“大学寮”时，就明确指出：“释云：天平二年三月二十七日奏：……律学博士二人。……明法生十人，文章生二十人。简取杂任及白丁聪慧，不须限年多少也。”参见黑板胜美国史大系编修会：《新订增补国史大系23·令集解前篇》，吉川弘文馆1966年版，第80页。天平二年，为公元730年。可见，至少在730年之前，在日本“律学博士”还是一个式部省之下大学寮中的正式官职(学官)，虽然学生已经称为明法生，但学官还没有称“明法博士”。至于从何时开始称律学博士为明法博士，由于到目前为止所保留的所有日本古籍文献中，称律学博士的一个都没有发现，我们所能看到的从8世纪开始出现的律家(传记和作品)，无一例外地都称明法博士，所以现在已经无法确定律学博士改称明法博士的具体时间了。参见[日]布施弥平治：《明法道之研究》，新生社1966年版，第168页。

[13] 参见[日]布施弥平治：《明法道之研究》，新生社1966年版，第168～301页。

律》和《永徽律》，对之前的法典作了重大修改，更加简约，如减少大辟罪92条，减流入徒者71条，以“削烦去蠹、变重为轻”⑭。

在日本，701年的《大宝律令》和718年的《养老律令》也都是在律家的鼎力参与之下推出的。这两部大的法典大范围地学习、参考和借鉴了中国隋唐的法律，也具有许多日本的特色。比如，将中国的“十恶”改为“八虐”、“八议”改为“六议”就是日本律家的创造。一方面，在中国，谋反、谋大逆、谋叛、恶逆、不道、大不敬、不孝、不睦、不义和内乱是十恶不赦之重罪，其中不睦和内乱两个罪没有被日本采纳，因为日本统治者认为其危害没有那么严重，所以在立法时就被日本律家删除了。另一方面，中国的议亲、议故、议贤、议能、议功、议贵、议勤、议宾之八议，由于议勤、议宾在日本也不是非常重要，所以在立法时也被日本的律家去掉了。此后，782～923年在制定《延历交替式》《弘仁格式》《贞观格式》《延喜格式》等立法活动中，律家赞岐千继、藤原时平、藤原忠平、物部敏久、藤原道明、惟宗善经等，也都是主要的编纂者，发挥了积极作用。⑮

2. 注释阐述律令，解答法律疑难

如长孙无忌等人编纂的《唐律疏议》、窦仪等人编撰的《宋刑统》，就是对唐《永微律》和宋代法律所作的官方注释。它们对律文进行逐句解释，阐明文义，剖析内涵，并设置问答，通过互相辩论，解释、回答法律疑义，以补充律文之不足。这种解释作为官方的解释，与律、令等具有同等效力。值得一提的是，《宋刑统》还附上了相应的敕（通过“准”和“臣等参详”的方式）。此外，而明代雷梦麟的《读律琐言》、陆柬云的《读律管见》和清代沈之奇的《大清律辑注》、夏敬一的《读律示掌》等，虽然只是学理解释，但在司法实务中也同样起着重要的指导意义。

在日本，注释阐述律令，解答法律疑难是明法博士的主要职责。《大宝律令》《养老律令》制定颁布后，兴原敏久、赞岐永直等一批明法博士就受朝廷委

---

⑭ 《旧唐书·刑法志》（第6册），中华书局1975年版，第2138页。

⑮ 关于《延历交替式》《弘仁格式》《贞观格式》《延喜格式》的编纂情况以及详细内容，参见黑板胜美国史大系编修会：《新订增补国史大系26交替式弘仁式延喜式》，吉川弘文馆1965年版；黑板胜美国史大系编修会：《新订增补国史大系·类聚三代格前篇后篇》，吉川弘文馆1972年版。

任，经过多年努力，于834年编纂完成了《令义解》一书，作为日本令的官方注释书。过了30余年，法律世家惟宗氏的杰出代表惟宗直本于868年编纂完成了《律集解》《令集解》二书，对《大宝律令》《养老律令》进行了系统完整的注释和阐述，引领日本的律令注释和研究达到了一个新的高度。与此同时，日本又先后推出了大和长冈的《古答》，贞江连继的《贞记》，物部敏久的《物私记》，春日户足的《春记》，额田今足的《额记》，阿刀氏的《跡记》，穴太内人的《穴记》，惟宗允亮的《政事要略》，赞岐永直的《赞记》，以及已经无法考证作者的《律书残篇》《新令私记》《律释》《令释》《五记》《新删定明法述义》等一大批律令注释书，有力地推动了律令的贯彻实施，促进了律令制国家的建设。

3. 传授律令知识，培养法律专门人才

在中华法系的律家中，凡有名望者都各自有不同数量的门生。这一传统，继承于两汉及魏晋南北朝，兴盛发达于隋唐之间。如魏明帝时代的刘劭（著有《法论》等），晋时的嵇康（224～263年）、傅玄（217～278年）、杜预（222～284年）、张斐（著有《律注表》等），南朝的孔稚珪（447～501年）、蔡法度（《梁律》的编纂者），北朝的封述（《北齐律》的编纂者），以及隋唐之际的王通（584～617年）、杨汪、孔颖达（574～648年）、颜师古（581～645年）等。宋以后，有宋代的孙奭（962～1033年）和傅霖（北宋初人），元代的沈仲纬（元末活跃之人）等。明代的唐枢（1497～1574年）和李贽（1527～1602年），虽然也曾是司法官员阶层之中坚，但在得罪权贵、遭贬免职之后，两人就长期从事讲学、传授学生的工作。应该说，我国古代之所以有律学教育的悠久传统，同律家是分不开的。

在日本，自公元649年开始，确立了日本中央政府的机构式部省，下面设置了专门从事教育的大学寮。之后，在大学寮中开始了律学教育，而日本的律家（明法博士），绝大多数是大学寮出身，并且也从事着明法教育的工作。他们中，最著名者就是赞岐永直和惟宗直本。

赞岐永直，是平安时代初期著名明法学家，延历二年（783年）出生，入大学寮学习律令，成绩优秀；天长七年（830年）获得明法博士职位；天长十年（833年）开始编纂《令义解》；齐衡三年（856年），以自己年事已高为由，请求辞官，上谕同意了其他事项，但否定了其辞呈；天安二年（858年），获敕令同意，在自己家中讲授律令。[16]

惟宗直本，生卒年月不详，平安前期的著名律家，元庆元年（877年）时就出任检非违使右卫门尉、勘解由次官等司法官职，与此同时，在大学寮任明法博士。延喜元年（901年）以后，作为德高望重之律家而被恩赐在自己家中讲授律令。这一做法，被称为“延喜讲书”，与上述赞岐永直的“贞观讲书”并列，开创了日本明法博士（在大学寮之外）私家讲学的先例，对日本中世律学的发展具有重要意义。[17]

三、律家的主要学说与思想观点

从史书记载来看，律家的著述可谓汗牛充栋。如在唐代，有官撰《唐律疏议》，以及律家崔知悌等撰《法例》、裴光庭撰《唐开元格令科要》、宋璟撰《旁通开元格》、刘瑑等撰《大中刑法总要格后敕》六十卷、张戣撰《大中刑律统类》十二卷、李崇撰《法鉴》八卷等，以及在中国本土没有保存下来，但在日本有传播的《张氏注》《宋氏注》《简氏注》《曹氏注》《唐问答》《唐律释》《律疏骨梗录》等。在宋代，有官撰《宋刑统》，以及律家孙奭著《律附音义》、黄懋撰《刑法要例》八卷、王行先撰《令律守鉴》二卷、曾旼撰《刑名断例》三卷、王键撰《刑书释名》、刘筠撰《刑法叙略》等。这些律学作品，除了《唐律疏议》《宋刑统》《律附音义》《刑书释名》等少数之外，基本上已经佚失。

明清时期，史籍记载的律家的作品就更加丰富了，明代有100余部，清代有160余部，两者相加有260余部。[18] 与唐宋时期不同，明清时期的律学作品大部分得以保存下来，可以为我们所见。因此，中华法系形成后，对于中国古代律家的主要理论观点和研究方法，通过官方和私人撰写的律学作品中的论述，可以大体把握，并可从中分析他们思想的基本倾向。比如，律家在立法原理、司法原

---

⑯ 日本贞观四年（862年）八月十七日，赞岐永直以80岁高龄去世。

⑰ 参见日本国史大辞典编集委员会：《国史大辞典》（第14卷），吉川弘文馆1993年版，第651页。

⑱ 参见何勤华：《中国法学史》（第2卷），法律出版社2006年版，第235～241页。

则和罪名刑种等方面提出了一些有价值的见解，在比较法上也有新建树，进一步挖掘、整理这些思想成果，乃是中华法系研究的重要课题。

1. 提倡法律之平等与司法之公正

这成为律家的奏疏和律典解释中的重要内容。如唐代思想家陆贽(754～805年)认为，“信赏必罚，霸王之资也”⑲，“奖善惩违，固不可废”⑳。宋代律家李觏(1009～1059年)主张法律必须平等：“法者，天子所与天下共也，如使同族犯之而不刑杀，是为君者私其亲也；有爵者犯之而不刑杀，是为臣者私其身也。……故王者不辨亲疏，不异贵贱，一致于法。”㉑大文豪苏轼(1037～1101年)也提出了“厉法禁，自大臣始”的司法公正思想：“昔者圣人制为刑赏，知天下之乐乎赏而畏乎刑也。是故施其所乐者，自下而上，民有一介之善，不终朝而赏随之，是以下之为善者，足以知其无有不赏也。施其所畏者，自上而下，公卿大臣有毫发之罪，不终朝而罚随之，是以上之为不善者，亦足以知其无有不罚也……商鞅、韩非，峻刑酷法，以督责天下，然其所以为得者，用法始于贵戚大臣，而后及于疏贱，故能以其国霸……厉法禁，自大臣始，则小臣不犯矣。”㉒

2. 阐释罪名、刑种及定罪量刑的具体含义，做“律义之较名”

例如，关于法律体系《唐律疏议》就作出了律、令、格、式四种法律形式的划分，并对此进行了比较充分的阐述。日本继承了中国“律义之较名”的传统，在《弘仁格式》的序中也明确指出：“律以惩肃为宗，令以劝戒为本，格则量时立制，式则补缺拾遗。四者相须，足以垂范。”㉓在《令集解》“官位令第一”中，日本的

---

⑲ (宋)欧阳修、宋祁撰：《新唐书》卷一百五十七，中华书局1975年版，第4921页。

⑳ (唐)陆贽：《陆宣公集》卷五，刘泽民点校，浙江古籍出版社1988年版，第46页。

㉑ (宋)李觏：《盱江集·刑禁第四》，载《四库全书》(第1095册)，上海古籍出版社影印本，第90页。

㉒ 《苏东坡全集》(下)，应诏集卷二，中国书店1986年版，第734、735页。此外，明以后，律家对司法公正也都有所论述。如明代律家唐枢(1497～1574年)就强调“处以公心”“务得本真”等司法立场；王肯堂、雷梦麟以及清代律家沈之奇、王明德等在其律学作品中也表达了相当的思想。参见何勤华：《中国法学史》(第2卷)，法律出版社2006年版，第479～500页。

㉓ 黑板胜美国史大系编修会：《新订增补国史大系23·令集解前篇》，吉川弘文馆1966年版，正文第1页。

律家还对什么是令,进行了重点阐述。[24] 关于法典结构,《唐律疏议》对《名例》等12篇的结构、体例进行了理论概括和说明;关于刑罚体系,《唐律疏议》对死刑、流刑、徒刑、杖刑和笞刑作了比较和解读;关于刑法原则,《唐律疏议》论述了"十恶"加重、宗法伦理、德主刑辅、老幼废疾减免刑、比附和类推、本律优于《名例》、诬告反坐等各项,以帮助司法人员理解法典的含义;关于对重要法律制度的阐述,《唐律疏议》涉及的就有故意和过失、共同犯罪、数罪并罚、累犯加重、自首减免等诸项;关于对律文的解释,则更加精细,有限制解释、扩张解释、类推解释、举例解释、律意解释、逐句解释、辨析解释、答疑解释、创新解释;关于对法典中专用名词的解释,罗列了7大类190余个。[25] 可以说,对"律义之较名",《唐律疏议》达到了极致,并奠定了中华法系对律义解释的传统,其影响至今还在。

3. 强调立法之简约、便民利民

如高颎等更定《开皇律》中"刑名",只保留死、流、徒、杖、笞五刑,以"蠲除前代鞭刑及枭首轘裂之法。其流徒之罪皆减从轻"[26]。在唐初《武德律》已经"尽削大业所用烦峻之法,又制五十三条格,务在宽简"之后,贞观年间修订律典时,仍认为旧律令刑罚太重,因而作了重大的修改。其结果,修订的《贞观律》"凡削烦去蠹、变重为轻者,不可胜纪"[27]。宋元以后,强调立法简约、便民利民的主张又与法律的公平、公正,尊重生命、强调民本、谨慎用刑等思想结合在了一起。如明代律家丘濬(1420~1495年)在其《大学衍义补》"慎刑宪"中,就强调立法时必须把握住几项原则,如法须公正,法胜君言,[28]尊重生命,强调民本[29]

---

[24] "令,谓教令也。教以法制,令其不相违越""或云,问:令字若为训何?答:令者无疏,语其是非,教其法则""又或云:令者,法也,诰也,教也。"参见黑板胜美国史大系编修会:《新订增补国史大系23·令集解前篇》,吉川弘文馆1966年版,第3~5页。

[25] 参见何勤华:《中国法学史》(第1卷),法律出版社2006年版,第451页。

[26] (唐)房玄龄等撰:《隋书》卷二十五,中华书局1973年版,第711页。

[27] (后晋)刘昫等撰:《旧唐书》卷五十,中华书局1975年版,第2134、2138页。

[28] 丘濬指出:"帝王之道,莫大于中。中也者,在心则不偏不倚,在事则无过不及……其刑上下,不惟无太过,且无不及焉,夫是之谓中,夫是之谓祥刑。"参见《大学衍义补·慎刑宪·总论制刑之义下》。

[29] 在《慎刑宪》中,已经包含了若干可贵的人道主义、民本主义、每个人的生命都必须得到尊重、人的自由平等不可剥夺等思想。比如,丘濬指出:"'好生之德洽于民心',此帝舜所以为舜也。盖天地生人而人得以为生,是人之生也,莫不皆欲其生。然彼知己之欲生,而不知人之亦莫不欲其生也。是以相争相夺,以至于相杀,以失其生生之理。"参见《大学衍义补·慎刑宪·总论制刑之义上》。

等。明代的另一位律家王肯堂(1552～1613年)也强调,充分理解便民、利民、爱民之立法本意,精通律意,谨慎用刑,才是一位法律工作者的基本职责。“夫律意必讲而后明者,非独词旨简严奥博不易讨究,而刑期无刑,用主不用,上帝好生之心,虞庭钦恤之意,(在法典)三十卷中时隐时见,非俗吏桎梏章句者所知,是不可以不细讲也,则又安敢徇乐简恶繁之人情,而省约其文乎?世之司民命者,倘因余言而有感焉,体圣祖之心,遵圣祖之训,则刑为祥刑。”㉚

在日本,律学继受自中国,许多关于立法、司法的见解,都照搬、照抄了中国律家的观点,但他们还是表达了一些自己的想法。如日本明法学家清原夏野、菅原清公、藤原雄敏、藤原卫、兴原敏久、赞岐永直等在《令义解》序中,就明确宣称:“春生秋收,刑名与天地俱兴;阴惨阳舒,法令共风霜并用。……昔寝绳以往,不严之教易从,画服而来,有耻之心难格。隆周三典,渐增其流。大汉九章,愈分其派。虽复盈车溢阁,半市之奸不胜。铸鼎铭钟,满山之弊已甚;降及浇季,烦滥益彰。上任喜怒,下用爱憎,朝成夕毁,章条费刀笔之辞;富轻贫重,宪法归贿赂之家。……故令出不行,不如无法。教之不明,是为乐刑。伏惟皇帝陛下,道高五让,勤剧三握。类金玉而垂法,布甲乙而施令。芟春竹于齐刑,销秋荼于秦律。……犹虑法令制作,文约旨广。”㉛这里的主旨思想很明确,同样是批判了法律的烦琐,强调了立法的简约。

4. 律学研究中比较法的运用

中国古代的比较法研究,是由律家创立和发展起来的。其经典就是清末刑部大臣、律家薛允升(1820～1901年)的《唐明律合编》一书。该书集40余年律学研究成果和司法实务经验编撰而成,以中国古代留存下来的两大著名法典《唐律》和《明律》作为研究的基础,先列出相类《唐律》的规定,而后举出相类《明律》的条文,并指明哪几条已为《明律》所继承,哪几条为《明律》所修改,哪几条为《明律》中所没有,而后对其进行了充分的比较分析,触类旁通,对中国古代各项法律制度、原则乃至概念术语,作了立体性的研究。这于我们是一笔不

㉚ 参见何勤华:《中国法学史》(第2卷),法律出版社2006年版,第290页。

㉛ 黑板胜美国史大系编修会:《新订增补国史大系22·律令义解》,吉川弘文馆1966年版“令义解序”第1页。

可多得的法律文化财富。

日本的律学来自中国,在移植时本身就经历了一个比较、选择的过程,因此,日本的律家擅长比较。最经典的就是《令集解》一书,它就像一本比较法学的百科全书。一方面,该书主要解释《养老律令》,而《养老律令》又继承自《大宝律令》,因此该书在阐述《养老律令》条文的内涵时,常常会引用对《大宝律令》的注释成果《古记》。如《令集解》卷八"僧尼令"的解释中,有一规定是对"冒名相代"的处理,作者解释时,在阐述自己的观点,即"冒,覆也。言甲冒承乙名,而官司不觉……"后,马上就引《古记》云,"冒名相代,谓上条移名为僧是也"。[32] 另一方面,由于对《养老律令》的注释作品很多,作者为了增强注释的说服力,也会经常比较各家学说,采取最为可取的观点。如《令集解》卷十三"赋役令"在解释"凡田有水旱虫霜,不熟之处。国司检实,具录申官"条时,就引用了《释云》(《大宝律令》和《养老律令》的注释书,作者不详)、《赞云》(赞岐永直撰写的关于《养老律令》的注释书)、《跡云》(阿刀氏撰写的《养老律令》的注释书)、《令释云》(《养老律令》的注释书,作者不详)等10余家不同的令注。[33] 此外,《令集解》在注释令文时,还不时引用中国律家的学说观点,进行日本与中国注释学的比较,以阐明日本令的特殊之处。据《令集解》研究专家泷川政次郎的研究,《令集解》借鉴、采用的中国律令注释成果涉及《宋私记》《张私记》《简记》等数家。[34]

四、律家活动的特征

中华法系律家的活动,具有群体成分多元化,人数多、持续时间长,法律世家众多,以注释律令为活动中心,重视实务、关注实践和服务社会等特征。把握

---

[32] 参见黑板胜美国史大系编修会:《新订增补国史大系23·令集解前篇》,吉川弘文馆1966年版,第250页。

[33] 参见黑板胜美国史大系编修会:《新订增补国史大系23·令集解前篇》,吉川弘文馆1966年版,第396~402页。

[34] 参见[日]三浦周行、[日]泷川政次郎:《令集解释义》,国书刊行会1982年版,第7页。

这些特征,我们可以更加深刻地认识和理解中华法系为何能达到辉煌的境界,并在世界法律文明史上占据独特的地位。限于篇幅,以及考虑到以注释律令为活动中心,重视实务、关注实践和服务社会这两个方面,学术界已经发表了一些论文,所以本部分重点对群体成分多元化,人数多、持续时间长,法律世家众多这三个特征作论述。

1. 群体成分多元化

中华法系的律家,来源成分非常多元。他们中,有各个王朝的开国元勋,中国的如李德林、长孙无忌、裴寂、房玄龄、杜如晦、范质、赵普、李善长、刚林等,日本的如《大宝律令》《养老律令》的编纂者和注释者藤原不比等、大和长冈,《弘仁格式》《贞观格式》等的编纂者藤原时平等;有宰相、首辅、尚书等国家最高层官吏,中国的如高颎、宋璟、窦仪、耶律楚材、丘濬、薛允升等,日本的如吉备真备、惟宗公方、坂上定成等官僚群体;有律学名家,中国的如孙奭、傅霖、沈仲纬、孛术鲁翀、吴讷、王肯堂、雷梦麟、舒化、王明德、沈之奇、王又槐、许梿、祝庆祺等,日本的如赞岐永直、惟宗直本、兴原敏久等律学大家;有资深的司法官员,中国的如苏威、狄仁杰、剧可久、况钟、蓝鼎元、全士潮等,日本的如赞岐千继、坂上明兼等;有大儒、经学家、史学家,如王通、孔颖达、真德秀等;有文学家、诗人,中国的如陈子昂、刘禹锡、白居易、柳宗元、欧阳修、苏轼(东坡)、李贽、李渔等,日本如荻生徂徕、荷田在满等。

2. 人数多、持续时间长

在中国,隋唐时期的律家就有房玄龄等 50 余人,宋元时期有剧可久、孛术鲁翀等 60 多人,明清时期人数就更多了,有何广、吴讷、张楷、陈士矿、刚毅等 80 多人,而这些还都只是有作品存世,或者在史籍中有传的人物。中华法系律家不仅人数多,而且活动持续的时间也特别长。且不算公元前 3 世纪秦汉时期律学的形成至公元 7 世纪初隋唐时期律学的鼎盛这近 1000 年时间,就是从中华法系的形成时期隋唐开始算起,至 20 世纪初清王朝灭亡为止,律学生存的时间也有约 1300 年。日本的情况相同,仅在奈良、平安两个时期(710 ~ 1192 年),出名的律家就有大和长冈、山田白金、赞岐广直、樱井田部贞相等 100 余人。1192 年日本进入镰仓幕府社会之后,各代仍然有一批明法博士在活动(如 1321 年去世的明法博士中原章任等)。之后,明法道虽然日趋衰落,室町幕府时期即14世纪中叶以后,明法博士的称呼也开始慢慢消失,但研究律令的律家仍然存在,如14世纪40年代的著名律家坂上明成等。江户时期(17世纪以后),律学研究又得到复兴,出现了如榊原篁洲(1656～1706年)、荻生徂徕(1666～1728年)、高濑喜朴(1668～1749年)、荷田春满(1669～1736年)、荻生北溪(1669～1754年)、芦野德林(1695～1775年)、薗田守良(1785～1840年)等一批著名律家。

3. 法律世家众多

法律世家,在汉代和魏晋南北朝时就已存在,到了中华法系形成之时的隋唐,获得了进一步的发展。比如,在唐初,就有韩仲良、韩瑗父子,戴胄、戴至德叔侄,苏瓌(瑰)、苏颋父子等。至宋、明以后,中国的法律世家并没有绝迹,而是继续在律学研究中发挥着积极作用。比如,五代末宋初的和凝(898～955年)、和㠓(950～995年)父子,同心协力,将两代人的心血全部致力于完成律学作品《疑狱集》,开创了中国古代判例集的编纂模式。又如,明代中叶王樵、王肯堂父子也同样如此。王樵毕其一生,只完成了《读律私笺》的初稿。其子王肯堂继承了父亲的事业,殚精竭虑,辛勤写作,终于完成了律学名著《律例笺释》,该书成为明清律学研究中被引用最多的作品。

在日本,法律世家是一个中世法文化中的普遍现象,若干家族历代都会出任明法博士、判事、检非违使等司法职务。如赞岐法律世家,从赞岐千继、赞岐永直,到赞岐永成等,延续数代;惟宗世家有惟宗直本、惟宗允亮、惟宗允正、惟宗道成等㉟;坂上世家有坂上定成、坂上明兼、坂上明基、坂上兼俊、坂上明政等;从惟宗世家因赐姓"中原"而分化出来的中原世家,有中原季直、中原章职、中原明继等;因改姓从中原世家分化出来的势多世家,有势多治房、势多章甫等。其中,中原世家延续数十代,律家(明法博士)上百人,最早的奠基人虽然不甚清楚,但从中原资清㊱算起,到中原世家的最后明法子弟中原季教,㊲

㉟ 允亮、允正和道成后来都被御赐改姓"令宗"。

㊱ 活跃时间为永长年间(1096～1097年)。关于中原资清的出身,现有的资料显示是因惟宗氏改姓而来,但为何要改为"中原",现在还不甚清楚。参见[日]布施弥平治:《明法道之研究》,新生社1966年版,第223页。

㊲ 活跃时间为贞和年间(1345～1350年)。

也有300余年。

五、律家的贡献与中华法系的传承

中华法系能够传承,离不开律家的贡献。这种贡献,主要体现为:(1)建立起了一个庞大完整的法律体系;(2)对律令等进行注释解读,让已经确立起来的这个法律体系能够有效地运作;(3)严格执法,形成一种追求法律平等适用、公平正义的传统;(4)阐述律令等法律体系中的法理与精神,拓宽律学的理论基础;(5)充任国家的法律顾问,为政府的法制建设出谋划策;(6)对判例进行汇编、总结、研究,供司法实务官员借鉴;(7)记载法律重大事件,传述法律进步的历史,为后世留下珍贵的文献资料;(8)从事司法检验,发展法医学;(9)探索监狱管理规律,发展起以改造犯人为中心的监狱学;(10)从事律学教育,培养为国家服务的法律人才等。正是这些贡献,形成了生生不息的中华法系传统,并为近现代法学家的培育与成长模式提供了丰厚的历史遗产。[38]

1. 阐述律令等法律体系中的法理与精神,拓宽律学的理论基础

如唐代律家魏征(580~643年),就明确提出君主必须公正执法、平等用刑的思想:"刑赏之本,在乎劝善而惩恶,帝王之所以与天下为画一,不以亲疏贵贱而轻重者也。"[39]"赏不遗疏远,罚不阿亲贵,以公平为规矩。"[40]唐代的另外几位律家如孙伏伽、于志宁也与魏征持同样的观点。宋代的律家李觏(1009~1059年)强调法制的重要性:"有仁义智信,然后有法制,法制者,礼乐刑政也。有法制,然后有其物,无其物,则不得以见法制;无法制,则不得以见仁义智信。"[41]他主张宽猛相济、两手并用的法律措施,法律必须适时而变,以及法律必须平等的

㊳ 限于篇幅,本文仅展开分析以下4个部分:阐述律令等法律体系中的法理与精神,拓宽律学的理论基础;充任国家的法律顾问,为政府的法制建设出谋划策;从事律学教育,培养为国家服务的法律人才;严格执法,形成一种追求法律平等适用、公平正义的传统。

㊴ (唐)吴兢:《贞观政要·论刑法》,骈宇骞等译,中华书局2009年版。

㊵ (唐)吴兢:《贞观政要·择官》,骈宇骞等译,中华书局2009年版。

㊶ (宋)李觏:《盱江集·礼论第五》,文渊阁四库全书本。

思想："法者，天子所与天下共也，如使同族犯之而不刑杀，是为君者私其亲也；有爵者犯之而不刑杀，是为臣者私其身也。……故王者不辨亲疏，不异贵贱，一致于法。"[42]其他的，如明代的丘濬，清代的王明德、蓝鼎元等，在注释研究律令的同时，也都在积极阐述法理精神。

2. 充任国家的法律顾问，为政府的法制建设出谋划策

如隋代的郑译、杨汪，唐代的裴寂、孙伏伽，宋代的孙奭，明代的刘基、唐枢，清代的朱轼等，都是积极为政府立法建制提供建议的律家。与中国律家任法律顾问基本上是兼职行为不同，日本的明法博士充任法律顾问、为朝廷提供法律意见，则是一种职务行为。如明法博士惟宗直本、赞岐永直等都是这样的法律顾问。法律顾问提供的法律意见称明法勘文，[43]内容涉及土地制度、寺庙管理、朝廷礼仪、官制内涵、天皇家事、皇族以及达官贵人之婚丧嫁娶、各类犯罪的定罪量刑等，这些都是朝廷咨询明法博士而明法博士必须作出回复、制作明法勘文的内容。一方面，作出明法勘文对明法博士而言是一种荣誉，如果勘文被政府采纳了，就会被吸收进法官的判决书之中，取得可以执行的效力，形成先例；另一方面，作出勘文对明法博士而言压力很大，如果勘文不合朝廷的心意，或者不能妥善解决所面对的难题，作出明法勘文的明法博士就会受到处分。如惟宗公方、菅原有真、坂上范政等，就是因为所提供的明法勘文违背了朝廷的意愿，不仅勘文没有被采纳，而且被免职，有的从此退出官场，有的则郁郁不乐而很快去世。[44]

3. 从事律学教育，培养为国家服务的法律人才

中华法系的律学教育，在中国的隋、唐、宋三代，既有官学，也有私学，但官学占主导地位。元、明、清三代，由于取消了官方正规的律学教育，私家律学教

---

[42] （宋）李觏：《盱江集·刑禁第四》，载《四库全书》（第1095册），上海古籍出版社影印本，第90页。

[43] 勘文又称勘状，是记载回答上级咨询之内容的文书。明法勘文又称法家勘文，是明法家提出的勘文。在日本古代、中世，日本朝廷与天皇、摄关等最高统治者，在确定刑事案件的罪名、裁定诉讼纠纷中的是非时，原则上命令两位明法家提出勘文，以作为判决的辅助材料。

[44] 如坂上范政就因为在处理寺庙僧人群体纠纷时没有提供合适、恰当的勘文，而于长治二年（1104年）被免去职务，之后郁郁寡欢，不久就去世了。参见［日］布施弥平治：《明法道之研究》，新生社1966年版，第220页。

育成为主要的形态。而在私家律学教育中，元代的沈仲纬、马端临，明代的唐枢，清代的万维翰、汪辉祖等一批律家作出了突出的贡献。其中，江南一代名幕、律学教育名家汪辉祖（1731～1807年）尤为杰出。汪辉祖的主要作品《佐治药言》，就是其数十年从事法律教育的经验结晶，也是他从事律学教育的主要教材。汪辉祖在序中说，该书就是为学法青年而写的。《佐治药言》有40篇论说，强调学法用法之人，首先必须"立心要正"，"人品要好"，其次必须读书、读律，以提高刑幕自身的文化素质和专业水平。

4. 严格执法，形成一种追求法律平等适用、公平正义的传统

如隋代律家苏威长期担任大理卿和刑部尚书等高级司法官的职务，其执法过程中，能坚持秉公执法，甚至阻止了隋文帝的法外用刑和任意杀人。《隋书·苏威传》记载："上尝怒一人，将杀之，威入阁进谏，不纳。上怒甚，将自出斩之，威当（挡）上前不去。上避之（绕开苏威）而出，威又遮止，上拂衣而入。良久，乃召威谢曰：'公能若是，吾无忧矣。'"宋以后，严格执法的律家仍然代有人出，如剧可久、包拯、王与、苏天爵、况钟、吴讷、海瑞、蓝鼎元、王又槐等。虽然，在官员队伍中，这样的律家人数并不是很多，但他们的精神足以垂范后世。日本平安时代的惟宗公方，不仅是一位杰出的明法学家，而且也是一位正直的、具有人道主义精神的司法官员。如在天历年间（947～957年）所发生的一个案件中，惟宗公方就敢于顶撞天皇，坚持自己的法律主张。虽然公方的主张拂了圣意，被降了官职，[45]但其追求法的公平的精神，获得了律家的尊重。[46]

律家的上述贡献，为中华法系的传承奠定了基础。

一方面，他们为中华法系的法律学术塑造了一个灵魂，即儒家的思想以及由其演化出来的一系列律学的基本原则。当然，儒家关于法律的思想发展至中华法系奠基时期的隋唐，已经不仅仅是单纯的孔孟学说了，它已经包含了法家、道家、墨家和其他一些学派关于法律的见解，从而演化成为中华法系的法学世界观。其内容也已经相当丰富了，其演绎出来的各项基本原则，有些具有相当

---

[45] ［日］布施弥平治：《明法道之研究》，新生社1966年版，第196～198页。

[46] 此外，探索监狱管理规律，发展以改造犯人为中心的监狱学的，如清末刑部官员赵舒翘（1848～1901年）创造了中国历史上第一部监狱学著作《提牢备考》等，也是中华法系律家作出的重要贡献。

的历史进步性，如以民为本，教化为先，德主刑辅，宽猛相济，约法省禁，慎刑轻罚，刑赏公平，依法治吏，以及法因时而变等。这些原则，经过适当改造、提炼和升华，其作为一种传统法学世界观中的优秀遗产，其优秀的部分可以于新的近现代法律体系和法律制度之上，继续发挥作用。

另一方面，律家为中华法系锻造了一个法律躯体，建筑了一座法律大厦，中国的《唐律》《宋刑统》《大明律》《大清律例》，日本的《大宝律令》《养老律令》《弘仁格式》等就是这躯体的基本部分。而且为了使这一法律躯体强有力地活动起来，律家对法律体系进行了详尽、周密和实用化的注释和阐述，从而构建了从法律文本到司法实务活动之桥梁。如中日官方的《唐律疏议》《令义解》，民间的《律集解》《令集解》《读律琐言》《律例笺释》《大清律辑注》《读律佩觿》等，就是这方面的代表。

此外，律家对完美人格、法的公平和司法正义的追求，以及为此前赴后继的传统，也使中华法系中一些要素的传承得以实现。秉承儒家“修身齐家治国平天下”的宗旨（使命感），律家作为一个士大夫阶层，期望法律人拥有一个完美人格，李德林、孔颖达、王明德等就是这方面的代表；无论主持参与立法，还是注释律令（格式）条文、阐述法律精义，律家的主体在其能力所及的限度内，都把法的平等作为至高的准则，房玄龄、长孙无忌、戴胄、王肯堂等就是这方面的代表；在高度集权、行政司法不分、皇帝拥有最高司法权的既有社会框架之内，以一己之努力，竭力追求司法正义，在每一个案件的审理中做到精益求精，追求最大限度的公平正义，这是律家的又一个理想和追求，赵绰、魏征、包拯等就是这方面的代表。正是律家的上述理想和追求，使中华法系发展、延续达 1300 余年，形成了中华法系之学术传统，而且在进入近代社会之后，使中华法系中的一些精华元素融入近现代法律体系之中，为当代法和法学的发展提供了丰厚的历史资源。中华法系主要律家见表 1[47]。

---

[47] 受资料限制，本表主要列举古代中国和日本的律家。为精简用字，著作一律不用书名号。

表1　中华法系主要律家简表

姓名	生活年代	法律业绩	律学作品与学说	文献来源
李德林	532～592年	编纂开皇律	为编纂开皇律而研究北齐、北周的法律	隋书·李德林传
苏威	542～623年	参与隋王朝的律令格式的制定和修改，审理重大案件	为立法建制而研究律令格式	隋书·苏威传，刑法志等
郑译	540～591年	参与开皇律以及礼乐律令的编纂	对礼乐律令有深入研究	隋书·郑译传，刑法志等
高颎	541～607年	参与编纂开皇律，确立五刑、十恶、八议等制度，以及输籍法等	对隋的律令有研究，对后世律学有重要影响	隋书·高颎传，刑法志等
牛弘	545～610年	参与制定开皇律及礼乐的律令，在此基础上修纂大业律	为修订完善律令而深入研究之，受到世人好评	隋书·牛弘传，刑法志等
王通	584～617年[1]	从事律学教育，培养了房玄龄、杜如晦、魏征等人	提出德治与教化、约法省禁、信赏必罚的思想	旧唐书·王勃传等
赵绰	生卒不详	作为大理丞、大理少卿、刑部侍郎等参与隋的立法与司法活动	对律令有深入研究，多次纠正杨坚的法外用刑	隋书·赵绰传，刑法志等
杨汪	？～621年	作为大理卿，参与隋的立法与司法活动，并从事律学教育	对律令有深入研究，与群儒议律令，获称第一	隋书·杨汪传
郎茂	540～614年	作为尚书左丞协助苏威从事立法建制以及司法审判工作	提出轻刑、德治、法律公平等学说	隋书·郎茂传
刘文静	568～619年	与裴寂等一起，以开皇律为范本，制定武德律	力主法律务在宽简，对律令格式有研究	旧唐书·刘文静传，刑法志

续表

姓名	生活年代	法律业绩	律学作品与学说	文献来源
裴寂	573～632 年	以开皇律为范本，制定武德律	在编纂法典时对律令格式有深入研究	旧唐书·裴寂传，刑法志
戴胄	573～633 年	以大理少卿、宰相的身份参与唐初的修律及司法活动	提出法律平等、法当诚信等学说	旧唐书·戴胄传，贞观政要等
孔颖达	574～648 年	作为儒学名人，参与当时的立法和司法活动	对律令有众多释义，对法律思想有重要影响	旧唐书·孔颖达传
房玄龄	579～648 年	出身刀笔吏，编修武德律、贞观律，及令、格等	参与编纂唐律疏议	旧唐书·房玄龄传
魏征	580～643 年	参与修订唐初律令，使其不断简约、轻缓	提出法律必须公正、平等的学说	旧唐书·刑法志，贞观政要等
颜师古	581～645 年	负责皇帝诏敕的撰写，参与编纂武德律	参与撰写五经正义等，对律令有众多释义	旧唐书·颜师古传
杜如晦	585～630 年	出身刀笔吏，参与编修唐初的律令格等	对律令有研究，受李世民器重	旧唐书·杜如晦传，贞观政要等
孙伏伽	？～658 年	出身法曹，以大理少卿、刑部侍郎参与立法与司法活动	提出赏罚得中，言必信、法必行的学说	旧唐书·孙伏伽传，贞观政要等
长孙无忌	？～659 年	编修武德律、贞观律、永徽律，永徽留司格等	参与编纂唐律疏议	旧唐书·长孙无忌传，贞观政要
于志宁	588～665 年	参与编修永徽律令格式等	参与编纂唐律疏议，提出司法时令说	旧唐书·于志宁传，贞观政要等
韩仲良	582～638 年	武德年间掌定律令	对律令进行解释，作出评注	旧唐书·韩仲良传
韩瑗	606～659 年	参与修订唐初律令	参与编纂唐律疏议	进律疏议表

续表

姓名	生活年代	法律业绩	律学作品与学说	文献来源
贾公彦	生卒不详	在儒学造诣上,与孔颖达、颜师古齐名,参与唐初修律变法活动	撰周礼疏等,阐述八议、五刑等律学精义	旧唐书·贾公彦传等
狄仁杰	630～700年	以法曹参军、大理丞、侍御史和宰相的身份参与武则天时期的立法与司法活动	在长期的司法实践中,阐述律令的含义和精神,影响巨大	旧唐书·狄仁杰传,刑法志等
徐有功	640～702年	以司法参军、司刑少卿的身份参与武则天时期的司法活动	在司法实践中,阐述法的平等、正义等学说	旧唐书·徐有功传等
伊吉子人	7世纪末人	从事法律实务工作,处理过各类民刑事纠纷	以令师身份从事律令的制定和解释	令集解等
锻冶大角	7世纪末人	参与制定大宝律令	从事大宝律令的解释	怀风藻等
张鷟	744～804年	参与朝廷和地方的判例整理工作	著龙筋凤髓判,系史上最早的一部官定判例集	旧唐书·张鷟传等
宋璟	663～737年	开元年间删定律令格式,编纂开元后格	在释律时,阐述法的平等、正义之思想	旧唐书·宋璟传,刑法志等
吴兢	670～749年	以史家的身份,记录唐初的立法与司法活动	编纂贞观政要,留下珍贵法制史料	旧唐书·吴兢传,贞观政要
大和长冈	689～769年	编纂养老律令	作为遣唐使回到日本后传授法律	续日本纪等
杨炎	727～781年	参与唐中期立法建制工作,积极推行两税法	常与同事议论律令,提出改革建议	旧唐书·杨炎传等
陆贽	754～805年	为朝廷起草诸多修律变法的诏令	提出先德后刑、约法省禁、信赏必罚的思想	旧唐书·陆贽传,新唐书·陆贽传,陆宣公集等

续表

姓名	生活年代	法律业绩	律学作品与学说	文献来源
盐屋吉麻吕	8 世纪人	编纂养老律令，作为法官审理各种案件	发表明法勘文	怀风藻，续日本纪等
山田白金	8 世纪人	编纂养老律令	对律令进行解释	续日本纪等
穴太内人	8 世纪末 9 世纪初人	作为明法博士发表明法勘文	对养老律令进行解释	续日本纪，日本后纪等
赞岐千继	8 世纪末 9 世纪初人	延历交替式的主要编纂者	其明法勘文被收录于法曹类林之中	延历交替式等
越智直广江	生卒不详	发表明法勘文	参与令集解的编纂，留有伊说等	怀风藻，续日本纪等
兴原敏久	9 世纪 上半叶人	作为明法博士和大判事，参与立法和司法活动，制定弘仁格式	参与编纂令义解，以及其他律令的解释	日本后纪，法曹类林，类聚国史
额田今足	9 世纪 上半叶人	发表众多明法勘文，并促成了官颁令义解的制定	令义解的附录，收录了他关于令的解状	三代实录，类聚国史，政事要略
惟宗直宗	9 世纪人	作为明法博士和大判事审理案件，留下一些著名判例	传授法律解释法律，其明法勘文收入政事要略	三代实录，政事要略等
赞岐广直	9 世纪 前期人	作为明法博士，参与立法和司法活动	其明法勘文被收录于法曹类林	政事要略等
赞岐永直	783 ~ 862 年	作为明法博士，参与立法、司法和法律教育活动	编纂令义解，获敕在自己家中讲授律令	续日本纪，日本后纪，大日本史等
伴宗	791 ~ 855 年	作为明法博士和大判事，参与立法和司法活动	著有解读律令的令私记等	续日本纪，日本后纪，文德实录等
御辅长道	798 ~ 860 年	作为明法博士和大判事，参与立法和司法活动	讲解律令	三代实录，续日本纪，日本后纪等

续表

姓名	生活年代	法律业绩	律学作品与学说	文献来源
宍人永继	870 年前后活跃	作为明法博士和大判事,参与立法和司法活动	著律令解释,二中历所收入的十大律学家之一	三代实录,二中历,政事要略等
樱井田部贞相	9 世纪人	作为明法博士和大判事,参与立法和司法活动	丧葬令、令义解和名例律六议条等的解释者	三代实录等
樱井右弼	935 年前后活跃	明法博士,参与朝廷的立法和司法活动	为二中历所收入的十大律学家之一	大日本史,三代实录等
善道维则	935 年前后活跃	明法博士,参与立法和司法活动。大宝律令编者的后人	有解释律令的片段成果留世	类聚符宣抄,政事要略等
和凝	898 ~955 年	以刑部员外郎的身份参与法律运行活动	编疑狱集,推动中国古代判例与法医研究	旧五代史 · 和凝传
惟宗直本	9 世纪末 10 世纪初人	任天皇法律顾问,主持编纂律集解、令集解和检非违使私记	被恩赐在自己家中讲授律令,称为“延喜讲书”	二中历,三代实录,政事要略等
惟宗善经	922 年前后去世	参与制定延喜格式,作为明法博士和大判事,留下一些著名判例	留有解释律令格式的成果	政事要略,延喜格之序等
惟宗公方	10 世纪人	明法博士,朝廷的法律顾问,参与立法和司法活动	著本朝月令六卷,二中历所列十大律学家之一	政事要略,法曹类林,官职秘抄
实宪	10 世纪人	明法博士,参与朝廷的立法和司法活动	发表众多重大刑案的明法勘文	日本纪略等
惟宗允亮	10 世纪人	明法博士,朝廷的法律顾问,编纂政事要略,类聚判集	参与撰写类聚律令、刑官问答私记等	北山抄,鱼鲁愚抄,二中历等
令宗允正	1015 年去世	发表众多明法勘文	二中历所列十大律学家之一	政事要略,兵范记等

续表

姓名	生活年代	法律业绩	律学作品与学说	文献来源
大江保资[2]	1021 年之前活跃	作为明法博士,发表明法勘文,参与司法活动	时人誉为与惟宗允亮并列的律学家	西宫记,小右记等
令宗道成	1027 年去世	作为明法博士,发表众多明法勘文	其律令学说对后世影响很大	叶黄记,小右记,春记等
小野文义	1032 年之前活跃	作为明法博士,发表众多明法勘文	对律令有解释	官职秘抄,小右记等
范质	911 ~ 964 年	对后周和宋初的立法建制作出贡献,主持编纂大周刑统	在修律变法中,阐述律令的内涵与精神	宋史·范质传等
窦仪	914 ~ 966 年	参与宋初的立法,主持编纂宋刑统以及四卷编敕	提出法的平等、公平、简约等学说	宋史·窦仪传,刑法志等
苏晓	904 ~ 976 年	参与编纂大周刑统和宋刑统,以及四卷编敕	提出法律平等、信赏必罚等思想	宋史·苏晓传等
剧可久	887 ~ 963 年	参与后周和宋初的立法建制,参与编纂大周刑统	在释律中,阐述法的公平正义的内涵	宋史·剧可久传等
和𡺸	950 ~ 995 年	长期从事折狱、决狱活动	继承父亲和凝的工作,完成了疑狱集的撰写	宋史·和𡺸传,疑狱集序等
刘筠	971 ~ 1031 年	以判大理寺事、左司谏、知制诏等参与立法与司法活动	参与编纂册府元龟,后单出刑法叙略一书	宋史·刘筠传等
包拯	999 ~ 1062 年	长期从事法律的运行工作,改善了执法环境	提出用法于民有利、慎法守信、治吏等学说	宋史·包拯传,包孝肃奏议集

续表

姓名	生活年代	法律业绩	律学作品与学说	文献来源
李觏	1009～1059年	从事教育活动，包括法律教育的内容	阐述了法律平等、宽猛相济等思想	宋史·李觏传，盱江集等
宋绶	991～1041年	参与宋王朝的立法，尤其是有关继承的律令	阐述丧葬律令，并开始编纂唐大诏令集	宋史·宋绶传等
宋敏求	1019～1079年	长期担任判官、大理寺丞、参知政事等，参与立法与司法活动	继承父亲宋绶的工作，完成了唐大诏令集的编纂	宋史·宋敏求传等
孙奭	962～1033年	参与国家的立法，确定了祭祀、礼仪的律令，举办律学的教育	撰写律附音义一书，保存了唐律	宋史·孙奭传等
王安石	1021～1086年	在宋神宗的支持下，进行立法变革，推出各种新法	阐述新法的精义，提出立善法治天下的学说	宋史·王安石传等
利业	1030年前后活跃	作为明法博士，发表明法勘文，参与司法活动	熟悉律令，是1030年前后朝廷主要法律顾问	小右记，左经记等
苏轼	1037～1101年	在长年担任判官、知府期间，参与法律的实施等活动	阐述了厉法禁，自大臣始等思想	宋史·苏轼传，东坡全集等
坂上定成	11世纪人	作为明法博士，发表众多明法勘文	坂上律学世家的奠基人	本朝世纪，大日本史
菅原有真	11世纪末人	作为明法博士，发表众多定罪量刑的明法勘文	二中历所列十大律学家之一	百錬抄，法曹类林等
惟宗国任	12世纪初人	作为明法博士，发表众多明法勘文	其解释律令的学说影响很大	本朝世纪，中右记等
坂上范政	12世纪初去世	为朝廷提供定罪量刑的大量明法勘文，参与立法与司法	关于刑法的勘文对后世产生重要影响	中右记，朝野群载，平安遗文

续表

姓名	生活年代	法律业绩	律学作品与学说	文献来源
中原资清	1111 年去世	作为明法博士，为朝廷提供了大量经典的明法勘文	关于土地纠纷的明法勘文对后世影响很大	中右记，永昌记，朝野群载等
三善信贞	12 世纪上半叶活跃	作为明法博士，大判事，朝廷的法律顾问，参与立法和司法活动	提出了服丧、祭祀、土地和赎罪的律令解释	中右记，永昌记，法曹类林
坂上明兼	1147 年去世	作为明法博士，发表众多明法勘文	著有三十卷抄、法曹至要抄、禁法略抄等	本朝世纪，除目大成抄等
小野有邻	1149 年去世	作为明法博士，发表众多明法勘文	作为律学世家的继承人，对律令作出解释	中右记，法曹类林，本朝世纪
坂上兼成[3]	1113～1162 年	作为明法博士，发表众多明法勘文	传承了律学之家学	续群书类从，本朝世纪等
郑克	12 世纪人	曾任建康府上元县尉和湖州提刑司，审理过许多案件	著折狱龟鉴一书，对后世判例研究影响重大	隐居通议等
中原章贞[4]	12 世纪下半叶人	担任明法博士约 30 年，参与立法、司法活动	发表许多经典明法勘文	山槐记，玉叶吉记等
坂上兼俊[5]	1171 年前后去世	作为明法博士，发表众多明法勘文	明法勘文被视为当时权威的法律意见	本朝世纪，平安遗文等
中原业伦	1172 年去世	曾任少判事、大判事和明法博士，参与司法活动	关于幕藩关系之明法勘文对后世影响很大	本朝世纪，平户记，群书类从等
中原基广	1175 年前后活跃	担任明法博士，参与立法和司法活动	其关于收养的明法勘文影响很大	山槐记，玉叶，清獬眼抄等

续表

姓名	生活年代	法律业绩	律学作品与学说	文献来源
中原明基[6]	13 世纪初人	作为明法博士,发表众多明法勘文	在前人劳动的基础上,完成法曹至要抄	山槐记,续群书类从等
宋慈	1186 ~ 1249 年	长期担任通判、提点刑狱,为改善司法、法医检验作出贡献	撰写洗冤集录一书,开创了中国古代法医学	宋经略墓志铭,宋史翼 · 宋慈传
中原章亲	13 世纪初人	作为明法博士,发表众多明法勘文	对户令的解释,为后世亲族法所继承	山槐记,地下家传等
桂万荣	13 世纪初人	长年从事司法实务工作,为改善司法作出贡献	著棠阴比事一书,推动了判例和法医研究	慈溪县志 · 桂万荣传等
刘克庄	1187 ~ 1269 年	在担任袁州知州、多地提点刑狱时,审理过许多案件	名公书判清明集收录其重要判词 22 篇	名公书判清明集,后村词笺注
胡颖	13 世纪人	曾担任提点刑狱等,审理过一些重要的案件	名公书判清明集收入其判词 75 篇	宋史 · 胡颖传等
蔡杭	1193 ~ 1259 年	曾担任提点刑狱、吏部尚书等,审理过一些重要的案件	名公书判清明集收入其判词 72 篇	宋史 · 蔡杭传等
耶律楚材	1190 ~ 1244 年	提出陈实务十策、便宜十八事(后作为临时性法律),改革元之前的重刑	体恤民众,强调法律平等、信守赏罚等	元史 · 耶律楚材传
吴势卿	13 世纪人	在担任处州知州、浙西转运使期间,审理过许多案件	名公书判清明集收录其重要判词 25 篇	名公书判清明集等
范应铃	13 世纪人	任抚州知州、蕲州通判、广西提点刑狱等职,审理过许多案件	有对越集等,名公书判清明集收其判词 22 篇	宋史 · 范应铃传

续表

姓名	生活年代	法律业绩	律学作品与学说	文献来源
吴革	13世纪人	在任临安府知府、江南西路提点刑狱期间,审理过许多案件	名公书判清明集收录其重要判词22篇	名公书判清明集等
傅霖	北宋时人	参与司法审判,举办过律学教育等活动	著刑统赋解一书,宣传、普及律令知识	四库全书总目提要等
中原章久	1251年前后去世	作为明法博士,参与立法和司法活动	其关于神庙冲突的明法勘文引起很大反响	平户记,百鍊抄,玉叶等
坂上明盛	1217~1295年	作为明法博士、刑部少辅和大判事,参与立法和司法活动	其众多明法勘文,对后世影响很大	平户记,勘仲记等
王与	1260~1346年	长期担任司法官员,积累了审理案件和法医检验的丰富经验	撰写无冤录一书,发展了宋慈的思想	温州经籍志等
孛术鲁翀	1279~1338年	参与国家的立法建制,编纂大元通制这一重要法律汇编	在解释法律时,提出明刑弼教等思想	元史·孛术鲁翀传等
苏天爵	1294~1352年	参与国家的立法与司法活动,并积极建言建策	撰写元朝名臣事略、治世龟鉴等	元史·苏天爵传等
沈仲纬	1368年之前活跃	作为郡府掾,参与司法审判,举办过律学教育等活动	著刑统赋疏一书,宣传、普及律令知识	俞淖:刑统赋疏序等
何荣祖	14世纪初人	主持编纂至元新格,起草制定大德律令	提出法律须平等、公正的思想	元史·何荣祖传等
宋濂	1310~1381年	参与制定大明律令	阐述婚姻律,著宋学士全集等	明史·宋濂传,刑法志等
中原章任	1311年去世	参与立法与司法活动,为花园天皇侍讲律令	著金玉掌中抄等作品	职原钞,勘仲记等

续表

姓名	生活年代	法律业绩	律学作品与学说	文献来源
坂上明成	1338 年前后活跃	作为明法博士和大判事,参与立法和司法活动	对朝廷礼仪和服饰等律令作出解释	建武记,大日本史料,匡远记等
李善长	1314 ~ 1390 年	作为明王朝开国元勋,主持制定大明律令	研习律令,使明律的体裁与唐律大有变化	明史・李善长传,刑法志等
周桢	14 世纪下半叶人	作为明初大理卿、刑部尚书,参与了大明律令的制定	为了解释律令,撰写了律令直解一书	明史・周桢传等
刘惟谦	14 世纪下半叶人	作为洪武初年的刑部尚书,参与了大明律令的制定	为助新律实施,修订唐律疏议十二卷	明史・刘惟谦传,刑法志等
何广	生卒不详	长年从事司法活动	撰写律解辩疑一书,存洪武年间的大明律原文	中国珍稀法律典籍集成等
吴讷	1372 ~ 1457 年	任行政、司法、监察官员,对法律实务有丰富经验	著祥刑要览,重新编纂棠阴比事	明史・吴讷传等
张楷	1399 ~ 1460 年	长期担任司法监察官员,为司法公正竭尽全力	撰写律条疏议三十卷,解释律意	慈溪县志等
丘濬	1420 ~ 1495 年	作为礼部尚书、文渊阁大学士,参与国家立法与司法活动	撰大学衍义补・治国平天下之要・慎刑宪	明史・丘濬传,大学衍义补等
胡琼	16 世纪上半叶人	任司法监察官员,为司法公正竭尽全力。后因哭谏,受杖卒	撰写大明律集解附例三十卷,详解律意	明史・胡琼传等
唐枢	1497 ~ 1574 年	作为刑部官员,为司法改革建言建策,并从事律学教育	著法缀、政问录二书,汇集律典与律学著作	明史・唐枢传,明儒学案等
王樵	1521 ~ 1599 年	任南京、福建等地的地方官员,参与司法审判活动	著读律私笺、尚书日记等,阐述律意	王仪部先生笺释等

续表

姓名	生活年代	法律业绩	律学作品与学说	文献来源
舒化	1539～1589年	任刑部尚书等职，参与续修大明会典，制定刑名事例	主编问刑条例七卷、大明律集解附例三十卷	明史·舒化传等
余懋学	1543～1599年	作为司法与行政官员，辛勤管理、秉公执法，口碑俱佳	编辑仁狱类编三十卷，补充疑狱集等的不足	明史·余懋学传等
雷梦麟	生卒不详	作为刑部官员，为司法改革建言建策，并从事律学教育	撰写律学名著读律琐言一书	读律琐言序等
张居正	1525～1582年	作为首辅（宰相），进行了一系列变法	提出依法治国、加强吏治、礼刑两手等主张	明史·张居正传等
吕坤	1536～1618年	以刑部左右侍郎身份，参与朝廷的立法与司法活动	撰写风宪约、实政录等刑狱和法医的著作	明史·吕坤传等
王肯堂	1552～1613年	任刑部员外郎、大理卿、刑部右侍郎等职，参与司法活动	补其父王樵的读律私笺，完成律例笺释一书	明史·王樵传等
萧近高	1555～1630年	在履行司法职务时，秉公执法、追求社会正义	编撰刑台法律，为律学的繁荣作出贡献	明史·萧近高传
李清	1602～1683年	在明末动荡的社会中，履行着司法官员的职责，追求法律的平等	撰写折狱新语一书，进一步推动了判例的研究	明史·李清传，清史稿·李清传
刚林	17世纪人	作为清初重臣，参与国家各项立法活动	主持编纂大清律集解附例三十卷	清史稿·刚林传
对喀纳	1619～1675年	以刑部左侍郎、刑部尚书身份，参与国家的立法与司法活动	主持校解大清律例朱注广汇全书，弘扬律学	清史稿·对喀纳传等

续表

姓名	生活年代	法律业绩	律学作品与学说	文献来源
陈士矿	1657～1718年	长期担任司法官和地方官员，能够秉公执法，善断疑案	撰写折狱卮言一书，推动律学的发展	清碑传合集，嘉兴府志等
王明德	19世纪下半叶人	作为刑部郎中，参与司法活动，并以律学为家学传授子弟	著有读律佩觿一书，使清代律学达到精致水平	高邮州志，重修扬州府志等
朱轼	18世纪初人	长期担任司法官员，能够秉公执法，善断疑案	主持编纂大清律集解三十卷，阐述律意	清史稿·朱轼传
沈之奇	18世纪初人	长期从事司法实务工作，有丰富经验积累	撰写大清律辑注，推动了清代律学进步	嘉兴府志等
蒋廷锡	1669～1732年	参与主持大清会典的编纂	编校一百八十卷巨著祥刑典	清史稿·蒋廷锡传
蓝鼎元	1680～1733年	作为地方行政司法官员，秉公执法，善断疑案	撰写鹿洲公案等作品，推动律学进步	清史稿·蓝鼎元传等
万维翰	生卒不详	从事幕职30余年，审理案件，传授法律	撰写幕学举要、律例图说辨伪等律学作品	幕学举要序等
吴坛	1724～1780年	以刑部官员和地方要员身份，参与立法与司法活动	编纂大清律例通考一书，阐述律例精神	清史稿·吴坛传
王又槐	生卒不详	长期从事幕职，审理案件，传授法律	撰写办案要略、洗冤录集证等律学作品	办案要略序等
汪辉祖	1731～1807年	长期从事幕职，审理案件，传授法律，系清代江南一代名幕	著佐治药言、续佐治药言、学治臆说等	清史稿·循吏传
全士潮	生卒不详	长期担任司法官员，审理众多疑难案件	主持编纂驳案新编，推动律学进步	驳案新编等
刘衡	1776～1841年	任多地地方行政司法官员，秉公执法	著读律心得、庸吏庸言、蜀僚问答等	清史稿·循吏传，吏治三书

续表

姓名	生活年代	法律业绩	律学作品与学说	文献来源
许梿	1787～1862年	长期从事司法实务和法医检验工作，执法公正	著洗冤录详义、刑部比照加减成案等	清碑传合集等
祝庆祺	生卒不详	长期从事司法实务工作，秉公执法，善治疑案	与鲍书芸合编刑案汇览八十八卷	刑案汇览等
榊原篁洲	1656～1706年	参与纪伊藩主德川光贞的修律变法活动	著有大明律例谚解等	高盐博：日本律的基础研究
荻生徂徕	1666～1728年	宝永六年（1709年）在江户日本桥茅场町开设私塾讲学	著有明律国字解，太平策，答问书等	明律国字解等
高濑喜朴	1668～1749年	参与江户幕府八代将军德川吉宗的修律变法活动	著有大明律例译义、大明律例详解等	高盐博：日本律的基础研究
荷田春满	1669～1736年	正德三年（1713年）开始招收学生授业（包括法律知识）	著有类聚三代格考、令义解剳记等	国史大辞典
荻生北溪	1669～1754年	日本近世著名律学家，参与朝廷的司法和律学教育活动	著明律译等	高盐博：日本律的基础研究
荷田在满	1706～1751年	将军德川吉宗的第二个儿子田安宗武的幕僚，参与立法与司法	编写本朝制度考略，令三辨等作品	国史大辞典等
薗田守良	1785～1840年	长期担任太神宫权弥宜这一职位，参与司法活动	出版逸令义解、律义解和新释令义解等作品	见利光三津夫的作品
薛允升	1820～1901年	长期任职刑部，对司法实务贡献甚多，能秉公执法	著唐明律合编、读例存疑等	清史稿·薛允升传等
势多章甫	1830～1894年	作为律学家和大判事，参与立法、司法活动	著嘉永年中行事、御服丧例、宫殿并调度沿革	地下家传，掌中职原挚要大成

续表

姓名	生活年代	法律业绩	律学作品与学说	文献来源
赵舒翘	1848～1901年	长期任职刑部，对司法实务、监狱管理贡献甚多，能秉公执法	著提牢备考一书，开中国监狱学研究之先河	清史稿·赵舒翘传

注：〔1〕王通的出生时间，虽然晚于刘文静、裴寂、孔颖达等人，但他617年去世时，唐王朝还没有建立，故笔者将其列入隋末之律家。

〔2〕原名甘南备保资，宽仁三年改姓“大江保资”。参见［日］布施弥平治：《明法道之研究》，新生社1966年版，第210页。

〔3〕坂上明兼的儿子。

〔4〕中原章贞是日本律令制时代著名的律学家，日本大学教授布施弥平治介绍其他明法学家时，一般都不超过1页，而介绍中原章贞却用了整整26页。参见［日］布施弥平治：《明法道之研究》，新生社1966年版，第232～259页。

〔5〕坂上明兼的儿子。

〔6〕坂上兼成的儿子，被赐姓“中原”，故也称中原明基。

比较法的早期史*

众所周知，比较法(comparative law)，作为一门学科是近代的产物。如1829年，德国法学家米特迈耶(Mitternaier,1787～1867年)等人创办了世界上第一个比较法的期刊《外国法学和立法评论》。1831年，法国法兰西学院第一次设立了“比较立法讲座”。1846年，巴黎大学设立了“比较刑法讲座”。1869年，英国牛津大学开设了“历史和比较法学讲座”。同年，法国创立了“比较立法学会”，1895年，英国也建立了同名的学会，并发行自己的刊物《国际法和比较法季刊》。而在此之前的1894年，伦敦大学设立了“法制史和比较法教授”职位。1900年，在巴黎召开了第一次国际比较法大会，标志着比较法的正式诞生。①

但比较法的历史，则可以追溯得更加久远。除了有少数学者将比较法的历史追溯到公元前18世纪美索不达米亚(Mesopotamia)《汉谟拉比法典》的制定，②目前学术界的通说认为，比较法研究最早产生于公元前6世纪古代希腊的

---

* 本部分原载于《比较法研究》2016年第6期，系国家社科基金重大项目“法律文明史”(项目编号：11&ZD081)第1个子课题“法律文明的起源”的阶段性成果。

① 参见沈宗灵：《比较法研究》，北京大学出版社1998年版，第17～18页。

② “公元前约1792～前1750年在位的古巴比伦第六代国王在夺取统治权后，根据国内的社会经济关系‘在各国原有奴隶制法典的基础上，结合阿摩利人氏族部落的习惯，制定了一部新的成文法典——《汉谟拉比法典》’；制定该法是‘为了迅速消除法的不统一和地方上各自为政的混乱现象’；当时所进行的比较法学研究可见诸‘他(汉谟拉比国王)命令将两河流域过去存在的习惯法加以斟酌损益，在新的基础上编撰一部全国通用的统一法典’。法律史学界普遍认为，《汉谟拉比法典》的制定，从以前所有的法律中吸取了许多东西，包括苏美尔·阿卡德时代各国法律的精华，而苏美尔·阿卡德时代的法律本身又是多种法律比较后制定的。这一切说明，《汉谟拉比法典》的制定过程，就是法律比较研究的实践过程。”参见倪正茂：《比较法学探析》，中国法制出版社2006年版，第87页。笔者完全同意上述作者的这一观点。当然笔者认为立法时的比较活动，可以追溯得更加遥远，详细论述参见本文第一部分。

梭伦（Solon，约公元前640～前558年）立法，[③]之后古希腊思想家亚里士多德（Aristotle，前384～前322年）在其作品中又进一步对希腊150多个城邦的政治和法律制度进行了比较研究。[④] 但是，如果我们把人类在立法时对各种法律渊源进行比较、选择、吸纳等活动看作法律的早期比较活动，那么比较法的萌芽则可以追溯到更早，即人类法律产生之始。[⑤] 笔者称此为比较法的早期史。本部分就试图对比较法的这一早期史进行一些梳理，谈一点自己的认识，以求教于学界同仁。

一、人类法律文明的诞生，标志着法律比较活动的萌芽

“自有组织的人类社会诞生时起，法律便出现了。”[⑥]而如果我们将视野扩展到世界范围，追寻法律文明演进的历史，就会发现，在人类法律文明的诞生以及法律规范的形成过程中，不同地区、不同民族法律的交流、比较、评价、选择、传播和本土化的活动，就已经开始出现。[⑦]

---

③　参见沈宗灵：《比较法研究》，北京大学出版社1998年版，第17～18页。

④　详细论述参见[古希腊]亚里士多德：《雅典政制》，林志纯译，商务印书馆2009年版“英译者序言”，第1页。据我国著名西方政治史、西方法律思想史专家吴恩裕先生的考证，亚里士多德对希腊150多个城邦政治和法律制度的比较考察、研究，大体是在公元前335年在雅典的里西亚姆讲学之后，在他的学生协助之下，开始这项规模空前的比较研究活动的，共花费了近10年时间，大约在前328年到前325年完成。

⑤　有学者也注意到了比较法与人类法律同时诞生这一观点，但同时又认为因为“缺乏确切可信的文字资料以作证明，只好算是一种不乏睿智的推测”。参见倪正茂：《比较法学探析》，中国法制出版社2006年版，第87页。对此，本文试图用考古学界提供的文献资料予以论证，即论证比较法与人类的立法活动同时诞生。

⑥　Raymond Westbrook ed.，*A History of Ancient Near Eastern Law*，1 Brill 118（2003）.

⑦　考古学家的最新成果显示，早在公元前2700～前2500年乌鲁克（Uruk）时期，美索不达米亚的文明成果就已经渗入埃及生活的各个方面，如埃及砖的外形、有壁龛的建筑、圆筒印章以及锥形马赛克等，都是这种影响的表现。虽然没有法律影响、交流的直接证据，但考虑到这些文明成果渗入埃及的过程和程度，必然伴随有巨大而系统的贸易活动以及人员来往，可以推测美索不达米亚早期的生活习惯法和贸易习惯法和埃及的风俗习惯、贸易规则发生碰撞和交流也是完全可能的。See Benjamin R. Foster & Karen Polinger Foster，*Civilizations of Ancient Iraq*，Princeton University Press，2009，p. 30.

比如,公元前3500年,在美索不达米亚的南部地区,苏美尔人(Sumerians)就建立起了最早的城邦国家,但这一城邦国家是由基什(Kish)、乌鲁克、乌尔(Ur)、尼普尔(Nippur)、拉伽什(Lagas)等若干城市酋邦组建而成。[8] 在这一从氏族,到部落,到部落酋邦,再到统一为更大的王国的国家与法律的形成过程中,许多原来的氏族,或者部落,或者酋邦的习惯法、长老会决议、[9]首领谕令等法律规范,一点点扩大适用范围,最终定格为新统一、建立起来的苏美尔国家的法律。而这一法律体系,其数量和渊源是不同的,正是这种不同,促进了彼此之间的交流,[10]从而在其形成、定型过程中,出现了一个对各个城邦的法律渊源的比较、选择和优化过程。[11] 尤其是苏美尔与周边部落长距离的贸易往来,不仅促进了城市的发展,也推动了各地区多元的商业习惯法的交汇和选择。[12] 笔者认为,这一比较、选择、优化的过程,就是人类最早的比较法研究活动。正是由于有了这么一个比较法的过程,美索不达米亚才能够在人类历史上诞生最早的优良法典。[13] 虽然,建立阿卡德人第一个统一帝国的国王萨尔贡(Sargon,约公元前2316~前2261年在位)时代的立法成果,现在我们还没有发现,但是我们从已经出土的泥板文献中发现了比萨尔贡更早的公元前2370年前后苏美尔城邦拉伽什统治者乌鲁卡基那(Urukagina)的立法改革法令,以及200多年后约前2095年乌尔第三王朝统治者乌尔纳木(Ur-Nammu,前2112~前2095年在位)

---

⑧ See Robert Chadwick, *First Civilizations: Ancient Mesopotamia and Ancient Egypt*, 2nd edition, Equinox Publisher, 2005, p. 39.

⑨ 美索不达米亚考古出土的泥板楔形文字文献证实,人类最早的长老会作出决议的活动记录,可以追溯到公元前2750年前后的苏美尔城邦国家。参见林志纯主编:《世界通史资料选辑:上古部分》,商务印书馆1962年版,第31页。而如果加上还没有记录的历史,应该推测在美索不达米亚,长老会的活动可能更早,至少是在公元前3500年前后苏美尔早期城邦国家时代。

⑩ Raymond Westbrook ed., *A History of Ancient Near Eastern Law*, 2 Brill 118 (2003).

⑪ 公元前3000年前后,在苏美尔各城邦之间有了贸易往来,有了各自法律的互相影响,出现了立法时的比较与选择,而且苏美尔与古代印度之间也有了商业贸易和契约文书交流。在美索不达米亚阿斯马尔丘阿布神庙的阿卡德地层中出土的圆筒印章"造型艺术具有印度河文明的特点,由此建立了与同时代的摩亨佐达罗和哈拉帕城市的第一个年代联系",可为一例证据。参见于殿利:《巴比伦法的人本观:一个关于人本主义思想起源的研究》,生活·读书·新知三联书店2011年版,第142页。

⑫ Robert Chadwick, *First Civilizations: Ancient Mesopotamia and Ancient Egypt*, 2nd edition, Equinox Publisher, 2005, p. 34.

⑬ Raymond Westbrook ed., *A History of Ancient Near Eastern Law*, 1 Brill 2 (2003).

制定颁布的《乌尔纳木法典》(Code of Ur-Nammu)。在这些法典和立法文献中,可以清楚地看到彼时的比较活动。至于之后的前1765年巴比伦王朝第六代国王汉谟拉比(Hammurabi,前1792~前1750年)制定颁布的《汉谟拉比法典》(Code of Hammurabi)中,这种活动就更加明显了。因为巴比伦王朝是在南部的拉尔萨(Larsa)、北部的亚述(Assyria)、东部的埃什努那(Eshnunna)以及西部的马里(Mari)等各个王国的基础上建立起来的统一帝国,《汉谟拉比法典》也是对这些原有王国法律的集大成者。此外,在《汉谟拉比法典》以后,又有五六种法典出土。这些法典的版本不同,时期不同,适用地区也相异,但各法典之间在内容上有许多相似性,这种相似性虽然出于多种原因,但立法者的比较选择是一个重要原因。⑭

《汉谟拉比法典》和《埃什努那法典》关于阿维鲁(Awilum)的身份地位的规定,是这种立法比较的一个很好的例子。前者第136条规定:"如果一个人(阿维鲁)背弃其城市公社(Alum)而出走,而后其妻改嫁入于他人之家,及此阿维鲁返回而欲重新拥有其妻,则因彼憎恨自己的城市公社而出走,此妻不得返回其夫——出走者之处。"后者第30条规定:"如果一个人(阿维鲁)憎恨其城市公社(Alum)而逃走,而另一个人在事实上占有了其妻:无论他(前者)何时返回,他都不能对他的妻子进行起诉。"这两个条文虽然语句有些不同,但核心内容完全一致。根据考古文献我们可以知道,后者的立法时间大体是在公元前1980年,比前者公元前1765年制定早200多年。而且从地理位置上看,埃什努那位于美索不达米亚东北部,是美索不达米亚通往埃兰之路的中转站,很早开始就受到东西方法律文明交流的影响,开始了立法的事业。《埃什努那法典》是其国王俾拉拉马(Bi-lalama,统治时间在前1980年前后)执政时制定的。而巴比伦位于美索不达米亚的中南部,两者虽有一定距离,但很早就开始了频繁的贸易与法律的往来。尤其是200年后,汉谟拉比将埃什努那纳入自己的版图,建立了巴比伦帝国以后,各个城邦之间的法律的彼此交往和影响就更加频繁了。因此,汉谟拉比在编纂《汉谟拉比法典》时,对版图内原有各城邦国家的立法(如

⑭ See Raymond Westbrook ed., *A History of Ancient Near Eastern Law*, 8-10 Brill 118 (2003).

《埃什努那法典》等)进行过比较、选择和采纳,完全是正常的事。通过对上述这两个条文的比较,也可以得出这个结论。在《乌尔纳木法典》和《埃什努那法典》关于自由民之间因伤害行为(伤手、割鼻、打耳光等)而被判处罚金的规定上,我们也看到了同样的情形。[15]

又如,古代埃及是公元前3100年建立起统一的国家的,这一国家的基础是上、下两个埃及酋邦王国,上埃及叫白王国,下埃及为红王国,而统一上、下埃及酋邦王国,建立统一国家的是上埃及的统治者美尼斯(Menes)。这一国家统一、建立事件,已经得到了考古文献的证实,即考古学家出土发现了记载这次统一、建立埃及国家的庆典的"那尔迈调色板"(Narmer's Palette),上面记述了庆典的过程以及国王的名字那尔迈(Narmer)。而考古学家经过考证,认为这个那尔迈就是出土考古文献《埃及王表》上记录的美尼斯。传世文献和考古资料还证实,美尼斯是古代埃及的第一位立法者,他(包括他的属下)对上、下埃及两个酋邦国家的习俗、惯例和酋长指令等法律文献进行比较、选择,最后以上埃及的习惯法规则为核心,吸收下埃及的相关合理的法律规定,制定了适用于整个埃及帝国的法律。与美索不达米亚人将法典刻在石头和黏土上不一样,古代埃及人的法典以及其他各类文书,刻在石头上的极少,主要是抄写在芦苇和纸莎草上,而这些材料不易保存,很容易腐烂,因此从考古发掘而言,我们至今还没有找到完整的古埃及法典。不过法律与国家治理必定是息息相关的。因此,可以推测古代埃及在立法和法律实施过程中,对各个不同氏族、部落、酋邦的法律进行比较、选择、采纳是可以肯定的。

再如,在古代中国法律文明的诞生与成长过程中,也伴随着法律的比较、选择和借鉴、吸收活动。史书记载,中国进入阶级社会,形成国家,步入文明,大体是在公元前2070~前1600年的夏王朝,该王朝的各代国王都进行了立法活动,其中比较著名的文献是《禹刑》。《左传·昭公六年》有"夏有乱政,而作禹刑"的记载。中国考古出土的文献只及于前1600年以后的商王朝,再往前关于夏王朝的具体情况,至今我们尚无出土的文字或器物予以佐证,而只能依据一些

---

⑮ 参见于殿利:《巴比伦法的人本观:一个关于人本主义思想起源的研究》,生活·读书·新知三联书店2011年版,第310页。

零碎的后世记述文献,乃至传说、神话的叙述进行推测,因此,我们无法描述彼时夏王朝的具体的立法史实。但是,经过王国维(1877～1927年)、顾颉刚(1893～1980年)、郭沫若(1892～1978年)、徐旭生(1888～1976年)、徐中舒(1898～1991年)、苏秉琦(1909～1997年)、李学勤、刘起釪、李民、郑杰祥和孟世凯等历史学家和考古学家的辛勤研究,再加上被视为夏文化之遗址的"二里头文化"的发现,以及《史记·殷本纪》中商王朝世系为甲骨文考古所证实等,学术界基本认可了夏王朝的存在,以及古代文献中所述夏王朝的王系、制度和立法的真实性。⑯

夏王朝刚刚从原始社会过渡到阶级社会,是一个由众多部族组成的早期酋邦国家,其方国众多,法律渊源也非常多元,相传"五刑"就是由其中的一支部族苗民所创立的。因此,在夏代法律文明诞生时,同时伴有对各支部族法律的比较活动应该是可以肯定的。之后的商王朝和西周,仍然是多元部落酋邦国家,而东周的春秋战国时期,法律比较活动更加频繁,中国历史文献上记载的第一部法典——法学著作《法经》,就是公元前5世纪末魏国李悝在比较法的基础上编纂而成的,文献记载:"是时(魏明帝制定魏新律之前)承用秦汉旧律,其文起自魏文侯师李悝。悝撰次诸国法,著《法经》。"⑰在一定意义上可以说,《法经》是中国古代第一部比较立法作品和比较法著作。

比较法的萌芽,或者说在国家形成、文明诞生的过程中,⑱立法活动中的各国、各地区的法律比较,带来了早期国家法律的巨大进步,成就了古代社会第一批优秀成文法典的诞生。美索不达米亚的《汉谟拉比法典》和中国的《法经》,都是其中的代表。

---

⑯ 参见詹子庆:《夏史与夏代文明》,上海科学技术文献出版社2012年版,第2～8页。

⑰ 《晋书·刑法志》。《唐律疏议》对此也作了详细记述:"周衰刑重,战国异制,魏文侯师于里(李)悝,集诸国刑典,造《法经》六篇。"至于《法经》的真伪辨析,详细可参见何勤华:《中国法学史》(第1卷),法律出版社2006年版,第67～69页。

⑱ 早期战争导致了人口向城市集中(城市有城墙的保护),如在公元前2700年前后美索不达米亚的苏美尔地区,当时的大城市只有一个乌鲁克,占地50公顷,人口有5万名以上,而周边有占地6公顷多的村庄、群落100多个。经过几个世纪的战争,这些村庄减少到了15个,50万公顷的城市则增加到8个。大量村庄、群落人口迁入城市居住,就必然带来了各地风俗习惯的交汇、融合,为了治理好城市,还必然要进行比较、选择,以制定出最优化的法律规则。See Robert Chadwick, *First Civilizations: Ancient Mesopotamia and Ancient Egypt*, 2nd edition, Equinox Publisher, 2005, p. 34–35.

二、古代埃及、美索不达米亚法律和地中海国家法律的互动

西方历史学家、考古学家的研究成果已经表明,古代希腊和古罗马的法律文明的诞生与成长,受到了古代埃及和美索不达米亚地区立法成果的重要影响。[19] 虽然这种影响的详细图景还需要考证和细化,但基本的线索已经被描述和勾勒出来了。

(一)古代埃及、美索不达米亚和克里特(Crete)法律之间的互动

最新考古学的成果揭示:远古时期不同地区之间法律的交流实际上已经很频繁,远远超出了我们的想象。如早期埃及和美索不达米亚的法律之间,就有许多相似之处:古巴比伦法律是否定债务奴隶制的,在古王国时期的埃及,也是禁止个人因负债而被奴役、成为奴隶的。[20] 虽然我们不能绝对地说,这是两个地区立法比较的成果,但至少两地制定法律时是可能互相影响的,只是我们现在还没有掌握确切的文献和实物。当然,更多的证据则是证明了古代埃及、美索不达米亚和古代希腊克里特法律之间的互动。

埃及立法影响了地中海中靠近希腊本土的克里特的立法。克里特岛位于希腊本土以南 130 公里的地中海上,面积 8236 平方公里,是希腊最大的岛屿。在克里特岛上,距海边 4 公里的地方有一座面积为 270 万平方米的城市克诺索斯(Knossos)。考古发掘证明,它是公元前 20 世纪的文明。发掘的泥板上镌刻的 B 类线形文字(Linear,古希腊文字的初创形式)证明,克里特岛的米诺斯文

---

[19] 至于美索不达米亚乌鲁克法律文明(公元前 2700 ~ 前 2500 年)影响埃及的事例,学界揭示的就更多了。See Benjamin R. Foster & Karen Polinger Foster, *Cirilizations of Ancient Iraq*, Princeton University Press, 2009, p. 30.

[20] See Raymond Westbrook ed., *A History of Ancient Near Eastern Law*, 1 Brill 118 (2003).

明(Minoan Civilization)是希腊古典主义的先驱。[21] 该地区成为东地中海诸文明间交叉繁衍的结合点。一般而言,学术界都认为米诺斯文明受到了埃及的影响(其中也包括了法律的影响),而英国学者罗莎莉・戴维(Rosalie David)在《探寻古埃及文明》一书中,则以考古文献证明,埃及当时的法律文明也受到了米诺斯文明的影响。[22] 而在这种法律的交叉影响中,法律的比较、选择等活动,也是存在的。

除了埃及,美索不达米亚的法律也深刻地影响了克里特岛的商业立法。古希腊特殊的地理环境,使它形成了区别于其他地区的强烈的海洋性和开放性特征,并易于接受外来文化中的先进成分。因此,许多学者认为"古希腊文明在形成自己独特的古典文化之前,一直是地中海东部近东文化圈中的一种外来文化,深受埃及和巴比伦文化的辐射和影响"。"克里特的文字、壁画、石器以及这一时期克里特和迈锡尼出土的大量陶土俑和雕刻作品,在造型和表现手法上都有明显的埃及和两河流域艺术的痕迹。"[23]在这些出土器物中,与法律的比较直接相关的文献物品不多,但考古证明,美索不达米亚的苏美尔人、古巴比伦人,在与克里特岛的民事交往中发生的契约订立、财产转让等法律行为,最后都要在文书上盖上当事人的印章。而这些法律行为,已经由在克里特岛上出土的古巴比伦汉谟拉比时代的赤铁矿圆筒印章所证明。可以想像,即使当时发生的两国甚至三国之间商业法律交易行为本身,并不直接表明比较法的存在,但若说在双方甚至三方法律交往中,存在对各自法律规范的比较、选择以及优劣的评价活动,应该是说得通的。[24]

---

[21] 考古学家认为,线形文字 B,可能是公元前 17 世纪,在线形文字 A 的基础上发展起来的宫殿文字。最先在迈锡尼使用,阿卡亚人征服克里特岛后,继续沿用。此文字有 88 个符号,其中大部分来自线形文字 A。由于线形文字 A 至今没有被破解,所以许多关于克里特岛米诺斯文明的事迹,也通过线形文字 B 来解读、理解。

[22] 参见[英]罗莎莉・戴维:《探寻古埃及文明》,李晓东译,商务印书馆 2007 年版,第 33 页。

[23] 徐宏英:《古代近东文化对希腊文化的影响》,载《青岛大学师范学院学报》2001 年第 4 期。

[24] 参见魏琼:《民法的起源——对古代西亚地区民事规范的解读》,商务印书馆 2008 年版,第 431 页。

(二)埃及法律和希腊迈锡尼(Mycenaean)城邦立法的互相影响

这一点也已经为考古发掘成果所证明。美国历史学家苏珊·鲍尔在《古代世界史》[25]一书中专门论述了这一点。作者对迈锡尼和埃及之间的商业贸易进行了详细论证,如迈锡尼的一个酒杯被葬在埃及图特摩斯三世(Thutmose Ⅲ,公元前 1514 ~ 前 1425 年)[26]一位官员的墓中,为近代以后的考古所发现。又如,在克里特的坟墓中出土了早在公元前 1500 年迈锡尼的房屋建造的设计样式。再如,在迈锡尼的出土物品中,很多刻有埃及国王阿蒙霍特普三世(Amenhotep Ⅲ,约公元前 1391 ~ 前 1353 年在位)[27]的名字,而埃及的线形文字保留在克里特的出土文献之中……[28]这些文物虽然大量论述的是埃及和迈锡尼之间的贸易和文化交往,但在此过程中,法律的交流以及各自立法时对双方习惯法和成文规范的比较、选择和吸收,也是可以肯定的。

(三)美索不达米亚的法律影响了雅典的立法

公元前 4 世纪中叶,马其顿王国征服希腊以后,又将古老的巴比伦作为其帝国的首都,使巴比伦城成为东西方文明融合的中心,由此拉开了古代西亚地区的"希腊化时代"的序幕。在政治上,希腊化时期的亚历山大大帝(Alexander the great,公元前 356 ~ 前 323 年)和塞琉古王朝(Seleucid Dynasty,公元前 312 ~ 前 64 年)的君主均采用了东方的君权神授理论和专制体制,在客观上促进了古代西亚和希腊的经济联系和法律文明的交流。在社会生活和民事交往中,统治者鼓励征服者与当地人的通婚及其他民事交往,这样,与人们生活密切相关的

---

[25] 参见[美]苏珊·鲍尔:《古代世界史》,李盼译,北京大学出版社 2011 年版。

[26] 古埃及第十八王朝第 6 位法老。在古埃及的 31 个王朝中,第十八王朝是延续时间最长,版图最大,国力最鼎盛的一个朝代,而图特摩斯三世则是这个王朝的集大成者。通常认为,是图特摩斯三世使埃及完成了从一个地域性王国向洲际大帝国的质变。

[27] 古埃及第十八王朝第 9 位法老,法老图特摩斯四世之子。阿蒙霍特普三世在约 6 岁至 12 岁登基,他继承了图特摩斯三世的事业,在他统治时将第 18 王朝进一步推向繁盛。他任内大力发展对外关系,与巴比伦、米坦尼(Mitamni,在今叙利亚北部)及塞浦路斯等国的国王修好,并修建包括西底比斯(Thebes)神庙和卢克索(Luxor)的门农巨像(Colossi of Memnon)及阿蒙霍特普祈灵殿在内的诸多宏伟建筑。

[28] 参见[美]苏珊·鲍尔:《古代世界史》,李盼译,北京大学出版社 2011 年版,第 149 ~ 151 页。

法律规范之间的比较、选择、参考、采纳等，就是不可避免的事情。因此，定居于巴比伦的希腊僧侣、历史学家贝罗苏斯(Berossus)[29]就此曾写成《巴比伦史》(又称《巴比伦尼亚志》)一书，宣称："塞琉古王朝是两河流域文明的继承人。"[30]中国学者也认为，"希腊化时代是架接起古代西亚地区和古希腊、古罗马等西欧国家的法律文明的重要枢纽"[31]。雅典是希腊各个城邦中最为发达的且向古代西亚地区移民最早的城邦。因此，美索不达米亚法律影响雅典立法，雅典立法时，比较、借鉴前者的法律，是没有疑问的。

具体而言，我们从《汉谟拉比法典》第32条中可以看到，巴比伦的自由民士兵在战争中被敌方俘获以后，汉谟拉比并没有置之不理，而是积极想办法将其赎回，恢复其自由。首先，如果士兵自己有经济能力，则自己(通过其亲属)支付赎金；其次，如果自己无力支付，则由其所在地的神庙替他支付；最后，如果所在地的神庙也无力支付，则由国家出资将其赎回。这一法律规定当时影响很大。过了1000多年，在雅典执政官梭伦立法改革时，其中就有一项重要的法律，规定必须赎回被卖到国外为奴隶的雅典人(梭伦在自己的诗篇中对此有生动的描述)。[32] 对此虽然不能肯定是比较立法的结果，但在巴比伦法律全面影响古代希腊的背景下，梭伦立法时比较、选择后受到巴比伦法典的影响，是很有可能的。

(四)美索不达米亚的法律对古代罗马法的影响

中国亚述学学者于殿利在《巴比伦法的人本观：一个关于人本主义思想起源的研究》一书中，[33]从历史学和考古学两个角度详细地阐述了美索不达米亚的法律对罗马法的影响。比如《汉谟拉比法典》第202条规定："如果一个人打了

---

[29] 贝罗苏斯，生于亚历山大统治巴比伦之时(公元前331～前323年)，是马尔杜克神的祭司，他在塞琉古王朝安条克一世(Αντιοχο ο Σωτηρ，公元前324～前261年)，塞琉古帝国塞琉西王朝的国王(前293～前261年在位)的支持下，用希腊语写下了三卷本的《巴比伦尼亚志》。

[30] 黄民兴：《试论古代两河流域文明对古希腊文化的影响》，载《西北大学学报(哲学社会科学版)》1999年第4期。

[31] 魏琼：《民法的起源——对古代西亚地区民事规范的解读》，商务印书馆2008年版，第434页。

[32] 参见于殿利：《巴比伦法的人本观：一个关于人本主义思想起源的研究》，生活·读书·新知三联书店2011年版，第277页。

[33] 参见于殿利：《巴比伦法的人本观：一个关于人本主义思想起源的研究》，生活·读书·新知三联书店2011年版，第2页。

较之地位高者之面颊,则应于集会中用牛皮鞭鞭之六十下。”在它之前颁布的《埃什努那法典》中,也有类似规定,其第42条规定:“如果一个人咬坏了另一个人的鼻子,应赔偿银子一明那;伤其一眼,应赔偿银子一明那;一颗牙齿,二分之一明那;一只耳朵,二分之一明那;一记耳光,他应赔偿银子十舍客勒。”[34]

学术界的最新研究表明,上述美索不达米亚的立法深深地影响了古代罗马早期的立法。罗马《十二表法》从形式到内容都在很大程度上继承了古代近东法,尤其是《汉谟拉比法典》的传统。“十二表法是美索不达米亚科学这一在近东和地中海地区占支配性地位的知性力量的产物。”[35]比如,《十二表法》第八表中有这样的规定:“假如他做了不法的事(Iniuria),罚金将是25(阿斯)。”学术界认为,这里的“不法的事”,就是指暴力行为,但这种暴力行为对躯体而言是轻微的,它的更大的伤害作用在人的精神或感情上,即它是一种暴力轻蔑和侮辱,具体而言就是一记耳光。学术界的这一解释还有罗马著名的路西乌斯·维拉提乌斯(Lucius Veratius)“打人耳光”案例的支撑。[36] 如果学术界的这种分析论证能够成立,那么,《汉谟拉比法典》对罗马《十二表法》的影响就是直接明了的了。[37] 如果这一推论可以成立,那么我们就可以认为,罗马立法者在制定《十二表法》时不仅比较参考了雅典的“梭伦立法”,也比较借鉴了更早期近东地区的《汉谟拉比法典》,其立法比较的视野和范围有了进一步的扩张。

魏琼在《民法的起源——对古代西亚地区民事规范的解读》一书中,也对罗马法与古代西亚、埃及以及希腊法律之间的交流、影响进行了探索。该学者认为,至公元前30年罗马共和国末期,罗马人不仅逐一征服了迦太基、马其顿、希腊半岛和西班牙的大部分地区,而且还迫使古代西亚地区、安纳托利亚(Anatolia,现土耳其)等地实际上沦为了罗马的附庸。罗马进入帝国时期以后,

---

[34] 从这里已经可以看出《汉谟拉比法典》比《埃什努那法典》进步了,后者是把几个伤害行为笼统规定在一起,前者则已经分门别类地单独规定了。这可能也是“比较法”的功劳。

[35] [德]R.维斯特布鲁克:《十二表法的本质与来源》,白钢译,载《希腊与东方·思想史研究》第6辑,世纪出版集团、上海人民出版社2009年版,第182页。

[36] 参见[德]R.维斯特布鲁克:《十二表法的本质与来源》,白钢译,载《希腊与东方·思想史研究》第6辑,世纪出版集团、上海人民出版社2009年版,第168~169页。

[37] 参见于殿利:《巴比伦法的人本观:一个关于人本主义思想起源的研究》,生活·读书·新知三联书店2011年版,第313页。

在帝国疆域东部，沦为行省的各地区法律文明的交流有了更为具体的载体——用东方文字(叙利亚文、阿拉伯文和亚美尼亚文)编辑而成的法学典籍，在帝国东部广泛流传。与此同时，罗马法与西亚地区的希伯来法也发生了密切的联系，主要表现在《耶路撒冷塔木德》(Yerushalayim Talmūdh)之中。其中，巴勒斯坦耶路撒冷犹太教圣经注释家们对《圣经法典》的编辑与校正而形成的《密西拿》(Mishnah)，反映了在古代罗马人统治下，两地法律之间的直接交流。[38] 而法律的交流，必然伴随法律的比较。

(五)雅典的德拉古和梭伦立法，影响了罗马的立法

公元前621年，希腊出现了执政官德拉古(Drakon)制定颁布的《德拉古法》。公元前594年，前述雅典执政官梭伦在《德拉古法》的基础上，对希腊的法律进行了改革，他在比较各个城邦法律的基础上，制定了促进当时雅典工商业发展的法律，其中较为著名的就有《债务免除法》(《解负令》Seisackthe-ia)。这对雅典的法律发展产生了巨大影响。公元前5世纪中叶，罗马在进行法律改革时，派了立法者十人委员会去雅典参观、考察，进行比较和选择，在此基础上，于公元前451～前450年制定了罗马立法史上具有里程碑意义的《十二表法》。因此，可以说《十二表法》既是古罗马人法律智慧的结晶，也是古罗马立法者从事比较法研究的产物。

而以上这些立法活动的交流和传播，以及法律的互动、互相影响和吸收，其中必然伴随着对其他国家和地区法律的比较与选择，法律的比较活动在这个过程中发挥着重要作用。此时，比较法已经从萌芽发展为一种立法时离不开的重要活动。正是在比较、参考、借鉴、吸收古代埃及和美索不达米亚立法成果的基础上，才诞生了伟大的希腊公法文明和罗马私法文明。

---

[38] 魏琼:《民法的起源——对古代西亚地区民事规范的解读》，商务印书馆2008年版，第435～436页。

三、比较法律活动在中世纪的延续和发展

学术界以前的通说认为,公元 476 年西罗马帝国灭亡后,欧洲社会进入了黑暗的中世纪时代。然而,中外学术界最新的研究表明,中世纪在人类文明史上同样具有重要的意义,它是古代文明的延续期,也是近代文明的孕育期。就比较法的历史而言,欧洲中世纪是一个重要的过渡时期。其中,以下几个因素,使法律的比较活动逐步成形,并最终为近代比较法的成长、定型与登台亮相奠定了基础。

(一)东罗马帝国时期法的比较研究活动

公元 292 年,戴克里先皇帝(G. A. V. Diocletianus,245 ~ 312 年)首次将罗马帝国一分为二,并建立"四帝制"来进行统治。过了 30 多年即公元 330 年,君士坦丁大帝(Constantinus Ⅰ Mag-nus,272 ~ 337 年,又称君士坦丁一世)进一步将罗马帝国的首都从罗马迁到拜占庭,将该地改名为君士坦丁堡。476 年西罗马帝国灭亡后,以君士坦丁堡为中心的东罗马帝国成为罗马法律的创造者,并在查士丁尼皇帝(Justinian,482 ~ 565 年)统治时期达到了历史的巅峰,比较法的成就也达到了一个新高度。其在位期间制定颁布的一系列法典,尤其是《学说汇纂》,可以说是罗马法学说、观点之比较、选择、采纳的集大成者,不仅是 1000 余年罗马法进步、进化的精华结晶,而且为之后 11 世纪注释法学派(The School of Glossators)和 13 世纪评论法学派(The School of Commentatores)的崛起,以及使罗马法普及至整个欧洲大陆的"罗马法复兴"奠定了基础。

(二)日耳曼各王国的比较立法活动

公元 476 年西罗马帝国灭亡后,在其废墟上建立的各日耳曼人(Germania)"蛮族"(Barbari)国家的兴起,各"蛮族"法典的制定,以及日耳曼法律体系的成长,进一步推动了法律的比较活动:一是各个日耳曼王国之习惯法、庄园法和封

建王室法等的比较；二是公元5世纪末到公元8世纪各部“蛮族”法典如《西哥特罗马法》(Lex Romana Visigothorum)、《西哥特法典》(Visigothic Code)、《撒利克法典》(Lex Sali-ca)、《里普利安法典》(Lex Ripuaria)、《尤列克法典》(Codex Eurician)、《勃艮第法典》(Lex Burgundio-num)、《罗退尔敕令》(Rothair's Edic)、《利特勃兰德法律》(Liutprand's Laws)制定过程中所进行的立法比较；[39]三是日耳曼法律与原有罗马法之间的比较。虽然这种比较还是简陋的、初步的，但正是这种立法(习惯法汇编)过程中的比较活动，推动了欧洲大陆法律的发展，也促成了日耳曼法律体系的形成和完善。

(三)教会法的成长对法律比较活动的推动

公元5世纪以后，基督教会逐渐发展壮大，原来只是规范、约束基督教会内部教徒的教会法开始扩张到世俗社会，调节社会上各个阶层之居民的婚姻、继承、财产转让、契约和诉讼等问题。教会法成长发展过程中，不可避免地要与罗马法、日耳曼法、封建王室法、地方习惯法等发生碰撞、冲突和融合。在多种法律规范可以选择的情况，教会法学家通过比较的方法将最有利的法律规定吸纳到自己的体系之内。如1582年由教皇格列高利十三世(Pope Gregory XIII，1502～1585)主持编纂的《教会法大全》(Corpus Juris Canonici)、1917年由教皇本尼狄克十五世(PopeBenedict XV，1854～1922)颁布的《教会法典》(Codex Juris Canonici)等就是如此形成的。由于罗马古典时代的法律，其水准远远高于当时的封建地方法和日耳曼法，所以我们可以看到，在教会法之内，原本属于罗马法的规范最多。

(四)罗马法复兴，带动了罗马法律在欧洲范围内的传播与交流

为此作出贡献的首先是前述注释法学派，其代表人物伊纳留斯(Imerius，约1055～1130年)和他的弟子阿佐(Azo Portius，约1150～1230年)、阿库修斯(Accursius，约1182～1260年)等，站在11～12世纪的法律教育和立法的立场

---

[39] 参见李秀清：《日耳曼法研究》，商务印书馆2005年版，第9～79页。

上，对古典罗马法进行了比较研究，并对《国法大全》(Corpus Juris Civilis)进行了详细周密的注释，从而为当时社会的立法活动提供了历史借鉴。之后登上历史舞台的是评论法学派，其代表人物巴尔多鲁(Bartolus de Saxoferato，1314～1357年)和巴尔杜斯(Baldus de Ubaldis，1327～1400年)，不仅将古典时代的罗马法与当时的教会法、封建王室法和地方习惯法互相比较，进行优劣之选择，而且积极参加各王室政府的立法和司法活动，从而将法律比较的成果运用于当时的社会实践，试图创建一套能够适合于欧洲大陆的"普通法"(Gemeines Recht)。注释法学派和评论法学派的先后登场，使罗马法得以在西欧大陆迅速传播、普及，并使法律比较活动广泛开展，因而为近代以后比较法的发展做了好的铺垫。

四、16～19世纪比较法的成长

1492年至1502年，哥伦布(Cristóbal Colón，约1451～1506年)接受西班牙政府的派遣，通过连续4次、历时10年的艰难探险，发现了美洲等新大陆，从而大大拓展了欧洲国家的生存空间，为商品经济发展以及进入资本主义时代开辟了道路。在此背景下，近代民族国家纷纷建立，立法成为各国的主要任务，由此带来了法律比较的热潮，比较法也获得了更快的发展，从而为19世纪末比较法正式登上历史舞台做好了最后的准备。在此过程中，有几个事件起了关键的作用。

(一)商法典的纷纷面世

商品经济的发展为法律的比较与选择、优化，为制定良好的法律提供了前提和需求。尤其是在中世纪后期，适应商品经济发展的海上商法和陆上商法已经在西欧各个城市得到了迅速发展。而这些海陆商法，如1095年前后面世的《阿玛斐法典》(Amalphitan Code)、1150年以后适用于西欧各国商人贸易的《奥内隆法典》(Rolse D'Oleron)、13世纪流行于地中海各国的《康梭拉多海商法典》(Consolatedel mare)、1350 年以后通行于北海和波罗的海各国的《维斯比海商法典》(Laws of Wisby)等,本身就是在吸纳地中海各国以及北欧国家的商事习惯的基础上编纂出来的,因此,这些商事法典,其包含的比较法成果是不言而喻的。1673 年和 1681 年,法国国王路易十四(Louis XIV,1638 ~ 1715 年),曾经组织官员在比较各国商事习惯法的基础上,先后制定颁布了《商事法令汇编》和《海商法典》,从而为近代商法集大成的 1808 年《法国商法典》奠定了基础。

(二)近代法律体系的创建

民族国家的形成,需要创建各个国家自己的法律体系,而创建这一体系,对历史上以及当时各个国家法律的比较、研究和选择是必需的。16 世纪以后,西欧各个民族国家开始崛起。葡萄牙、西班牙、荷兰、英国、法国和德国等,都先后成为世界强国,在这些国家经济、政治、军事和文化发展的同时,其立法事业也有了进步,并纷纷开始创建适应自己本国国情的近代法律体系。19 世纪初叶法国元首拿破仑(Napoléon Bonaparte,1769 ~ 1821 年)的系列法典的出台,表明了法律发展之迅猛,促进了各个国家之间法律的传播和互相影响。尤其是大陆法系(civil law system)和英美法系(common law system)的形成,为法系之间以及两大法系各个国家之间的法律比较提供了广阔的空间,从而也使比较法获得了大的发展。

(三)启蒙运动与自然法思想的推动

在对各国法律进行比较研究方面,近代启蒙思想家和古典自然法学派的代表人物如格劳秀斯(Hugo Grotius,1583 ~ 1645 年)、洛克(John Locke,1632 ~ 1704 年)、孟德斯鸠(Montesquieu, 1689 ~ 1755 年)和卢梭(Jean-Jacques Rousseau,1712 ~ 1778 年)等都作出了重要贡献。在这些思想家的著作中,强调了对各个国家法律进行比较研究,择其善者而从之的重要性。尤其是孟德斯鸠的《论法的精神》一书,花费了 20 多年时间,是考察了欧洲多个国家的法律之后完成,其对各个国家法律的描述、分析、比较以及评价,影响了整个欧洲大陆,对比较法成为一门学科作出了巨大贡献。正是因为这一点,孟德斯鸠也被西方学者誉为近代比较法的奠基人之一。

(四)一批罗马法和法律史学者的开拓性研究

在中世纪后期比较法成长的过程中,一批罗马法、法律史学家也作出了巨大的努力。尤其是其代表人物朴蒂埃(Robert Joseph Pothier,1699~1772年)、萨维尼(Friedrich Carl von Savigny,1779~1861年)和梅因(Henry James Sumner Maine,1822~1888年)等,在这一领域辛勤耕耘,为比较法这门学科的形成积累了知识和材料,奠定了学科基础。朴蒂埃是法国奥尔良大学的教授,一生从事罗马法的教学与研究,并将罗马法与当时所处时代的民事法律规范进行比较研究,融会贯通,著有《奥尔良习惯法》《债权论》《买卖契约论》《租赁契约论》《善意契约论》《夫妻财产契约论》等众多作品,从而在罗马法与近代法之间架起了一座桥梁。萨维尼是德国历史法学派的代表人物,他的《中世纪罗马法史》(Geschichte des römischen Rechts im Mittelater,6卷。[40] 第二版7卷,1834~1851)、《现代罗马法体系》(System des heutigen römischen Rechts,8卷。1840~1849)[41]等作品,不仅保存了丰富的原始罗马法文献,而且将罗马法的精神、原则和具体制度与近代资本主义社会相结合,创建了一个适应资本主义发展的民法体系。梅因在《古代法》一书中,将视野越出欧洲,进入亚洲(印度等),将古代世界东西方的法律规范进行详细比较,从而得出了"所有进步社会的历史,是一个从身份到契约的历史"的名言。正是在朴蒂埃、萨维尼和梅因等法学家辛勤劳动的基础上,比较法终于在19世纪下半叶诞生,并成长为一门新兴的法学学科。

---

[40] Friedrich Karl von Savigny, Geschichte des römischen Rechts im Mittelater, Vol. 1-7, Mohr und Zimmer, 1815-1851.

[41] Friedrich Karl von Savigny, System des neutigen römischen Rechts, Vol. 1-8, Ed. Veit und Comp., 1840-1849.

五、结　语

以上我们对19世纪末比较法正式诞生以前的早期史，即自人类法律文明诞生，早期国家的统治者在立法时所进行的比较活动的历史进行了比较详细的梳理。虽然学术界对法律起源(包括有否法律的比较和选择)尚存分歧，甚至有学者认为法律的起源是一个非常复杂、说不清楚、很多情况下靠猜测的问题，[42]但通过对学术界主流学说的上述梳理，我们还是可以得到如下三个方面的思考。

第一，比较法的历史非常久远，它与人类的法律一起诞生。可以这么说，只要有立法的需求、立法的冲动，就开始了立法的比较。人们总是希望在指导、规范、禁止人类行为的各种习俗惯例中，选择一种最适合于自己部族(后来是酋邦，再后来是国家)的行为规则(开始是习俗惯例，后来是习惯法，再后来当文字诞生之后就被编纂为成文法典)。这既是人类的一种自主选择，也是社会发展之客观需求。

第二，对各种不同法律规范的比较研究，同样具有非常悠久的历史。换言之，在比较立法很早就得到统治者重视的同时，比较法的学术史也开始了自己的旅程。我们从现今西亚地区所出土的反映古代美索不达米亚文明的楔形文字泥板中可以看到，其关于法典、法令、政府执法文件、契约文书以及法律教育、法学研究的泥板，占整个出土泥板文献的95%以上。[43]"纵观古代美索不达米亚的历史，我们可以得出这样的结论，即法律意识和契约观念渗透美索不达米亚人日常生活的方方面面，上到君王和廷臣，下到寻常百姓，离开了法律和契

[42] F. J. M. Feldbrugge ed., *The Law's Beginnings*, Martinus Nijhoff Publishers, 2003, p. 221.

[43] 据英国学者估计，在迄今考古发掘所发现的楔形文字泥板文献中，在苏美尔文献中，法律文献占了95%左右，在阿卡德文献中，比例也差不多。参见于殿利：《巴比伦法的人本观：一个关于人本主义思想起源的研究》，生活·读书·新知三联书店2011年版，第6页。

约,他们寸步难行,他们赖以生存的社会也就无法正常运转。”[44]一些西方学者甚至认为:古代美索不达米亚的法律渊源资料文献之丰富,超出了现代人的想象,“我们拥有的美索不达米亚法渊源资料——从苏美尔人到新巴比伦人——包括若干法律条文或法典(Codes),米沙鲁姆法令(Misarum,国王有关特定法律主题的书面建议),以及私人或公共的法律文件,这些文件包括书信、合同、遗嘱、收养文件、债务、边界标记、行政文本和国际协定”[45]。在这样一种法律氛围之下,推定立法者具有较高的比较法素养和广阔的国际法(城邦之间法)的视野,应该是可以成立的。

第三,法律的比较活动与人类的法律文明同时诞生,对法律的成长而言,法律的比较是一个必备的要件,它是良性的、积极向上的,是推动法律进步、发展和完善的必需要素。而法律的比较(比较法)具有这样一种本质属性(特征),其背后的深层原因在于,法律的比较必定会与法律的选择相伴随,用中国一句古语来说,就是法律的比较的目的就是“择其善者而从之”。这是法律的比较(比较法)的核心价值,是它的本质贡献,也是其生命力所在。比较法学与法律解释学、法律社会学等学科一样重要,也一样古老,并将与法律本身相始终。研究比较法的早期史,就是试图为揭示比较法的这一形成、发展和演变规律做一点基础性研究工作,以推动法和法学的进步与繁荣。当然,这一研究工作才刚刚开始,需要学界的更多关注、更多支持、更多投入。

---

[44] 于殿利:《巴比伦法的人本观:一个关于人本主义思想起源的研究》,生活·读书·新知三联书店2011年版,第216页。

[45] Russ VerSteeg, *Early Mesopotamian Law*, Carolina Academic Press, 2000, p. 8.

比较法在近代中国*

比较法(法文 droit comparé,英文 comparative law,德文 rechtsvergleichung),有时也称比较法学,是指对不同国家或不同地区的法律理念、制度、原则乃至法律用语等进行比较研究,发现蕴含其中的一些共同性要素,以实现各国、各地区之间法律的沟通、交流和融合,使本国法律获得更好的适用的一门学问。它既是一种法学研究的方法,也是一个法学学科,是近代社会进步、文化发达、法律昌盛的产物。①

与学术界就比较法的形成、发展和演变,以及其在当代中国的发展等方面推出诸多成果相比,我们对比较法如何传入中国,如何在近代中国得到传播,为此传播作出贡献的有哪些法学家及其作品,近代中国比较法研究的总体评价等的研究就非常少,至今尚未有系统的成果面世。② 针对这一现状,笔者不揣浅陋,将自己对上述问题的研究成果向学术界作一个汇报,以求教于诸位同仁。

---

* 本部分原载于《法学研究》2006 年第 6 期,系上海市重点特色学科建设项目(项目编号:T1001)的阶段性成果。

① 关于比较法的定义,国内外学术界有各种不同的观点,笔者的这一定义只能说是一家之言,提出来仅供学界同仁一起探讨。

② 中国学术界对比较法在中国历史上的发展的论述,主要有沈宗灵:《比较法总论》,北京大学出版社 1987 年版(1998 年出修订版时,书名改为《比较法研究》)中第一编第二章第四节;孙琬钟:《比较法在中国:历史与发展》,载江平主编:《比较法在中国》(第 1 卷),法律出版社 2001 年版;潘汉典:《比较法在中国:回顾与展望》,载江平主编:《比较法在中国》(第 1 卷),法律出版社 2001 年版。但前两者的论述都极为简略,仅二三个自然段,不足 500 字。后者即潘汉典文,虽然比前两文的内容要丰富一点,但仍然比较简单,且比较多地集中在立法和法律教育方面,涉及比较法学说史的较少。

一 比较法在近代中国的传播和发展

比较法在近代中国的传播和发展,大体经历了三个阶段。

第一阶段,从19世纪30年代至1901年修律变法。这一阶段作出贡献最多的是丁韪良、林乐知等西方的传教士和魏源、林则徐、徐继畬等一批最早“睁眼看世界”的先进的中国人。他们对西方列国政治法律制度的介绍,虽然还没有达到本部分所论之比较法的程度,但还是起到了“横向比较”“择其善者而从之”的比较法研究之效果。

第二阶段,从1901年清末修律至1912年清王朝灭亡。这一阶段里,一方面,“比较法”(“比较法学”)一词被学界引入中国(本文第二部分将作详细论述);另一方面,通过对各国法律的翻译、比较,促进了中国近代最早的系统的立法事业,先后制定出了《钦定大清商律》(1903年)、《大清刑事民事诉讼法草案》(1906年)、《大清民律草案》(1911年)、《大清新刑律》(1911年)等一批重要法律及草案。③ 此外,在这一阶段中,比较法的教育也得到了发展。这种教育虽然和我们所说严格意义上的比较法研究尚存在差距,但它对推动比较法在近代中国诞生还是起了较大的作用。④ 最后,在这一阶段中出现了两位著名的中国比较法研究先驱:沈家本和梁启超。他们翻译、介绍、传播外国法律的活动,对比较法的诞生作出了很大的贡献。⑤

第三阶段,从1912年中华民国建立至1949年国民党政府被推翻。此阶段有5件大事促进了中国近代比较法的进一步形成和发展。

---

③ 参见何勤华、李秀清:《外国法与中国法:20世纪中国移植外国法反思》,中国政法大学出版社2002年版,第17页。

④ 清末的法政学堂尤其是1906年成立的京师法律学堂,采用的教材绝大多数是从外国(主要是日本)引进的编译教材,教员也大多是从日本请来的专家。这种教育,不管从教材的内容,还是老师的知识背景来说,营造的都是一种外国法与比较法研究的氛围。

⑤ 沈家本的主要贡献表现为,在修律中“参考古今,博稽中外”,组织翻译英、美、法、德、日等国家的法律,以“择其善者而从之”等方面。梁启超则致力于对西方各种法学思潮和法律制度的介绍和宣传,以及对中外法律思想和法律制度进行比较研究,从而大大开阔了人们对外国尤其是西方世界的视野。

第一,出版了一批比较法的著作。如王宠惠《比较民法概要》(1916 年),王家驹《比较商法论》(1917 年),李祖荫《比较民法·债编通则》(1933 年),王世杰与钱端升合著《比较宪法》(1936 年),等等。此外,还有少量的比较法译著也得以出版,如意大利学者密拉格利亚(Luigi Miraglia, 1846 ~ 1903 年)的《比较法律哲学》(1940 年版)等。⑥

第二,发表了一批比较法的论文。根据笔者的调查统计,该阶段我国共发表比较法的论文约有 150 篇。其中主要者为:张志让《英德契约法之比较》(1923 年),梁仁杰《英法陪审制度之比较》(1923 年),孟之英《五大法系比较观》(1923 年),孙祖基《英美婚姻法与中国婚姻法之比较观》(1924 年),胡长清《假释制度比较论》(1925 年),朱志奋《我国契约法与英美契约法之比较观》(1932 年),田炯锦《欧美各国选举制度之比较观》(1933 年),孙晓楼《近代比较法学之重要》(1933 年),张企泰《约定违约金之比较研究》(1934 年),汪桂芳《各国监狱制度之比较》(1934 年),张鼎昌《比较法之研究》(1937 年),等等。⑦

第三,比较立法的事业有了进一步发展。从 1912 年至 1949 年,在比较各国立法优劣的基础上,中华民国各届政府先后制定了《中华民国临时约法》(1912 年 3 月 11 日)、《中华民国宪法》(1923 年 10 月 10 日,北洋政府;1946 年 12 月 25 日,南京国民政府)、《中华民国刑法》(1928 年第一次颁布;1935 年 7 月 1 日重新修订后施行)、《中华民国刑事诉讼法》(1928 年公布施行,1935 年、1945 年两次修订)、《中华民国民法·物权》(1930 年 5 月 5 日施行)、《中华民国民事诉讼法》(1935 年 2 月 1 日)等主要部门法,以及《土地法》(1930 年)、《银行法》(1931 年)等法律。这样,在国家管理以及国民生活的一些主要领域,都有了法律的支撑和规范。

第四,比较法教育有了显著发展。各公立、私立的法政专门学校和法学院,扩大了法律课程范围,除设国际私法、国际公法两门课程外,还增设了罗马法课

⑥ 该书已由李秀清点校,中国政法大学出版社于 2005 年重新出版。

⑦ 这些论文的详细出处,请参见何勤华、李秀清主编:《民国法学论文精萃:国际法律篇》(全 6 卷),法律出版社 2003 ~ 2004 年版。

程,并将比较法制史设为选修课。[⑧] 为了取得较好的教学效果,各大学还聘请了外国法学家到中国主讲这些课程。他们中对中国法律有一定研究的,如日本学者冈田朝太郎(1868 ~ 1936 年)、美国比较法学家罗炳吉(C. S. Lobingier, 1866 ~ 1956 年)、英国传教士毕善功(Louis Rhys Oxley Bevan, 1874 ~ 1945 年)等人,则进行了中外法律的比较讲授。1938 年,国民政府正式颁布了《文、理、法三学院共同课目表》,其中的专业选修课中开设了比较法学课程,包括:"比较法学概论""比较民法""比较刑法""比较司法制度"。标准正规的比较法学课程出现在中国法学教学中。[⑨]

第五,创办了比较法学会与杂志。1913 年,在上海成立了中国的第一个比较法学组织——比较法学会,王宠惠当选为首任会长。[⑩] 1947 年,任比较法学会会长的是杨兆龙,他还当选为国际比较法学会理事。在此过程中,比较法杂志也开始出现,最早的是东吴大学法学院的《法学季刊》(后改名《法学杂志》,创刊于 1922 年)。同时,东吴大学法学院的英文版《中国法学杂志》(*China Law Review*, 1922 年至 1940 年),也是一类比较法杂志。而 1900 年 12 月创刊的《译书汇编》(两年后改名《政法学报》),在发表西方政法论著方面更为积极、更为集中,如该刊第一、二期就刊发了法国学者卢梭的《民约论》、孟德斯鸠的《万法精理》,德国学者伯伦知理的《国法泛论》、海留斯烈的《社会行政法论》以及英国学者斯宾塞尔的《政法哲学》等名著(均为连载)。

二 "比较法"引入近代中国

在比较法的传播、发展过程中,汉字的"比较法"("比较法学")一词也开始出现。

在传统中国的法律研究中,虽然已经使用了比较的方法,但一直到清末都

---

⑧ 参见《法政专门学校规程》(教育部部令)第 5 条,载《民立报》1912 年 11 月 13 日。

⑨ 参见王中立、马芳城:《近代中国的比较法学教育》,载《比较法研究》1991 年第 3 期。

⑩ 这是华东政法学院李秀清教授于 2005 年 3 月 3 日晚,电话请教潘汉典教授所了解到的情况。

没有出现"比较法"这一名词。汉字的"比较法"("比较法学")一词最早是在日本出现的。

1868年明治维新以后,日本开始了全面学习欧美的运动。在法律领域,一方面,派遣留学生赴欧美各国学习;另一方面,又聘请欧美专家到日本指导立法,传授法学。在这一过程中,欧美的法律和法学与日本传统法发生了剧烈的冲突,而日本又急于比较西方各国法律的优劣,找出最适宜日本模仿的对象,如此,日本的比较法研究得到了发展。1884年,日本东京帝国大学教授穗积陈重(1855~1926年)提出了著名的"世界五大法族说",将世界各国的法律划分为五大法律家族(法系),在世界上率先提出了法系理论,并强调"优法存、劣法亡"的观点。至1900年前后,对法律进行比较研究已经成为日本各法理学专著和教材中的重要内容。[11]

日本展开的比较法研究之运动,恰恰处在近代欧美比较法诞生的过程之中——欧美各国比较法的组织、团体以及研究活动基本上也是在这一时期出现的。[12] 而在比较法诞生的过程中,法国又走在了最前面。世界上第一个比较立法讲座(1831年)、第一个比较刑法讲座(1846年)、第一个比较立法学会(1869年)等都诞生在法国。1900年,在法国召开了第一次国际比较法大会,出席大会的法学家提交了70多篇论文,对比较法的概念、性质和目的等进行了讨论,这标志着近代比较法的正式诞生。

日本参与了近代比较法诞生的过程,因此对近代表达"比较法"之最早的法语"droit comparè"一词的领会、理解、把握也比较准确。他们认为用汉字的"比较法"("比较法学")一词来对译"droit comparè"一词可能最为恰当。因此,在明治三十年(1897年)前后推出的一批法学通论和法理学作品中,如织田万、户水宽人、矶谷幸次郎等人分别所著的《法学通论》之同名著作中,都一致使用了汉字的"比较法"("比较法学")一词。

那么,"比较法"("比较法学")一词又是如何传入中国的呢?具体说明该词于某年某月在中国出现,是一件困难的事,但可以确定的是该词与"民法""刑

---

⑪　参见何勤华:《20世纪日本法学》,商务印书馆2003年版,第41页。

⑫　参见沈宗灵:《比较法研究》,北京大学出版社1998年版,第21页。

法”“诉讼法”“法理学”“法学通论”等名词一起,大体是在1900年前后传入中国的。我们可以先从1840年鸦片战争前后,中国所创办的一批中文杂志查起。在上述中国最早的中文杂志《东西洋考每月统记传》以及19世纪中叶以后魏源、梁廷枏、徐继畬、王韬、郑观应、伍廷芳等人的作品中,都没有“比较法”一词。前述两位比较法先驱梁启超和沈家本,是清末撰写法律论文最多的大师,但在他们的著述中也没有使用“比较法”一词。

经笔者考证,汉字“比较法”(“比较法学”)一词最早在中国出现是在1902年2月,该月出版的《译书汇编》上刊登了由户水宽人撰写的《法律学纲领》一文。此文的第五章标题就是“比较法学”。其主要内容为:

“甲国之法律,与乙国之法律相比较,在昔已不乏其例。……若伊太利之还苦氏、法国之孟德斯鸠氏,罗列诸国之法律,附以评论,尤极比较法学之能。在十九世纪之下半期,英国之梅因氏,尤为热心从事;今日德意志之可辣氏亦同。实为斯学之泰斗也。

所谓比较法学者,亦分二种如下:

第一,不但研究文明诸国之法律,亦及野蛮诸国之法律;不但今代之法律,亦及古代之法律。错综考订,方知法律沿革之大势。梅因氏、可辣氏,是得此中三味,故名溢欧土也。

第二,即将诸国之法律,对照比较,尤宜取其长而舍其短。

以上二者,一为考法律之沿革,一为推究法律哲学,又极运用之妙,各不相同。故比较法学,一名之下,系以两项,是否适当,尚属疑问。

就余所见,法律之比较者,不过为研究法律之方法。所谓方法者,研究法律沿革及法律哲学为要耳,非有特种之学问也。欧洲学者,以此别立一科,未见其识之卓也。”

从以上简略论述中,我们可以得知,在上述文章作者的观念中:一是比较法学自古就有,只是在近代开始发达而已;二是比较法学的内涵,既包括横向的,也包括纵向的比较;三是比较法学只是一种法律研究的方法,而不是一门学问。

这是汉字“比较法”(“比较法学”)第一次传入中国时的面貌,也是对比较法之内涵的初步诠释。

在同年稍后出版的由我国史学家王国维翻译的《法学通论》(原作者系日本学者矶谷幸次郎,商务印书馆1902年版)[13]中,我们也看到了比较法学的内容。在该书绪论第六节“法学之性质”中,作者指出:“就研究法学之方法,其自生区别,则有四种:一、分析法学(Analytical Jurisprudence);二、沿革法学(Historical Jurisprudence);三、比较法学(Comparative Jurisprudence);四、推理法学(Speculative Jurisprudence)。”关于比较法学的具体内容,作者阐述不多,只有非常简略的200多字:

比较法学者,谓对照各国之法律,比较其性质之差异,与其发达之异同,以考究法律上之原理者也。譬如比较英法德三国之法律,德国凡于一切法律上事件,常归重国家;法国则多说社会;英国反之,用主权者之名称。如此之类,皆有理由。

德国自联邦新合,又有他种原因,故归权于国家之思想最发达。法国由社会依人民之契约而成立之说最盛行,故概用社会之文字。英国以主权之思想最盛,故法律必待主权者之力,始有其效。至比较用此等主义各国之法律,而究其异同,以研求其间之法理,为比较法学。属此学派者,意大利人皮可[14]、法人蒙特斯鸠氏等,最有名。

与户水宽人的观点相比,矶谷幸次郎强调了比较法学通过对各国法律之异同的比较,来考究法律之原理,这是两人的不同之处。但在认为比较法学是一种研究法律的方法上,两人的见解是一致的。

1907年,日本法学家织田万(1868～1945年)的《法学通论》一书被译成中文出版(译者刘崇佑,商务印书馆版)。此书第一编“法学”,讲了四个问题,其中第三个即为“法学之各派”。其归纳研究法学派,涉及四种学派,即注释法学

---

[13] 本书已由中国政法大学出版社于2006年重新点校出版(何佳馨点校)。

[14] 即维科(Vico,1668～1744年),意大利著名哲学家、法理学家和历史学家。

派、分析法学派、沿革法学派、比较法学派，且演绎研究法学派，涉及自然法学派、哲学法学派等。

在解释比较法学派时，作者的用语也很简单：

比较法学派者，以比较各种法律，辩其性质之异同、而探究其原理者也。此法古虽亦有行之者，然以法人孟德斯鸠所著《法意》一书为最。盖采比较研究之法而集大成，因之通常皆推为此派之祖。今法国学者，盛采此研究法，且有延及各国之况。

织田万认为比较法之目的是探究法律原理的观点，与矶谷幸次郎的论述相一致，而认为比较法主要是一种方法的看法，也与户水宽人、矶谷幸次郎的阐述大体相同。但这里有所区别的是，织田万比矶谷幸次郎更为明确地指出了，比较法学是一个法学学派，归类在归纳研究法学派之中，其鼻祖则是法国的孟德斯鸠。

自1910年以后，除了日本的法学通论、法理学著作继续被译成中文出版，书中继续论述比较法学是一个法学学派的观点之外，国人编译、编写的法学通论类作品也日渐增多。如孟森《新编法学通论》（商务印书馆1911年版）、胡愿深编辑《法学通论表解·总论》（上海科学书局1912年版）、欧阳谿《法学通论》，以及民国时期其他法理学者的著作（如王宠惠《比较民法概要》等）等中，都或多或少地引用了上述三位日本学者书中的内容。

“比较法”（“比较法学”）一词，以及对该词内涵的理解，经过中国学术界的努力，从1902年以后，逐步引入了中国，成为中国汉语言法律科学中的一个重要组成部分。

三　中国学人对比较法的自主探索

在上述中国近代比较法的发展，以及汉字的“比较法”（“比较法学”）一词的传播过程中,一批比较法论著对此作出了特别重要的贡献,它们为中国近代比较法学科的形成奠定了基础。限于篇幅,这里仅对其中若干篇重要作品作概略的介绍和评述。

《政法学报》1903 年第 2 期(1903 年 1 月 28 日出版)刊登的《世界五大法系比较论》一文,是笔者所发现的中国近代第一篇严格意义上的比较法论文。⑮

在本论文中,作者攻法子依据日本学者穗积陈重的研究成果,对世界五大法系的形成、历史沿革、主要内容、基本特征以及其影响等作了比较详细的论述,而且强调了法律对加强国家治理、比较法对完善法治的重要意义。作者的这些观点,即使在 100 多年之后的今天,仍然闪烁着智慧的光芒。其原话为:

> 今世之国家,所谓法治国时代是也。是故,其国之法律愈完备者,则其国愈平治;其国人民之法律思想愈发达者,则其国之地位必愈巩固,而国权、国势必愈扩张。反是者,则往往国无纪律,人昧权利,他国得而乘之,孱然几不能与世界各国并存。……是故,世界未有法之不立,而能完成其为国家者也。

本论文篇幅虽然不长,但作为中国历史上的第一篇比较法论文,无论是提供的资料,还是提出的观点,对以后的比较法研究都具有重要的启蒙价值。

与攻法子的论文相呼应,张鼎昌(生平不详)的《比较法之研究》(载《中华法学杂志》新编第 1 卷第 9 号,1937 年)一文,⑯进一步深化了对比较法总论的研究。全文分比较法产生之原因、比较法研究之效用、比较法研究之方法、结论四个部分。

在第一部分中,作者指出,比较法的诞生,渊源于 19 世纪德国的历史法学派。因为在该派的观念中,包含了法律以社会变迁为转移,由于社会现象、社会关系有异,所以法律也有各不相同的思想。承认各国法律之相异,就为比较法

---

⑮　作者攻法子,生平事迹不详,是 20 世纪初叶比较活跃的法学家,除本文外,还发表有《政法通论:论研究政法为今日之急务》(《译书汇编》1902 年第 9、10 期)、《政治:论国家》(《译书汇编》1902 年第 9、10 期)、《政法片片录》3 篇(《译书汇编》1902 年第 11 期)等作品。

⑯　参见何勤华、李秀清主编:《民国法学论文精萃:基础法律篇》(第 1 卷),法律出版社 2003 年版,第 524 页。

研究开辟了道路。早期的历史法学派深受“法律只能承认,不能创造”的思想影响,故这时的比较法并不发达。一直到耶林(Jhering)提出“法律是人类意志的产物”之思想时,比较法才获得了实质性的发展。既然法律是人为的,而人类又是群居的,种种生活关系以及演化出的法律关系就有共同性。而既然人类之法律关系渐趋统一,将各国法律放在一起予以比较、予以研究,俾取长去短,就是顺理成章的事情。在此背景之下,经法国人萨莱耶(Saleilles)和朗贝(Lambert)倡导,比较法作为一个法学学派登上了世界舞台。

在论述了比较法产生之原因之后,作者着重对比较法研究之效用进行了分析。作者指出,以往的各个法学学派,即分析法学派、历史法学派、哲理法学派和社会学法学,虽各具优点,但也都有着不同的缺陷。比如,分析法学派无法解决法律是主权者的命令但主权者又要服从法律的矛盾,也无法解释法律既是公意的体现,又为什么变成了个人(主权者)的意志,更不能说明作为主权者命令的法律如何与权利本位观念相协调。历史法学派的缺陷在于过分注重法律的既往而忽视法律的现在,其注重习惯法的观点也与各国现行立法趋势相左。哲理法学派的不足在于其过于抽象,对于法律上的各现实问题缺乏现实的批判和改善措施。最后,社会学法学则过于津津乐道于社会学方法,而不免失诸狭隘也。

作者指出,正是在克服上述学派之缺陷的基础上,比较法应运而生。他认为法律是地理、人种之产物,故可以开展数种相异之法律间的实验比较研究,而且其范围也不狭隘,可以将各种法律纳入自己的视野,从而兼具各学派之长而能补其不足,这是比较法研究的功效之一。

就法律之本质,各国法律学者都各持一说,孜孜于一种法律观察而遂即求其本质,是以终难获有正论。而比较法研究则将各种法律观察之方法综合在一起,来推定法律之本质,其有功于法学,将来未可限量,这是比较法研究的第二个功效。

法律之发展,有赖于法律之间的借鉴,彼此间取长补短,而这离不开法律的比较。这是比较法研究的第三个功效。

今日世界,国与国之间的交往越来越频繁,这加重了国际私法问题(法律冲突)的发生。要解决这方面的问题,前提就是要了解各国的法律规定,然后一一加以比较,而后才能择其所长,定统一之规范,缔结国际条约或公约,而比较法研究在这方面起着不可替代的功效,这即比较法研究的第四个功效。

比较法研究的第五个功效,是弥补立法的漏洞。因为社会事物包罗万象,永远不可能穷尽,对于法律不及之处,就要用法理来弥补,而法理是抽象的,其实就是各法律中带有普遍意义的原则,掌握这些原则,就要借助比较法研究。

最后,作者对比较法研究的方法,如国别比较法、人种比较法、法系比较法、法律问题比较法等话题进行了阐述,对比较法研究在法学发展中之地位作了分析,对比较法研究在中国的前景作了评述。作者指出,中国步入法治进程时间不长,需要处理的法律难题异常多,因此,有赖"我立法、司法、教育当局与我国之研究法学者,对于外国立法之调查以及比较法之研究,有所组织,设以讲坛,并广为搜罗专家,积极从事于此种学术之研究,俾以其所得,贡献国家"。

与攻法子和张鼎昌的作品阐述的是比较法的基本问题,奠定了中国近代比较法总论的框架体系、历史与理论基础等相对应,李祖荫、王世杰、许鹏飞等人的研究成果则属于比较法各论的代表作品,它们的出版,构成了中国近代比较法各论的主要内容。

(一)比较民法学著作

我们先来看一下李祖荫[17]所著的《比较民法·债编通则》(北平朝阳学院1933年出版)一书。

本书在一定意义上,可以说是民国时期唯一的一本比较系统的比较民法学著作。[18] 全书以《中华民国民法》第二编"债"第一章"通则"为中轴,以法、德、

---

⑰　李祖荫(1897～1963),湖南祁阳人,朝阳大学毕业后赴日本,获明治大学法学学士学位。20世纪30年代回国后任燕京大学、北京大学讲师、教授。1939年回湘任湖南大学教授,讲授法理学和民法等课程。1941年担任法律系主任。1945年出任法学院院长。除本书外,还著有《民法概要》《中华民国民法总则评论》《法律学方法论》《清史刑法志注释》《中国法制史》等。

⑱　中华民国时期,除李祖荫之外,还有王宠惠、罗文干和胡长清等人发表了比较民法的研究成果,但他们的论述或者非常简略或者没有完成。参见何勤华:《中国法学史》(第3卷),法律出版社2006年版。

日、俄、意、荷、美、西、葡、瑞士、瑞典、土耳其、泰国、比利时、智利、阿根廷、巴西、墨西哥、秘鲁、委内瑞拉、奥地利、印度、洪都拉斯等20多个国家的民法规范，《美国纽约州民法典》《瑞士马尔塔州民法典》等十几个联邦制国家中的州民法典，以及英美国家民法学家的著作如英国甄克斯(Edward Jenks,1861～1939年)的《英国民法汇纂》等为参照系，对债的发生、债的标的、债的效力、多数债务人及债权人、债的移转、债的消灭等专题(从《中华民国民法》第153条至第344条，共涉及条文192条)作了详细的比较研究。

在写作方法上，本书在运用各国资料对每一款条文进行比较时，前面都先附上"某某之立法例"，以对该款所涉及内容作概念、历史演变等专题介绍，然后旁征博引，纵横驰骋，对债编总则展开了非常详细的比较研究。随着作者的笔触，我们得以全方位地了解各国关于债的总则的历史沿革及最新规定。因此，加上正文中对各国关于债的法律条文的系统比较，说本书是一部关于各国债法总则规定的百科全书，也并不过分。

(二)比较宪法学著作

王世杰、钱端升著的《比较宪法》(商务印书馆1936年版)，是民国时期比较宪法学的奠基之作。[19] 该书站在世界宪法发展及其现行制度的视角上，围绕宪法的概念、公民个人的基本权利及义务、国家机关、宪法的修改等专题，展开了全方位的论述。里面既有对西方国家宪法的起源与发展的描述，也有对英、美、法、德、日等国家当时的宪法理念、制度和原则的介绍，还有对西方宪法学术界理论观点的分析评述。就比较宪法这一领域，本书可以说在资料、理论阐述、方

---

[19] 《比较宪法》一书，原为王世杰一人独著，1927年由上海商务印书馆初版，分上、下两册，1928年再版。1936年，王世杰与钱端升合作，重新出版《比较宪法》，除了在前五编中对某些章节有所扩充(如在第三编中增加了第四章"公民总投票"，在第四编第一章"议会"中增加了第五节"议会制度与反议会制度"等)之外，主要是增加了第六编"中国制宪史略及现行政制"，它是由原来第五编第二章"中国制宪问题的经过"扩充而成。钱端升是民国时期著名的政治学家，对各国政制以及民国时期政治制度的历史变迁和基本内容十分精熟，在他的加盟之下，加上书中增加了许多新的内容，《比较宪法》一书的影响更大，并成为民国时期法学领域的一部经典作品。

法等各个方面都达到了相当完美的程度。[20]

例如,就资料而言,本书在论述上述各个专题时,都尽可能地引用相关的外语原始文献,并有一个相关原著的参考书附录。同时,本书比较研究的各国宪法条文都是当时各国最新的宪法文本。而在评价各国宪法理论时,引用的也都是英、美、法、德等国的宪法学原著。如英美宪法学者戴雪(Dicey)、拉斯基(Laski)、菲纳(Finer)、古德诺(Goodnow),法国宪法学者狄骥(Duguit)、艾斯曼(Esmein)、伯努瓦(Gh. Benoist)、拉韦涅(B. Lavergne)、拉沙佩勒(Lachapelle)、巴特利(Battelli)、雅恩森(Jannsen)、吉龙斯(St. Girons),德国宪法学家格雷斯(Hue de Grais)、克洛梯(Kloti)、施米特(Schmitt)等人的作品。

再如,就方法而言,本书除了自始至终贯彻着比较法的研究方法之外,还处处体现出尊重历史的方法和关注社会的实事求是的方法。在说到保障人的基本权利时,作者认为,虽然法国等宪法曾规定人的身体不得为人所卖或自卖,中国历史上对买卖人口也一直予以禁止,1928年和1935年的《中华民国刑法》,都规定了对此行为要处以重刑,但买卖人口在中国“积习既深,铲除不易。在社会救贫事业与劳工立法未具相当的规模以前,法律上的禁止,自不能收重大的效果”。

除了上述学术价值之外,本书最难能可贵的是,在国民党政府的专制统治之下,能够利用比较法的优势,通过对西方国家宪法的介绍,对一般作者不太敢触及的中国公民的个人基本权利给予了相当重视,不仅将其列于国家机关之前,而且给予了相当大的篇幅,予以详细论述。这就使得本书更有了一种历史的人文价值。[21]

---

⑳ 关于对《比较宪法》一书的详细介绍与评述,参见何勤华:《中国法学史》(第3卷),法律出版社2006年版。

㉑ 参见杜钢建、范忠信:《基本权利理论与学术批判态度——王世杰、钱端升与〈比较宪法〉》,载王世杰、钱端升:《比较宪法》,中国政法大学出版社1997年版,第12页。

(三)比较刑法学著作

1936年由商务印书馆出版的许鹏飞[22]所著《比较刑法纲要》是民国时期比较刑法学的代表作。本书从“绪论”起就开始了对各国、各地区刑法的比较,系统叙述了古代世界各刑法系统如埃及、希伯来、印度、希腊和罗马的刑法的起源与发展,以及近代英美法系和大陆法系各国刑法典的编纂等。而进入正文以后,作者进一步对刑事责任、未遂罪、共犯、保安处分、累犯等十几个专题作了比较研究,其中对保安处分着墨最多。

作者指出,保安处分萌芽于19世纪中叶各国刑法中对未成年人和精神病人的特别处遇,但将其作为一项原则规定于刑法之中,则是发端于由斯托司(Stooss)教授起草的1893年《瑞士刑法草案》。此后,《奥地利刑法草案》《德国刑法草案》《意大利洛哥(Rocco)氏创意之刑法草案》,以及波兰、意大利和中华民国刑法等,都在刑罚之外规定了保安处分。

作者认为,《中华民国刑法》一方面继承了上述国家的经验,规定了感化教育、监护、禁戒、强制工作、强制治疗、保护管束、驱逐出院等7种保安处分的制度;另一方面,又结合中国的具体国情,予以了适当的改良,如保护管束的措施,就是依靠中国传统上非常强大的家族的力量,对当事人做改恶从善的工作。作者之所以在此问题上花费比较多的笔墨,就是认为保安处分对中国的刑事立法以及犯罪防治实践有着重要的借鉴意义。

《中华民国刑法》基本上是在移植西方各国刑法、追随世界刑事立法最新潮流的基础上编纂的,因此在解释《中华民国刑法》的各种专著和教材中,多多少少都会涉及一些外国刑法的内容。但是像此书这样集中地、专题性地比较论述各国刑法的著作,在民国时期非常少见。因此,称本书开创了中国近代比较刑法学学科,笔者认为一点也不过分。

---

[22] 许鹏飞,生卒年月不详。法国底雄(Djon,现译“第戎”)大学法学院毕业,获法学硕士学位,后入巴黎大学刑事学研究院继续学习,回国后任上海法政学院教授、上海法学院教授。除本书外,还著有《犯罪学大纲》(上海大学书店1934年版)等,论文有《刑事责任理论的检讨》(《法学丛刊》第2卷第2期)等。

(四)比较法学通论类著作

对比较法在中国近代的形成、发展进行梳理、分析、研究时,我们还必须提及龚钺所著《比较法学概要》(商务印书馆1946年版)一书,因为它是中国近代唯一的一本以"比较法学"命名的著作。但实际上,此书仅有比较法总论之名,并无比较法总论之实。从"导言"和各篇内容看,此书实际上仍然是一本当时大量出版的法学通论类著作。作者在"导言"中指出:"本书定名为《比较法学概要》(Summary of Comparative Jurisprudence),盖阐明固有文化,兼采各国之长,本系我国近数十年来之立法政策。该书虽以我国法律为主,而间述各国法律,以资比较,足明了现今制度所本。"然而,从民国时期我国出版的法学通论类著作来看,几乎每一本都有介绍、比较、评述外国法律和法学内容的章节。

我们就拿比此书早出版十几年的欧阳谿著《法学通论》(上海法学编译社1933年版)来说。它不仅在书中专设一款"比较法学派"(此书则没有),而且还专门对什么是"比较法学"作了解释(此书并没有),此外还对印度法系、伊斯兰法系、犹太法系、罗马法系、日耳曼法系、斯拉夫法系、中华法系7个世界性法系作了介绍(这些本书也都没有)。因此,尽管作者自称该书是比较法学著作,但其实际上与法学通论类著作并无大的区别。

再从内容上看,该书所阐述的问题,大体上也都是法律学的一些基础知识。如在第二篇"法律概念"中第二章"自形式言何谓法律",涉及的主要是法律和形式、习惯法与成文法的区别、判例、成文法之种类,如成文宪法、立法机关制定的法律、行政机关的命令、国家元首的紧急命令等内容。对西方法学流派的论述,该本书甚至比一般的法学通论类著作更为简略,如关于比较法学派,该书就没有涉及。

此书虽然只是一本法学通论性质的作品,但由于它是民国时期唯一的一本冠以"比较法学"之名的著作,也由于该书在一般的图书馆中都没有收藏,读者很难看到,[23]加上在论述各个专题时,对各国的法学理论也有涉及,进行了比较,

---

㉓　此书在国家图书馆只有一册馆藏本,在上海图书馆没有收藏。笔者依据的此书是华东政法学院在整理民国时期法律图书时意外发现的。

笔者仍然把它作为民国时期重要的比较法作品,向读者作了上述简略的介绍。

除了清末的梁启超和沈家本及上述6部有代表性的比较法论著之外,还有一批学者也发挥了重要作用。贡献卓越的如董康(出版有《刑法比较学》,上海法学编译社1933年版)、王宠惠(出版有《比较民法概要》,南京司法行政部1916年初版,1931年再版)、吴经熊(发表有《中国旧法制底哲学的基础》《新民法和民族主义》《三民主义和法律》《法律之多元论》《斯丹木拉之法律哲学及其批评者(附表)》等论文)、丘汉平(发表有《现代法律哲学之三大派别》《舒丹木拉法律哲学述要》《研究与调查:从西半球的法学说到三民主义的法理学》等论文)、杨兆龙(撰写有《中国司法制度之现状及问题研究——与外国主要国家相关制度之比较》等论文)等人。篇幅所限,这里不再一一展开。㉔

四　中国近代比较法的总体发展成果

通过以上的论述,我们可以对中国近代比较法的产生、发展及其状况作出总结。总的来说,中国近代的比较法研究,具有如下6个方面的特征。

1. 传统的法律比较与现代的比较法研究互相交叉

中国并不缺少法律比较的传统,但在2000多年的发展中,中国仅限于法律的纵向比较。虽然春秋战国时期,中国的学术界也曾有过对各诸侯国法律间的横向比较研究,但这种横向研究,至秦建立统一国家后就不再存在。彼时,学术界对法律的比较研究虽然仍在进行,但都是关于历代封建王朝法律之间的纵向的比较研究。如我国古代文献《刑法志》,就是对以往各代刑法以及其他法律制度的概述和评论。

这种对法律的纵向比较研究,至清朝末期薛允升出版《唐明律合编》一书而达到最高水平。但是,这种比较以中国的地理位置和政治、经济、法律文化与亚洲邻国相比之下具有先进性和自我优越感为心理特征,较为缺少对同时期其他

㉔　关于董康、王宠惠、吴经熊、丘汉平和杨兆龙等人上述作品的详细评述,参见何勤华:《中国法学史纲》,商务印书馆2012年版,第231～368页。

国家法律的研究和借鉴,局限于一国法律范围之内,只是关心本国历朝的法律兴替,因而并不能使中国的法律有质的进步,与近代意义上的比较法或比较法学也有质的区别。笔者这里暂且称这种比较法为“中国传统的比较法”。

值得注意的是,至中国近代,在西方的比较法传入以后,由于历史的惯性,上述传统的比较法继续为一批优秀法学家的作品所继承发扬。如沈家本的《历代刑法考》、程树德的《九朝律考》、董康的《刑法比较学》、杨鸿烈的《中国法律发达史》等,都是这方面的精品。它们不仅构成了中国近代比较法律史学的基础,也丰富了中国近代整个比较法研究的内容。因此,传统的法律比较与现代的比较法研究互相交叉,是我们研究中国近代比较法发展的第一个应重视的现象。

2. 比较法的发展与近代中国学习西方的大背景息息相关

严格地讲,法律的比较,并不单纯是学术研究发展的产物,它更是立法者意图制定良法的结果。事实上,在西方,比较法的历史也非常短,直到 1900 年在法国巴黎召开世界比较法学会时,才真正宣告比较法这门学科的诞生。而这个时候,中国的先进的知识分子已经在比较各国法律制度的得失,探索建立中国自己的法制模式了。林则徐、魏源、徐继畬、梁廷枏、王韬、曾纪泽、郑观应、伍廷芳、谭嗣同等人,就是这方面的先行者,而 1898 年爆发的戊戌变法则是这一活动的高潮。

1901 年以后,清政府又开始了借鉴西方修律变法的活动。在沈家本的带领下,当时的修订法律馆几乎将世界上所有制定有成文法典的国家的法律文本都进行了比较,边翻译,边借鉴。因此,假如当时比较法不传入中国,按照中国自己的修律变法进程,中国也会发展起横向的比较法研究,而这不仅仅是简单地重复春秋战国时期的那种对诸侯国间法律的横向比较。笔者这么说,是要说明中国近代对比较法研究的展开,首先是以学习西方的国策为大背景的。而近代比较法的传入,在客观上助长了这一国策的推行。

事实上,中国接受近代型的比较法,并不是从西方,而是从日本开始的(此点下面将作进一步分析)。西欧的比较法研究,实际上是从第一次世界大战之后传入的,这既与王宠惠、王世杰等一批留学欧美的学者的成长有关,更重要的是中国人的眼界更为开阔了，在立法上也更为自觉了。这一点，我们从民国政府对《六法全书》的制定中，从其所借鉴参考的各国法律文本中可以看得非常清楚。因此，概括地说，近代型的比较法研究在中国的成长，是当时中国作为一个东方的落后国家，一个受到西方列强凌辱的半殖民地国家，希望摆脱这种落后耻辱地位的半殖民地半封建国家的一种必然会出现的现象。

3. 受日本影响比较深，并在借鉴日本实践与研究的基础上形成了中国近代的比较法（比较法学）

比如，上述攻法子的《世界五大法系比较论》，并未受欧美国家的影响，而是直接取材于日本。它是在编译1884年穗积陈重发表的论文《世界五大法族说》的基础上写成的。又如，上述汉字的“比较法”（“比较法学”）一词，也不是中国学术界直接从西语翻译而来的，而是先由日本学者将法语“droit comparè”一词，用日文汉字“比较法”对译，并在日本频繁使用基本定型之后，才由王国维、刘崇佑等留日学者引入中国的。

我们可以摘出王宠惠和欧阳谿两位学者在其作品中对该词的阐述。

王宠惠著的《比较民法导言》（1931年）第二部分“比较法学之沿革”相关摘要如下：

> 法学之派别有四，比较法学即其一也。四派起源之先后，曰自然法学派，曰分析法学派，曰历史法学派，曰比较法学派。……（在讲述了前面三个学派的沿革后，阐述道）比较之法，由来远矣。（叙述罗马《十二表法》的比较立法活动，万民法的产生）这些不过应一时之需要，其内容多未完备，不足称为比较法学也。其主张比较方法以研究法学者，首推十七世纪意大利国维科之《万国共同性质新科学原理》，而实行比较者，为法国孟德斯鸠之《万法精理》，盖自是而比较法学始渐萌芽矣。（接着，叙述19世纪下半叶比较法研究讲座和团体的纷纷建立）以故，比较法学今犹在萌芽之时。呜呼，安得有历史法学派之萨域尼其人者，提倡斯学而光大之，使其卓然自立为一学派乎！

欧阳谿著的《法学通论》（1933年）总论第三章第二节第二款“比较法学派”

相关摘要如下：

"比较法学派之意义（法律着眼于地理、人种、物产之事实，而于数种相异之法律，为实验比较上之研究者，是云比较法学）、比较法学派发达之原因（如国家之对立、通商之旺盛、殖民政策之发达、语言之进步等。在比较法学中，更有二方面：其对于开明诸国之法制为比较之研究者，是为比较立法学；其对于古今未开化民族法制为比较之研究者，为人种法律学）、比较立法学、比较立法学之效用、人种法律学、比较法学派之研究法（具体分为三种：国别比较法、人种比较法、法系比较法）。"

这些论述的基本内容与日本比较法学有关。中国近代比较法受到日本影响，也与当时欧美比较法传入中国的力度很小相关。在整个中国近代时期，从欧洲翻译过来的比较法论著就只有上述意大利学者密拉格利亚所著《比较法律哲学》一部，美国学者威格摩尔（H. J. Wigmore，1863 ~ 1943 年）的比较法名著《世界法系概览》，只有个别章节被译成中文介绍进国内。[25] 所以，中国近代比较法的诞生与日本有关，只是中国近代比较法发展现实的客观表现而已。

笔者认为，从名词概念到理论内容再到思想观点，以及框架体系借鉴日本的成果，是特定时代的不得已而为之。作为近代落伍国家的中国，作为一个对外没有主权、对内积贫积弱的半殖民地半封建国家，中国在比较法研究上的借鉴，是一个必然要经历的过程。我们所要强调的是，这一过程只能是一种暂时的现象，是一种不得已的权宜之计，不能让其一直持续下去。这是我们新一代法学家的使命。

4. 比较宪法、刑法和民法等部门法的研究比较多，比较法总论性质的研究比较少

与第二点相联系，中国近代的比较法研究注重实用与中国的立法活动紧密相关。这从民国时期出版的比较法论著中可以看得很清楚。笔者经过调查，基

---

[25] 如威格摩尔原著中的第三章"希伯来法系"曾被谢德风译成中文，发表在 1933 年出版的《法学杂志》第 6 卷第 6 号上，取名"希伯来法系考"。

本确定清末民国时期共出版比较法著作40余种,比较法论文150余篇。在这40余种著作中,其中比较宪法类有22种,㉖比较民法类有4种,比较商法、比较行政法类各有3种,比较刑法类有5种,比较劳动法类和比较法总论类各有1种。

在清末民国时期的比较法研究中,比较宪法类的著作最多,这清楚地表明了当时的比较法研究为现实中国的制度变革和立法政策服务的实用性质。因为中国清末制度改革中,排在首位的就是学习西方的立宪政治。在19世纪末至20世纪30年代的近40年时间里,中国的立宪改革可谓热闹非凡,浪潮汹涌,从清政府宣布君主立宪,到派五大臣出洋考察西方宪政,到江苏、浙江、湖南等各省宪的出台,到梁启超、王宠惠、汪荣宝、李超、席聘臣、何震彝、张知本、吴经熊等人的私人宪法草案的纷纷发表,到《钦定宪法大纲》(1908年)、《十九信条》(1911年)、《天坛宪草》(1913年)、《中华民国宪法》(1923年)等的发布……都清楚地说明了当时政府和民间对立宪政治的非凡热情。即使那些非法学出身的大知识分子,如胡适、章士钊、张东荪、高一涵、罗隆基、蔡元培、瞿秋白、董修甲、陈独秀、钱穆等也都纷纷投入议宪、立宪的行列中来。因此,比较宪法在当时比较法研究中最受尊崇,是当时社会现实使然。

在上述40余种比较法著作中,总论性质的比较法著作只有前述龚钺所著的一部,而且这部著作也如前面所述,只是戴了一个"比较法学概要"的帽子,其内容实际上就是"法学通论"。所以,除了上述张鼎昌等人的几篇论文之外,整个清末民国时期,中国没有出版过一部带有总论性质的比较法著作。这一现象的产生,既与当时中国急于把六法体系建立起来的指导思想、立法研究现状相关,也与20世纪前半期世界各国的比较法研究都不发达有关。

20世纪上半叶,全世界的比较法理论研究都处于起步阶段,主要原因是第二次世界大战之前的世界,争霸、对立、抗衡、战争成为国际形势的主流,缺少比较法发展的基础和空间。第二次世界大战以后,一方面,美、苏两大势力的对立和冷战状态,使了解对方、知己知彼成为西方主要国家的国策;另一方面,长期

㉖ 不包括比较国会、比较选举等类宪法分论性质的著作(如[日]斋藤隆夫:《比较国会论》,上海商务印书馆1917年版)。

冷战局面的形成，使得双方的学术研究有了一个相对安定的环境。同时，20 世纪 50 年代之后几次科技革命的浪潮加剧了国际法律交流的必要性和迫切性。此外，联合国的存在以及区域性国际组织的增加，也使各国间法律的沟通成为可能。这样，比较法研究的发达就成为第二次世界大战以后的必然的趋势，而比较法理论研究的深入也同时成为这一趋势的重要组成部分。

5. 没有出现专门的比较法学家

当时写有比较法的论著、对比较法研究作出贡献者基本上是法理学、法史学或部门法学的学者。梁启超作为"变法巨子"和沈家本作为"修律大臣"的身份就不用说了；董康、程树德、杨鸿烈是法律史学家；吴经熊主要是法理学家；王世杰和钱端升是宪法学家；王家驹、李祖荫、王宠惠、黄右昌、吴传颐、乐伟俊、朱志奋是民商法学家；宝道、许鹏飞和杨兆龙是刑事法学家；白鹏飞是行政法学家；丘汉平在法理学、法史学、宪法学、商法学、国际法学等方面均有研究……值得一提的是，纯粹做比较法研究的学者还没有出现。这种法理学、法史学和部门法学的学者涉足比较法研究的现象，是中国近代比较法发展过程中的一个突出特点。

形成上述特点的原因主要有三个：一是中国近代比较法尚处在起步阶段，在理论探索、课程教学、成果出版、学术团体、学科建设等各个方面，都还没有形成一定规模和达到一定水准并构成自己特有的学术领域，所以，只能由其他学科的学者兼带着做一点研究。二是与法学中的其他学科相比，比较法具有很强的方法论特征，它的最大贡献是比较，而比较本质上是一种方法，不是一门学科（比较法在作为一种方法被运用的同时成为一门学科，是 20 世纪 70 年代前后比较法研究充分发达、形成了自己独立的理论框架和研究内涵之后的事情）。既然是一种方法，那么就可以为法理学和法史学以及各部门法学的学者所利用。三是比较法是法学领域中一门新兴的学科，相对于民法、刑法等古老而传统的学科而言，学术积累并不深厚。而按照学术发展的规律，凡是新兴的学科，其起步阶段的成果，一般都是由相近学科的学者所作出的，如同初期法社会学、法人类学的学者，几乎都是社会学、人类学、考古学、历史学的学者一样。

上述现象，也不是中国特有的。在法国，开创比较法学科的艾斯曼、萨莱耶和朗贝,前者是宪法学家,后两位都是民法学家。即使后来成为比较法学大家的达维德,原本也是一位民法学家。在德国,茨威格特和克茨都是私法学家和国际法学家。在日本,开创比较法学的穗积陈重,本身是法理学家、法史学家和民法学家(日本民法典三人起草小组组长)。因此,中国近代比较法研究的这一特点,既是中国近代比较法研究不发达的表现,在一定意义上,又体现了学术发展演变的一种客观规律。

6. 对先进法律理念的崇尚和对先进法律制度的追求是研究中的一根主线

无论是从上述比较法研究的成果还是法学家的活动中,都可以很清楚地看到,尽管西方的理念和制度,有的与中国的现实相差很远,有的甚至还有矛盾和冲突,但中国近代的研究者们却一直孜孜于此,未曾动摇和气馁过。

比如,在比较宪法领域,虽然近代中国尚处在专制独裁的统治之下,研究环境非常恶劣,但学者们仍然积极引进西方的思想,强调对人民权利的保障,并将其作为优良政府的标准,论著中处处高扬着人权的意识。[27] 比较行政法方面,虽然成果不多,但依法成为论者的一个重要价值取向。在比较民法领域,学者们通过对各国民法的比较研究,不但让国人知道了各国民法上的制度和原则,而且把握了世界上最新的民事立法动向,以及民法理念上的每一个新的进步。通过比较刑法的研究,我们对当时世界上的立法潮流和理论进展,如废除死刑、保安处分、少年司法、犯罪的非罪化和处分的轻刑化等作了宣传与普及。

因此,在中国近代,由于半殖民地社会的性质,我们在借鉴西方国家的法律方面,有着以西方法为重心,以西方法律理念为价值目标的倾向,但通过各个部门法领域的比较法研究,我们基本上树立起了建设中国法制的理念,即“择其善者而从之”。上述各比较法研究作品中体现的是理论上的成就,而民国时期《六法全书》的制定和颁布,则是实践上的果实。

---

[27] 这一点不仅在上述王世杰、钱端升合著的《比较宪法》一书中得到了充分的体现,就是在丘汉平写的在《宪法上关于人民之权利规定之商榷》一文中,也得到了强调。丘氏指出:“宪法上的几个问题,其中最关系四万万人民的生存的,要算人民之权利一章了。这个问题,从历史上说来,是宪法的重心。在法纪败坏达于极点的中国,我们的‘权利’早已剥夺无遗。不要说生存没有保障,一切的一切都没有保障。这是事实,不容否认。我们要研究人民的权利如何保障,就不可不注意这事实了。”参见何勤华、洪佳期编:《丘汉平法学文集》,中国政法大学出版社2004年版,第311页。

综上所述，中国近代的比较法研究，虽然已经取得了一定成就，初步奠定了学科的基础，但由于受当时立法政策和研究环境，以及国际上比较法研究发展状况的影响，还带有不发达的种种特征。研究把握这些特征，既可以帮助我们加深对中国近代比较法的认识，也能为我们目前发展比较法这门学科提供必要的经验。应当明确，中国近代的比较法研究，虽然还处在学科建设的初级阶段，但与西方国家，尤其是与邻国日本，差距并不是很大。总结以往法学发展的历史遗产包括中国近代比较法研究的历史成果，是我国法学工作者的一项伟大的任务。

法典化的早期史*

自1804年《法国民法典》面世以来，制定一部优良的成文法典，以规范、调整民事主体的行为，保障民事主体的各项权益，防止他人和公权力的侵害，成为人类建设法治国家的主要选择。在这样一种治国理政的思路下，法典化迅速成为大陆法系各个国家法治建设的基本路径，即使是英美法系的各个国家，在成文立法方面也发展得很快，逐渐向大陆法系靠拢。但自第二次世界大战结束之后，法典化运动开始降温，甚至出现了“后法典化”“解法典化”等浪潮，法典化无论在法律实务还是法学研究方面，均成为一个富有争议的话题。尤其是2020年《中华人民共和国民法典》的成功颁布及其2021年的顺利实施，在法律实务界和法学理论界进一步引起了“刑法法典化”“刑事诉讼法法典化”“行政法法典化”“经济法法典化”“环境法法典化”“商法法典化”“教育法法典化”等的重大讨论。① 笔者不是这些部门法的专家，对其并无深入研究，无法就此发表看法，仅就法典化的早期史进行一番梳理，对法典化的内涵、外延及表现形式和本质特征的变迁作一些分析，以证明法典化是人类法治文明的重要成果，也是现

---

* 本部分原载于《东方法学》2021年第6期，系国家社科基金重大项目“中华法系与中华法律文化问题研究”（项目批准号：20@ZH038）的阶段性研究成果。

① 代表性的作品，参见张明楷：《刑法修正案与刑法法典化》，载《政法论坛》2021年第4期；陈卫东：《论刑事诉讼法的法典化》，载《中国法学》2021年第3期；刘绍宇：《论行政法法典化的路径选择——德国经验与我国探索》，载《行政法学研究》2021年第1期；章志远：《民法典编纂对行政法法典化的三重启示》，载《特区实践与理论》2020年第5期；郑少华、王慧：《环境法的定位及其法典化》，载《学术月刊》2020年第8期；吴柯苇：《美国知识产权法典化考察与镜鉴》，载《电子知识产权》2021年第2期；孙霄兵、刘兰兰：《〈民法典〉背景下我国教育法的法典化》，载《复旦教育论坛》2021年第1期；童云峰、欧阳本祺：《我国教育法法典化之提倡》，载《国家教育行政学院学报》2021年第3期；等等。

代国家走向法治之路的最佳选择之一。

一、人类法典化的最早实验：古代美索不达米亚的法典

在人类5000余年法治文明中，最早出现法典化的地区，就是人类最早出现文明的地区：古代美索不达米亚。公元前3000年前后，在该地区由苏美尔人建成了一批城市部落、城邦、王国，著名的有基什、伊新、尼普尔、舒鲁帕克、拉伽什、乌鲁克、拉尔萨、乌尔和埃利都等。与此同时，通过该地区所诞生的世界上最早的文字——楔形文字，将这些原来就存在于部落、城邦、王国之中的、经口耳相传一代代保留下来的习惯法规范记录下来，使其成为习惯法汇编，进而提升为成文法典。到目前为止，我们所知第一部成文法律，就是由当时拉伽什国王乌鲁卡基那颁布的《乌鲁卡基那立法》。从美索不达米亚出土的一块黏土铭文残片中，我们得知这一立法有14个法律条文，内容涉及氏族部落自由民土地的保护、债务奴隶的防止和刑法三个领域，[②]立法的时间是公元前2378年。[③]

过了300余年，乌尔第三王朝崛起，国王乌尔纳姆的统治年代约为公元前2113年至前2096年。现考古发现的乌尔纳姆颁布的法典之泥板抄本为残片，仅有一个序言和由40多个条文组成的正文，它是迄今所知的人类历史上最早的法典。[④] 据考古学家考证，《乌尔纳姆法典》可能是由乌尔纳姆本人颁布，由

---

② 西方许多亚述学学者认为，虽然乌鲁卡基那制定的法律与《乌尔纳姆法典》《汉谟拉比法典》等还有差距，但由于他所处的时代更早，且能够将原始社会末期的习惯法以成文法律的形式公布于世，他的立法也应该列入人类最早的法典之行列。See Russ VerSteeg, *Early Mesopotamian Law*, Carolina Academic Press, 2000, p. 18 – 19.

③ 关于乌鲁卡基那立法改革和出任拉伽什国王的时间，有一些文献认为是公元前2350年，参见Stephen Bertman, *Handbook to Life in Ancient Mesopotamia*, 2003, p. 168; Benjamin R. Foster, *Karen Polinger Foster*, *Civilizations of Ancient Iraq*, Princeton University Press, Princeton and Oxford, 2009, p. 47。而于殿利先生在《巴比伦与亚述文明》(北京师范大学出版社2013年版)一书中认为是公元前2378年(第286页、第762页)，笔者认同于殿利先生的观点。

④ See S. N. Kramer, *History Begins at Sumer*, *Garden City*, New York Press, 1959, p. 54.

其儿子舒尔基(公元前2094～前2047年)实施的。[5]《乌尔纳姆法典》的内容,以规范民事法律关系为主,具体涉及所有权及其他各项权利的保护、土地和财物(动产)的出租和劳务等方面的契约、侵权行为以及相应的责任、婚姻家庭和继承等关系的处理。

《乌尔纳姆法典》之后,公元前2050～前1800年,美索不达米亚地区又出现了一部新的苏美尔法律——《X法典》。[6] 该法典包括正文和结语两部分,结语比较简短,只有两段楔形文字,大致是对将来任何不遵从该法典的统治者的咒语。正文部分现残存20多个法律条文,内容涉及房屋租赁、婚姻家庭、医生看病(共有4条)、纺织女工和洗衣女工、卖酒妇与啤酒买卖、金钱借贷、寄存或耕作者的服务费用、不动产的买卖等。[7]

公元前1930年,美索不达米亚南部伊新王国颁行了《李必特·伊丝达法典》。它分为序言、结语和正文三部分,已经显示出较为成熟的法典形态。[8] 现残存的9个楔形文字泥板断片,除序言、结语之外,正文部分现存的是1952年摘译的俄译本,包括第8条至第38条。学者魏琼根据1995年版的*Law Collections from Mesopotamia and Asia Minor*以及2000年版的*Early Mesopotamian Law*等相关资料,增译了正文第8条之前的P泥板第1a+f条的部分内容。[9] 从整个法典内容来看,"大多是处理继承、不动产、租赁以及属于私人所有的奴隶等"民事方面的规范。[10]

约公元前1800年的《苏美尔法典》,是楔形文字大泥板之一部分,[11]出自乌

---

⑤ See Martha T. Roth, *Law Collections from Mesopotamia and Asia Minor*, Scholars Press, Atlanta, Georgia, 1995, p.13.

⑥ 因无从知晓其制定和颁布者的姓名,故一般冠名为"X"。

⑦ See Martha T. Roth, *Law Collections from Mesopotamia and Asia Minor*, Scholars Press, Atlanta, Georgia, 1995, p.36.

⑧ 该法典的大部分楔形文字A,B,C+H泥板内容出土于尼普尔,其余部分中R泥板来自Kish城、N泥板来自Sippar城。

⑨ 参见魏琼:《民法的起源——对古代西亚地区民事规范的解读》,商务印书馆2008年版,第65页。

⑩ See Russ VerSteeg, *Early Mesopotamian Law*, Carolina Academic Press, 2000, p.172.

⑪ See Martha T. Roth, *Law Collections from Mesopotamia and Asia Minor*, Scholars Press, Atlanta, Georgia, 1995, p.42–43.

鲁克城,为位于美索不达米亚南部拉尔萨王国法律的一部分。⑫《苏美尔法典》残存的原文仅9条。其内容规定了对私有财产的保护,以金钱赔偿责任替代了同态复仇,确定了贵族"阿维鲁"和依附民"穆什根奴"两种自由民的民事主体资格,确定了具有自由民身份的被释放之奴隶的民事法律地位,等等。⑬ 与《苏美尔法典》同时,考古学家还发现了拉尔萨王国的另一部法典《苏美尔亲属法》。⑭ 该法现残存的条文共有7条,主要涉及家庭关系、家庭财产等民事方面的内容,核心是维护父权和夫权。⑮ 之后,公元前1770年前后,在美索不达米亚东北部地区,埃什努那王国还颁布了《俾拉拉马法典》。⑯ 该法典抄本保存在今巴格达博物馆的两块泥板上,共有6个段落,分为序言和正文两部分,序言用苏美尔文写成,正文使用的是阿卡德文。⑰

当然,在古代美索不达米亚的法典中,最伟大的是在公元前18世纪由古巴比伦第六代王汉谟拉比颁布的《汉谟拉比法典》,它继承了古代美索不达米亚法典化的成果及其智慧,是楔形文字法典中的集大成者。之后,古巴比伦王国日渐衰落,而美索不达米亚地区的北方国家亚述则日渐强盛,其颁布的《中亚述法典》(前16世纪)也构成了美索不达米亚法系的重要部分。其条文主要涉及社会生活中田园、债务、家庭三大方面,既吸收了古亚述人的重商主义,又混合了中亚述人的尚武精神,有着自己的特色。⑱ 公元前1595年前后,赫梯王国穆尔

---

⑫ 参见法学教材编辑部、《外国法制史》编写组:《外国法制史资料选编》(上册),北京大学出版社1982年版,第1页。

⑬ See Martha T. Roth, *Law Collections from Mesopotamia and Asia Minor*, Scholars Press, Atlanta, Georgia, 1995, p. 42 – 43.

⑭ 参见法学教材编辑部、《外国法制史》编写组:《外国法制史资料选编》(上册),北京大学出版社1982年版,第3页。

⑮ 在考古出土的苏美尔法律文献中,还有一部于公元前1800年前后颁布的《租牛法典》(Laws about Rented Oxen, Lox),涉及对租借牛的伤害和损失的法律规定,其与《李必特·伊丝达法典》第34~37条、《苏美尔法典》第9~10条和《苏美尔亲属法》第vi条、《汉谟拉比法典》第244~249条、《赫梯法典》第72~78条等规定均十分相似,表明它们有着共同的社会基础和民事习俗。

⑯ See Raymond Westbrook ed., *A History of Ancient Near Eastern Law*, Vol. 1, Koninklijke Brill NV, Leiden, The Netherlands, 2003, p. 361.

⑰ 《俾拉拉马法典》主要涉及民事关系、民事行为的规范,也涉及一部分犯罪和刑罚的内容。参见魏琼:《民法的起源——对古代西亚地区民事规范的解读》,商务印书馆2008年版,第108~122页。

⑱ 参见魏琼:《民法的起源——对古代西亚地区民事规范的解读》,商务印书馆2008年版,第246页。

什里一世率领远征军队攻陷了巴比伦城，这标志着汉谟拉比统治时期的古巴比伦王朝的结束。约公元前1650～前1500年，赫梯王国编纂了《赫梯法典》，一直施行至公元前12世纪左右。该法典保存基本完整，由三表组成，共241条。它避开残酷的刑罚，更强调金钱补偿而非刑事惩罚，这使得它有别于同一时代的其他法典。有学者因此认为，《赫梯法典》是古代美索不达米亚唯一一部重民轻刑的法典。[19]

公元前605年前后面世的《新巴比伦法典》，是古代美索不达米亚法典化成果中最后的辉煌。该法典估计是尼布甲尼撒二世于其统治早期颁行的。[20] 相关泥板首尾部分已遭破坏，仅留存了正文部分，约15至18个条文，涉及农事、灌溉、买卖代理、奴隶买卖、结婚、夫妻财产及继承、违规所为的巫术或仪规等方面。

梳理世界法律文明史，我们发现，古代美索不达米亚可能是人类上古时代唯一一个保存下各成文法典的地区，也是人类最早进行法典化的地区。从上述拉伽什王国的《乌鲁卡基那立法》，到乌尔第三王朝的《乌尔纳姆法典》、伊新王国的《李必特·伊什塔尔法典》、埃什努那王国的《俾拉拉马法典》，到苏美尔其他城邦国家的《X法典》《租牛法典》，以及巴比伦第一王国的《汉谟拉比法典》、亚述王国的《中亚述法典》、赫梯王国的《赫梯法典》、新巴比伦王国的《新巴比伦法典》等，几乎每一个王朝建立，都会首先颁布一部法典，以宣告自己统治的合法性，宣称统治者的英明、伟大，强调其对人民的关怀和保护，以及维持社会公平正义。[21] 在古代世界，美索不达米亚地区能够拥有如此众多的成文法典，真是让后人叹为观止。而在这众多法典之中，最为光辉灿烂的当然是《汉谟拉比法典》。《汉谟拉比法典》虽然诞生于上古时代，但它已经具备了成熟法典的

---

⑲ 参见《世界著名法典汉译丛书》编委会：《赫梯法典》，法律出版社2000年版，第3～4页。

⑳ See Martha T. Roth, *Law Collections from Mesopotamia and Asia Minor*, Scholars Press, Atlanta, Georgia, 1995, p. 144.

㉑ 从埃及于公元前3100年就建立统一国家之历史来分析，它也应该形成了数量庞大且复杂多元的法律（习惯）规范体系。但遗憾的是，到目前为止始终未能发现成文法典。See Raymond Westbrook ed., *A History of Ancient Near Eastern Law*, Vol. 1, Koninklijke Brill NV, Leiden, The Netherlands, 2003, p. 5.

特征。

首先,它有引言,有正文,有结尾,具备了完整的法典体系。在引言中,制定法典的汉谟拉比就宣称,他的统治来自神的授权,是为了维持国家的公平正义,为了人民的幸福;作为神的仆人,他将按照神的旨意管理好国家;他是使人民欢悦的人、安全的人、富足的人和幸福的人,是使社会有秩序、走上正轨的人。正文共282条,系统规定了国家治理和人民生产、生活的方方面面。按照《汉谟拉比法典》最新中文版译者杨炽的观点,法典从大的方面来说,可以分为三大板块:第1—25条为带有道德色彩的范畴,包括对欺骗、偷盗等行为的惩罚;第26—41条为国家治理的范畴,涉及与部分人耕种王室土地而服兵役、劳役有关的制度规定,为国家财源、兵源的根本问题;第42—282条为规范私人社会的范畴。这一部分以个人(自由民)作为一个所有者为线索,按个人所能拥有财产的不同,组织法律条文的先后顺序,从法律角度有条有理地展示了古巴比伦社会的复杂经济生活情景。[22] 而在结尾部分,汉谟拉比进一步宣称自己对国家统治的合法性,强调他是"能干的王""高贵的王",神把统治人民的权力交给了他,他不敢疏忽怠惰,因而他为人民解决了困难,带来了光明,带来了公平和正义,带来了安全和幸福,如果后人不遵循法典的规定,将会受到种种极其痛苦的折磨。

其次,它的内容十分完备,规定周密细致,当时社会生产和生活中所发生的法律关系,几乎全被纳入了法典调整的范围。杀人、行巫术、作伪证、通奸、冒犯神明、法官修改判决、盗窃、窝藏、拐骗儿童和奴隶、抢劫、放火、逃避兵役、战场上作逃兵等各项犯罪,以及针对这些犯罪的处罚措施,如放逐、刺刑、火刑、淹死、杀头以及同态复仇等处罚,土地和果园等的出租,时效和代理,军人份地的保护,各类契约(买卖、租用、借贷、寄存、雇用、耕种、委托和合伙等)的保护、限制和竞合,拾得物的返还与报酬,对高利贷的限制和打击,对债务抵押的限制(防止债务奴隶的大量出现),食品安全的保证,婚姻契约,结婚程序,离婚条件,医生执业以及医疗事故的处理,理发师执业,建筑工和船工的执业,法定继承和

㉒ 参见《汉谟拉比法典》,杨炽译,高等教育出版社1992年版,前言第3页。

遗嘱继承，社会等级的维护等，在法典中都有比较详细的规定。当时社会生活中一些重要的法律关系，如租牛（牛是农耕社会中重要的生产力）关系，共有19个法律条文予以规定；船的租赁和使用（古代美索不达米亚处于两河流域下游，沟河交错，船成为主要的交通工具和运输工具），法典用了10个条文；其他如收养关系、建筑工盖房之承揽关系、土地和果园之租佃关系、羊群和牛群的租用和放牧关系等，也都有详细的规定。

再次，它已经发展出了一些抽象的原则和制度，有些一直适用（或影响）至今。如法典第5条规定了法官的责任制度：法官如果在审理案子中徇私枉法，他将“交出该官司所争议款项的十二倍，他们将使他（法官）离开他在集会里的法官席”㉓。又如，法典第1—3条规定了诬告反坐的基本原则：“如果一个人（自由民）控告另一个人以杀人罪而不能证实，控告者将被处死。”“如果一个人控告另一个人以巫术罪而不能证实，被控犯巫术罪的人应到河神那里去，并浸入河中。如果河水淹死了他，那么控告他的人可拿去他的家产。如果河神证明他清白，他未受伤害，那么控他以巫术罪的人应被处死。浸入河中的人可拿去其控告者的家产。”㉔再如，法典第17条、第128条、第129条、第137条、第159条、第165条、第170条、第172条等，规定了拾得物必须归还主人但必须给予奖励、婚姻契约、允许离婚、当事人自治、遗嘱继承、嫡庶子女平分遗产、寡妇再婚等原则和制度，对后世影响深远。

又次，整个法典条文的设置，已经有了内在的联系和逻辑。如王国统治的合法性基础，由法典的引言予以规定；法典的效力以及具体实施，通过法律实现社会的公平正义，由法典的结尾作出规定。正文部分主要调整、规范、处理社会生活中的各种法律关系和人们的各种行为，涉及社会各阶层以及其权利义务，自由民（阿维鲁）、依附民（穆什钦努）和奴隶的法律地位，婚姻的缔结、条件和效力，家庭的组成及父母与子女的关系，婚外情（通奸）的指证与处置，小孩的收养及其法律地位，寡妇的生活保障及其再婚，土地、果园等的耕种、出租和买卖，生产交通工具船和牛的租用和管理，金钱和实物的借贷及其规范，房屋的建筑、

㉓ 《汉谟拉比法典》，杨炽译，高等教育出版社1992年版，第13～14页。

㉔ 《汉谟拉比法典》，杨炽译，高等教育出版社1992年版，第12页。

买卖和租赁，服务业（理发师、卖酒妇等）的管理和规制，自由民死后遗产的处理（法定继承和遗嘱继承以及两者的关系），各种民事交往中的契约，等等。而法典对每一组法律关系的规定，已经达到了相当周密完备的水平。仅就对所有人失去所有物的处理而言，《汉谟拉比法典》就用了5个条文，将当时所有可能出现的情况都尽可能地作出了规定，层层推进，十分周密：（1）如果一个人丢了东西，在另一个人手里找到。被找到的人辩称是一个卖主卖给他的，并有证人。而失物的主人则说他可以请来证明该物是他所有的证人。那么，双方证人到场后，法官将考查他们的证词。如果买卖的证人以及认识失物的证人都能在神面前声明他们所知道的情况，那么卖者就是贼，他将被处死。失物的主人可拿去他的失物；买主可从卖主的家中拿回他付的钱。（2）如果买主未能提供证人，而失物的主人领来了认识他的失物的证人，那么买者是个贼，他将被处死，失物的主人可拿回他的失物。（3）如果失物的主人没有能提供证人，那么他就是个骗子，他说了谎，将被处死。（4）如果卖主已经去世，那么买主可以从卖主家中拿到该案争议款项5倍的金钱。（5）如果某方的证人不在附近，法官可以为他规定6个月的期限；如果6个月里仍然未能把证人带来，那么应提供该证人的当事人就是一个骗子，他将承担相应的惩罚。㉕

此外，古代美索不达米亚的法典化运动已经达到了一个比较高级的形态，即出现了以综合法典为主干，以单行法律（专门法律、部门法律）为辅助、为补充，从而形成一个比较完善的法律体系的法治状态。如在古代美索不达米亚，不仅出现了大型的综合性法典，如《乌尔纳姆法典》《汉谟拉比法典》《中亚述法典》《赫梯法典》《新巴比伦法典》等，颁布了许多国王的敕令（行政法律形式），还出现了专门规定婚姻家庭法律关系的《苏美尔亲属法》，以及专门规定租赁耕牛之法律关系的《租牛法典》等。这表明了古代美索不达米亚的法治水平已经达到了一个相当的高度。英国学者H. W. F. 萨格斯通过对古代美索不达米亚留存下来的泥板文献梳理研究后估算，这些泥板文献中苏美尔文献95%以上的

㉕　参见《汉谟拉比法典》，杨炽译，高等教育出版社1992年版，第17～18页。

内容都与法律有关，阿卡德文献的比例也差不多。[26]

最后，它出现了人类最早的人本观，整体上表现出了一种治国理政的法治的价值观念和精神。学术界原来的研究认为，“人本主义”或“人文主义”是19世纪初才出现的概念，“人文学”这一术语最早也只能追溯到15世纪文艺复兴时期的意大利。而学者于殿利通过对巴比伦社会中“人”（自由民及依附民等）的概念、构成和社会地位，巴比伦社会城市文明、商品货币经济、宗教观念和农业“资本主义”四者与人本观念、人本主义的诞生，立法精神与人本主义，债务法中的人本观，刑法、尊严法及人格权，城市自治与人本主义等的详细论述，证明了人本观和人文主义早在人类第一个法律文明即古代美索不达米亚文明中就存在了，而且还达到了相当高级的程度，而古代美索不达米亚法律文明的代表，就是《汉谟拉比法典》。[27]

综上所述，古代美索不达米亚的法典，不仅数量众多，且已经非常成熟、发达，完全进入了法典化的时代。按照当下学术界的主流学说，法典与法律汇编之区别，在于它的体系性和完备性以及法典内容的内在逻辑性。[28] 而编纂这样一部法典的进程，就是法典化。古代美索不达米亚地区的法典，尤其是其代表《汉谟拉比法典》，完全达到了这一标准。因此，可以说古代美索不达米亚的法典可能是人类最早的法典，古代美索不达米亚的法典编纂可能是人类最早的法典化运动。

二、古代中国的法典化成就

在古代中国，也很早就出现了编纂法典的活动。中国古籍《尚书》《史记》《汉书》等记载的黄帝著《李法》和皋陶作刑，因为当时中国尚处在还没有文字

---

[26] 参见于殿利：《巴比伦法的人本观：一个关于人本主义思想起源的研究》，生活·读书·新知三联书店2011年版，第6页。

[27] 参见于殿利：《巴比伦法的人本观：一个关于人本主义思想起源的研究》，生活·读书·新知三联书店2011年版，第360页。

[28] 参见石佳友：《解码法典化：基于比较法的全景式观察》，载《比较法研究》2020年第4期。

的传说时代，而受到学术界的质疑。但进入夏、商、周以后，中国古籍上记载的“夏有乱政，而作《禹刑》。商有乱政，而作《汤刑》。周有乱政，而作《九刑》”[29]，就因被许多文献资料印证，而获得了学术界的认可。[30] 至公元前5世纪，在各诸侯国几乎都颁布了刑事法律（或称“刑书”“竹刑”“刑鼎”等）的基础上，魏国终于制定了中国历史上第一部法典《法经》，通过其盗法、贼法、囚法、捕法、杂法、具法六篇的内容规定，构造了一个比较完整的法律体系。[31] 后世学者对这一法律体系有很生动的描述：魏文侯师李悝著法经，以为王者之政，莫急于盗贼，故其律始于“盗”“贼”。盗贼须劾捕，故著“囚”“捕”二篇。其轻狡、越城、博戏、假借不廉、淫侈、逾制为“杂律”一篇。又以“具律”具其加减。所著六篇而已。卫鞅受之，入相于秦。[32]

因此，战国时期出现中国历史上第一部法典《法经》，并经商鞅、萧何等手传至后世，便成为一个定论。[33] 不仅如此，自《法经》开创了中国成文法典的模式之后，历代统治者在取得政权、治理国家时，都以成文法典的方式，来推行自己的理念和意志，法典化运动绵延不绝。如《秦律》《九章律》《魏律》《泰始律》，以及《梁律》《北魏律》《北齐律》《北周律》《开皇律》《永徽律》《宋刑统》《大明律》和《大清律例》等。而在这2000多年的法典化进程中，最具代表性的便是中华

[29] 《左传·昭公六年》。

[30] 参见何勤华主编：《法律文明史：法律文明的起源》第1卷，商务印书馆2019年版，第39页。

[31] 关于《法经》的真伪以及其内容的记叙，目前我们所能看到的传世文献，主要有《晋书·刑法志》《唐律疏议》《七国考》。在《晋书·刑法志》中，记叙了三国时期陈群、刘邵等人撰写的《魏律》，最早提及李悝著《法经》之事。接下来《晋书·刑法志》在追述曹魏之法时，对《法经》说得更为明确：是时，承用秦汉旧律，其文起自魏文侯师李悝，悝撰次诸国法，著《法经》（参见《历代刑法志》，群众出版社1988年版，第46页）。随后，《唐律疏议》也作了比较详细的记述，但内容与《晋书·刑法志》的大体相同。至明末，董说编著了一部《七国考》，其中《魏刑法》引用桓谭《新论》中关于《法经》的一段论述，对此作了更加详细的阐述。

[32] 参见（明）董说：《七国考》卷十二，中华书局1956年版，第366~367页。

[33] 然而，由于李悝著《法经》之事，在战国时的法家著作中没有被提及，《史记》和《汉书》中也只字未提，而是由相隔1000多年的唐代学者在重新编纂的《晋书·刑法志》中才突然提出，所以从20世纪30年代起，有人对李悝著《法经》一事开始提出异议。尤其是以日本学者仁井田陞为首的一批东西方学者，竭力对《法经》的存在持否定说（小川茂树：《李悝法经考》，载《东方学报》（京都版）第4册，1933年；泷川政次郎：《近世关于汉律的研究》，载《史学杂志》第五十二编第四号）。1980年，中国学者杨宽在《战国史》（修订版，上海人民出版社）“后记”中，也对《法经》以及董说《七国考》中引文的真实性提出了怀疑。详细参见何勤华：《中国法学史》第1卷，法律出版社2006年版，第66~83页。

法系、中华法律文化的基石《唐律疏议》。

《唐律疏议》既是一部法律注释作品，也是一部法典。它包含了法典的各项基本元素和所有的特征。

首先，《唐律疏议》具有严格意义上法典的首要元素，即完整性，它涉及整个社会生活领域的各个方面，具有集大成的特征。如《唐律疏议》记录了隋唐时期中国社会经济、政治、文化、社会习惯、风俗、百姓生活等各个方面的图景，规定了经济制度、土地税赋、徭役、农林牧渔的生产、交通运输、市场交易，涉及政府官制、国家档案与文书的运作和管理、祭礼、丧葬、佛教和道教等的情况，以及关于各种文化艺术、学术研究的发展，乃至迷信、蛊毒、厌魅等情况。它涉及众多的法律关系，对当时社会生活有全景式、集大成式的规范和处理。

其次，它具有体系化的特征。[34]《唐律疏议》有序（收录在《唐律疏议》卷第一"名例"之首），有正文，有总则（名例），有分则（户婚、田土、犯罪与处罚等）。具体而言，第一篇"名例"，涉及内容为"刑名"和"法例"，立法者阐释为："名者，五刑之罪名；例者，五刑之体例。名训为命，例训为比，命诸篇之刑名，比诸篇之法例。但名因罪立，事由犯生，命名即刑应，比例即事表，故以《名例》为首篇。"[35]也就是说，"名例"篇所包含的内容多为关于定罪、量刑的一般性原则，以及律文之中有关专门术语的界定，类似于近代《刑法》中的总则部分，因此必须置于整部法典的首篇。第二篇"卫禁"，规定了敬上（尊敬皇帝）和防非（防止违法犯罪）。第三篇"职制"，言职司法制。第四篇"户婚"，规定了户口、婚姻家庭等管理百姓的事务。第五篇"厩库"，规定马牛、兵甲、财帛之所藏。第六篇"擅兴"，规定军事行动内容。第七篇"贼盗"，涉及严重的犯罪行为以及处置措施。第八篇"斗讼"和第九篇"诈伪"，涉及稍微轻的犯罪行为以及处置措施。第十篇"杂律"，将法典诸篇中难以包容的各类零杂犯罪之处罚集中在一起。第十一篇"捕亡"，规定了罪犯逃跑之后的追捕。第十二篇"断狱"，以实囚情。法典

---

[34] "法典化与法律汇编最为本质的差异就在于是否实现了规范的体系化。"参见王利明：《民法法典化与法律汇编之异同》，载《社会科学家》2019年第11期。

[35] 刘俊文点校：《唐律疏议》，中华书局1983年版，第2页。

500余条[36]规定经过系统排列，将整个国家事务的治理内容体系化地组合在一起。

再次，法典规定事项具有内在的联系，体现了相当的逻辑性。从上述《唐律疏议》的结构体系来看，作为古代社会一部以刑为主、诸法合体的法典，其排列是十分合理的。它以“刑名法例为首，实体犯罪居中，诉讼程序置后”[37]。具体而言，在第一篇总则“名例”之后，依次展开分则的各项规定，如“卫禁”“职制”“户婚”“厩库”“擅兴”“贼盗”“斗讼”“诈伪”等。这些规定之后，法典设置了“杂律”，其所涵盖的，都是诸篇中难以包容的各类零杂犯罪之处罚，正所谓“拾诸篇之遗，补诸篇之阙”[38]。然后是规定罪犯逃跑之后，进行追捕，将他们置于法网之中的“捕亡”。抓住罪犯以后，需要审判，所以最后规定了“断狱”。众多条文这么有序地排列，使整部法典无论在内容上还是形式上都具有内在的逻辑性，且充分体现了对魏晋南北朝时期立法学研究成果的吸收与创新。

最后，提出了一些带有普遍价值的概念、原则和制度。在概念方面，《唐律疏议》提出了190余个专用名词，其中具有普遍价值并对后世法律发展具有重大影响的有笞、杖、徒、死、谋反、谋大逆、谋叛、恶逆、不道、大不敬、不孝、不睦、不义、内乱、亲、故、贤、能、功、贵、勤、宾、议、请、减、赎、共犯、造意、自首、故、失、公罪、私罪、故杀、误杀、盗、诈、公坐、检、化外人、众、谋、故纵、口分田、私约、妻、妾、奴婢、部曲、卑幼、嫁娶违律、谋杀、恐喝、和诱、窃取、斗、殴、伤、流外官、和奸、赃、刑杀等70余个。在法律原则方面，《唐律疏议》发展出了“十恶”加重、皇亲和官僚减免、宗法伦理、德主刑辅、老幼废疾减免刑、罪刑相当、罪刑法定、比附和类推、本律优于“名例”、诬告反坐等重大原则。在这些原则中，虽然如“十恶”加重、皇亲和官僚减免、宗法伦理等包含了诸多专制、集权、封建、等级等消极、落后的元素，因而必须予以批判、否定，但其他各项原则中也有可以传承下来的中华法律文明遗产，而为我们当下所用。在法律制度方面，《唐律疏议》创造了一整套在当时较为先进的刑事法律制度，如故意和过失、共同犯罪、数罪并

---

[36] 立法者制定时宣称为500条，历代学者研究后整理出来的实际上是502条。

[37] 参见张晋藩主编：《中国法律史》，法律出版社1995年版，第191页。

[38] 刘俊文：《唐律疏议笺解》（下册），中华书局1996年版，第1772页。

罚、累犯加重、自首减免等。这些刑法制度是唐代立法者对自秦汉以来刑法制度的运作实践进行经验总结、提炼和概括定格下来的,经历了 1400 多年岁月的流变,愈益显示出了巨大的参考价值。

综上所述,中国古代不仅出现了法典,而且也已经达到了法典化的高度。其代表作《唐律疏议》的法典化水平已经达到了当时世界最高的境界。抛开内容(农耕社会、专制政体、皇权至上、家族利益、三纲五常、男尊女卑等)不说,在立法技术上,即使当时东罗马帝国编纂的《国法大全》,也是无法相比的。

三、古代希腊、罗马的法典化遗产

在世界法治文明史上,第三个值得重点关注的法典化地区,就是古代希腊、罗马社会。

根据文献的记叙,古代希腊最早出现成文立法的是雅典。其首席执政官提秀斯于公元前 8 世纪末进行了立法活动,对以雅典城为中心的国家管理机关和自由民等级进行改革。公元前 621 年,执政官德拉古进一步对时行习惯法加以整理汇编,编纂了雅典第一部成文法《德拉古法》,对公民权取得的条件、贵族会议官吏的选拔、议事会的选举等作出了规定。[39] 而希腊历史上最著名的成文法典,则是公元前 594 年由执政官梭伦编纂的《解负令》。该法对废除一切债务、废除贵族在政治上的世袭特权等作出了规定;设立四百人会议和陪审法庭;废除了《德拉古法》,只保留了关于杀人罪方面的规定,但同时禁止对他人包括奴隶在内的暴力伤害;实行一系列有利于发展私有经济和社会进步的措施。[40] 之后,雅典城邦又于公元前 509 年、前 443 ~ 前 429 年,由执政官克里斯提尼和伯里克利等进行了编纂法典的活动。

---

[39] 《德拉古法》的原文曾在公元前 409 年重新刻石,但传存的碑文已残缺不全,仅保留了关于杀人行为的法律片段。参见何勤华主编:《外国法制史》,法律出版社 2006 年版,第 50 页。

[40] 《德拉古法》的原文曾在公元前 409 年重新刻石,但传存的碑文已残缺不全,仅保留了关于杀人行为的法律片段。参见何勤华主编:《外国法制史》,法律出版社 2006 年版,第 48 ~49 页。

在古希腊进入文明、建立国家、颁布成文法典的过程中，地处欧洲地中海中部的亚平宁半岛上的罗马开始崛起。公元前 8 世纪至前 6 世纪，是罗马原始公社制向阶级社会过渡的阶段，史称“王政时代”，相继有 7 个王统治过该地区。而调整人们的行为规则是长期以来形成的大家共同遵守的习惯。至公元前 6 世纪初王政后期国家最后形成时，它们逐渐演变成为习惯法。公元前 509 年，罗马民众驱逐最后一个王塔克文·普里斯库斯，进入了共和国时代，开始了由习惯法向成文法过渡的时期。[41]

随着奴隶制经济的发展，平民与贵族斗争的展开，由贵族垄断立法与司法权、随意解释习惯法的局面再也维持不下去了，颁布成文法与抑制贵族的专横，成为社会发展的必然趋势。公元前 462 年，平民保民官特兰梯留曾在民众大会上提议编纂成文法，虽遭到贵族的反对，但后来统治者仍同意成立十人委员会，从事立法工作。委员们在希腊考察《梭伦立法》回来后，于公元前 451 年制定了法律十表。由于平民仍不满意，公元前 450 年改组了十人委员会，又制定两表，作为前者的补充。两者合称《十二表法》。

《十二表法》是罗马第一部成文法，共有 105 条，涉及土地占有、债务、家庭、继承和诉讼等方面。公布在罗马广场上的《十二表法》原文在几次战火中被焚毁了，没有能够保存下来，我们现在所看到的《十二表法》都是根据学者的记叙整理出来的，所以学术界围绕着《十二表法》的真伪及其内容一直存在争议。根据多数学者的研究意见，《十二表法》的前面三表为程序法，主要规定了法庭传唤、审理（包括诉讼标的、审理条件、证人出庭和法庭和解等）、判决执行（主要是当事人债务的执行）等。第四表至第八表，主要规定了民事法律关系，内容涉及家长权、继承与监护（包括对妇女的监护、法定继承与遗嘱继承、精神病人等没有民事权利或者受限制的主体的继承权的保障）、所有权和占有、土地和房屋的权利（相邻关系）、各种各样的私犯（侵权）行为。[42] 第九表为公法，涉及立法、公

---

[41] 参见何勤华、李婧编著：《新编外国法制史》，中国政法大学出版社 2010 年版，第 42 页。

[42] 这里的私犯，实际上不仅包括了民事侵权（如牲畜损害、不法砍伐他人树木、土地出卖人虚报土地面积等），还包括诽谤、放火、盗窃、巫蛊害人等刑事犯罪行为以及其处罚等刑事诉讼程序（包括证据）规定。

民权保障、官员监督、刑罚的执行、国事犯罪以及处罚等。第十表为宗教法,但实际上并未涉及宗教事务,仅仅是处理丧事的一些规定。第十一表补充前五表,增加了一项内容:平民和贵族不得通婚。第十二表补充后五表的内容,涉及祭祀、私犯等;最为重要的是规定了一项公法原则:前后制定的法律有冲突时,后法优于前法。[43]

按照法典化理论,《十二表法》已经具备了法典的基本特征。[44] 一方面,《十二表法》虽然条文不是很多,但调整的社会关系比较广泛。正是在这个意义上,后世罗马人称它"为'一切公法和私法的渊源'的立法里程碑"[45]。另一方面,《十二表法》也具备了体系性的特征。虽然其程序法和实体法混合,但并不杂乱,而是有着一定的内在的联系。该法的开篇,第一表至第三表是程序法,规定了法庭审理的各项程序;第四表至第八表是民事实体法,规定人们日常生产、生活的各种法律关系;第九表、第十表是公法的实体法,规定国家活动的各个主要方面的法律关系;最后两表对前十表规定有遗漏处的,作出了补充。虽然条文数量不是很多,但整体内容比较完备,条文内容比较清晰,顺序排列也比较有序,具有内在的逻辑性。以《十二表法》为基础,加上在此前后罗马颁布的其他一系列单行法律,至公元前 2 世纪罗马共和国走向成熟时,罗马的法律体系已经比较完备了。

进入罗马帝国时代,公元 3 世纪以后,鉴于帝国统治的现实需求,开始着手法典汇编和编纂的工作。起初,由个别法学家编纂皇帝的敕令,如公元 3 世纪末的《格里哥安法典》和《赫尔莫杰尼安法典》,以及稍后的《艾尔莫折尼亚诺法典》和《格来高利亚诺法典》。[46] 这些法典汇集了从 2 世纪末到 3 世纪末的皇帝敕令。至狄奥多西二世时,他于公元 429 年 3 月和 435 年 12 月,连续两次任命

---

[43] 参见周枏:《罗马法原论》(下册),商务印书馆 1994 年版,第 931 ~ 941 页。

[44] "从词源来看,法典在古代是书写在一块木板上的各种规定的汇集"。参见彭峰:《法典化的迷思——法国环境法之考察》,上海社会科学院出版社 2010 年版,第 14 页。"世界上最著名的一个法律学制度从一部法典开始",这部法典就是《十二表法》。参见[英]梅因:《古代法》,沈景一译,商务印书馆 1959 年版,第 1 页。

[45] [意]朱塞佩 · 格罗索:《罗马法史》,黄风译,中国政法大学出版社 1994 年版,第 78 页。

[46] 关于这几部法典的详细内容,参见[意]朱塞佩 · 格罗索:《罗马法史》,黄风译,中国政法大学出版社 1994 年版,第 402 ~ 405 页。

了编纂法典的委员会,收集整理自君士坦丁一世以来颁布的所有谕令,将权威法学家的部分评论和解答融入其中,并允许委员会成员在必要时通过修改文本或将其分为若干标题的方式加以改进。这是罗马帝国第一部官方的皇帝敕令汇编,称《狄奥多西法典》,于公元 438 年 2 月和 439 年 1 月,分别在东、西罗马获得通过,在整个罗马帝国生效。㊼

如果说《十二表法》以及之后的皇帝的敕令汇编,例如,《狄奥多西法典》具有法典性质,还会受到学术界质疑,那么在公元 6 世纪中叶,由东罗马皇帝优士丁尼(Justinianus,也译"查士丁尼",527 ~ 565 年在位)进行的系统的、大规模的法典编纂,其法典化成就得到了全世界法学界的认可。公元 528 年 2 月 13 日,优士丁尼任命了一个由 10 人组成的法典编纂委员会,由前司法大臣乔万尼主持,以著名法学家特里波尼安和狄奥菲尔为骨干,从事编纂法典的工作。他们首先对当时有效的历代皇帝敕令进行整理、汇总和删改,按照教会法、法律渊源、高级官吏的职务、私法、刑法和行政等内容编成章、节,按各自颁布时间顺序加以排列,并注明颁布敕令的皇帝姓名等。法典共 12 卷(保存下来的有 9 卷),于次年颁布,这就是《优士丁尼法典》。随后,公元 530 年至 534 年,该委员会又先后编成了《学说汇纂》和《法学阶梯》。前者系收集了 38 位罗马历代法学家(公元 1 ~4 世纪)的著述(50 多种),删去其中相互矛盾和不合时宜者,汇编而成,全书共 50 卷,除第 30 卷、第 31 卷、第 32 卷外,都分成章、节,写明当时皇帝名字、作者和书名,于公元 533 年年底颁布施行。㊽《法学阶梯》是以罗马法学家盖尤斯同名著作为蓝本,进行删改、增补,按照"人法""物法""诉讼法"的次序,分章、节编排而成,共 4 卷,于公元 533 年年底颁布,作为罗马法的钦定教科书,

---

㊼ 《狄奥多西法典》现存 2500 余条谕令,共划分为 16 卷,每卷围绕核心主题分章节规定,章内谕令按时间顺序编排。法典收录的谕令以公法为主,显示了狄奥多西二世希望通过立法进一步集中行政权力,实现东、西帝国的统一管理。此外,《狄奥多西法典》还体现了典型的宗教特色。狄奥多西二世在第 16 卷中规定了对基督教徒的优待以及对异教徒的打压。《狄奥多西法典》以主题为核心对谕令进行分类,并按照时间顺序进行排列,实现了法典的体系化。但整体编排的科学性还有待进一步完善:公法与私法内容交织,在第八卷低级官员的章节中加入私法内容;诉讼制度散乱分布在各卷中,没有进行系统整理。(关于《狄奥多西法典》的以上资料,由中南财经政法大学法学院黄美玲教授提供)

㊽ 《学说汇纂》的节译本,已经由中国政法大学出版社陆续翻译出版。

并具有法典效力。[49] 优士丁尼死后，后人将他未列入《优士丁尼法典》的敕令，即自 534 年以后颁布的敕令，汇编在一起，称为《优士丁尼新律》，保存下来的共有 124 令，最后一令颁布的时间为公元 555 年，内容大部分属于公法范畴，涉及私法者只有变更继承制度的规定。

以上四部法律文献，到公元 12 世纪，统称为《国法大全》(Corpus iuris，又称《民法大全》或《罗马法大全》)，它凝聚了罗马国家 1200 余年法律文明发展的精华，是古代西方法典化的最高成就，对后世法律文明的进步产生了重大影响。

四、法典化是人类法治文明进步的必由之路

通过前文，我们对人类古代五大法律文明中的三大法律文明的法典化进程和成果进行了梳理。另外两大古代法律文明，即古代埃及和古代印度法律文明。对于前者，目前为止，历史学界和考古学界尚未发现有比较系统的成文法典，仅发现有一些公元前 4 世纪中叶以后亚力山大大帝(Alexander the Great，公元前 356 ~ 前 323 年)统治期间颁布的敕令和敕令汇编。古代印度则是政教一体化地区，虽然也颁布了一系列成文法律，如《梨俱吠陀》《法经》《法典》等，[50]尤其是公元前 2 世纪至公元 2 世纪间编成的《摩奴法典》，影响十分深远，但限于笔者所掌握的文献资料不多，此处就不再评述。[51] 不过，即使仅列举古代三大法律文明的例子，我们仍然可以从中体会到，在古代世界，人类法律文明进步的过程中，人类的祖先已经在力所能及地编纂法典、走法典化的道路了。

那么，通过对上述三大古代法律文明法典化进程的梳理、研究，从法典化的早期历史中，我们可以获得哪些经验呢？笔者以为，对于中国未来法典化进程

---

[49] 优士丁尼的《法学阶梯》，目前国内已经有了两个中译本，一个是由张企泰翻译的，取名《法学总论》，由商务印书馆于 1989 年出版；另一个是由徐国栋翻译的，取名《法学阶梯》，2000 年由中国政法大学出版社出版。

[50] 《德拉古法》的原文曾在公元前 409 年重新刻石，但传存的碑文已残缺不全，仅保留了关于杀人行为的法律片段。参见何勤华主编：《外国法制史》，法律出版社 2006 年版，第 33 页。

[51] 关于古代印度的成文法律发展情况，参见高鸿钧先生所发表的系列研究成果。

而言,如下6个方面是应该重视的。

第一,法典以及法典化是一个长期积累的进程。从上述三大古代法律文明中我们可以看到,从习惯,到习惯法,到成文法律,到法典,到法典化,都经历了一个比较长的孕育、发展时期。这一时期,古代美索不达米亚,从公元前2378年《乌鲁卡基那立法》到前605年《新巴比伦法典》的制定颁布,用了1770多年;古代中国,从公元前5世纪的《法经》到公元6世纪末7世纪中叶的隋唐法典,用了近1200年;而在古代希腊罗马,从公元前6世纪初的“梭伦立法”,到公元6世纪的《优士丁尼法典》编纂,也花费了近1200年时间。这一历史事实或者法典化实践告诉我们,法典或者法典化需要国家法律治理实践的长期延续,立法经验和技术的日积月累,法典化的主体——一个法律家阶层(立法者、法学家等),也需要较为漫长的时间的养育,才能逐步成长和壮大。[52]

上述现象,不仅古代的法典化进程中存在,之后近代的法典化运动也是如此。就1804年《法国民法典》的制定而言,表面上看,是拿破仑动用军事力量和行政威权在短短4~5年中完成的,但实际上学术界的研究成果已经表明,该法典是以包塔利斯(J. E. M. Portalis,1746~1807年)为主的立法者,汲取了数百年罗马法复兴运动中经过朴蒂埃(R. J. Pothier,1699~1772年)等学者潜心研究转化的成果,吸收了自公元5~6世纪兴起的各日耳曼国家制定的“蛮族法典”中演化出来的各项法律原则和法律制度的精华,传承了法国疆域内上千年的习惯法传统并经迪穆林(C. Dumoulin,1500~1566年)等法学家汇编整合提炼了的习惯法学,以及从公元5世纪开始壮大的西欧基督教会法和法学中的许多智识和成果,才顺利完成。近代德国、意大利、西班牙以及日本的情况也一样,而《中华人民共和国民法典》的编纂历史再次验证了这一规律。因此,我们可以认为,法典以及法典化是一个长期积累、发展的进程,是人类法律发展进化的规律之一,只有遵循这一规律,顺势而为,才能最大程度地做好法典化的工作,取得各项法典化(如学术界正在呼吁、推进的刑法法典化、行政法法典化、环境法法典化、教育法法典化等)的成功。

---

[52] 参见严存生:《对法典和法典化的几点哲理思考》,载《北方法学》2008年第1期。

第二,法典以及法典化是一个法律比较、优化的进程。从上述三大古代法律文明中我们可以看到,法典化的成功都是立法者进行了艰苦卓绝的法律比较、甄别、选择、优化的结果。在古代美索不达米亚,当拉伽什王国的国王乌鲁卡基那制定法律时,周边已经存在众多邦国,如乌玛、乌鲁克、乌尔、基什、伊新、尼普尔、舒鲁帕克、拉尔萨、埃利都等。《乌鲁卡基那立法》之所以实施时间不长,就是因为该法律颁布不到 5 年时间,拉伽什王国就在抵抗乌玛之入侵战争中失败,王国灭亡。在众多邦国共存的情况下,各个邦国之间的法律互相交流,立法者吸收他国法律之长,完全是正常的现象。之后的《乌尔纳姆法典》和《汉谟拉比法典》,更是在吸收、借鉴、提炼苏美尔地区和巴比伦地区各王国成文法典如《X 法典》《李必特 · 伊丝达法典》《苏美尔法典》《苏美尔亲属法》《租牛法典》《俾拉拉马法典》的基础上编纂而成。

在古代中国,公元前 5 世纪《法经》的编纂,也是一个法律比较与优化的过程。古籍记叙:"周衰刑重,战国异制,魏文侯师于里(李)悝,集诸国刑典,造《法经》六篇。"[53]"集诸国刑典"就表明其是比较各国刑法然后取其精华汇编集成。到公元 653 年(永徽 4 年)编纂《唐律疏议》时,立法者不仅直接比较借鉴隋一代的法典化成果(如《开皇律》《大业律》等),还比较汇集了自《法经》以来各朝各代法典的成果,尤其是魏的《新律》、晋的《泰始律》和《北齐律》、《北周律》等的立法成果,其中还包括了许多汉族以外各少数民族政权制定的法典。正是由于这种通过比较将各朝各代法典之精华冶于一炉的优势,《唐律疏议》达到了中国古代法典化成果之巅峰的境界。[54]

而在古代希腊罗马,早在公元前 451 ~ 前 450 年罗马共和国制定《十二表法》时,就曾派出立法专家到希腊取经,吸收、借鉴希腊自"梭伦立法"以来的成文法成果。可以说,《十二表法》本身就是一部比较法作品。对于《优士丁尼法典》,其主要内容是《法学阶梯》《学说汇纂》。对于前者,当时著有同名作品的法学家,除了盖尤斯之外,至少还有 5 人:乌尔比安、弗罗伦丁、伽里斯特拉杜

---

[53] 刘俊文点校:《唐律疏议》,中华书局 1983 年版,第 2 页。

[54] 参见何勤华:《比较法的早期史》,载《比较法研究》2016 年第 6 期。

斯、马尔西安、保罗。[55] 但立法者经过比较,最后选择了盖尤斯的著作,即采人、物、讼的模式,当然也对其进行了大的修改、增补和废除。[56] 对于后者即《学说汇纂》,则系收集了不同地区38位罗马历代法学家的著述,经过比较,择优选出50多种、9142段,[57]删去其中相互矛盾和不合时宜者,汇编成书。

由此可见,通过法律的比较、优化,推进法典和法典化的进步,也是人类法律文明发展演变的规律之一。现在正在全面推进中国特色社会主义法治国家的建设,我们在借鉴各个时代、各个国家的立法成果的基础上,不断优化和创新,才能制定出更为优秀的法典,才能使因2020年颁布《中华人民共和国民法典》而出现的法典化趋势更加健康地向前发展。

第三,法典优于法律的其他表现形式:单行法律、法令、习惯和判例。从现代汉语的解释来看,法典是指"经过整理、编订而形成的系统化法律文件。法典不是已有法律文件的汇总,而是在原有法律文件的基础上制定的新的法律文件"[58]。那么,为什么这样一种作为"法律文件"的法典,会优于法律的其他表现形式呢?要解释清楚这一问题,必须从"法典"和"法典化"两个词语的历史发展及其内涵入手。

从中国古代的法典以及法典化的进程中我们可以看到,中国古代并没有"法典"之用语。现代汉语中的"法""法律""法典",在中国上古之传说时代,称为"法",如黄帝《李法》等。进入夏、商、周三代,称之为"刑",如"皋陶作刑"《禹刑》《汤刑》《九刑》(《周刑》)等。至春秋战国时期,起先称为"法",如李悝编著《法经》。商鞅将其带入秦国,"改法为律",之后历代王朝均称其为"律",如《秦律》、《汉九章律》、魏《新律》、晋《泰始律》、《北魏律》、《北齐律》、《北周律》、《梁律》、《陈律》、《隋律》、《唐律》等。在宋、元时名称有所不同,如《宋刑统》、《元典章》等。之后的明清两朝又复称为"律",如《大明律》《大清律例》等。因此,中国法律史学界在称呼中国古代之法典如《唐律疏议》《大明律》《大

---

[55] 《学说汇纂》所引用的古代作者及作品目录参见[意]桑德罗·斯奇巴尼选编:《民法大全选译:法律行为》,徐国栋译,中国政法大学出版社1998年版,第159~165页。

[56] 参见徐国栋:《优士丁尼〈法学阶梯〉评注》,北京大学出版社2011年版,第9~10页。

[57] 此段文献,由厦门大学法学院徐国栋教授提供。

[58] 《辞海》(第2卷第7版),上海辞书出版社2020年版,第1055页。

清律例》时并不说“法典”，而是说“律典”。[59] 当然，虽然称呼不一样，但其内涵是相同的，都是“经过整理、编订而形成的系统化法律文件”。现代汉语中的“法典”“法典化”用语，是近代以后从西方传入中国的。

而在西方，“法典”（英语、法语 Code，德语 Kodex，意大利语 Codice）一词，来源于拉丁文“Codex”，“法典化”则是由“Codification”一词来表示。Codex 的原义表示为“树干”，之后，该词引申为表示“木板”“覆腊的木板”（纸发明前的书写材料）。因为人类早期制定颁布的法律，都刻在其上，如前述梭伦所制定的法律，就是刻写在巴西勒斯柱廊里的 16 块白色木板上，[60]古代罗马共和国制定的《十二表法》也是刻写在十二块木板（传统说法是铜板）上，[61]所以，“Codex”（之后也用“Codice”）慢慢地也有了“书”“法典”的意义。至公元 4 ~ 5 世纪，羊皮纸作为书写工具逐步普及，其在书写、阅读、翻页、搬运、保存方面都更加方便，“Codex”（“Codice”）书写在羊皮纸上的形式逐步固定下来。法学家将皇帝宪令（敕令）汇编成册予以公布的法律文件（书）都称为“法典”，如当时的《艾尔莫折尼亚诺法典》《格来高利亚诺法典》《狄奥多西法典》等。此时的法典，在书的含义外，已经有了更新一层含义，即法律汇编。[62] 至《国法大全》乃至近代法国编纂《法国民法典》、德国编纂《德国民法典》，法典的内涵和外延都已经定型，即“具有完备性、体系化的法律文件”。

而这一意义上的“法典”一词，从法、德两国传播至世界各国，包括日本，形成了近代世界范围的编纂法典（法典化）的浪潮。而“法典化”，既与“法典”有区别，也与其有密切的联系。现代汉语中的“化”字，有多种含义，如变化、消化等。它也可以加在名词后面，使名词成为一种动词形态，如物化、汽化、机械化

---

[59] 参见吴欢：《明清律典“例分八字”源流述略——兼及传统律学的知识化转型》，载《法律科学（西北政法大学学报）》2017 年第 3 期；陈伟：《秦汉简牍所见的律典体系》，载《中国社会科学》2021 年第 1 期；李守良：《律典之失与律学吸纳：明清私家律学与清代的法典编纂》，载《江汉论坛》2018 年第 5 期；李耀跃：《律典对传统统治正当性的依附与证成——以〈大清律例〉为中心的分析》，载《中南大学学报（社会科学版）》2012 年第 5 期。

[60] 参见陈盛清主编：《外国法制史》（修订本），北京大学出版社 1987 年版，第 47 页。

[61] 参见周枏：《罗马法原论》（下册），商务印书馆 1994 年版，第 931 页。

[62] 参见彭峰：《法典化的迷思——法国环境法之考察》，上海社会科学院出版社 2010 年版，第 15 页。

等，或者使其成为某种性质和某种状态，如近代化、国际化、本土化等。因此，法典化是一种运动，法典编纂是一种技术。[63]“法典”“法典法”是静态的，“法典编纂”“法典化”是动态的，[64]这一组相对的概念表达了人类法治文明的进化与进步的进程。一方面，法典和法典化这一进步模式，成为古代美索不达米亚、古代中国、古代希腊罗马等古代法律文明世界的共同追求和实践，成为古代印度教、古代犹太教、古代基督教以及中世纪伊斯兰教等宗教世界法律文明的共同选择。另一方面，世界上除英美法系国家之外，其他国家都选择了法典和法典化的道路，甚至英美法系各国现在颁布的成文法律和法典也越来越多。这一历史的事实和实践经验说明，人类在探索将自己的意志表述为治理国家和政府的规范时，法典和法典化是最佳的一种方式。实际上，“法典化”一词的发明者并不是成文法律、法典和法典化传统深厚的法、德等大陆法系的国家，而是不成文法系（判例法系）的发源地英国的法学家杰里米·边沁。他在写给沙皇亚历山大一世的一封信中，第一次区分了“法典化”和“立法”两个概念。之后，“法典化”一词随着近代西欧各国法典编纂事业的发展，逐步流行于世界各国。[65]

从人类的思维习惯和思想感知来说，需要将社会上的法律关系用一种规范（规则）的方式予以概括、表述、公示、实施（执行）时，体系化的、成文的、将所有需要调整处理的事项排列组合在一起（集大成式）的法典，肯定比那些排列无序的、碎片化而分散的、不连贯甚至互相有矛盾的判例法要更加适合、符合本性。世界各国至今没有一个国家自发、自动地学习、模仿、移植英国判例法，进而成为英美法系成员，成为英美法系成员的全部国家原来都是英国的殖民地。尽管中国很早受英国法律影响，但没有去学习、移植英国判例法，反而是参考法国、德国和日本等大陆法系的成文法典。世界上还有一大批国家也都是主动地学习、加入大陆法系，走上法典化道路。这些历史事实证明，在人类的思维习惯和思想感知中，法典和法典化才是正常的、主流的。“在所有法的形式中，没有哪

---

[63] 参见彭峰：《法典化的迷思——法国环境法之考察》，上海社会科学院出版社2010年版，第20页。

[64] 参见封丽霞：《法典编纂论——一个比较法的视角》，清华大学出版社2002年版，第15～16页。

[65] “法典化与法律汇编最为本质的差异就在于其实现了规范的体系化。”参见王利明：《民法法典化与法律汇编之异同》，载《社会科学家》2019年第11期。

一种法的形式对国家生活和社会生活的影响作用,在总体效果方面可以超过法典。”“法典是法的形式的最高阶段。”[66]

此外,更为重要的是,法典和法典化的优点在于,法典的编纂过程,以及法典颁布、解释(注释)和实施,可以将立法、执法、司法和守法,以及法律教育和法学研究等各种因素(积极性)都调动起来,为建设法治国家、法治政府、法治社会服务,这是完全符合公开、平等、公正、透明、阳光和民主之现代法治文明的根本宗旨的。判例法体系也有诸多优点,如比较机动灵活,适合社会日新月异的变化,以及它的动态属性使它的社会救济功能要强于一部相对静止(静态)的法典,等等。但是判例法的最大缺陷是,它主要掌握在法官等审判人员手里,因而它的运作只是调动了专家,主要是法官的积极性,判例法不像法典的条文规定那么公开、明确、具体、清楚、可视、可学、可背、可以把握,经过法典解释(注释解读),可以比较容易地为全体民众所理解、掌握和遵守。法典和法典化却具有上述这些明显的优点,这使它在大陆法系各国乃至非大陆法系的国家长盛不衰。即使现在的英美法系国家,也在大力进行法典和法典化工作,如宪法,行政程序法,婚姻家庭法,老人与儿童、妇女保护法,公司法,保险法,票据法,银行法,证券法,版权法,专利法,商标法,反垄断法等,都已经进入了成文法律乃至法典和法典化发展阶段。

国家治理需要很多前提条件,其中之一就是法律的统一,法的一体遵循效力。“法典化是主权者的一项重大立法行动;它无疑是一项法律行动,但它更是一项政治行动。法典化通过统一法律秩序,确立新的法律秩序,可以巩固其统治。”[67]从人类法律文明的起源来看,如历史法学派在英国的代表梅因所认为的那样,人类社会的法律诞生,最初的形态是判决,然后是习惯,而后是习惯法,接下来是习惯法的汇编,最后进入成文法阶段(法典和法典化阶段)。[68] 国内学者武树臣也一直持这一观点。[69] 这里,最初的判决,应该是指在人类早期社会专业

[66] 封丽霞:《法典编纂论——一个比较法的视角》,清华大学出版社 2002 年版,第 25 页。

[67] 石佳友:《解码法典化:基于比较法的全景式观察》,载《比较法研究》2020 年第 4 期。

[68] 参见[英]梅因:《古代法》,沈景一译,商务印书馆 1959 年版,第 2 ~ 3 页。

[69] 参见武树臣等:《中国传统法律文化》,北京大学出版社 1994 年版,第 140 ~ 146 页;武树臣:《寻找最初的“法”——对古“法”字形成过程的法文化考察》,载《学习与探索》1997 年第 1 期。

的司法组织还没有产生时，氏族部落长老、首领、祭司等在审理和调解原始民之纠纷时作出的决定、判决。然后这些决定和判决成为各个氏族部落的习惯。随着氏族部落之间的合作和兼并，取得主导地位的优势部落的习惯扩张成为新组建的更大的部落联盟（酋邦）的习惯法。之后，在酋邦向国家过渡进程中，这种习惯法的适用范围日益扩大，并随着文字的诞生被记录下来、编辑起来，成为习惯法汇编乃至单行法律，最终成为法典，以适用于新诞生的国家。而在氏族向部落统一，部落向酋邦统一，酋邦向国家统一的进程中，法律就起了至关重要的作用。编纂统一的、完备的、体系化的成文法典，对国家的诞生与确立起到了分散的、碎片化的、不连贯的、判例和习惯所不可能有的作用。可以说，法典的统一作用是法律的各项作用中最为重要的作用。[70] 正是法律这种将不同民族、不同群体、不同阶层统一起来的作用，才能够使法律面前人人平等，以及追求社会公平、正义这一人类法治文明的根本目标得以实现，而法典和法典化是法的统一作用的最高境界（当然，法典和法典化以及法的统一作用也存在不足之处，这一点后面再叙）。[71]

第四，法典是一个具有内在本质联系的整体，要把调整一定法律关系的相关规则（规范）按照一定的顺序、内涵、逻辑排列组合在一起，它不是各项单行法律的简单汇集。因此，法典化和法律汇编是有本质区别的。[72] 有学者就两者的区别专门进行了辨析，提出了四个方面的不同，其中本质的差异就在于是否实现了规范的体系化。[73] 也有学者提出了“类法典化”的概念，以更加细化的方式

---

[70] 有学者指出，1804年《法国民法典》200多年的发展历程表明了民法典在重铸法国社会进程中所无法替代的重大作用。它增进了国家的凝聚力，使得整个国家团结在自由、平等、责任和世俗性等基本价值周围。参见石佳友：《解码法典化：基于比较法的全景式观察》，载《比较法研究》2020年第4期。

[71] 有学者更进一步认为，法典不仅是国内法在形式上实现“一体化”（统一）的重要方式之一，而且也是全世界法律“一体化”的重要方式之一。参见严存生：《对法典和法典化的几点哲理思考》，载《北方法学》2008年第1期。

[72] “体系性被确定为是法典的核心特征；法典化并非对现有法律规则进行简单的汇编，而是要形成一个理性化的体系。”参见石佳友：《解码法典化：基于比较法的全景式观察》，载《比较法研究》2020年第4期。当然，也有学者明确反对体系型法典，认为其劣于汇编型法典。参见朱明哲：《法典化模式选择的法理辨析》，载《法制与社会发展》2021年第1期。

[73] 法典化不同于法律汇编之处是法典具有形式的一致性、内在的一致性、逻辑上的自足性、内容上的全面性。参见王利明：《民法法典化与法律汇编之异同》，载《社会科学家》2019年第11期。

来阐述法典化与前法典化时代民事立法方法的水平和质量,以进一步明确法典化的内涵以及其价值追求。[74] 对此,笔者完全赞成,并进一步认为:法律汇编是单行法律数量的结合,是“一口袋的马铃薯”,法典是按照一定的法律关系对相关的单行法律重新进行整合编辑,从而组成的一部完整的体系化的法律文件(文本),是“粉碎了马铃薯的一袋土豆泥”。法典不只存在法律、法规量的增加,也存在对法律、法规进行重新组织以后的质的飞跃。从这个意义上说,有学者认为法典化包括两个方面:一是法典,二是法律汇编,即体系型法典和汇编型法典。[75] 这是可以作进一步细化分析的。也就是说,法典化可以分为宽泛含义的和严格含义的,宽泛含义的法典化包括了法律汇编,而严格含义的法典化就是编纂体系型法典,凸显体系性和完备性。[76] 也就是说,严格意义上的法典化,必须是编纂法典的创造性活动,仅仅是将已经颁布实施的各项单行法律汇编在一起出版,不能认为是法典化,因为它没有改变原有法律的性质,也没有提升原有法律内容和水准。[77]

值得注意的是,我们应如何看待罗马的《国法大全》?《国法大全》也是一部法律汇编,但为什么它的法典属性几乎得到了世界各国学者的认可呢?在古代世界三大法律文明中,《汉谟拉比法典》是一部独立的法典,《唐律疏议》也是一部独立的法典,因此对于它们的法典属性没有什么人会质疑。而《国法大全》是由四部法律组合而成,其中《优士丁尼法典》和《优士丁尼新律》,均是法律汇编(皇帝敕令的汇编),不是内容完备、体系科学、逻辑严谨的法典。而《学说汇纂》是学者著述的摘编汇录,与一般意义上法典也有区别(《唐律疏议》虽然也是一部律学著作,但它是依据500余条唐律条文排列、解说、注疏的)。另外一部《法学阶梯》,其基础只是著名法学家盖尤斯编写的一本体系化的法学教材,与一般意义上的法典似乎也不完全相同。那么,为什么学术界还是认为《国法大全》是法典化的成果呢?

---

[74] 参见杨立新:《我国民法典对类法典化立法的规则创新》,载《中外法学》2020年第4期。

[75] 参见朱明哲:《法典化模式选择的法理辨析》,载《法制与社会发展》2021年第1期。

[76] 参见张明楷:《刑法修正案与刑法法典化》,载《政法论坛》2021年第4期。

[77] 陈卫东也指出,法典化分为狭义和广义以及静态和动态两种,并就此进行了详细的分析。参见陈卫东:《论刑事诉讼法的法典化》,载《中国法学》2021年第3期。

对此,笔者认为主要有两个原因:一是不管《国法大全》是法律汇编,还是学者著述的摘编,抑或法学教材,里面四部法律文件都是以法典的身份来颁布的,都是有法律效力的。[78] 二是《法学阶梯》已经不是原本盖尤斯的那本教材《法学阶梯》了。经过法典编纂委员会的努力,《法学阶梯》在盖尤斯《法学阶梯》的基础上,已经脱胎换骨了,已经从一本法学教材变成了一部真正意义上的法典。具体而言,在内容上,立法者对盖尤斯的《法学阶梯》的总论作了两点修正:一是用自然法、万民法和市民法的三分法取代了万民法(自然法)和市民法的两分法;二是将元老院的决议明确定为法的渊源之一。在人法上,作了三点修正:一是大大减少了关于罗马市民权之取得的说明,因为公元 212 年以后所有罗马帝国境内的自由民都取得了罗马市民的资格。二是消除了关于跨国婚姻和基于市民权错误缔结的婚姻的说明。三是将子女因担任高级祭司脱离家父权的规定改为子女因成为高级贵族脱离家父权的规定,以适应基督教成长的需要。在物法上,对要物合同、债的发生、委任的类型、遗嘱的形式、遗赠的方式、盗窃的种类、诉讼担保方式、损害赔偿之诉等作出了新的规定。在整个内容上,增加了正义和法学的定义、公法和私法的区分、信托替补制度、准私法之债、法官之职责、公诉等 26 处概念、原则和制度。此外,立法者还删除了 20 多处盖尤斯《法学阶梯》中原有的至 6 世纪已经不合时宜的重要内容。[79]

翻译和研究(优士丁尼)《法学阶梯》的学者徐国栋认为,该法典虽然沿用了盖尤斯《法学阶梯》的名字,但 4 卷 830 段文字(说明、规定、阐述)中,只有 307 段来自盖尤斯,其他的都是修改补充和增加的。此外,法典还借鉴了乌尔比安、保罗、莫特斯丁、马尔西安、弗罗伦丁、尤里安、赫尔摩格尼等著名法学家的作品,利用了许多皇帝的敕令。尤其是法典增加了许多公法的内容,这使它和盖尤斯的《法学阶梯》形成强烈的反差:后者是一部比较纯粹的私法教材,而(优士丁尼)《法学阶梯》则具有了相当的公私法混合属性。所以,(优士丁尼)《法学阶梯》虽然模仿了盖尤斯《法学阶梯》的名字和框架体系,但也有许多依据时

---

[78] 参见[德]莱因哈德·齐默尔曼:《法典编纂的历史与当代意义》,朱淼译,载《北航法律评论》2012 年第 1 辑。

[79] 参见徐国栋:《优士丁尼〈法学阶梯〉评注》,北京大学出版社 2011 年版,第 17～19 页。

代变化、社会发展所作出的重大修改,它实际上是一部重新创造的法典。[80] 正是(优士丁尼)《法学阶梯》这些立法内容和特点的创新,使其具备了完备性、体系化的法典特征,使以它为主要组成部分的《国法大全》成为全世界立法者和法学专家公认的法典和法典化的楷模。甚至在13世纪古代“法典”一词被刚刚激活之时,“法典”所指的就是《国法大全》。[81]

第五,在法典和法典化的讨论中,学者们经常会提出法典和法典化的不足,[82]认为法典一旦颁布以后就是静态的,而社会则是动态的,永远在发展、变化的,所以法典无法承担规范、调整社会生活以及各种法律关系的重任。法典化试图将社会上所有事项都纳入其规定之中,将丰富多彩、光怪陆离的社会生活用单薄、有限的法条予以规定,因而无法适应社会发展、变化的现实。法典追求的法的安定性只存在于一个“以静态和均质为特征的社会中”[83]。尤其是在当代信息社会、网络时代,法典和法典化的局限性更加突出,因而应当一事一议,对一个法律关系制定一项法律,以便更加灵活地满足社会的发展变化的无限性。如日本近20年来就针对一个个法律关系制定了《特定非营利活动促进法》(1998年)、《关于任意监护契约的法律》(1999年)、《关于电子署名及认证业务的法律》(2000年)、《关于电子消费契约及电子承诺通知的民法特例的法律》(2001年)、《关于加快建设居民住宅的法律》(2002年)、《关于性认知障害者变性特例的法律》(2003年)、《遗失物法》(2006年)等。

笔者认为,上述法典和法典化的不足,也是所有成文法律的不足,不能仅仅归责于法典和法典化。习俗、惯例等习惯法一旦成文,固化成文本、文件,便成为一项高于社会又指导社会生活的理念、原则和制度。因此,只要是成文的法律文件,不管是法典,还是单行法律,抑或是行政法令,又或是法律汇编,便产生了一个如何与社会有效互动、适应社会的不断发展变化的难题。而笔者认为,这也是法律成长、进化、发展的规律之一:成文的、固定下来的法律,是永远跟不

---

[80] 参见徐国栋:《优士丁尼〈法学阶梯〉评注》,北京大学出版社2011年版,第16页。

[81] 参见石佳友:《解码法典化:基于比较法的全景式观察》,载《比较法研究》2020年第4期。

[82] 近年国内关于法典化的详细讨论,参见瞿郑龙:《新时代法典化的法理——“法典化时代的法理研究”学术研讨会暨“法理研究行动计划”第十五次例会述评》,载《法制与社会发展》2021年第2期。

[83] 朱明哲:《法典化模式选择的法理辨析》,载《法制与社会发展》2021年第1期。

上社会生活的日新月异的发展变化的。正是法律发展的这一规律,给我们包括全世界的立法者以重大的使命,即在既定的条件下,将人类的主观能动性发挥到极致,使制定出来的法律尽可能好地、久一点地引导社会的进步和发展。这里,主要有6个方面的立法和司法措施(智慧)可以弥补:一是“立法宜粗不宜细”,对法典的框架体系尽可能地多留修改增补空间。二是立法适当超前。笔者曾经把社会和法律比喻为小孩和衣服,如果做出来的衣服对小孩来说非常合身,那这件衣服可能只有一两年的寿命,因为小孩一直在长高、长大,一两年后衣服就不能穿了。而如果做出来的衣服小孩穿了感觉比较大,那这件衣服小孩就可能多穿几年。[84] 法律也是,如果制定出来的法律比较超前,那它就可能多生存一段时间,不会刚刚颁布就马上面临修改的问题。法典应该具有这一特征。[85] 三是吸收前述广义上的法典化即汇编型法典化的优点,以特别法和单行法来予以补充。四是发挥法官的积极能动性,通过“违宪审查制”等方式,通过创设判例,使法律适应社会的发展。五是加快法律包括法典的废、改、立、释的步伐,使法典尽可能地适应社会的日新月异的发展变化。六是可以制定法律修正案,使基本上不变的法典本体,适应日益复杂的社会生活。中国的刑法修正案,就是比较成功的范例。

以上的6项立法司法措施如果能够贯彻得好,甚至做到极致,那么,法律包括法典就可以比较好地适应社会的发展进步。《美国联邦宪法》232年、《法国民法典》217年、《奥地利普通民法典》210年、《日本民法典》123年、《德国民法典》121年、《瑞士民法典》114年、《瑞士债务法》110年的适用历史,就很好地说明了这一点。[86] 这说明,即使法律包括法典永远跟不上社会生活发展变化的步伐,但只要我们坚持做到科学立法、民主立法,法律制定出来以后能够不断调整、时时创新,也是可以使法典适应社会发展变化的。

第六,考虑到上述法律与社会之间永不停止的互动关系和社会生活的无限

---

[84] 参见何勤华:《立法超前——法律运行的规律之一》,载《法学》1991年第4期。

[85] 实际上,立法超前还有一个重要的功能,就是可以让法律对社会生产、生活、风尚具有引导(引领)的作用。如果立法没有适当超前,就不可能具备这一“良法善治”的功能了。

[86] 参见[德]赖因哈德·齐默尔曼:《欧洲私法的法典化:〈欧洲共同买卖法〉视角下的历史反思》,刘剑峰译,载《经贸法律评论》2020年第4期。

繁复,仅靠一部法典,即使它再完备、再系统、体量再大,也无法穷尽种种社会关系。因此,第二次世界大战结束以后,出现了“解法典化”的现象。“解法典”的概念最早是由意大利法学家纳塔利诺·伊尔蒂于 1978 年在其作品《解法典时代》中提出的。[87] 之后,许多西方法学者从不同角度对此进行了分析。由于“解法典化”是法典之外的特别立法造成的,所以也称“解法典化”为“非法典化”。他们认为大陆法系国家 19 世纪的法典模式的法律体系正在变革和转型,随着民法典作用的衰微和宪法权威的树立,“非法典化”的趋势已成定局。[88] 简单来说就是原本由民法典领域所涵盖的问题,却产生了众多微观的法律制度,诸如涉及城市土地租赁、耕地租赁、知识产权、公司行为、公司证券的上市与交易等法律制度。这些法律制度不仅仅是对法典的补充,而且常与法典并驾齐驱。换言之,对于传统的民法典而言,特别立法移走了原属于它的法律领域的内容,因此使它面临着“解法典化”的趋向。[89] “解法典化”的情况,不仅存在于民法领域,其他部门法领域也有很多。

进入 21 世纪以来,由于“解法典化”之后,各个法域所出现立法(单行法、特殊法等)的分散化等问题的不断加重,[90]以及法典本身所具有的统一、创新、规范简约、可接受性和有效性、定向和稳定化、减负、标准化、模范等诸多重要功能,[91]自人类三大古代法律文明开创的法典和法典化之经验重新受到学术界和立法者的重视,从而出现了在保留单行法、特殊法等多元化法律形式的基础上,在一些重要的部门法领域,重新编纂(修改)法典的运动,即“再法典化”的运动。[92]这一运动的最新成果,就是《中华人民共和国民法典》的颁布实施。不仅如此,

---

[87] 参见纳塔利诺·伊尔蒂的《解法典时代》一书,该书已经由薛军译成中文。载徐国栋主编:《罗马法与现代民法》(第 4 卷),中国人民大学出版社 2004 年版,第 80 ~ 107 页。关于“解法典化”问题的深入讨论,参见张礼洪、高富平主编:《民法法典化、解法典化和反法典化》,中国政法大学出版社 2008 年版;陆青:《论中国民法中的“解法典化”现象》,载《中外法学》2014 年第 6 期。

[88] 参见高富平:《民法法典化的历史回顾》,载《华东政法学院学报》1999 年第 2 期。

[89] 参见刘兆兴:《比较法视野下的法典编纂与解法典化》,载《环球法律评论》2008 年第 1 期。

[90] 参见朱明哲:《法典化模式选择的法理辨析》,载《法制与社会发展》2021 年第 1 期。

[91] 参见[德]沃尔夫冈·卡尔:《法典化理念与特别法发展之间的行政程序法》,马立群译,载《南大法学》2021 年第 2 期。

[92] 参见徐涤宇:《解法典后的再法典化——阿根廷民商法典启示录》,载《比较法研究》2018 年第 1 期。

“再法典化”的运动,还延伸至刑法、刑事诉讼法、行政法、经济法、环境法、知识产权法等法域。“再法典化”和传统的法典化的最大区别在于其突出法典的开放性,除强调法典的核心地位之外,还重视其他法律渊源,如判例、习惯、学理、道德等(当然还包括单行法、特殊法)的作用。[93]

经过上述法典化、解法典化和再法典化的曲折历程,学术界慢慢达成了共识:治国理政的比较好的法治模式是法典与法律,综合法与单行法,基础法与专门法的结合,共同组成一个比较系统完备的法律体系。前者规定社会关系的基本领域、主要方面、根本事项,后者则紧跟形势、拾遗补阙、随机应变,满足社会生活的多样化和多元化。而这一认识,也是古代世界人类三大法律文明法典化留给我们的历史遗产之一。在古代美索不达米亚,除了《汉谟拉比法典》等综合性、基础性的法典之外,还有《乌鲁卡基那立法》《X 法典》等单行法律,《苏美尔亲属法》《租牛法典》等特殊法律,以及国王的敕令等。在古代中国,除了《永徽律》等法典之外,还有令、格、式等,以及判例等单行法和特殊法。古代罗马,在共和国时代,除了《十二表法》之外,还有公元前 367 年的《李锡尼 - 绥克斯图法》,公元前 326 年的《波提利阿法》,公元前 287 年的《霍腾西阿法》等一批单行法律。除了法典以外,还有皇帝敕令、裁判官告示、法学家著述和解答以及习惯法等。正是在传承人类法律文明的经验和智慧的基础上,我们形成了以法典为核心,由单行法和特殊法辅助的当代法律体系和法治体系,并在民法领域获得成功的基础上,逐步推介至刑法、刑事诉讼法、行政法、经济法、环境法、知识产权法等领域。

---

[93] 参见石佳友:《法典化的智慧——波塔利斯、法哲学与中国民法法典化》,载《中国人民大学学报》2015 年第 6 期。

清代法律渊源考*

法律渊源(德语为 recht s quellen,英语为 sources of law),即法的表现(存在)方式,是法学的基本范畴之一,也是法学研究的一个重要课题。① 对一国法律渊源的研究,比对其法律体系的研究更具有立体感和深度。因为法律体系比较侧重于法的静态组合;而法律渊源则更侧重于法的动态运作,它关心的是,一国的司法审判实践依据的是哪些规范。是由特定国家机关通过法定程序制定出来的成文法规,还是被国家认可的不成文的习惯,抑或是在司法中被遵循的判例,乃至法学家个人的著作、学说?②

清代作为中国封建社会最后一个王朝,其司法机关适用的法律渊源也是中国古代历史上最为丰富的。对其法律渊源进行专项研究,不仅可以获取中国古代法律适用的典型图像,也可以进一步帮助我们理解中国古代法律渊源在近现代中国的变异和影响。当然,中国古代并无"法律渊源"一词,该词是西方法律语境中的概念。但由于它对司法实践中适用的法律规范具有正确的概括力和抽象表述的能力,所以这里还是使用了"法律渊源"这一基本概念。

---

* 本部分原载于《中国社会科学》2001 年第 2 期。

① 在西方,无论是古罗马法学家盖尤斯的名著《法学阶梯》,还是近代法学大师萨维尼、祁克和惹尼(Gény,1861~1959 年)的作品,首先涉及的课题都是法律渊源。

② 从法理学角度来看,法律体系和法律渊源的另一个重要区别在于,法律体系往往表现为立法上的概念,而法律渊源则是执法上的范畴。比如,英国加入欧洲联盟之后,就它的法律体系而言,已经包括了欧洲联盟法;而就它的法律渊源而言,假如它还未适用过欧洲联盟法,那么欧洲联盟法尚未成为其法律渊源。顺便说一句,日本学者在谈及法律渊源时,一般也是从执法角度谈的。参见[日]滋贺秀三:《清代中国の法と裁判》,创文社 1984 年版,第 269 页。

在中国法律史和法学史研究领域，对清代法律渊源的研究尚未系统展开，已经发表的零星成果往往是从成文立法角度阐述此问题，而且学者之间也缺乏基本共识。笔者认为，弄清某一时期法律渊源的实际状态，必须深入这些法律渊源的具体运作过程中去。为此，笔者研读了清代一批典型的判例文献，如《刑案汇览》《刑案汇览续编》《驳案新编》《驳案新编续》《汝东判语》《樊山判牍》《徐雨峰中丞勘语》《吴中判牍》《鹿洲公案》等，有了一些心得。下面，归纳总结律例、习惯、判例、情理乃至律学著作等在清代司法运作中的状况。向学界同仁做一汇报，并求正于诸贤。

一

在清代的法律渊源中，最为重要和基本的，当然是律和例了。

在清代，律，就是大清律；例，就是条例。清王朝建立后，曾于顺治四年（1647 年）、[③]雍正三年（1725 年）[④]和乾隆五年（1740 年）分别颁布了《大清律集解附例》、《大清律集解》和《大清律例》三部正式的成文法典。最后定本律 436 条，附条例 1049 条。学术界比较一致地认为，大清律吸收了唐以后各朝代大法的精华，是统治阶级成熟的意志的表现。自乾隆五年（1740 年）定本以后，至清王朝解体，律文不再有增损，而顺应社会发展、不断调整变化的是例。例不断增补，至同治年间已达 1892 条。[⑤] 关于例的来源，主要有两个方面：一是皇帝的诏令，以及皇帝对臣下奏议等文件做出的批示（上谕）；二是从刑部就具体案件所做的并经皇帝批准的判决中抽象出来的原则。

---

③ 关于顺治律的颁布时间，学术界尚有争议，有顺治二年（1645 年）说（田涛）、三年（1646 年）说（通说）、四年（1647 年）说（戴炎辉、苏亦工）和五年（1648 年）说（武树臣）等。《大清律集解附例》卷首所载清世祖福临题写的"御制序文"标明的时间为顺治三年五月；顺治四年三月二十四日曾有大学士刚林等关于题请颁布新律的上疏；《清实录 · 世祖章皇帝实录》卷三一顺治四年三月乙丑条有记载："大清律成，命颁行中外。"故完整的说法应是：顺治律完成于顺治三年，颁行于顺治四年。

④ 雍正律的颁行时间也有五年（1727 年）之说。参见郑秦：《清代法律制度研究》，中国政法大学出版社 2000 年版，第 36 ~ 37 页。

⑤ 《清史稿 · 志》卷一四二《刑法一》。

关于律和例在清代司法实践中是否得到严格贯彻的问题，学术界的认识并不一致。大部分学者认为，《大清律例》是得到严格遵守的。但也有部分学者认为，在清代，例是得到遵守的，但律的遵守并不严格。⑥ 由于例基本上是皇帝在适用律文之基础上颁发的敕令，且数量众多，因此，它的适用往往冲击了律的执行，出现了以例代律、以例破律的情况。⑦

那么，实际的情况到底如何呢？笔者通过对上述判例文献的研读，分析出清代律例的适用共有七种情况：

第一种情况是，律文被严格遵守。这种情况在刑事案件中尤为突出。《大清律例》"刑律·断·罪引律令"条明确规定："凡（官司）断罪，皆须具引律例，违者，笞三十。"《刑案汇览》卷三七还记录了皇帝上谕：官员承问引律不当，将应拟军流以下之人错拟斩绞者，府州县官降三级调用。⑧ 因此，在清代，审案时认真、审慎地引用律文是一条基本原则。县府衙门及刑部在审理案件时，反复推敲各案的具体情节，层层分析，寻找与其最为"允协"的律文。从《刑案汇览》等案例汇编来看，判案不引用律文的极少，司法机关在定罪量刑时首先出现的用语往往是"查律载……""依……律，拟……"。

第二种情况是，没有律文可引时，审判机关一般以例文为准。"查例载……""依例……，拟……"也是各判例文献中的基本用语。如嘉庆中叶，内务府包衣旗人海寿，因违反伊父教令被呈送发遣黑龙江当差，在配不服管束，被当地将军销除旗档，改发云贵两广与民人一体管束。适逢嘉庆二十五年（1820年）八月二十八日恩诏释回。该犯仍不悛改，时常醉闹，兹经伊母恳求发遣，内务府遂将其照民人之例发遣新疆为奴。对该案的处理，大清律并无专条，内务府的决定完全是遵照了例的规定："旗下另户人等因犯逃人匪类及别项罪名发

⑥ 马伯良在《唐律与后世的律》一文中说，在清代，人们并没有继续"使用这些法律（指唐律及明、清律），律条是作为一个死亡了的过去的神圣遗物而继续存在的，实践中被使用的是其他法律形式"。参见高道蕴、高鸿钧、贺卫方编：《美国学者论中国法律传统》，中国政法大学出版社 1994 年版，第 259 页。

⑦ 参见张晋藩主编：《中国法制史》，群众出版社 1982 年版，第 303 页；游绍尹主编：《中国法制通史》，中国政法大学出版社 1990 年版，第 267 页；［美］D. 布迪、［美］C. 莫里斯：《中华帝国的法律》，朱勇译，江苏人民出版社 1993 年版，第 62 页。

⑧ 参见《刑案汇览》卷三七，"金刃伤深透内不得照破骨论"。

遣黑龙江等处，不行改过复行犯罪，即销除旗档，改发云贵两广极边烟瘴与民人一体管束。又，触犯父母发遣之犯，遇赦释回后再有触犯，复经父母呈送发往新疆给官兵为奴。”⑨清中叶以后，各级审判机关在处理贩卖鸦片、涉外贸易、华洋诉讼等案件时，基本上也都是适用条例。从笔者接触的材料来看，在清代的司法实践中，无律文或律文不合适时引用例的约占刑事案件的1/5左右。

第三种情况是，既适用律，又适用例。在《刑案汇览》《驳案新编》中，这样的例子很多。如《驳案新编》卷十“轮奸·赵二虎”一案，赵二虎见狄元魁出门，其女儿狄有姐孤身在家，遂起意邀周黑虎前去轮奸。在处理此案时，刑部不仅引用律，也适用例：“臣部查例载，轮奸之案，审实俱照光棍例分别首从定拟。又，光棍（例）为首者斩立决，为从者绞监候。又，律载：强奸者绞监候，未成者杖一百，流三千里。（律）注云：若以强合以和成犹非强也等语，是强奸与轮奸之犯，罪名轻重不同。”此案中，刑部最后依律及律注将赵二虎核定为轮奸犯，并依例处以斩立决。

第四种情况是，既无合适的律文，又无相应的条例可以适用时，审判机关一般会寻找最为接近的律例，类推比照适用。如《大清律例》有孀妇守志因亲属逼嫁自尽而加以旌表的规定，但对有夫之妇未做规定。在《驳案新编》卷四“逼嫁有夫堂妹自刎·李金钊”一案中，刑部就认为，“查有夫之妇因亲属逼嫁自尽，例无旌表明条，……应比照孀妇守志因亲属逼嫁自尽之例……”。又如，《驳案新编》卷五“擅用赦字世表字样拟徒·韦玉振”一案记载：乾隆四十三年（1778年），江苏韦玉振于引述家谱内妄用“赦”字、“世表”字样，该省巡抚照违制律处杖一百、衣顶褫革、折责发落。刑部认为，韦玉振虽无悖逆，“然（妄用“赦”字、“世表”）究属僭疾，非仅违制可比”；“但查律例内，并无僭妄治罪专条。例得比照引用。查律载：僭用违禁龙凤纹者，杖一百，徒三年”。最后，比照此律处韦玉振杖一百，徒三年。

第五种情况是，对律文作扩张解释，以扩大法律的适用范围。如在《驳案新编续》卷三“本夫奸所获奸将奸妇杀死奸夫到官不讳·貊应瑞”一案中，安徽民

---

⑨ 《刑案汇览》卷一，“旗人发遣改发释回复被呈送”。

人貊应瑞之妻张氏与王幅多次通奸,被貊应瑞撞破后受到责打,仍不思悔改。后王幅买馍送与张氏,在巷道内共坐谈笑,被貊应瑞撞见,张氏被貊应瑞殴死。安徽巡抚据杀奸处为非奸所而判奸夫、杀者(本夫)各杖一百,徒三年(依律,如系奸所杀死奸妇,本夫为杖责,奸夫为绞候)。刑部认为:“平日未经和奸之人,一男一女面见然一处,亦涉调戏勾引之嫌,况王幅素系该氏奸夫,今复同坐说笑,其为恋奸欲续情事显然。是同坐既属恋奸,巷道即属奸所。律载非奸所一条,非谓行奸必有定所,亦不必两人正在行奸之时。巷道之内,奸夫奸妇同坐一处不可不谓之奸所。”故此案中本夫貊应瑞杀死奸妇张氏,应定杖责,而奸夫王幅则定绞监候。嘉庆批准了此判决。显然,此案中刑部扩张解释了律文中“奸所”的含义,从而创立了一项判例法规则,事实上完成了一项新的立法。

第六种情况是,以例改律、以例破律。由于律文变化很小,有时确实不能适应社会发展的需要,故通过例来对其进行补充或修正的情况也是很多的。这也可以理解为以例改律、以例破律。在《刑案汇览》卷八“捩刀匪徒奸占良妇情节凶横”一案中,田二和其父田坤、弟田三都是捩刀匪徒,素来横行乡里。田二先后奸占民妻谢氏、张氏,田三也强行奸占民妻王氏为妾。山东巡抚和刑部山东司在定案时依据“豪势之人强夺良家妻女奸占为妻妾律”将田二拟绞监候,田坤、田三依棍徒例拟军。皇帝在复核此案时指出:田二等作为捩刀匪徒本来就应当受到法律的惩罚。现在田二又多次奸占民妻,横行乡里,实属罪恶之极。照律判处绞监候未免太轻,应加重判以绞立决。并下旨:嗣后,如有类似案件,均照此案办理。此案中,原有的律文没有涉及捩刀匪徒这一层次,皇帝以例破律创制了新的量刑原则。

像上述以例改律、以例破律的情况在《刑案汇览》《驳案新编》中还是比较多的。但这种现象,并不能说明在清代,律文已经不重要了,或者像有的学者所说的那样,例的地位高于律。而只能说,乾隆五年(1740 年)以后,由于清政府不再对律文进行修改、补充,律文无法根据社会的发展变化适时作出调整,不能满足社会的需要,因此,不得不用例来对律文规定的“盲点”进行救济。

第七种情况是,以新例破旧例。乾隆五十六年(1791 年)江苏省拿获私盐罪犯谢鸿仪、孙元梅等。孙元梅是监生,窝藏私盐有四千斤之多。按旧例“监生犯事,罪应发遣者,例只发往当差”,不必为奴。刑部认为,孙元梅“恃符庇匪”,不能因他是监生就可以免其为奴,“应将该犯发黑龙江给披甲人为奴”。乾隆认为刑部的意见非常正确。于是在名例律的“徒流迁徙地方”条后续纂了一条新例:“进士、举贡、生员、监生犯事,如只系寻常过犯,不致行止败类者仍照旧例办理;若系党恶窝匪卑污下贱,罪应发遣黑龙江等处者,俱照平人一例问拟,发遣为奴。”⑩

有学者认为,中国古代的司法实践都是以皇帝的意志为转移的,皇帝在律例适用中起着关键作用。⑪ 这种说法与清代司法实践并不完全相符。虽然在理论或制度上,皇帝在适用法律时享有不受限制的自由裁量权,但事实上,皇帝在判案时,也不能随心所欲,要受当时的各种社会关系、统治秩序、政策等因素的制约。《刑案汇览》中有一个案件,嘉庆皇帝阅后认为不妥,下令重审,但刑部官员固执地抵制,最后,嘉庆无可奈何地同意了刑部的意见。

晋抚(山西巡抚)咨:孙伦元因窃锯孙守智树枝,被殴后自缢身死一案。查:孙守智系孙伦元无服族孙。因孙伦元窃锯树枝,该犯用枣木铁锆钩背殴伤孙伦元右胐脉,并臁肕偏裹骨折。嗣孙伦元因行窃被殴,无颜做人,羞愧自缢身死。职等查孙伦元身死之处,系行窃败露,轻生自尽,与人无尤。惟孙伦元系孙守智无服族祖,尊卑名分犹存。该抚将该犯依“折伤成废满徒”律上加一等,拟杖一百,流二千里,与律相符,应请照复。奉批:究因尊长犯窃所致,应令再行查核等因(显然,嘉庆认为处刑太重了一点)。遵查:亲有养赡之义。故“相盗律”内,得以服制递减、免刺;若有杀伤,仍以本律从其重者论。所以轻窃盗而重杀伤也。职等检查,并无办过此类成案。公同酌核,应请仍照前议照复。奉批:既无成案,只可照复[嘉庆元年(1796年)说帖]。⑫

---

⑩　郑秦:《康熙〈现行则例〉:从判例法到法典化的回归》,载杨振山等主编:《罗马法·中国法与民法法典化》,中国政法大学出版社1995年版。这种以新例修改旧例的判例在《刑案汇览》和《驳案新编》中比比皆是,它实际上是通过颁布新例开创了一项新的判例法原则,有时还会从这种以新例破旧例中诞生一系列新的条例。详见《驳案新编》卷三,“斩绞人犯逃后被获分别立决监候·王学孔”。

⑪　参见[日]寺田浩明:《日本的清代司法制度研究与对“法”的理解》,载王亚新、梁治平编:《明清时期的民事审判与民间契约》,法律出版社1998年版,第119页。

⑫　参见《刑案汇览》卷一八,“殴伤行窃族祖成废致令自尽”。对此案的详细评述,可参见[美]D.布迪、[美]C.莫里斯:《中华帝国的法律》,朱勇译,江苏人民出版社1993年版,第258~259页。

当然,在一般情况下,皇帝的意见都是会得到刑部的重视和执行的,修改原有律例,创设新例,主要是皇帝意志所定。但在大部分情况下,皇帝也是严格遵循既定法律行事的。他们还常常提醒各级司法官吏体察其维护法律尊严、保证执法公正的良苦用心。在《驳案新编》卷三一"斩候重犯毋庸声叙不足蔽辜改拟立决·窦十"一案中,窦十持刀砍死夏喜,又砍伤夏三、张禄等4人,畏罪逃逸,后被抓获。巡抚审明定拟,并称该犯情罪可恶,仅按律拟斩监候不足蔽辜,请旨即行正法。乾隆皇帝批示:"此等淫恶凶犯,情节固为可恶,但按律拟以斩候,于法已无可加。若因其情罪较重,只须赶入本年秋审情实,不使久系稽诛。尚非决不待时之犯,乃声叙以为不足蔽辜请即正法,恐无识者转疑为有意从严,所办未免过当。朕办理庶狱,惟期公当,不肯稍存畸轻畸重之见。内外问刑衙门,均当体朕此意。著传谕各督抚:嗣后如遇此等案犯,按律定拟后即夹片声明,赶入本年秋审情实,较之寻常案件归入下年秋审者已属从严。毋庸将不足蔽辜字样声叙。此案除交刑部存记办理外,并著传谕国泰及各督抚奏事之便谕令知之。钦此。"

笔者对《驳案新编》的所有案例做了分析统计,在三十二卷所收的总共312件命案中,皇帝推翻刑部判决做出改判的只有28件,占全部案件的1/10都不到。在绝大多数情况下,皇帝在刑部上报的案卷上,只是批:"旨……余依议,钦此";"旨,依议,钦此";"旨……依拟应斩(绞),著监候,秋后处决,余依议,钦此。"只有极少数案件,皇帝才推翻刑部的意见,做出新的判决。至于不顾律例,不考虑刑部意见,不顾具体案情,随心所欲乱判的事例,从笔者接触的案卷来看,还没有发现。

事实上,皇帝改变律、例的适用,一般都是有其相当理由的,下面试举几例。

康熙二十年(1681年),理藩院处理一案:盗马罪犯阿毕大等5人,被依律判处斩立决,家产妻子,则给失马之人为奴。理藩院上报案情后,康熙指出:"朕念人命关系重大,每于无可宽贷之中,示以法外得生之路。《书》所谓罪疑惟轻也。阿毕大等,家产妻子,既给失马之人,若本犯免死,给与为奴,则失马者,得人役使，于法未为不当。嗣后著为定例。”[13]此案中，皇帝改变法律适用的主要理由，在于减少不必要的杀戮，稳定社会秩序。同时，让罪犯为失马者服役干活，于经济上考虑也是合适的。

嘉庆十年(1805 年)六月二十三日，皇帝在阅刑部上报嘉庆九年(1804 年)河南省秋审情实册中赵芳一案时指出：此案赵芳先与胡约之母赵氏通奸，又因见胡约之妻向氏年轻貌美，起意强奸不从。该犯因胡约向其借钱，即主使将向氏殴逼。向氏仍不依允。该犯辄喝令胡约将向氏殴死。实属淫乱恶极。问拟斩监候入于情实，尚觉罪浮于法。至胡约一犯，先经赵芳与伊母赵氏通奸，因利其资助，并未阻止，已属丧心蔑理。追乘向氏睡卧在床，自行拿住，让赵芳强奸，无耻至极。最后竟听从赵芳主使，殴逼向氏致死，实非人类。“试思寻常故杀妻之案，尚当问拟绞候。其或有因卖奸等项别情起衅者，秋谳时无不予勾。今胡约一犯，该(省巡)抚援照凡人共殴为从减等例问拟流罪，殊属轻纵。刑部照议核复，实属非是。……赵芳著即行处斩，胡约现在流徙何处，著行知该省地方官，即将该犯于配所绞决。所有原拟罪名错误之巡抚、臬司，著该部查取职名议处。……嗣后，问刑衙门遇有似此案件，即将本夫问拟绞候，不得仍照凡人同谋共殴律分别首从定拟，以昭平允而维风教，将此通谕知之。钦此。”[14]此案中皇帝做出改判，完全出于敦清伦理风气的需要。

关于律例在清代法律渊源中的地位问题，最后还须搞清楚的就是，《大清律例》在大量户婚、钱谷、土地、借贷等民事案件中是否得到了适用？换言之，律例是否为清代民事审判的基本法律渊源？在这个问题上，学术界也是有不同看法的。

有些学者认为，在清代的民事审判中，律例是被适用的，但数量很小。清代民事审判的法律渊源是法、情、理，而后两者是主要的。如学者曹文彦认为：“在纠纷解决中，首先依据的是情(human sentiment)，其次是理(reason)，最后才是

---

[13] 《清实录·圣祖仁皇帝实录》卷九八。

[14] [日]滋贺秀三：《清代中国の法と裁判》，创文社 1984 年版，第 235～236 页。

法(law),这是中国人自古以来的传统。”[15]日本学者滋贺秀三也认为:“通常,法官在听讼时一般需要考虑国法中有哪些可作为其判断基准的条款。但是,‘所有判断都必须根据对国法的解释才能作出’这种思想方法,从根本上是不存在的。”[16]

也有一部分学者认为,在清代,即使民事案件的审理,所依据的也主要是律例,其代表为学者张晋藩和黄宗智。张晋藩认为:从现存司法档案中可以看出,依律例断案是清代民事案件审理最基本的形式。其还举了若干的例子予以说明。[17] 黄宗智在对清代所留下来的巴县、宝坻和淡新三地的司法档案进行了详尽的分析之后认为,在清代的民事审判中,经过庭审的案子绝大部分“皆经由知县依据大清律例,对当事双方中的一方或另一方作出明确的胜负判决……同样,那些‘无人胜诉’(在法庭上未明确判定当事人中哪一方为胜诉)的案子也大多依据律例作了判决”,“换言之,在所有案件中有百分之八十七都是明确通过法律加以解决的”[18]。作者接着对这些档案资料进行了详细剖析,以证明上述观点。

上述两种观点,在承认律例是清代民事审判的法律渊源这一点上是一致的,分歧主要集中在清代的民事审判是以情理为主还是以律例为主这一点上。笔者认为,从清代民事审判制度的运作实际来看,第二种观点与事实更为一致。当然,张晋藩的观点尚缺少统计学上的数据支撑,黄宗智的论点也可以被人们认为仅有三地的档案还不足以说明整个清代的状况。事实上,由于清代的民事审判档案浩如烟海,从中进行分析统计并非易事。因此,笔者仅想以上述几部判例汇编来对张晋藩和黄宗智的观点作些补充。

从笔者接触的清代各判例文献来看,在民事审判中适用律例或者其原则的有很多。如在《吴中判牍》[光绪初年(1875 年)苏州太守蒯德模著]中,共收录

---

⑮ [日]滋贺秀三:《清代诉讼制度之民事法源的概括性考察》,载王亚新、梁治平编译:《明清时期的民事审判与民间契约》,第 24 页。

⑯ [日]滋贺秀三:《清代诉讼制度之民事法源的概括性考察》,载王亚新、梁治平编:《明清时期的民事审判与民间契约》,第 29 页。

⑰ 参见张晋藩主编:《中国民事诉讼制度史》,巴蜀书社 1999 年版,第 206 ~ 208 页。

⑱ 黄宗智:《民事审判与民间调解:清代的表达与实践》,中国社会科学出版社 1998 年版,第 78 页。

民事案件44件，当中，除了6件或简单驳回，或用儒家经义进行调解，或依行政权判决[19]之外，其余38件（约占判牍总数的86%）均依据律例的规定及其原则作了明确的裁断。

在主要是处理民间细故的判语集《汝东判语》[光绪九年（1883年）鄞县知县董沛著]一书中，共收录了判语142件。其中，除了38件属于驳回起诉、当庭训诫、调解、退回让族人处理、灾后恤民等之外，其余104件（约占判语总数的73%）均是依照律例或其原则进行处理的。“大清律例为万世不易之经，属在臣民皆应恪守”“国家所以治民者，贵于立法；官长所以治民者，贵于奉法。安有百姓而可违法妄行者乎”，是其判语中的常用语。

在光绪年间清朝名士樊增祥的著作《樊山判牍》中，收录了判、禀、禀词、呈词、恳词、控词、息词、诉词、说单、报呈等455件。其中，判是判语、判书、判账，类似于今天的判决书。但由于在《樊山判牍》中，判很少（总共才8件），其他大量的是呈词和禀词，而这两类都只是樊增祥在当事人的诉状上所做的准否立案的批示。因此，相当多的呈词、禀词中并无判案意见，只是写上“静候集讯勿渎”、“毋得率讼”、“准传唤讯究”、“听候核夺”和“候验伤唤究”等语句，所以，尚无法对《樊山判牍》所收案件的判决原则（所适用的法律）作出准确的统计。但是，仅从这些尚无判决意见的禀词、呈词等判牍中，也可以看出樊增祥在受理各案时的法律意识是很强的。笔者分析了一下，在处理家庭赡养、婚姻、继承、时效、立嗣、借贷、民事诉讼、土地纠纷等一系列民事案件时，适用的准则几乎都是《大清律例》上有规定的条文：

如在卷一“批金李氏恳词”、卷二“批张生法呈词”等案中，适用了孝、反对通奸等规定；在卷一“批张克金呈词”“批吴智呈词”等案中，贯彻了女儿无继承权、平时不赡养就没有继承权等法律原则；在卷一“批宿月生呈词”“批张天祥呈词”，卷二“批张星焕呈词”等案中，贯彻了借贷要有中人，婚姻缔结必须要有媒

[19] 在“李星洲包揽案”中，李星洲自称小甲，把持于友山之婚宴，妄称主人所托，并呈出乾隆年间充役牌票。蒯德模指出：“即使实有其事，凡不便于民者，本县亦将更之。而况其本属无稽耶？”遂将李星洲笞责，牌票注销，小甲名目革除。此判决充分显示出知县可以利用行政权（司法权），自由地处理民事案件。

妁、婚书、主婚人，婚约必须履行和在订婚期内必须完婚等法律原则；在卷二“批临潼民妇王张氏呈词”“批淡成儿呈词”，卷三“批刘宗德呈词”等案中，适用了《大清律例》关于民事诉讼的管辖权和受理程序的规定；在卷二“批宁恒谦呈词”，卷三“批王太山呈词”“批高义章呈词”等案中，适用了关于时效的法律原则；在卷三“批王登义呈词”中，贯彻了法律上的司法时令原则；⑳在卷三“批郭田氏呈词”，卷四“批王丙戌呈词”“批雷世俊呈词”等案中，适用了禁止有妻再娶、禁止弟收兄嫂、不得滥用七出之制、不得收异姓为嗣等法律规定；在卷二“批郝克栋呈词”、卷三“批严改义呈词”、卷四“谭泰盛具控铺伙余祯锡判”等案中，适用了钱债、土地争讼以契约为准，民间借贷不得超过一本一利的法律原则。㉑

当然，由于在中国古代，传统上的国家成文法典主要及于刑事案件，同时，由于民事纠纷细碎繁杂，故在许多场合处理这些诉讼也常常适用民间习惯、人情、天理等。这一点我们将在本文第三部分论及。

二

在清代，习惯法和判例法也是审判机关处理案件时的重要法律渊源。

习惯法，按照《法学辞典》的解释，是指“‘不成文法’的一种。指国家认可

---

⑳ 该案批示为：“姑念严寒减刑之时，从宽准其销案。”可见，它是参考了大清律例关于司法时令的规定。

㉑ 《徐雨峰中丞勘语》（雍正年间安庆知府、江苏按察使徐士林著）的情况稍有区别。该书收录了徐士林所作的判例共 94 件。其中除个别为拐卖妇女、儿童及杀人等刑案外，绝大多数是有关婚姻、继承、房屋、山地、坟墓等纠纷的民事案件。在这些民事案件的处理意见中，徐士林虽然没有明确引用哪条律例，但贯彻的精神则是《大清律例》中与这些纠纷相关的原则。诚如徐士林所言：“律例犹医书本草也。其情事万端，如病者之经络虚实也。不善用药者，杀人，不善用律者，如之。每谳狱定必先摘大略牌示，始发缮文册，吏不得因缘为奸。”与其他司法官吏有所区别的是，徐士林在适用律例时，能够游刃于人情天理之中，故被后人尊崇为神明：“揆之天理而安推之人情，而准比之国家律法，而无毫厘之出入。吁！何其神也”（《徐雨峰中丞勘语》李祖年序）。

并赋予法律效力的习惯”㉒。《牛津法律指南》进一步解释道:“当一些习惯、惯例和习俗在大部分地区已经确定并扎下根,被人们所知晓、承认并被视为具有法律约束力,像建立在成文的立法规则之上的法律制度一样时,它们就被称为习惯法(customary law)。”㉓从以上说明中我们可以得知,习惯法的核心有三个要素:一是虽未成文,但已具有规范的形态(或习惯、或惯例、或习俗);二是在大部分地区通行并被人们所公认;三是具有国家强制力。由于习惯法是西方法律文化中的用语,中国古代并无此概念,因此,学术界对中国古代有无习惯法、习惯法是否为审判机关适用的法律渊源也展开了激烈的争论。

日本学者滋贺秀三强调习惯法本质上是“虽然不成文但在内容上比较确定并能够得到实定化的具体规范”,㉔它或者由当事人在法庭上举证说明,或者被编纂成习惯法典籍。而在中国古代,由于没有这样一种使习惯法获得“实定性的机制”,故中国古代没有习惯法。他指出,抱着寻找上述含义的习惯法的目的,他曾“对史料进行了检索,但结果是从当地民间风习中找出法学上称为‘习惯法’即具有一般拘束力含义的社会规范,并明确地基于该规范作出裁判的案

㉒ 见上海辞书出版社1984年增订版。中国大百科全书出版社于1984年出版的《中国大百科全书·法学》对习惯法所下的定义与此相同,但增加了几项必须具备的条件:长时间为人们所遵守;有明确的规范性;现行法中没有且其不得与现行法冲突;国家认可并有强制力保证实施等。

㉓ David M. Walker, *The Oxford Companion to Law*, Oxford University Press, 1980, p. 328. 在国内学术界,对习惯法做出明确界定的比较有代表性的学者还有高其才和梁治平。前者在《中国习惯法论》(湖南出版社1995年版)中指出:“习惯法是独立于国家制定法之外,依据某种社会权威和社会组织,具有一定的强制性的行为规范的总和。”后者在《清代习惯法:社会与国家》(中国政法大学出版社1996年版)一书中指出:“习惯法乃是由乡民长期生活与劳作过程中逐渐形成的一套地方性规范;它被用来分配乡民之间的权利、义务,调整和解决他们之间的利益冲突;习惯法并未形诸文字,但并不因此而缺乏效力和确定性,它被在一套关系网络中实施,其效力来源于乡民对此种‘地方性知识’的熟悉和信赖,并且主要靠一套与‘特殊主义的关系结构’有关的舆论机制来维护。”笔者这里没有采纳这两种定义,是因为高其才的定义与本文引用的《法学辞典》和《牛津法律指南》的定义大体一致,只是将国家强制力改为“社会权威和社会组织”的强制力,这在社会学上是说得通的。而梁治平的定义将习惯法视为民间法的一部分,是一种地方性的知识,是富有启发性的;但该定义的最大问题是未能分清习惯与习惯法的差异。如果我们在梁治平的定义中,将“习惯法”一词改为“习惯”也是完全说得通的。笔者认为,习惯与习惯法的区别主要在于后者获得了国家强制力(从法学角度)或社会公共权力机关的强制力(从社会学角度)的认可和支持。因此,笔者进一步认为,习惯法作为一种法律渊源,它在形式上虽有独立的形态,但在实质上却无独立之地位,当它被国家立法机关认可时,它就成了国家制定法的一部分(如《德国民法典》第151条、第157条),当它被国家司法机关认可时,它就成为判例法的组成部分(如英国的普通法)。由此,笔者对于将一国的法律分为民间法和国家法也持不同看法(此点本文最后将予详述)。

㉔ [日]滋贺秀三:《清代中国の法と裁判》,创文社1984年版,第354页。

例,实际上连一件都未能发现”。[25]

与其相对,国内学者如梁治平、苏亦工等都认为中国古代存在习惯法,并且是一种重要的法律渊源。[26]

那么,在清代的审判实践中,到底是否适用习惯法呢?从留下来的清代的一些代表性的判例文献中可以得到肯定的回答。据笔者的调查,在清代的民事审判中适用习惯法的判例还是随处可见的:

在《樊山判牍》卷二“批雷昌五禀词”“批郝克栋呈词”,卷三“批杨春显呈词”“批雷邢氏呈词”,卷四“批蔺积玉呈词”等案件中,樊增祥都是以“欠债还钱”“父债子还”等民间习惯作为立案的根据。

《徐雨峰中丞勘语》中也记载了一些适用习惯法的判例,如在卷三“张言万、张含万占弟妇租谷”案中,就将民间习惯和法律精神混合在一起适用。张眉无子,有三女,有庄田六处,妻江氏。立大哥张言万次子张永彪为嗣子。张眉去世前立下遗嘱,将庄田三处分别分给三个女儿,其余的则全部给了嗣子。大哥张言万、二哥张含万心中不快,在遗嘱上不肯签字画押。及张眉去世,就霸占了这些庄田及谷物。江氏等起诉后,中丞徐士林判曰:“江氏所有之产,悉照遗嘱议单管业,张永彪仍归江氏为子,毋得听唆忤逆。其江氏有无应偿言万、含万之债,著户尊张卧南、张克家等秉公清算。……永彪既为眉子,父债子还,应听其自便。”此案中,照遗嘱断案、保护女子的继承权以及女儿与嗣子对分遗产、“父债子还”等虽在一定程度上体现了《大清律例》的精神,但其做法都是民间的习惯。徐士林在此案中,通过适用习惯法,比较好地处理了这一起遗产争讼案件。[27]

㉕ [日]滋贺秀三:《清代中国の法と裁判》,创文社1984年版,第329页。

㉖ 参见梁治平:《清代习惯法:社会与国家》,中国政法大学出版社1996年版,第37页;苏亦工:《明清律典与条例》,中国政法大学出版社2000年版,第51页。

㉗ 此外,在《徐雨峰中丞勘语》卷四“沈瑞告赵威”一案中,徐士林适用了“凡买卖田产,或先出典于他人,立契成交之时未能当下取赎,即于卖价内扣除典价,议令买主措备取赎,价清则买主执业,价未清则仍典主执业,两不相碍”的习惯。应当说,由于我们现在所能看到的判例文献只是清代民事审判记录中很小的一部分,因此,在清代民事审判中适用习惯法的例子肯定要更多一些。启动于清末、完成于民国初年的《民商事习惯调查报告录》曾收录了各地丰富的民商事习惯,这些习惯虽然未必全部为国家认可,但确有不少被审判机关所采纳而成为习惯法。对此,梁治平在《清代习惯法:社会与国家》一书中做了许多论述,本部分不再展开。

在清代,判例法也是审判机关适用的重要法律渊源。

从流传下来的判例文献来看,在清代讲到审判机关适用的判例法时,一般是用“成案”一词。当然,关于清代成案是否起着判例法的作用,学术界也是有争议的。㉘ 从笔者接触的材料来看,清代我国审判机关适用的判例法,主要表现形式为两种:一种是为法院所遵循的成案,另一种就是从具体判例(成案)中抽象出来的原则——例。

成案的含义一般被理解为历年办过的、可以在以后的审案中参照适用的判例。成案有广狭两义。狭义的成案是在律例无规定时比照其他律例条文而形成,㉙并经皇帝批准后通行全国。而广义的成案,则指以前各级司法机关(主要是刑部)做出的判例。其中,有些经秋审定下的命案,虽然没有被定为“通行”,但因为其判决都已经皇帝过目认可,故事实上也常常为各级审判机关所适用。

在清代的法律规定中,成案的适用原则上是被禁止的。《大清律例》“刑律·断罪引律令”所附条例规定:“除正律、正例而外,凡属成案未经通行著为定例,一概严禁,毋得混行牵引,致罪有出入。如督抚办理案件果有与旧案相合,可援为例者,许于本内声明,刑部详加查核,附请著为定例。”换言之,已经著为定例的成案可以适用,而一般的成案是不得作为法律渊源的。但此条例的规定并不彻底,它后半句又规定,假如各督抚引用了合适的成案,那么,就应当声明并请刑部详加核查后著为定例。正是由于《大清律例》的这种暧昧态度,故在司法实践中,虽然刑部下令禁止各督抚引用成案(尤其是年代久远的成案),㉚但实际上在清代司法实际中,成案的适用还是非常普遍的。

道光六年(1826年)湖北民人汪一受先给次子汪洸纶聘魏李氏之女魏幺女

㉘ 如日本学者滋贺秀三就明确认为:在中国古代,“判例法是不存在的”,由于中国古代司法审判的特殊性,“完全不存在产生确定的判例法的基础”(参见《清代诉讼制度之民事法渊源的概括性考察》)。苏亦工也与滋贺秀三持同样见解。虽然,滋贺秀三将这一结论限制在民事审判领域,但如同本文所引用的不少婚姻、继承案件中适用成案所显示的那样,在中国古代,不仅在刑事审判,即使在民事审判中,成案也一直是一种重要的法律渊源。

㉙ 《刑案汇览》“凡例”指出:“成案俱系例无专条、援引比附、加减定拟之案。”

㉚ 《驳案新编》卷一二,“登时杀死奸妇将奸夫拟抵·李王存”一案中当山东巡抚援引30年前的一件成案判处奸夫李王存满徒时,刑部批示:成案与本案情况不同“况远年成案不准援引经臣部奏明通行在案”。最后依律处李王存绞监候。在《驳案新编续》卷三,“拒奸踢伤雇主身死·邵兴”一案中刑部再次重申了不得引用成案的立场。

为妻。不久汪洸纶身亡。汪一受考虑到魏么女虽已受聘,但尚未过门,故请刘辉彩作媒备齐财礼,又将魏么女聘给长子汪洸美为妻。湖北省审理此案时,将听从婚配的汪洸美、魏么女均比照"弟亡收弟妇,如由父母主婚,男女仍拟绞监候例",酌减一等,处以满流;将主婚汪一受、魏李氏,依照"罪坐主婚"的规定处以满流;将媒人刘辉彩,减主婚人一等,处以满徒。刑部复核时,除了认为魏么女未及过门,仍属在室之女,依照"嫁娶违律"律,只应罪坐主婚外,还指出巡抚的判决与成案不符:乾隆六十年(1795 年)奉天府处理了刘七一案,在此案中,刘七娶未婚弟妇为妻,当时只罪坐主婚,男女不坐。因此,刑部认为,本案处理不当,应比照刘七一案改判。最后,处主婚之汪一受、魏李氏杖一百流三千里,听赎;媒人刘辉彩杖一百,徒三年,允许收赎;汪洸美、魏么女"照律不坐,魏么女仍离异归宗,听其改嫁别姓"。[31]

不但刑部和地方司法机关参照成案连皇帝也考虑成案。如在上述奉天府处理的刘七案中,乾隆皇帝曾作批示:"此案该府尹所办颇得情理,自应照复。但此等案情罕见,仍交馆详查从前有无成案可比。如无旧案则自此为始,即传知各司抄存备考。"[32]可见,适用成案事实上是清代法律适用的一项原则。

一般而言,成案是在律例没有规定之情况下适用的,目的是弥补成文法律的盲点。但有时成案也与律例一并适用(如"娶未婚弟妻主婚媒人俱收赎"案),其目的则是求得罪刑最为妥帖。从清代留下来的判例汇编中可以看出,清代审判机关在适用成案时,非常谨慎细致,而且不僵化。以下案例说明了这一点。

温水子年甫十三,因路经邓玉书梨园,摘梨三个,经邓玉书喝骂即行抛弃。邓玉书拉送温水子上官府处治,温水子举耙向殴,邓玉书回殴,致毙。巡抚办案时注意到先前两个相似案例:河南省赵文科因程壬午摘取张大元地内柿果,理斥不服,赵文科近前劝解被骂,气愤踢伤程壬午身死一案,赵文科依斗杀拟绞(监候);又,陕西省题武小孟因刘仰儿等摘伊地内豆角,踢伤刘仰儿身死一案,武小孟依擅杀拟绞(监候),均经照复在案。该抚声称,此二案虽均系摘取田野

---

[31] 参见《刑案汇览》卷八,"娶未婚弟妻主婚媒人俱收赎"。

[32] 《刑案汇览》卷八,"娶未婚弟妇为妻系尊长主婚"。

蔬果、被殴身死，但细核案情，程壬午系路过随手摘取柿果数枚，非窃盗可比，是以照斗杀定拟；至刘仰儿商同刘法儿等偷摘豆角，或用口袋或用钱袋装盛，实属窃盗，是以照罪人定拟。情有不同，故引律亦异，尚非办理参差。今温水子摘取园梨，系属童稚无知，未便以罪人科断，将邓玉书依斗杀律定拟。核与赵文科之案情事相同，似可照复。㉝

在清代，判例法的第二种表现形式就是例，它事实上也是由成案发展而来（主要是对刑部与皇帝处理该案意见的归纳），但与成案相比已经有了巨大的变化，即成案还是非常具体的，有时间、地点、当事人名字、比较详细的案情介绍等，而例则是对成案中包含的法律原则的高度抽象。因此，在例中，已经看不到具体的案情介绍，也看不到当事人的名字等，它所规定的，就是一项或数项法律原则。下面试举几例以说明之。

顺治十八年（1661 年），刑部处理一案：徐胜等人被掳下海为盗贼，后向政府投归，但仍被依律治罪。顺治皇帝批示："近览尔部章奏徐胜等一案。因其被掳下海，旋经投归，仍按律拟罪。但念此辈先虽经从贼，乃能不忘故土，乘间来归。徐胜等已有旨免罪，以后，凡有这等投诚者，俱著免罪。钦此。"㉞根据顺治的批示，经雍正三年律例馆奏准，编辑了如下一条例："被掳从贼，不忘故土，乘间来归者，俱著免罪。"并将其附于犯罪自首律文之后。

乾隆三十八年（1773 年）十二月，江西巡抚处理一案：安福县民姚彬古殴死赎身仆人孔正偶。因孔正偶系姚彬古祖父放赎开户之仆，与姚彬古已无主仆名分，故江西巡抚依凡人论，拟绞。刑部以家长于奴婢毕竟名分攸关，奴婢虽已赎身，但并非转卖义绝。若竟照奴婢科断，又与现在服役之奴婢不同，故议照旗人殴死族中奴婢例减一等定拟满徒，奏准定例，将姚彬古一犯改拟在案。此案中刑部意见和皇帝批示，于乾隆四十三年（1778 年）律例馆修律例时，形成一条例："凡民人殴死赎身放出奴婢及该奴婢之子女者，杖一百，徒三年。"㉟

乾隆四十一年（1776 年），直隶总督审理一案：唐县民于添位等殴死胞兄于

㉝　参见《刑案汇览》卷七，"摘取田园果蔬未便以罪人论"。

㉞　吴坛：《大清律例通考》卷五，"名例律下"。

㉟　吴坛：《大清律例通考》卷二八，"刑律斗殴下"。

添金，于添金之子于瑞救父殴伤胞叔于添位。刑部议复时，遵循乾隆旨意，强调于瑞闻父被殴垂毙，用棍救护致伤伊叔，实属救父情切，与寻常侄殴伯叔者不同，自可量从末减。于是定议，将于瑞改照侄殴伯叔伤者杖一百，流二千里上减一等，处杖一百，徒三年。奏准定例。此案中刑部意见和皇帝批示，于乾隆四十三年（1778 年）馆修入律，形成一项新的条例："凡胞侄殴伤伯叔之案，审系父母被伯叔殴打垂毙，实系情切救护者，照律拟以杖一百、流二千里。刑部夹签声明量减一等，奏请定夺。"㊱

很明显，上述定例已是比较充分意义上的判例法，而由这些定例构成的例的体系，就是中国清代的判例法体系或判例法制度了。㊲

三

在清代有些律、例、习惯法和判例所未能顾及的领域就由情理来规范了。这一点在民事审判中尤为突出。关于情理在清代司法审判中的作用和地位，日本学者滋贺秀三在《民事性法源的概括性检讨——情、理、法》㊳一文中作了深入研究，笔者基本赞同，但有一些观点需要补充。

在上述论文中滋贺秀三主要提出了两个观点：一是在中国清代民事审判活动中，适用的法律渊源是法、情、理。这里的"法"是国法，即《大清律例》；"情"一方面是指具体案件的情节、情况，另一方面是指人情，即"活生生的平凡人之心，一般人们通常可以估计对方会怎样思考和行动彼此这样相互期待，也这样相互体谅"；"理"是指天理，是人们思考事物时所遵循的、也是对同类事物普遍

㊱ 吴坛：《大清律例通考》卷二八，"刑律斗殴下"。

㊲ 郑秦在《论清代的秋审制度》中指出："条例与成案的区别在于，成案是具体案件的判例，而条例则是将其上升为一般适用的法律条文"（见《清代法律制度研究》，第 191 页）；在另一篇文章中，郑秦进一步指出："判例发展到极处也就是法典了"（杨振山等主编：《罗马法·中国法与民法法典化》，中国政法大学出版社 1995 年版，第 212 页）；笔者完全赞同此观点，尽管我们两个人的研究路径不一样——他主要是从条例入手，而笔者则是从判例文献入手。

㊳ 参见[日]滋贺秀三：《清代中国の法と裁判》，创文社 1984 年版，中译文见王亚新、梁治平编译：《明清时期的民事审判与民间契约》，法律出版社 1998 年版。

适用的道理。[39] 二是认为情理是国家法律的基础："一般而言，法律就是情理被实定化的部分，法律也是情理发挥作用的一种媒介，不仅法律本身的解释依据情理而且法律也可因情理而被变通。"他还认为，在清代的民事审判中适用的规范，主要是情理，而不是法律，法律就像浮在情理之海中的一座冰山。[40] 滋贺秀三的这些观点具有一定的启迪意义。但是，他对情理内涵的阐述则可以作进一步的剖析。

滋贺秀三指出，情理可以"理解为一种社会生活中健全的价值判断，特别是一种衡平的感觉"，"是中国型的正义衡平感觉"[41]。这种说法没有错误，但抽象了一点。在另一篇文章中，滋贺秀三指出，情理的主要内容是习惯法；[42]这具体了一点，但由于滋贺秀三是否定在中国清代存在习惯法的，因此，对情理的内涵仍无法准确把握。同时，从滋贺秀三列举的包含有"情理"一词的 13 个民事判例来看，"情理"一词主要指强行性公序良俗，妥协分担损失的折中手法，保持数量计算上均衡的大致标准，调整社会关系整体的原理，等等。[43] 这种列举，虽然使我们对情理的认识更为直观，但在把握"情理"一词时仍显单薄和笼统了一点。因此需要作进一步的挖掘。从清代留下来的一些主要的判例文献中，笔者在滋贺秀三研究的基础上，进一步梳理出一批涉及"情理"的个案，现略举数例。

雍正年间，江南龙溪蔡仁之弟蔡才婚后远出番邦，杳无音讯已数载，家贫难度日，其母陈氏不得已将蔡才之妻凤娘改嫁。徐士林下判："此固事之无可如何，而亦不悖乎情理律例者。"[44]这里，"情理"是指"不应该让妻子长期守空房""人首先应当活下去"等基本的生活道理。

乾隆十八年（1753 年），直隶总督上报一发塚案时称：于二发掘沈氏之棺，剥去衣服、棉袄等，后发现血污、秽臭，故将其烧了，因此没有起到赃物等。刑部

---

[39] 参见王亚新、梁治平编译：《明清时期的民事审判与民间契约》，法律出版社 1998 年版，第 36～37 页。

[40] 参见王亚新、梁治平编译：《明清时期的民事审判与民间契约》，法律出版社 1998 年版，第 40、80 页。

[41] 王亚新、梁治平编译：《明清时期的民事审判与民间契约》，法律出版社 1998 年版，第 14、34 页。

[42] 参见王亚新、梁治平编译：《明清时期的民事审判与民间契约》，法律出版社 1998 年版，第 72 页。

[43] 参见王亚新、梁治平编译：《明清时期的民事审判与民间契约》，法律出版社 1998 年版，第 34 页。

[44] 《徐雨峰中丞勘语》卷四，"蔡仁告张英等案"。

认为此呈报有点不合“情理”。因为第一,此时正是北方的寒冬腊月,尸身未溃,“尸衣何至尽皆污臭”?第二,即使污臭属实,于二是在贫困交加之下才去挖棺盗衣,既已挖取亦必设法拆洗变卖,何至于尽行烧毁?第三,据案卷中称,该犯居住在邻人众多之处所,晾晒衣物尚且怕被人发现,焚烧有臭味的尸衣不是更令人怀疑吗?第四,据案卷称,于二在途拾幼儿零星衣片尚且图存洗净变卖,这次所挖完好衣物岂肯白白烧毁?认为“细核此案,赃无一起,情涉可疑”,驳回让其重审。结果不出刑部所料,沈氏之坟并非于二所盗。㊺ 这里,刑部所说的“情理”,事实上就是事物生存、发展的内在逻辑。

乾隆三十二年(1767 年),河南光州县民龚氏在田牧牛受淫棍张永德侮辱,其兄宋禧气愤之下杀张永德而被捕,龚氏为此自缢身亡。刑部核复宋禧依“罪人不拒捕而擅杀律”拟绞。皇帝认为不妥,将其减一等。理由是“兄妹两命偿淫棍一仑,揆其情理似未允协”㊻。这里,“情理”的含义就是“一命抵一命”的中国传统的刑罚观念。

乾隆三十九年(1774 年)和乾隆四十年(1775 年),乾隆皇帝在刑部上报的鸟枪伤人致死者黄昌怀和盗坟人犯王学孔等人的处刑意见上分别做出批示,认为“与情理未为允协”。因为对前者黄昌怀,刑部仅核准杖一百,徒三年,失之过宽;对后者即没有欠下人命的王学孔、敖子明处以斩立决又失之过严。㊼ 这里所说的情理的内涵,就是指“罪刑相适应”的法律原则。

道光十一年(1831 年),贵州民人周四居丧娶同姓周氏为妻,构成双重违律:既违反“居丧嫁娶”,又违反“同姓为婚”。但初审却以“小民无知”为由,开脱了当事人。刑部批准了此判决,并下帖解释说:“律设大法而例本人情。……该司审办周四居丧娶周氏为妻一案,自系临时斟酌,于律例并无不合,应请照办。”㊽这里,“人情”的内涵显然是指“强制离异事实婚姻者会给双方当事人带来痛苦,也致妇女名节丧失”的道德准则和儒家思想。

㊺ 参见《驳案新编》卷九,“比依发年久穿陷之塚·于二”。

㊻ 《驳案新编》卷五,“非尽羞忿自缢仍准旌表·龚氏”。

㊼ 参见《驳案新编》卷三,“斩绞人犯逃后被获分别立决监候·王学孔”;卷一六,“鸟枪误伤比照捕户致死人命满徒·黄昌怀”。

㊽ 《刑案汇览》卷七,“居丧娶妻可以原情免其断离”。

同治年间,鄞县民饶和延卖休妻子王氏后再来县里告状。知县董沛下判说:“王氏屡易其夫,尔非木偶,何以改嫁邹舜卿旷历一年之久无闻知耶?迨至舜卿涉讼退归母族,王氏复适郑思华,尔方以背逃再嫁来县呈诉。实出情理之外。”㊾这里,“情理”是指“丈夫不会无缘无故地容忍妻子在外生活一年”这一生活常理。

在《樊山判牍》“批蒋善训禀词”“批郑义聚呈词”“批蒋长春呈词”“批雷昌五禀词”“批李连氏呈词”等一系列批示中,樊增祥分别将“情理”诠释为:孝敬父母;惩罚恶人;知足者常乐;男女结婚年龄必须般配;凡女子应当有一个好的婆家;家主与奴仆尊卑分明、等级有序;对老人必须照顾;衙门管理工作必须有连续性;女儿被拐时必须上衙门控告;私人财产所有权必须得到保护;个人的劳动成果应归个人所有;商业交易上之习惯;审理案件必须公平;诉状中遣词造句的逻辑以及起诉凭借的依据等。

因此,在我国清代的司法实践中,作为一种由国家审判机关适用的法律渊源,情理的内涵是极为丰富的,既包括国家大法、民间习惯、法律观念、道德规范、儒家的经义;又包含了外部客观世界存在与发展的内在逻辑,事物发展的道理、规律,与国民性相适应的社会公德、职业道德、家庭美德以及人们的共同生活态度,内心情感,价值取向;还涉及具体案件的案情和法律文书(诉状)的用词和行文逻辑等。情理既是清代司法审判的法源之一,又是清代法律适用的价值基础,其核心则是“至公”“至当”㊿。

从形式上看,情理与英国中世纪的衡平法十分相似:它也是由审判官内心掌握的一种判断基准,目的在于追求原告和被告、罪与罚之间的平衡,修正并弥补国家成文法的僵化和不足。滋贺秀三将情理称为“中国型的正义衡平感觉”恐怕也是在这个意义上说的。但事实上,情理与衡平法尚有很大的差异:一方面,衡平法的具体内容主要是罗马法,比较单纯,而情理的具体内容则比较庞杂。另一方面,衡平法的核心是“衡平”(equity),它是自古希腊时即已在西方

㊾ 《汝东判语》卷三,“饶和延呈词判”。

㊿ “朕……简命大臣,取律又及递年奏定成例,详悉参定,重加编辑,揆诸天理,准诸人情,一本于至公,而归于至当”[乾隆五年(1740年)“御制大清律例序”]。

出现,经历了上千年的发展而深深扎根于西方法律文化中的价值判断,并有建筑在商品经济之上的平等、权利之罗马私法规范的支撑。而情理中虽也有一些平等保护私有权的观念,但主体内容在于维护宗法等级社会中的既定秩序、寻求统治者与民众的和谐。

与情理并列,在清代,律学著作也是审判机关适用的法律渊源。

一般而言,自《唐律疏议》颁布后,对律的注解诠释成为国家法律的重要组成部分,并一直是司法机关适用的重要渊源。在清代,虽然法律本身没有规定律学著作是法律渊源,但在司法机关的实际运作过程中,律学著作经常是审判机关判案的重要依据。

清代适用律学著作的情况主要表现在两个方面。第一个方面,通过《大清律例》的修订活动,将前代的官注与私注编入国家法典。

将官注编入法典的情况,主要是《大清律例》继承了《大明律》中各种官注。如卷一九"兵律・军政・激变良民"条规定:"凡(有司)牧民之官,(平日)失于抚字,(又)非法行事,(使之不堪),激变良民,因而聚众反叛,失陷城池者,斩。(监候。止反叛而城池未陷者,依守御官抚绥无方,致军人反叛,按汉军律奏请)"[51]此条规定中,句末的小注,就是《大明律》卷一四"激变良民"条中律文后所附《集解》文"若不曾失陷城池或激变军人反叛者,比依守御官抚驭无力,致有所部军人反叛律,杖一百,追夺,发边远充军,上请"的改写。经过这么处理,原来《大明律》中的律解,转变成了《大清律例》中的小字注,与律例一起获得适用。[52]

吸收前代私家注律成果的例子,则主要集中在顺治年间编纂《大清律集解附例》时,曾大量吸收了明代律学家王肯堂《律例笺释》[53]和雷梦麟《读律琐言》[54]

---

[51] 圆括号内均为小字注(官注),以下同。

[52] 当然,这种处理也是清代立法者的一番苦心,因为在《大明律》中,立法者还常常引用《大明令》《问刑条例》《明会典》等种种典籍来解释律文,而清代立法者鉴于形势的变化,不得不将这些典籍全部消化改造成为律文官注和例,而与律文融为一体。

[53] 关于王肯堂及其《律例笺释》的详细情况,请参见何勤华:《中国法学史》(第2卷),法律出版社2006年版,第六章。

[54] 雷梦麟的《读律琐言》已有点校重印本,由怀效锋、李俊点校,法律出版社2000年版。

的成果。如《大清律例》卷四“名例律上”中“以理去官”的条例文“子孙缘事革职,其父祖诰敕不追夺者,仍与正官同。若致仕及封赠官犯赃,与无禄人同科”,即采自王肯堂的《律例笺释》。[55] 又如,同卷“无官犯罪”的条例文“无官犯赃,有官事发,照有官参提,以无禄人科断。有官时犯赃,黜革后事发,不必参提,以有禄人科断”,则采自雷梦麟的《读律琐言》。[56]

《大清律例》还将许多明代律学家的律注作为清律律文中的官注(小注)。如《大清律例》卷五“名例律下”中,“称与同罪”条第3款称“‘以枉法论’及‘以盗论’之类,(事相等,而情并重)皆与正犯同,刺字、绞、斩,皆依本律科断(然所得同者律耳,若律外引例充军为民等项,则又不得而同焉)”。律末的小注,就是采自王肯堂的《律例笺释》。笔者清点了一下,在《大清律例》中,吸收明代律学家的私注,编纂为《大清律例》中的例文或夹在律文中间注的情况,共有40余处。如前所述,《大清律例》在清代是得到严格遵守的,因此,其所附的例和律中的注成为审判机关适用的法律渊源,当无疑问。

清代适用律学作品的第二个方面是审判机关直接适用《大清律例》中的注文和清代私家对《大清律例》的注释。

先看看审判机关直接适用《大清律例》中的注文即官注的情况。在《驳案新编》卷二一“夫殴妻致死·郝旺虎”一案中,郝旺虎之妻梁氏与婆婆师氏争吵,郝旺虎在“管教”梁氏时与其发生争执,失手将梁氏扎死。山西巡抚只听郝旺虎一面之词,将郝旺虎“依妻骂之父母而夫不告官擅杀律”处杖一百。刑部在复核时指出:“查律载:妻妾殴骂夫之祖父母父母而夫不告官擅杀者,杖一百。注云:祖父母父母亲告乃坐。又,夫殴妻至死者绞监候。又,例载:秋审可矜人犯,内如有子妇不孝,詈殴翁姑,其夫忿激致毙,与寻常狠斗者不同,俱量为区别,照免死减等例再减一等发落各等语。盖缘子妇不孝,詈殴翁姑,已犯应死,是以其夫忿激致死,止惩其擅杀之罪,予以杖一百。但闺门暧昧,恐因别故杀妻之后,父母溺爱其子,代为捏饰,以脱子罪,故注云:亲告乃坐。此律意防微大闲,所以杜奸

---

[55] 参见吴坛:《大清律例通考》卷四。

[56] 雷梦麟:《读律琐言》卷一中的原文为:“无官犯罪,有官事发,照有官参提,仍以无禄人拟断;有官犯罪,为事黜革,事发,不必参提,仍以有禄人拟断。”

杀之端,而慎重民命也。”最后,刑部依此律文及注,将郝旺虎处以绞监候。[57]

除了官注之外,在清代,私家注释法律的作品如明代王肯堂的《律例笺释》和清初沈之奇的《大清律辑注》[58]等也是审判机关适用的重要法律渊源。如《刑案汇览》卷三九“妻死将妾作妻殴死雇工”一案中,雇工王国栋之妻黄氏不服管教,出言顶撞。主人张氏(系汉军佐领杨玉珏之妾,生育子嗣。杨之正妻已去世,杨告知族人,将张氏扶正为妻)用棍殴伤黄氏,殒命。初审以张氏与黄氏已有尊卑名分,自应照“殴死雇工人”定拟。但张氏系使妾扶正为妻,或照“家长之期亲”定拟;抑或仍照使妾治罪,例无明文,咨请部示。刑部答复曰:“职等查‘扶妾为正’,例无正条。《律例笺释》注云:妻死以妾为妻,问‘不应’,仍改正。”张氏系杨玉珏生有子嗣之妾,比例参观,应以家长期服亲定拟。已死黄氏又系该氏契典服役,已有管教之责。因黄氏傲慢不服,以理殴打致毙。张氏应照“家长期亲殴雇工人、致死”律,杖一百,徒三年。杨玉珏违例将张氏扶正为妻,应照“不应重律”,杖八十,系原任佐领,照例纳赎。张氏应更正。奉批:所议平允,交司照办。

本案中,对杨玉珏处杖八十及将张氏身分更正,就是遵循了王肯堂在《律例笺释》中所做的解释。《刑案汇览》卷一九“乘空盗取搭伴同船托管银两”一案、卷四四“父令子活埋詈骂父母之长子”一案、《驳案新编》卷四“强夺良家妻女奸占为妻·陈相礼”一案等,也都引用了王肯堂的《律例笺释》以及沈之奇的《大清律辑注》的解释。学者陈张富美女士曾经查阅了从1736年至1885年这150年中的9000多个清代案例,发现有21个案例直接引用了沈之奇的《大清律辑注》作为法源,另有12个案例援引了王肯堂的《律例笺释》,7个案例引用了万

---

[57] 在《驳案新编》《刑案汇览》等中,直接适用官注的事例很多。在《驳案新编》卷七“抢夺驳改强盗·农成英”、卷一六“鸟枪误伤比照捕户致死人命满徒·黄昌怀”,《驳案新编续》卷一“自戕夺刀误戳毙命·田正泰”,《刑案汇览》卷一“旗人恐吓亲属财物应销档”、卷五“贩卖鸦片一家共犯罪坐尊长”、卷一二“喀什噶尔私贩引茶易换货物”等案件中,律文中的官注均是审判机关定罪量刑时的依据。

[58] 沈之奇的《大清律辑注》已有点校重印本,由怀效锋、李俊点校,法律出版社2000年版。对其的详细评论,可参见何勤华:《中国法学史》(第2卷),法律出版社2006年版,第六章。

维翰的《大清律例集注》。[59] 她认为，这个比例可能不算高，但考虑到地方官员们知道刑部一般不同意直接引用《大清律辑注》，因而“可能参考了《大清律辑注》但却不直接引证它”等原因，在清代的审判实践中司法官员引用私家法律注释还是一个比较普遍的现象。[60]

当然，在中央（皇帝）高度集权专制的政府体制中，皇帝是不允许私人（包括地方司法官吏）分享国家法律的解释权的。因此，清代的私家律学著作尽管数量众多，但始终停留在律条解释、帮助司法官吏理解律文这一层次上，而并不被法律规定为正式的法源。这大概也是中国古代未能形成职业的法学家队伍、法学的地位不高的原因之一。

关于清代的法律渊源还有大清会典、刑部现行则例、省例、民族地方法规（理藩院则例、苗例、回例等）。关于大清会典，一方面学术界对其是否为法律渊源争议较大，[61]另一方面大清会典的适用在清代的判例文献中也极少出现，[62]故本部分不予讨论。关于刑部则例，因后来被收入条例之中，故放在律例中一并论述。对省例等，则限于篇幅无法展开讨论。

四

通过对上述清代法律渊源的初步梳理，我们可以得到如下结论。

第一，《大清律例》是清代法律的主要渊源，不仅在刑事案件中几乎百分之百地得到了适用，即使在大量琐碎的民事案件中也是得到贯彻的。那种认为

---

[59] 参见苏亦工：《明清律典与条例》，中国政法大学出版社2000年版，第61～62页；何敏在《从清代私家注律看传统注释律学的实用价值》（载《法学》1997年第5期）一文中也指出，通过对“《刑案汇览》的考察发现其中明确提及引用《大清律辑注》等私注观点作为审断案件依据的有近40个案例，他们分别体现在地方和中央司法审判中”。

[60] 参见苏亦工：《明清律典与条例》，中国政法大学出版社2000年版，第61～62页。

[61] 参见钱大群等主编：《法律史论丛》（第4辑），江西高校出版社1998年版。

[62] 滋贺秀三在前述《清代诉讼制度之民事法渊源的概括性考察》中指出：“清朝虽拥有从《大清会典》《会典事例》到各部的‘则例’等很多法制编纂物但它们在判语中被引照之处却几近于无。”这一见解与笔者所调查清代判例文献后所得到的结论是一致的。

《大清律例》只是具文,在司法实践中没有得到遵守的观点是缺乏依据的。同时,在清代,律是基础,例是补充,一般情况下,当某个案子呈送到审判官面前时,他首先适用的是律,只有在律文明显落后于形势发展或没有律文可适用时,才会适用例。那种认为例的地位高于律、在律例并存之情况下首先适用例的观点,与清代的审判实践并不相符。[63] 此外,寺田浩明等日本学者所持的在清代"'法'本来就不是具有确定内容的行为准则,而不过是人们每天在具体情景中就是否合情合理而反复作出评价时的一种权威性参照或准据"[64]的观点也是值得商榷的。

第二,习惯法和判例是审判机关的重要法律渊源,学说、情理等也是司法官吏审判时的依据,它们或者单独适用,或者与律、例混合适用,以寻求原告与被告之间、罪与刑之间最大程度的"允协"。否定习惯法和判例在清代的法源地位,是不符合当时的审判实践的。尤其是判例在清代的地位更为特殊一点,故这里尚需多说几句。

由于判例法(case law)之用语是西方语境中的概念而中国古代没有,因此有些学者认为清代不存在判例法和判例法的体系。[65] 然而通过对清代法律适用过程的深入研究,笔者认为此观点值得商榷。诚然,形式意义上的判例法是英国中世纪的特产,其他国家没有,而且清代的成案本身不等于判例法,成案汇编(如《刑案汇览》《驳案新编》等)也不等于判例法,但从《大清律例》以及清代保留下来的判例汇编中可以看出,中国存在着实质意义上的判例法乃至判例法体系。在清代已经存在一种判例法的形成机制:国家审判机关(主要是督抚、刑部和皇帝)将判例(成案)认可适用,并将其定为例,使其通行全国,获得普适的权威,成为判例法,进而将这些例按照国家大法(大清律)的体系分别附于其后,成

---

[63] 关于律和例的关系学术界尚有争议,参见苏亦工:《明清律典与条例》,中国政法大学出版社2000年版,第十章。

[64] 王亚新、梁治平编译:《明清时期的民事审判与民间契约》,法律出版社1998年版,第130页。

[65] 成案对律例的依附表明了明清两代远不具备可与英美普通法相提并论的判例法系统。"参见苏亦工《明清律典与条例》,中国政法大学出版社2000年版,第215~216页。这里如果只局限于成案的话,清代确实没有与英美普通法相当的判例法体系。问题是定例也是由判例提升而成的,是包含在各个具体判例中的法律原则,它覆盖了清代法律关系的各个方面形成了一个完整的系统。

为一种判例法体系或制度。经过这种机制抽象出来的例,体现了若干禁止性规范或授权性规范,因而成为一种可以普遍适用于其他相关案件的法律原则。因此,清代不仅存在着判例(成案),也存在着判例法(定例),还存在着判例法体系(大清例的体系)。

第三,在清代,尽管法律渊源的表现形式是多元的,但司法官吏在适用过程中,又会自觉或不自觉地将多元的法律渊源锤炼成为一个一元的规则体系,无论是律、例,还是成案、习惯、情、理等,都必须与案情完全吻合。审案时,如果原有律、例无法适用,司法官吏便会寻找历年成案,或者习惯法,或者律学著作,乃至依据情理,组成一个最适于解决此案的规则方案,以做到定罪量刑最为"允协"。有时,在一个案件的处理中也会出现几种法律渊源同时适用的情形,但最后判案时,则适用了其中的一项或从各种法律渊源中抽象出的一项原则。

在这种法律渊源的综合适用过程中,其背后起衡平、调节的关键因素,在于维护一种对统治阶级有利(至少是无害)的社会秩序——民事的、刑事的或行政的秩序的考虑。这是统治阶级适用法律的出发点和归宿。从这一点出发,可以理解为什么例的实际效力有时反而高于律;[66]为什么有时可以将习惯斥为"陋习""恶俗"而加以禁止,[67]但有时又将习惯认可为习惯法而加以适用;为什么有些彼此之间互相矛盾的法律渊源可以共存于清代的法律体系之中;为什么皇帝有时可以不顾总督、巡抚以及刑部的反对而改变律例的适用,而在有的时候却又收回成命容忍违背自己意志的刑部的判决生效等。

第四,从上一点出发,笔者认为,近年来有些学者提出的清代法律渊源中国家法和民间法二元结构的观点[68]值得商榷。在中国清代司法审判机关一元的情况下,不可能也不允许法律渊源的二元结构。所谓"民间法"(地方习惯、家族族规、行会章程、少数民族习惯等)在被国家及地方各级审判机关适用、成为法律

---

[66] 参见《清史稿·志》卷一四二《刑法一》,"盖清代定例,一如宋时之编敕,有例不用律,律既多成虚文,而例遂愈滋繁碎"。

[67] 参见《汝东判语》卷二,"丁富保呈词判":"人之有生不能无死。东乡地方藉命钞(抄)抢恶习(借人去世之由哄抢大闹亲属)本县确稔其弊早经申明律文示禁在案。"在清代判例汇编中类似这样谴责恶习的判词还很多。

[68] 参见梁治平:《清代习惯法:社会与国家》,中国政法大学出版社1996年版,第35页。

渊源之后,它们就是国家法律的一部分;而在遭到国家审判机关排斥、否定的情况下,它们只能是一种民间规范——虽然也起着规范调整部分人群、部分地区之纠纷的作用。即使从社会学角度观察,将法的定义宽泛化,情况也一样。因为从法律渊源的角度看,法的二元结构或多元结构,必须要有相应的二元或多元的审判机关来执行。如在古代西欧,曾经有教(皇)权与王权的对立,有君权与诸侯权力的对立,在中央国家审判机关(一般表现为王室法院)之外,还有教会法院(适用教会法)、封建领主法院(适用封建法)、地方法院(适用地方习惯法)等,这些法院适用的法律,有时与王室法院适用的法律不一致甚至是针锋相对的。在这种状态下,古代西欧才出现了二元的或多元的法律渊源。而在我国清代,不存在这种局面。清代国家政权一元化,从中央到地方,审判机关(被包容在国家政府机关之内)只有一种体系;因此,法律渊源也是一元的、统一的。地方审判官(知县、知府等)在审判实践中,也会适用国家律例之外的各种规范,如习惯、情理、成案,但这些形式上"多元"的规范,一旦被纳入法律适用的渠道,它们就成为国家法律的一部分,而不再是"民间法"了。

在审理案件适用法律时,清代的司法机关一般都是认真仔细的。不仅地方官员因为刑名、钱谷事关升迁而必须小心谨慎;[69]中央一级的刑部,办起案来,无论是对违法犯罪事实的认定还是对法律的适用,也都是极其认真的。并且刑部常常以"事关人命,未便率复,应令该抚再行详核……"等为由,驳回让地方重审。恃强凌弱,包庇坏人的情况几乎没有,或非常之少。[70] 至于皇帝,在复核案件适用法律时,也是非常认真的。史籍记载,皇帝必须审核死刑案件(死刑案件

---

[69] 地方官审案时适用法律不当,造成冤假错案的,将被革职查办;而办得好的,则可以升迁。如嘉庆年间在安徽寿州发生的一起命案中,就有一批官吏因办案不力遭到惩处:前任寿州知州郑泰被处杖一百,徒三年;后任知州玉福被撤职交吏部议处;苏州知府周锷和刑部郎中孙克俊被锁拿刑讯;两江总督铁保也被革去官职,降二品顶戴。而对办案有功的安徽巡抚初彭龄,则受到嘉庆皇帝的嘉奖。参见张铭新、李贵连编写:《清朝命案选》,法律出版社 1982 年版,第 50 页。

[70] 刑部认真办案的例子是很多的。如道光七年(1827 年),江苏赣榆县民皮常与同主雇工孟金一同铡草喂牛,皮常将刀提起,孟金右手伸进刀下取草。皮常将刀失手落下,以致铡落孟金右手。江苏巡抚将皮常照刃伤人律拟徒,刑部认为不妥。因为律载,"过失伤人,准斗伤依律取赎";律注云,"凡初无害人之意而偶致伤人者,皆准斗伤收赎"。但该犯业已发配杖责,遇赦减释,未便再追赎银刑部,以致重科。故刑部只能于稿尾声明更正备案。此案已是地方审结并已执行之案,刑部在审核地方上报的名册中发现有问题,就毫不犹豫地作了改判(《刑案汇览》卷三一,"铡草喂牛伙伴取草铡落右手")。

的卷宗一般都比较浩繁,有的甚至厚达盈尺),而这类死刑案件一般每年全国都有3000件左右。[71] 这就意味着,即使将节假祭日都算进去,皇帝每天至少也要阅读处理9件死刑案件。即使如此,皇帝仍不敢马虎。在处理嘉庆年间安徽寿州城的一件命案的过程中,嘉庆皇帝曾为该案颁布过近30道谕旨,有时甚至一日3道,[72]这不可谓不重视法律的适用。因此,尽管囿于体制,清代的冤假错案不少,但就司法官员的主观愿望而言,出于对自身利益的考虑,他们在适用法律时一般是认真的、仔细的。这应当是清代司法运作的主流。由此可见,我们以前许多作品叙述的冤假错案以及审判衙门的腐败之风仅是清代司法实践的一个侧面。要想得到清代司法运作、法律适用的完整图像,还需更为全面的眼光。

---

[71] 参见张晋藩主编:《中国法制通史·清》,法律出版社1999年版,第319页。

[72] 参见张铭新、李贵连编写:《清朝命案选》,法律出版社1982年版,第50页。

《万国公法》与清末国际法*

中国学术界普遍认为国际法在19世纪40年代以后传入中国。在中国传统的大一统的封建社会内并没有孕育国际法的政治、经济和文化基础，因此，就中国近代国际法的法域来说，几乎都是从西方移植过来的。从鸦片战争至辛亥革命这半个多世纪我国移植西方国际法的过程而言，最重要的就是《万国公法》的翻译出版以及在此前后我国被迫与西方列强签署一系列不平等条约的痛苦（国际法的）实践。

一

《万国公法》一书，译自美国著名国际法学家亨利·惠顿（Henry Wheaton，1785～1848年）于1836年出版的《国际法原理》（*Elements of International Law*）一书，翻译者是美国传教士丁韪良，于1864年（同治三年）冬在总理各国事务衙门的资助下由丁韪良所创办的教会学校崇实馆刊印发行。

事实上，早在《万国公法》一书出版前，中国政府和学术界就已经开始了将

---

* 本部分原载于《法学研究》2001年第5期。

西方近代国际法引入中国的工作。① 如1839年中英鸦片战争前夕，林则徐担任钦差大臣、受命赴广州查禁鸦片时，为了获取关于"夷邦"的情报，就让他的下属收集西方国际法的著作，并请美国传教士伯驾(Peter Parker)和袁德辉将瑞士著名国际法学家瓦特尔(也译作"滑达尔"，E. De Vattel，1714～1767年)的著作《万国法》中的一些章节译为中文。② 这些译文后来收录在魏源的《海国图志》一书中。③ 由于鸦片战争的惨败以及林则徐被撤职查办，引入西方国际法的工作没有能够继续下去。

19世纪60年代，在中国活动的西方政府官员和传教士开始了翻译介绍西方国际法的工作。在丁韪良之前，当时在中国海关工作的英国人赫德(Robert Hart，1835～1911年)已经将惠顿这部著作中关于使节权的内容译出，供总理衙门参考，以说服清廷派遣驻外代表。丁韪良接手此项工作以后，得到了赫德和美国公使蒲安臣(Anson Burlingame，1820～1870年)的全力支持，遂在比较短的时间内译出了全部内容。译稿送给一些高级中国官员阅看后，得到赞扬，认为它适合于当时的中国对外新关系的要求。经总理各国事务衙门章京陈钦、李常华、方濬师和毛鸿图等修饰润色之后，予以印行。第一版印300本，发给各个省，供地方使用。④ 从《万国公法》的凡例中可知，当时参加翻译的除了丁韪良之外，还有江宁何思孟、通州李大文、大兴张炜和定海曹景荣等4人。⑤

《万国公法》的正文前有清政府官员张斯桂和董恂作的序及7条凡例。在张斯桂的序中，首先阐明了翻译此书的目的：英、美、法、俄为世界四大强国，但

---

① 关于西方国际法何时传入中国，学术界有四种观点：一是认为17世纪40年代由传教士马丁·马提尼(Martin Martini)传入；二是认为17世纪80年代在中国与俄国签订《尼布楚条约》时传入；三是认为1839年由林则徐组织人翻译传入；四是认为19世纪60年代由丁韪良传入。程鹏详细考证清末史料后认为1839年由林则徐传入一说较为确切。参见程鹏：《西方国际法首次传入中国问题的探讨》，载《北京大学学报(哲学社会科学版)》1989年第5期。笔者同意程鹏的观点。

② 参见王维俭：《林则徐翻译西方国际法著作考略》，载《中山大学学报(哲学社会科学版)》1985年第1期。

③ 《海国图志》卷八三中对这些译文有所记载。原文可参见程鹏：《西方国际法首次传入中国问题的探讨》，载《北京大学学报(哲学社会科学版)》1989年第5期。

④ 参见丁韪良：《花甲忆记》，转引自王铁崖：《中国与国际法——历史与当代》，载中国国际法学会主编：《中国国际法年刊(1991)》，中国对外翻译出版公司1992年版。

⑤ 参见《万国公法》凡例。同治三年(1864年)镌，京都崇实馆存板。此版本系第一次所印300部之一，现藏华东政法大学图书馆。本部分以下凡引《万国公法》者，皆指此书，为免烦冗，不另出注。

并非天生就强,而是靠自己奋斗。现在地球上不下数十国,能生存下来,都在于遵守盟约,遵循《万国律例》(《万国公法》)一书。故西方各公使、大臣、水陆主帅、领事、翻译、教师、商人、税务官,均将此书奉为圭臬。“今美利坚教师丁韪良,翻译此书,其望我中华之曲体其情而俯从其议也。我中华一视同仁……凡重译而来者,莫不畏威而怀德,则是书亦大有裨于中华用储之,以备筹边之一助云”。

董恂的序也强调了翻译此书的宗旨:“今九州外之国林立矣。不有法以维之,其何以国?此丁韪良教师《万国公法》之所由译也。”

在凡例中,译者进一步对惠顿的经历作了介绍,并对此书的书名作了解释:是书所录条例,名为《万国公法》。盖系诸国通行者,非一国所得私也。又以其与各国律例相似,故亦名为“万国律例”。

《万国公法》的翻译出版,对中国来说无疑是一个非常重大的事件。它是在中国正式出版发行的第一本系统完整的西方国际法著作,它从框架体系、结构内容、制度原则、概念术语乃至思想观念等各个方面,将西方的国际法移植进了中国,从而对中国法律界产生了巨大的影响。

二

《万国公法》给中国人带来的是一个全新的国际法学的体系。之前,在清末的一些启蒙思想家的作品如魏源的《海国图志》(1843 年)、冯桂芬的《校分庐抗议》(撰写于 1861 年)中,虽然也涉及一些国际法的知识,但都只是一些支离破碎的内容。而《万国公法》一书,则比较系统完整地将西方国际法体系带到了中国人面前。该书有 4 卷,共 12 章 231 节。第 1 卷释公法之义、明其本源、题其大旨。第 2 卷论诸国自然之权,包括自护自主、制定律法、诸国平行及掌物之权。第 3 卷论诸国平时往来之权,包括通使和商议立约等。第 4 卷论交战条规,包括战始、敌国交战、战时局外、和约章程等。《万国公法》所开启的国际法的框架体系,基本上涵盖了近代西方国际法的全部内容,即从国际法的主体、客体、渊源、国际法和国内法的关系、条约、外交与领事关系、领土和海洋法，到国际争端的和平解决、战争法、战时中立法等各项内容，基本上都已经涉及。而这一框架体系与中国传统的世界秩序观以及知识体系完全不同，它带给当时中国人以强烈的新鲜感和冲击也是显而易见的。这一框架体系，不仅影响了清末中国近代国际法的创立，也为民国时期中国国际法的发展奠定了基础。

《万国公法》引入了西方近代国际法的基本原则，而这些原则在以前，是中国人所未曾接触和了解的。

（一）尊重各国主权原则

《万国公法》在前3卷中，用比较多的篇幅，详细说明了各个国家所享有的独立自主的权力，就是主权："治国之上权，谓之主权。此上权，或行于内，或行于外。行于内，则依各国之法度，或寓于民，或归于君，论此者，尝名之为'内公法'，但不如称之为'国法'也。主权行于外者，即本国自主，而不听命于他国也。各国平战、交际，皆凭此权。论此者，尝名之为'外公法'，俗称'公法'，即此也。"⑥

各国所拥有的主权，除对外行使者须得到国际社会认可外，其对内者，并不是他国所给予而是各个国家自身就具有的。即使是新建的国家，虽他国未认，亦能自主其内事。有其国，即有其权也。如美国之合邦，于1776年，出诰云："以后必自主自立，不再服英国。"从此其主权行于内者，全矣。

《万国公法》规定，国家主权主要包括保护本国（包括领土、人民、财产）的权力，对自己的领土、资产、人民的支配权，以及独立的立法、行政、司法权等。

首先，国家主权体现为自护之权。"诸国自有之原权，莫要于自护。此为基而其余诸权皆建于其上。就他国论之，则为权之可行者；就已民论之，则为分所不得不行也。此权包含多般。盖凡有所不得已而用以自护者皆属权之可为也。使其抵敌以自护可为，则招军实、养水师、筑炮台，令庶民皆当兵勇，征赋税以资兵费，亦属可为也"。

---

⑥ ［美］惠顿：《万国公法》，丁韪良译，何勤华点校，中国政法大学出版社2003年版，第27页。

其次,国家主权体现在对内行使充分的统治权方面。"各国自主其事,自任其责,均可随意行其主权,惟不得有碍他国之权也。其国法(所谓国法者,即言其国系君主之、系民主之,并君权之有限无限者,非同寻常之律法也)或定或改或废,均属各国主权"。"自主之国,莫不有内治之权,皆可制律,以限定人民之权利、分位等事,有权可管辖疆内之人。无论本国之民、及外国之民,并审罚其所犯之罪案,此常例也"。具体言之,有以下三个方面。

第一,立法权。由主权国家的议会制定法律。《万国公法》举了美国的例子:"合邦制法之权,在其总会(议会),总会有上下二房。在上房者,为各邦之邦会所选,在下房者,为各邦之民人所举。总会执权……可定内外通商章程,定外人入籍之统规,定亏空银钱之统规……定水陆捕拿之规,制法令,以成合盟所任之职。凡此,均属总会之权。"

第二,行政权。由主权国家的君主或总统行使。仍以美国为例:其主权职事,如此之繁,即有合邦之首领,以统行之。首领乃美国之语,所称伯里玺天德(president)者,是也。其登位也,系各邦派人,公议选举。所派之人,亦为各邦之民,遵循其邦会之定例,而公举者也。

第三,司法权。在美国由上法院(联邦最高法院)行使,"并以下总会所设之法院,所有于犯合邦律法盟约之案,听其审断。故总会,并各邦会制法,均归合邦之法司"。

最后,国家主权体现在对国内财产的支配方面。"凡自主之国,……定疆内产业、植物(所谓植物者,即如房屋田亩不能移动之类,不独树木然也)、动物,无论属已民、属外人,皆得操其专权"。

(二)国与国之间平等往来原则

《万国公法》认为:从尊重国家主权原则推衍开来,各个国家,不分大小,均应享有平等交往之权。世界各个国家在国体、政体的形式方面各有差异,因而在交往方面出现一些不同的称号,也显现出一些不同的礼节,但各个国家的国际地位平等则是不容置疑的。为了较好地处理好各个国家之间的关系,《万国公法》提出了一些可操作的方法。

第一,互易之法,即各国或轮流而得首位,或抽签而得之。如立约时,此本开端并盖关防,系此国在先。彼本则系彼国在先。及互换时,则各得其所居先之本以存,此数国之礼也。维也纳国使会,定条款云:诸国用互易之礼者,其使臣位次先后,惟以抽签而定。

第二,循法国字母之次序,而签字画押。

第三,在盟约国家数量较多,条约文要不能全部使用各自文字时,可采用一种各国认可的通用文字,如欧洲较早时期使用的拉丁文,随后使用的法语、德语、意大利语,以及近期英美法系国家使用的英语等。

在处理国与国之间平等交往的问题上,外交使节的派遣是一个重要内容。《万国公法》规定:"自主之国,若欲互相和好,即有权可遣使受使,他国不得阻抑。若不愿遣使,他国亦不得相强。"《万国公法》还对各等使臣的礼遇、凭证、觐见之规及外交特权等作了比较详细的说明。

(三)遵守国际公约和双边条约原则

在国与国之间进行交往时,多国之间或两国之间往往会制定一些公约或条约。为了维持国际间的秩序和稳定,国际社会一般都要求各个缔约国能够严格遵守这些公约或条约,这一原则也经过《万国公法》的阐述而传入了中国。

《万国公法》规定:"凡自主之国,如未经退让本权,或早立盟约,限制所为,即可出其自主之权,与他国商议立约。""约盟既商定画押,倘无必俟互换明言,则立当遵行,而不待互换矣"。盟约有两种,一种为恒约,"乃是永远流传,一经成立,即君王更换,国政变迁,其约必不废焉";另一种为常约,是随常之约也,即和约会盟,通商航海各议。这种常约,约内虽云永远奉行,然屡屡被废,其废之原因主要有四:国家灭亡、国体大变、立约之国失和、约内限定时期已过。

三

《万国公法》在将西方国际法基本原则带入中国的同时,还将西方的国际法以及法治的观念带了进来。这些观念表现为以下几点。

首先,中国只是世界之一部分的观念。在鸦片战争之前,中国人奉行的传统世界秩序观一直认为,中国是世界乃至宇宙的中心,中国之外没有可相匹敌的国家,有的只是周边的蛮、夷、狄、戎等不开化的小国,他们都只是中国的附属。而《万国公法》的翻译出版,开始改变中国人的上述观念。

在《万国公法》正文的卷首,画有东半球和西半球两张地图。笔者核对惠顿原著,发现原著中并无这两张地图,它们是译者丁韪良创作添入的。作为在中国活动的美国传教士,丁韪良比惠顿要更了解中国国情。他在翻译时感觉到,添入这两张地图,一方面可以使当时的中国人对世界有一个直观的概念,另一方面也可以加深对西方国际法知识和观念的理解。作者在地图旁指出:"地之为物也,体圆如球,直径约三万里,周围九万里有奇。其运行也,旋转如轮,一转为一昼夜,环日一周,即为一年,内分东西两半球。其陆地分五大洲。"在东半球者,有亚、欧、非三大洲,内有中国、日本、缅甸、印度、波斯、英国、法国、俄罗斯、奥地利、西班牙、葡萄牙、荷兰、意大利、土耳其、埃及等数十个国家。在西半球者,有南美、北美两大洲,有美利坚、墨西哥、巴西、秘鲁、智利等多个国家。

这里,作者当然不仅仅是向我们介绍西方地理学知识(虽然这种知识对一直奉行"天圆地方"之中国人来说也是一种极具冲击力的),而是通过对世界地理的概括说明,阐述了一种新型的世界秩序观——任何一个国家,都不是世界的中心;任何一个国家,都只是世界的一个组成部分。这种观念,对改变中国固有的以"华夷"为基础的传统的世界秩序观是极有影响的,它迫使中国面对现实,并使一部分有远见之中国人进一步放眼世界,励精图治,争取让中国在国际社会中占有一席之地。

其次,自然法观念。自然法,惠顿用的是"natural law",丁韪良将其翻译成"性法"。惠顿认为:"天下无人能定法,令万国必遵,能折狱,使万国必服。然万国尚有公法,以统其事,而断其讼焉。"那么,这种公法是从哪里来的呢?惠顿认为,公法来自各国的公议,以及各国的共同遵守。

惠顿认为,公法之学,创自荷兰国际法学家格劳秀斯。格劳秀斯认为,公法分为两种,一种是规范人类早期(无国无君、人们天然同居时)活动的行为规则,这就是自然法。另一种是将这种自然法推广至人类进入文明社会、有了阶级和国家之后,使其在各国交往中得到适用,这样形成的规则,即各国公议之法。不管这两种法的具体内容有何不同,其基础都是来自人的自然本性。“人生在世,有理有情。事之合者当为之,事之背者则不当为之。此乃人之良知,一若有法铭于心,以别其去就也。与性相背者,则为造化之主宰所禁,与性相合者,则为其所令。人果念及此,便知其为主宰或禁或令,自可知其为犯法与否”。因此,所谓自然法,并不是其他东西,“乃世人天然同居当守之分,应称之为天法。盖为上帝所定,以令世人遵守。或铭之于人心,或之显之于圣书”。

惠顿接着还对霍布斯等其他西方法学家关于自然法和国际公法的思想作了详细介绍和评论。最后归纳道:“凡此辩论,千言万语,总归一致,乃诸国情理,所当引者,并交际往来,所惯行者,合成公法。此外,别无所谓公法也。”这样,惠顿虽然是为了阐述自然法与国际公法的关系,但在阐述过程中,也将自然法的思想和观念,通过《万国公法》一书,传入了中国。而这种自然法思想,对信奉“法律是皇帝的创造物”、甚至“国法乃皇帝的家法”的中国统治者而言,是一种全新的观念。

再次,民主共和的观念。在《万国公法》一书中,由于作者在介绍各国国内法时,也系统阐述了西方国家的国体和政体,如君主制、民主制,自主国、半自主国,主权取决于君、取决于民等。因此,在《万国公法》中,除了近代国际法的观念之外,资产阶级民主共和的思想观念也得到了传播。

当然,在《万国公法》中,只出现了“民主”一词,尚无“共和国”之称呼(惠顿在著作中使用了 republic,但丁韪良没有译出。凡 republic 之处,丁韪良都译成“民主之国”)。而且,《万国公法》中出现的“民主”,在大多数场合,并不是作为一个专有名词“民主”(democracy)来使用,而是作为动词来使用,即强调国家由人民“主之”,意思是“由人民当家作主”,与由君主掌握实权的君主制国家相对应。如 1797 年,荷兰 7 省有变,法国征服之,将其改为共和国时,《万国公法》称其为“易其国法(国体),而改作民主之国”;提到美国之宪法时,称“美国合邦之大法,保各邦永归民主”等。但由人民作主,国家的事情由人民之公意而决定这样一种共和国的思想观念,随着《万国公法》一书的翻译出版而逐步进入中国人的头脑之中。

最后,法治的观念。在《万国公法》一书中,作者在讲到国家主权时,就强调以法治国是其主要表现;在讲到各国参与制定国际公约和双边条约(盟约)时,作者强调法治的重要性,即公约和条约都必须经过国内法的认可;在讲到国内法和国际法的制定、贯彻和实施时,也强调必须遵循各国的众议和各国人民的公意;在讲到目前世界国家众多,国体和政体各异时,作者进一步强调,无论是君主之国家,抑或民主之国家,尊重人民的公意、依照法律办事都应当是一项基本原则。

这样,通过《万国公法》一书,中国人尤其是其先进的知识分子,不仅获得了尊重国家主权、各国平等相处、互不干涉内政等国际法知识和观念,也学到了法治的观念。它强调法律是人民公意的体现,而不仅仅是君主的意志;主张法律必须是一种良法,必须符合自然法的要求和人类的理性;强调每一个国民包括国君都必须遵守法律,在法律规定的限度内进行活动等。而这一切,大不同于中国古代法家所倡导的"法治",对当时的国人而言,是一种全新的知识和观念。

四

作为第一部系统的外国法学著作,《万国公法》也为中国输入了许多专门的法律概念和术语。由于受译者的法律素养和中文水平的影响,《万国公法》创造的许多概念术语对后世影响不大,许多则根本没有流传开来(此点后面再作分析),但也有许多内容,则一直使用至今,有些则奠定了某些学科如国际法的专业用语基础。丁韪良创造的汉字法律术语有:万国公法、性法、公师、法师、主权、权利、责任、法院、人民、⑦国体、赔偿、自治、限制、章程、邦国、政治、选举、司

---

⑦ 在丁韪良之前,中国政府的文件中曾有一次出现了"人民"的用法,即1842年8月29日中英南京条约中有一处使用过"华英人民",但在以后直至《万国公法》出版时为止的中外条约中使用的都是"民人""人"的汉字。因此,南京条约中出现"人民"一词当属偶然(该条约其他地方也都用"民人"),而丁韪良则将"人民"作为法律术语正式使用。

法、争端、国会、制宪、领事、利益、管辖等。下面,我们对部分用语略加分析,以明其对中国法学发展的贡献。

1. 万国公法(简称“公法”)

万国公法是惠顿原著中“international law”一词的译文。虽然,丁韪良将“international law”一词译为“万国公法”并不确切,但这在当时已属不易。因为,国际法(international law)或国际公法(international public law)的形成,在西方也有一个过程。

中世纪西方人讲到国际法时,用的是罗马时期使用的拉丁语“jus gentium”(万民法)。一直到格劳秀斯创立近代国际法这一学科时,表达国际法一词用的仍然是“jus gentium”。1650年,英国牛津大学教授苏世(Richard Zouche, 1590~1661年)在其《万国法的解释和一些有关的问题》一书中,开始使用“jus inter gentes”(万国法,英语为“law of nations”)。之后,“law of nations”一词在西欧曾流行过一阵子。1789年,英国著名法律改革家边沁(J. Bentham, 1748~1832年)在其《道德及立法原理绪论》一书第十七章中,正式使用了“international law”一词。边沁解释说,“law of nations”一词不仅平凡无意义,而且容易被人误解为国内法,因此,使用“international law”一词要更好一些。从此以后,“international law”一词遂成为西方表达国际法这一学科以及法域的通用术语。⑧

与西方人探索国际法的用语相仿,在中国,最早表达国际法时用的都是万国公法或公法。明治维新前后的日本学者,开始接受国际法时,也是使用万国公法一词的。因此,当丁韪良《万国公法》一书传入日本,被其翻刻时,对书名“万国公法”未加任何变动。19世纪70年代,日本学术界始有人将“international law”一词译为日文汉字“国际法”。但直至20世纪初叶,日本出版的法律辞典,仍将“international law”译成“万国公法”、“公法”、“国际公法”

⑧ 参见刘达人、袁国钦:《国际法发达史》,商务印书馆1937年版,第16页。

和“国际法”。⑨

“万国公法”一词,虽然因清末中国法学界接受日本学者的汉字译文“国际法”一词而逐步消亡,但“公法”一词的用法保留了下来,尤其是“国际法是关于调整国家之间的法律关系的公共法律”这一观念开始在中国生根发芽,并为中国近代国际法的诞生提供了基础。

2. 性法

“性法”译自惠顿的“natural law”。如上所述,该词现在通译为“自然法”。虽然,对现代中国人来说,“性法”一词的译法有点怪,但在当时的中国人看来,这种译法是抓住了自然法的本质。因为在传统中国人的观念中,“性”一词,表达的是人的本性,人的原始的最初的本原。中国古代的经典都阐述过这一点。如《论语·阳货》曰:“性相近也,习相远也”;《孟子·告子》曰:“生之为性”;《荀子·性恶》曰:“凡性,天之就也,不可学不可事”;《荀子·正名》进一步展开曰:“生之所以然者谓之性”,“不事而自然谓之性”。因此,作为一种上帝赋予的、与人的出生一起产生的、管束人世间一切生灵的法律,“性法”是一个很好的译法,在某种程度上也可以说是掌握了自然法的真谛。

正因如此,当《万国公法》一书传入日本之后,“性法”一词也在日本流传开来。包括法国巴黎大学教授保阿索那特在日本的讲稿《自然法》和《法哲学》,日本人将其译成日文时,用的也都是“性法”的名称。正是在“性法”的译文的基础上,日本学者进一步将其译成“自然法”,从而,不仅对中国近代国际法,而且对中国近代法理学的形成和发展也产生了不小的影响。

3. 主权

主权译自惠顿书中的“sovereignty”一词,它是指近代民族独立国家具有的

---

⑨ 参见上海商务印书馆民国元年(1912年)版《英法德日政法名词表》“hostile international law”词条。此外,日本受《万国公法》的影响,还可以从日本学者信夫淳平如下一段话中看出:“一千二百多年以前,日本几乎全盘借用了中国法律。现在它又第一次引入了国际法,但不是直接从其原产地,而是间接地从它的再出口国引入。确实,正是通过由丁韪良翻译的中文国际法作品(《万国公法》),使德川幕府后期日本的政治家和学者第一次看到了西方万国公法(law of nations)的原则。”See J. Shinobu, *Vicissitudes of International Law in The Modern History of Japan*, 50 The Journal of International Law and Diplomacy, 14, 1951.

对本国人民的统治权，对本国财产（领土、领海与在其之上的各种资源）的支配权，以及在对外事务中独立自主行使自己的权利、表达自己的意愿、不受他国干涉地进行各种活动的权力。

在中世纪西欧，主权主要是指封建领主对自己领地的统治权。中世纪后期，法国等国的君主合并各封建领主的权力并取而代之，形成一种独立于罗马教皇之外的最高统治权力，这被近代资产阶级学者称为"主权"。随着资本主义在西欧各国的胜利，无论是法、美等共和制国家，还是英、德等君主立宪制国家，都以资产阶级的民主政治诠解国家对内对外的权力，从而形成了近代国家的主权概念。惠顿在《万国公法》一书中使用的即是这种意义上的主权概念。而作为一个美国人，丁韪良对"主权"的内涵有着透彻的理解，因此，在翻译"sovereignty"一词时，没有用"皇权"，也没有用"帝权"，而是用了"主权"。而"主权"一词，不仅其概念对当时的中国人来说是新鲜的，而且其内涵对当时的中国人来说也是非常有吸引力的。因此，"主权"一词，不仅成为中国近现代国际法中的基本概念，也传入日本，为日本国际法学界沿用至今。

4. 领事

领事译自惠顿书中的"consul"一词，是为保护本国和本国国民在驻在国商业、经济和文化上的利益，由国家任命的驻外机构。⑩

领事制度起源于中世纪十字军东征时期。当时，意大利的商业都市在中东地中海沿岸的居留地任命了行政长官，称"vicomte"，它就是"consul"的前身。从15世纪开始，意大利、英国、荷兰等欧洲国家之间开始互设领事，领事制度遂成为当时各国商业交往中的重要制度。至近代，由于民族独立国家的成立，领土主权观念的确立，领事审判权的废止，常驻外交使节的制度化和普遍化，领事的地位一度下降，到十七八世纪，领事制度已不太受到人们的注意。19世纪以后，随着各国贸易往来的频繁，领事制度重新受到人们的重视，并逐步成为现代国际法的重要内容。惠顿在1836年创作《万国公法》时，恰值领事制度不怎么受人重视的时期，故领事在《万国公法》中的地位并不怎么高。但尽管如此，惠

---

⑩ 参见日本国际法学会编：《国际法辞典》，外交学院国际法教研室校订，世界知识出版社1985年版，第798页。

顿仍然对领事制度作了比较详细的论述。

领事之制，早在1843年10月8日中英签订《虎门条约》时就已经涉及，但当时汉语用的是"管事"。在1844年中美签署《望厦条约》时，就将"consul"一词译成了"领事"。之后，在各中外条约中，都使用了"领事"这一用语。因此，在《万国公法》中使用"领事"一词并不是丁韪良的首创，丁韪良的贡献在于既不用"执政官"，[⑪]也不用"管事""外事官"，而是用"领事"这一汉语将"consul"一词的中译文固定了下来，而且使其流传的面更加广泛（因为，当时能够看到上述条约的汉文本的人并不多）。"领事"一词为中国、日本国际法学界一直沿用至今。

此外，丁韪良关于权利、人民、政治、责任、选举、司法、自治、国会、管辖、利益、赔偿、争端等汉语词汇的选择，也都是颇具匠心的，不仅成为中国以后法律体系中的专门用语，也成为日本法学界的通用语。对"court"一词的翻译，丁韪良没有选择汉语"议会"（"court"的本义是指中世纪日耳曼人的民众大会），没有选择"委员会"，也没有选择如同后来日本人选择的汉字"裁判所"，而是选择了在当时来说是一个全新的汉文"法院"。"法院"的使用虽然有点突兀，[⑫]但由于该词比较恰当地表达了审判官、控诉人、当事人以及证人在一起适用法律、解决纠纷、寻求公正这样一个场所的意思，比较符合中国人将法律适用的方方面面汇集在一起的"法的庭院"这样一种逻辑思维，因而很快为中国人接受并沿用至今。[⑬]

当然，丁韪良在翻译《万国公法》时，也用了许多以现在的目光来看不很成功的用语。如将"president"（总统）译为"首领"或直接音译为"伯里玺天德"，[⑭]将"law"（法律）译为"律法"或"法度律例"，将"judge"（法官）译为"法师"或

---

⑪ "consul"一词，在古罗马是指"执政官"。

⑫ 魏源在《海国图志》中将英国的"law house"（法院）译成"律好司"。这里，"律"是意译，"好司"是音译。可见，魏源当时尚没有找到一个与西方的"court"和"law house"相对应的合适的汉字用语。

⑬ 一般而言，近现代中国法律体系中的用语，很多来自日文汉字，如"法学"、"法律"、"宪法"、"民法"、"商法"、"刑法"、"诉讼法"和"国际法"等，但有两个非常重要的用语"法院"和"律师"，则是近代中国人自己的创造。对此，笔者将有专论予以考证。

⑭ 在丁韪良之前，尚无将"president"译为"总统"的先例。1858年中美《天津条约》汉文本中讲到美国总统时，用的也是音译"大合众国大伯里玺天德"。

"公师",将"federation"(联邦)译为"合邦",将"diet"(议会)和"congress"(国会)译为"总会",将"house of representatives"(众议院)译为"下房",将"senate"(参议院)译为"上房"等。[15] 这些法律用语,后来没有一个能够流传下来。

五

《万国公法》翻译以后,对中国政界、外交界及知识界的影响是巨大的。

从实践角度看,当时中国外交官员曾运用《万国公法》中阐述的国际法原理,成功地处理了一件纠纷,即"普丹大沽口船舶事件"。这对鼓舞当时中国政府引进西方国际法起了很大的作用。

事件的简单经过如下:1864 年 4 月,普鲁士公使李福斯(H. Von Rehfues)乘坐"羚羊号"(gazelle)军舰来华,在天津大沽口海面上无端拿获了三艘丹麦商船。清政府总理各国事务衙门当即提出抗议,指出该公使拿获丹麦商船的水域是中国的"内洋"(领水),按照国际法的原则,应属中国政府管辖,并警告如普鲁士公使不释放丹麦商船清廷将不予以接待。在这种情况下,普鲁士释放了两艘丹麦商船,并对第 3 艘商船赔偿 1500 元,事件和平地解决了。[16]

清政府总理各国事务衙门在处理这一事件时,适用的就是惠顿在《万国公法》中阐述的国际法原则(当时《万国公法》已经译出,总理各国事务衙门的高级官员也已阅读此书稿)。他在上奏清廷的奏文中说明:"此次扣留丹麦货船处所,乃系中国专辖之内洋","外国持论,往往以海洋距岸十数里外,凡系枪炮之所不及,即为各国公共之地,其间往来占住,即可听各国自便"。[17] 而在中国内洋

---

[15] 惠顿的原著《国际法原理》的 1836 年版因为已成孤本,在美国已不外借,故笔者未能复印。本文使用的是从纽约大学借出的 1936 年伦敦牛津重印本,即 *Elements of International Law*, by Henry Wheaton, Oxford, London, 1936,值本文发表之际,特向为笔者联系借出复印此书的华东政法大学林燕萍教授和美国纽约大学(NYU)Joan Liu 教授表示诚挚的谢意。

[16] 关于"普丹大沽口船舶事件"的详细经过,参见王维俭:《普丹大沽口船舶事件和西方国际法传入中国》,载《学术研究》1985 年第 5 期。

[17] [清]文庆等纂辑:《筹办夷务始末(六)》,上海古籍出版社 2007 年版,第 432、430 页。

扣留其他国家的船只,则是明显地侵犯了中国的主权。同时,普鲁士公使的做法,也违背了其签订的和约,而遵守条约也是国际法的基本原则。总理各国事务衙门就是以西方国际法上的这两个理由与普鲁士展开外交斗争的。[18]

第一次适用国际法使一件原本可能成为严重事件的外交纠纷得到顺利解决,这使总理各国事务衙门的高级官员乃至清廷相信西方国际法知识对清政府的统治尤其是外交活动是有利的,因而比较快地批准了早已成稿的《万国公法》的刊印。同时,这一事件也鼓舞了丁韪良及其学生继续将西方国际法著作译成中文。这些著作有德国学者马顿斯(Charles de Martens,1781～1862年)著的《星轺指掌》(guide diplomatique,1876年);美国学者伍尔西(T. D. Woolsey,1801～1889年)著的《公法便览》(Introduction to the study of International law,1877年);瑞士学者布伦智理(J. C. Bluntschli,1808～1881年)著的《公法会通》(Le droit International Codifie,1880年);国际法学会编的《陆地战例新选》(Manual of the Laws of War on Land原文德文,1883年);英国学者霍尔(W. E. Hall,1838～1894年)著的《公法新编》(Treatise on International Law 1903年)等。[19]

从理论角度看,《万国公法》的翻译出版,除了创造出上述一大批国际法的概念术语,帮助中国法学界加深对国际法的了解之外,还加快了创建中国国际法学的步伐。从19世纪70年代至1911年清朝被推翻这40多年间,中国不仅出版了丁韪良及其学生翻译的一批成果,还推出了其他学者翻译或编著的40余本国际法的作品,其中主要有:[英]费利摩罗巴德著(Robart Phillimore,1810～1885年),[英]傅兰雅(John Fryer,1839～1928)口译,俞世爵笔译:《各国交涉公法论》(江南制造局1894年)和《各国交涉便法论》(1899年至1902年刊行);[英]罗伯林(E. Robertson)、[英]傅兰雅口译,汪振者笔译:《公法总论》[20](1886

---

[18] 除了"普丹大沽口船舶事件"之外,清政府援引国际法成功维护中国权益的另一个例子是当时的"中秘条约事件",即在中外订约之初,清政府既忽视保护中国的侨民,也接受了不少对中国不利的片面的最惠国待遇条款。而在1874年秘鲁派使来华要求订立商约时,中国政府则运用《万国公法》的知识,要求秘鲁先改善华侨的待遇,签订了《中秘会议专约》;又要求采取双方互利的平等的最惠国待遇,签订了《中秘通商条约》。参见杨泽伟:《近代国际法输入中国及其影响》,载《法学研究》1999年第3期。

[19] 参见程鹏:《清代人士关于国际法的评论》,载《中外法学》1990年第6期。

[20] 王扬宗:《江南制造局翻译书目新考》,载《中国科技史料》1995年第2期。

年至1894年刊行);丁祖荫撰《万国公法释例》(1898年刊印)等著名著作。

以上国际法著作的特点主要有四:第一,绝大多数是译作,即使有些是中国人自己编的书,也是基于外国国际法学家的讲义或著述;第二,前期翻译的主要是英、法、德等西方国家学者的作品,而后期则大多译自日本法学家的著作;第三,在翻译这些国际法作品时,均不同程度地参考了丁韪良在《万国公法》中创作的汉语法律词汇;第四,翻译引进国际法的指导思想是为了解决当时中国面临的政治危机,即主要是应对西方列强的以战争(武力)为后盾的各种外交冲突,故关于战时国际公法的著作占有很大的比重。

上述国际法著作的出版,基本上奠定了清末中国国际法学的基础。一方面,国际法学的框架体系得以确立;另一方面,西方国际法的基本制度、基本原则、思想观念和概念术语等也进一步深入中国法学界。此外,从开始翻译外国国际法著作到国人自己撰写国际法著作,中国清末在移植西方国际法的同时,开始了将国际法本土化的工作。这一点从中国人自己拟定的几部国际法著作如《万国公法释例》(丁祖荫撰)、《国际公法总纲》(王鸿年著)和《中国合于国际公法论》(马德润著)等几部著作中也可以看到。

六

《万国公法》的翻译出版,虽然在近代中国产生了巨大反响,并由此引发了一场翻译引进西方国际法和国际法学的运动,出版了上述一大批成果,在中国初步奠定了近代国际法学科的基础,但中国国际法的成长道路,仍然是异常艰难和痛苦的。

当时清政府对国际法的各项原则还是半信半疑、矛盾摇摆的。一方面,清政府的官员从与西方国家办理交涉的实践中,逐渐认识到有必要了解西方在调整国际关系方面的法律原则、规则和规章制度,如当时的重臣文祥,就曾向美国驻中国公使蒲安臣提出,希望他能“推荐一种为西方国家公认的权威性的国际法著作”。[21] 清政府对外事务的总管奕䜣在给同治帝的奏折中也称:“窃查中国语言文字,外国人无不留心学习……往往辩论事件,援引中国典制律例相难。臣等每欲借彼国事例以破其说,无如外国条例,俱系洋字,苦不能识。……外国有通行律例,近日经文士丁韪良译出汉文,可以观览。……检阅其书,大约俱论会盟战法诸事……衡以中国制度,原不尽合,但其中间亦有可操之处。……臣等公同商酌给银五百两,言明印成后,呈送三百部到臣衙门,将来通商口岸,各给一部,其中颇有制伏领事官之法,未始不无裨益……”[22]另一方面,清政府及其官员虽然在当时有限度地接纳了西方的国际法,但不相信国际法是支配国家之间关系的规则,认为它的用处只是在利用它作为“制服领事官”之法,或者可以用来“以备筹边之一助”。因此,为《万国公法》作序、对其大加赞赏的董恂受到了批评,被指责为讨好夷人。总之,国际法是外来的,与中国的体制不合。如果采用它,就意味着放弃中国传统的世界秩序和破坏朝贡制度,它被疑为一种陷阱。[23]

从西方的态度来看,也不是每个国家和所有要员都支持将国际法的知识传入中国。当时对丁韪良的翻译工作最为支持的是英国公使卡鲁士(F. Bruce)、英国受聘担任中国海关总税务司的赫德和美国驻华公使蒲安臣、美国驻上海领事乔治·西华德(George Seward)等,但当时美国代办和法国代办则对此项工作持反对的立场。他们担心中国人懂得国际法就可能利用它来与西方国家进行有理有节的法律斗争,甚至会给西方国家带来各种麻烦。[24]

就中国的知识阶层而言,对西方国际法的传入也是持矛盾态度的。一方面,他们十分重视国际法,也成立了国际法研究会,埋头于西方国际法作品的翻译和引进工作,孜孜以国际法的教育和传播为业,为创建中国国际法学科而呕心沥血、努力奋斗;另一方面,则是看着西方列强在高举着尊重各国主权、互不

---

[21] 参见程鹏:《西方国际法首次传入中国问题的探讨》,载《北京大学学报(哲学社会科学版)》1989年第5期。

[22] 《筹办夷务始末》(同治朝),第27卷,第25页。

[23] 参见王铁崖:《中国与国际法——历史与当代》,载中国国际法学会主编:《中国国际法年刊(1991)》,中国对外翻译出版公司1992年版。

[24] 参见王维俭:《普丹大沽口船舶事件和西方国际法传入中国》,载《学术研究》1985年第5期。

干涉内政、互不侵犯他国领土、以和平方式处理国与国之间的纠纷等国际法的旗号之下，将一个个不平等的条约强加于中国人民头上，[25]在中国侵占领土，夺取租借地，设立租界，划分势力范围，驻扎军队，剥夺关税自主权，控制铁路、邮电等事业，攫取各种经济特权。[26] 他们不时地发出疑问：这样的国际法公正吗？这样的国际法对中国人民有用吗？[27]

在上述矛盾中，尤其令中国人痛苦和愤怒的是西方列强强加给中国人民的领事裁判权制度。领事裁判权制度严重损害了中国的司法权乃至整个主权，使西方国际法在中国的传播，以及中国正在形成的国际法，出现了严重的理论脱离实际的现象：国际法的理论要求尊重各国主权，而领事裁判权制度又损害着中国的主权。诚如我国著名国际法学家王铁崖所言：1842 年以后西方列强强加于中国人民的不平等条约制度，破坏了中国传统的世界秩序观，但"它并未被以主权国家体系为基础的近代国际秩序所代替，而代替的是新的一种不平等条约的秩序。中国对外关系所适用的不是国际法原则和规则，而是不平等条约"[28]。也就是说，对帝国主义列强而言，当时国际法的主要任务是保障和补充不平等条约的执行。[29] 正是在这样一种矛盾的、痛苦的心态下，清末中国的国际法艰难地向前迈进着。[30]

---

[25] 从《万国公法》翻译出版至 1911 年清王朝覆灭，各帝国主义国家又强迫中国与其签订了 113 个不平等条约和规章，从这些不平等条约和规章中获取各种特权的国家从原来的英、法、美等 11 个，进一步扩大为 20 个（增加了奥地利、意大利、西班牙、瑞士、巴西、墨西哥、秘鲁、日本、古巴等 9 个国家）。

[26] 参见杨泽伟：《近代国际法输入中国及其影响》，载《法学研究》1999 年第 3 期。

[27] 中国近代著名启蒙思想家郑观应的一段话可以说是这种心态的代表：帝国主义对中国人民的所作所为，"种种不合情理，公于何有？法于何有？""由是观之，公法仍凭虚理。强者可执其法以绳人；弱者必不免隐忍受屈也。是故有国者，惟有发愤自强，方可得公法之益；倘积弱不振，虽有百公法何补哉？"参见郑观应：《盛世危害·公法》，载邹振环整理：《危言三种》，上海古籍出版社 2013 年版，第 60 ~ 61 页。

[28] 王铁崖：《中国与国际法——历史与当代》，载中国国际法学会主编：《中国国际法年刊（1991）》，中国对外翻译出版公司 1992 年版；李育民：《近代中国的条约制度》，湖南师范大学出版社 1995 年版，第 6 页。

[29] 参见杨泽伟：《近代国际法输入中国及其影响》，载《法学研究》1999 年第 3 期。

[30] 关于清代官员及其学者对当时西方国际法的看法，详细参见程鹏：《西方国际法首次传入中国问题的探讨》，载《北京大学学报（哲学社会科学版）》1989 年第 5 期；夏泉：《试论晚清早期驻外公使的国际法意识》，载《江西社会科学》1998 年第 10 期；刘悦斌：《薛福成对近代国际法的接受和运用》，载《河北师范大学学报（哲学社会科学版）》1998 年第 2 期；杨泽伟：《近代国际法输入中国及其影响》，载《法学研究》1999 年第 3 期。

尽管如此,《万国公法》的传播,中国近代国际法形成和发展的痛苦历程,仍然具有重要的启蒙意义。它不仅将国际法尤其是主权意识引了进来,促使中国自己国际法的诞生和发展,也将西方资产阶级的法律制度和法律观念引了进来,使长期生活在封建专制下的中国人民开始了解西方世界,懂得诸如民主、平等、自由、权利、法治、选举等重要政治和法律制度、观念,从而为接下来的戊戌变法、辛亥革命等轰轰烈烈的反帝、反封建运动奠定了政治、法律思想基础。

中国近代知识分子与中国近代法的命运*

学术界一般认为,中国近代法和法学,是1840年鸦片战争以后,在西方列强侵略中国以及伴随而来的西学东渐的浪潮中形成的。① 在中国近代法和法学的形成过程中,中国近代知识分子作出了巨大贡献。从一定意义上可以说,中国近代法和法学的性格及其命运,是由在当时中国特定社会环境下生活、工作的数代法科知识分子所铸就的。

一、中国近代复杂的学术环境

中国近代从鸦片战争开始到1949年新中国成立的一百多年间,我们始终处在一个动乱的、不是很安定的环境下。第一个方面是外敌的入侵,如1840年的第一次鸦片战争,1858年的第二次鸦片战争,1894年的中日甲午战争,还有1905年的日俄战争(尽管它是日本和俄国打仗,但战场在中国的东北,遭受蹂躏的还是中国人)等。另外,1900年的八国联军入侵北京,1931年日本发动的侵略中国东北的"九一八事变",日本于1937年发动"七七事变"全面侵略中国,1941年爆发的太平洋战争,这些都对中国的学术环境造成了非常不利的影响。

---

* 本部分原载于《江海学刊》2008年第1期。系国家社科基金项目"中国传统法律文化研究"(项目号:05BFX008)的阶段性成果之一。

① 参见何勤华、李秀清:《外国法与中国法——20世纪中国移植外国法反思》,中国政法大学出版社2003年版,导论。

第二个方面是中国近代的内部战争(有些是“内乱”)也从来没有停止过，从最早的1851年的太平天国运动到1900年的义和团运动、1911年的辛亥革命、1925年的北伐战争、1931年国民党实施的围剿共产党的战争以及1945年以后国民党向革命根据地进攻、发动的全面内战等。

恶劣环境表现的第三个方面是中国近代政治的专制独裁。从清王朝末期的封建专制统治到袁世凯、段祺瑞、吴佩孚、张作霖等的北洋军阀统治，再到“大军阀”蒋介石，尽管他于1927年底在南京建立的政权号称中华民国，但他实际上实施的统治还是专制型的。军阀政治关心的是军队与权力而不是学术，即使对学术有一点关心也是为了点缀。

那么，这种外敌入侵(外患)、内部战争(内乱)以及专制统治，对我们的学术造成了哪些不利影响呢？笔者认为，这种影响主要表现在三个方面。

第一，办学经费不稳定，大学教育的经费没有着落。这里，我们仅以一所高校——暨南大学为例。暨南大学100余年的校史中有几个这样的数据：1927～1932年，它的预算经费应该有330多万元，但实际上学校拿到的只有200万多一点，只占预算的一半多一点，所以很多教师的工资都发不出、发不全，许多老师都是免费上课。当然，这只是一个很小的例子，其他大学也都遇到过同样的问题。

第二，校园不稳定。如在抗日战争时期，当时的东北大学、吉林大学、朝阳大学和复旦大学都把学校迁到成都或重庆；浙江大学迁到贵州；北京大学、清华大学、南开大学1937年迁到湖南，联合成立长沙临时大学，过了一年在长沙又待不住了，1938年迁到昆明，组成了我们大家都熟悉的西南联合大学。在这样一个过程当中，我们的知识分子——大学老师都颠沛流离，没有正常的学术环境。一批著名法学教授如戴修瓒、燕树棠、陈瑾昆、费青、瞿同祖、王铁崖、蔡枢衡等也都在颠沛流离之中从事着法理学、法制史、诉讼法、国际法与刑法学等的教育研究事业。

第三，社会对学术包括法和法学的不尊重、不重视。大家都认为法律不能解决中国的危机，只有走其他道路才能拯救中国、解放中国，才能实现人生之价值目标。

二、中国近代知识分子的三种价值取向

以上只是我们描述的中国近代恶劣的学术环境的几个侧面，而我们的知识分子就是在这样一个环境里学习、生活和从事研究的。受环境影响，当时优秀的知识分子一般会选择三种道路。

第一种道路，举办实业。他们希望通过创办工业，创办很多的产业，使得国家富强起来。这方面的例子很多，比如说张謇（1853～1926 年），近代纺织业的巨头；詹天佑（1861～1919 年），建筑大师；穆藕初（1876～1943 年），近代纺织业大王；聂云台（1880～1953 年），中国近代著名纱业资本家；吴蕴初（1891～1953 年），化学巨头。很多当时非常先进、优秀的知识分子都走上了实业救国的道路。

第二种道路，参加革命。首先，很多优秀的青年认为要把中国搞上去就应该先参加革命，把侵略者打退，把反动、腐朽的势力推翻。这方面人才是很多的。比如说，毛泽东、周恩来、刘少奇等一些革命家都是当时非常先进的青年，他们都走上了革命的道路。

即使是原来学法律的青年，许多后来也走上了革命道路，这样的例子也有很多的。在中国共产党方面，如李大钊（1889～1927 年），他也是学法律出身，是直隶政法学堂的高才生，出版了法学方面的著作和论文，还翻译了日本著名国际法学家今井嘉幸的作品。因为今井嘉幸对中国还是比较友好的，当时中国提出废除外国“领事裁判权”，今井嘉幸也是帮中国人民呼吁过的，发表过专题论文。李大钊就把他的老师今井嘉幸的《中国国际法论》翻译成中文，1915 年在直隶政法学堂出版。当然，后来李大钊成为我们中国共产党的创始人，走上了革命家的道路。董必武（1886～1975 年）也是学法律的，1914 年至 1917 年他在日本大学法学部学习，回国后先当律师，而后也走上了职业革命家道路。

在中国国民党方面有，宋教仁（1882～1913 年），两次到日本早稻田大学学习政治法律，后来创建了中国国民党，最后被袁世凯在上海火车站谋杀。国民党里面还有一个非常著名的人物叫朱执信（1885～1920 年），他 1904 年赴日

本学习法律，回国后到广东，在广东法政学堂教授法律，也出版过教材，出版过专著，发表过论文。但是，他后来认为在这种社会状态下搞学术不行，应该先革命，把敌人打倒；最后他参加了孙中山、黄兴领导的革命，后来被桂系的军阀杀害了。

第三种道路，学术救国。学术救国在当时也是一部分知识分子的选择。这样做的人也有很多，比如当时文、史、哲学界一些著名的大师，还有我们法学界一些著名的学者，如法理学界的丘汉平、法律史学界的程树德、民法学界的黄右昌、国际法学界的周鲠生与燕树棠、行政法学界的白鹏飞等。这批知识分子当时选择了留在大学继续从事教学、科研这么一种活动，因为他们认为学术传统是不能中断的，学术需要有积累。

三、法科知识分子的阶段类型

"法科知识分子"根据它的时代发展，可以分成若干类型，主要有三个阶段。

第一个阶段，1840 年鸦片战争以后，法科知识分子大体上可以分为两个学派：一个是启蒙学派。如林则徐、魏源，还有梁廷枏、徐继畬，他们最早接受西方的影响，著书立说，宣传西方先进的政治观念和法律观念。另一个就是洋务派，如曾国藩、左宗棠、李鸿章等，他们是官僚型的。洋务派里的知识分子实际上和启蒙学派是连在一起的，像冯桂芬、王韬、黄遵宪、郑观应等。其实像曾国藩、左宗棠、李鸿章等人也是知识分子，属于"士大夫"阶层，但是他们对法律也有很多的观点，所以也可以把他们归纳到法科知识分子的一种类型里面。

第二个阶段是"戊戌变法"到 1901 年清末修律前后，大概有四个派别：第一个是"保皇派"，比如两湖总督张之洞，还有跟沈家本进行"法礼论战"的劳乃宣等，他们是比较铁杆和坚定的"保皇派"。第二个是改良派，最著名的就是康有为、梁启超、严复等人。因为他们主张改良，主张君主立宪，当然也有后来退步的，比如严复到最后就比较保守了。第三个是革命派，如孙中山、陈天华、邹容等这样一批人物。还有第四个学派，就是法制派，其代表主要是沈家本、伍廷芳等。他们都是第二个阶段的法科知识分子的类型。

第三个阶段就是辛亥革命以后一直到1949年新中国成立。在这个阶段里法科知识分子的类型比较集中，不管是从事法律、管理、教学还是科研，基本上都是法治派，比较著名的像王宠惠、王世杰、张知本、江庸、董康等。

四、中国近代法科知识分子的典型剖析

中国近代法科知识分子人数众多，笔者在《中国法学史》（法律出版社出版）的第3卷中，仅代表人物就列举了100位。所以，本文不可能一一罗列，只能讲几个最典型的代表人物，以期通过他们坎坷且不同的命运和对中国近代法和法学的贡献，来了解中国近代知识分子与中国近代法和法学的关系。

（一）沈家本

沈家本（1840～1913年），浙江归安人，清末修律变法的领袖。他对中国近代法和法学发展的贡献，表现在如下几个方面：（1）重视法理学研究，并由此对一系列涉及法理学的基本问题如法律的概念、作用以及和政治的关系，法律的适用，法与道德的关系以及法与人的作用等作出了明确的回答。（2）在修律中"参考古今，博稽中外"，并积极组织力量，翻译英、美、法、德、日、俄、西班牙、葡萄牙、奥地利、荷兰等资本主义国家的法律，②作为修律的蓝本，制订了一批具有某些资本主义性质的法典法规。同时，奏请设立法律学堂，聘请外国法学家充当法律教员，培养专门司法人才。此外，还派员赴外国考察。（3）宣传民主主义法律思想，如提出旗、汉各族人民犯罪应一体同科，不应在法律上规定不平等的权利；主张男女平等，反对"夫为妻纲"的封建名教；奏请"永行禁止"清律所允许的买卖人口和蓄养奴婢；仿效资产阶级三权分立，主张司法独立。（4）发表《法学盛衰说》，出版《历代刑法考》，掌京师法律学堂，推动中国近代的法律教

---

② 沈家本组织力量翻译各资本主义国家法典的具体情况，参见李贵连：《沈家本传》，法律出版社2000年版，第209～210页。

育,创建、主持法学团体,创办法学刊物(《法学会杂志》),为中国近代法学的诞生开辟了道路。[③]

作为一名从旧时代转变过来的士大夫,一位中国近代最早面向世界、希望用西方法律文化来改造中国的法和法学的法科知识分子,沈家本的一生也是历经坎坷。虽然他全身心地投身于修律变法,并努力将西方法律文化与中国封建的法律传统进行嫁接、糅合,但最后仍然受到了以张之洞、劳乃宣等为首的守旧派的猛烈攻击,晚年生活和心境均十分凄凉。

(二)江庸

在民国初期,中国法律界有"四大才子",第一是董康[④],排在第二位的就是江庸(还有两位是王宠惠和张知本[⑤])。江庸[⑥](1878～1960年),祖籍福建长汀。祖父是咸丰时进士,父亲曾任京师大学堂总教习。江庸1901年赴日本学习经济和法律。1906年回国后,被袁世凯任命为天津北洋法政学堂总教习。不久修律大臣沈家本聘请他担任修订法律馆专任纂修。1912年中华民国成立,又出任大理院推事、高等审判厅厅长、司法部次长、修订法律馆总裁等职。

江庸作为中国近代著名的法学家与政治活动家,对中国近代法与法学的诞

---

③ 参见(清)沈家本:《历代刑法考》(四),中华书局1985年版,第2243页。

④ 董康(1867～1947年),江苏武进(今常州市)人。前清进士,授刑部主事、郎中。1902年,授法律馆提调兼京师法律学堂教务提调、宪政编查馆科员、大理院刑庭推事、大理院推丞等职。1911年,辛亥革命爆发,他东渡日本留学,专攻法律。中华民国建立后,董康于1914年回国,署大理院院长,充法律编查会副会长。1918年任修订法律馆总裁,1920年11月出任靳云鹏内阁的司法总长。董康对中国近代法和法学的发展曾作出了很大贡献。2005年,中国政法大学出版社出版了《董康法学文集》(何勤华、魏琼编)一书,收录了董康的法学论著共25篇。

⑤ 张知本(1881～1976年),湖北江陵人。1900年受官费资助赴日本,入法政大学学习法学。1905年回国后,先后任武昌官立法政学堂监督、湖北军政府首任司法部长、湖北江汉大学校长、湖北法科大学校长、上海法政大学董事兼校长、湖北省政府主席、北平朝阳大学校长、行政法院院长等职。张知本一生热衷于资产阶级法治,指望依靠国民政府来施展自己在政治与法律方面的抱负,然而处处受到阻碍,始终未能遂愿。作为一名法科知识分子,他对中国近代法和法学尤其是宪法学的诞生与成长作出过巨大贡献。他曾多次强调,孙中山提出的建立中华民国三时期中都不能离开法律,"离掉法律,不能谈政治。法律不是政治的工具,而是政治的灵魂"(严如平、熊尚厚主编:《民国人物传》第8卷,中华书局1996年版,第175页)。然而,在中国近代特定的国情之下,他的理想最后只能付诸东流。

⑥ 《中国大百科全书·法学》(中国大百科全书出版社1984年版)第315页记载江庸的生卒年为1876～1945年,是错误的。

生和成长的贡献是多方面的。第一,他出任修订法律馆的纂修,帮助沈家本修订法律。第二,他是1905年成立、1906年正式开张的京师法律学堂的监督(相当于现在的常务副校长)。第三,江庸也当过大理院的推事,当过当时的司法部次长(副部长),推进了当时的司法改革。第四,他还创办了朝阳大学,担任第一任校长。第五,江庸创办了《法律评论》这份著名杂志。第六,江庸以著名大律师的身份,曾于1935年为历史学家侯外庐(其在北平被国民党政府逮捕)辩护。在1936年12月上海"七君子事件"中,他也曾为被捕诸人如沈钧儒、史良、王造时等义务出庭辩护。第七,具有爱国热情。他本来住在北京,为了拒绝与日本侵略者合作,他来到上海,上海后来待不住,他又到了重庆。江庸的骨头是比较硬的,他是另一类近代法科知识分子的典型。

(三)吴经熊

吴经熊(John C. H. Wu, 1899~1986年),浙江宁波人,在美国密执安大学法学院获法学博士学位,去法国和德国作学术研究回国后,长期担任上海东吴大学法学院院长,讲授法学、哲学和政治学。

第一,吴经熊作为东吴大学法学院的院长,为中国近代培养了一大批著名的法学家,如著名法律教育家孙晓楼(1902~1958年)、法理学与法史学家丘汉平(1904~1990年)、刑法学家杨兆龙(1904~1979年)等。第二,他出版了民国时期中国唯一的一本以法律哲学命名的专著——《法律哲学研究》(上海法学编译社1933年)。第三,他开创了中国的比较法学科,或者说他是该学科的创始人之一。民国时期中国所发表的比较法律哲学方面的论文,主要都是他和他的学生丘汉平写的。此外,东吴大学法学院本身的英文名字就是"比较法律学院"。第四,吴经熊还有一个贡献是对宗教所做的。他的自传《超越东西方》就是描述他的宗教人生,这也是中国近代法科知识分子的另一种人生体验。

(四)陈瑾昆

陈瑾昆(1887~1959年),湖南常德人。1908年至1917年留学日本,毕业于日本东京帝国大学法学部。陈瑾昆对中国近代法和法学的贡献为:首先,他在中国近代法律教育领域贡献巨大，担任了当时北京各所大学如北京大学、朝阳大学的法学教授。尤其是在抗日战争中，在1937年10月成立的长沙临时大学和1938年组建的西南联合大学，陈瑾昆一个人主讲民事诉讼法、刑事诉讼法、民法债编、诉讼实习等7门课。至1946年8月西南联大解散，陈瑾昆在南方的艰苦环境中坚守法律教育岗位共9年，为中国近代法律教育做出了突出的贡献。

其次，陈瑾昆为中华民国政府和中华人民共和国政府的立法事业作出了贡献。陈瑾昆于1918年任修订法律馆纂修，参与了民国政府的各项立法事业。到延安后他参与了革命根据地的大法——《中国土地法大纲》的起草工作。1949年中国共产党和各民主党派协商产生的《中国人民政治协商会议共同纲领》也是陈瑾昆参与起草的。他还是1950年《中华人民和国婚姻法》和1954年《中华人民共和国宪法》的主要起草者。

再次，陈瑾昆是中国近代民法、刑法和诉讼法这三个学科的奠基人之一，他所著的《民法通义债编总论》（北平朝阳学院[⑦] 1930年）、《民法通义总则》、《民法通义债编各论》（北平朝阳学院1931年）等系列民法专著，是中国近代民法学的权威作品；其所撰写的《刑法总则讲义》（北京好望书店1934年）是中国近代刑法学的奠基之作，到目前为止还不断为学者所引用；其《刑事诉讼法通义》（北平朝阳大学1930年）开创并完善了中国近代刑事诉讼法学的体系，因而于2005年为中国方正出版社所点校重印出版。

最后，陈瑾昆还有一个贡献——这是在当时的民国国民党政府下一般法学家都做不到的——早在20世纪30年代，陈瑾昆就已是国民党政府中一名著名的法学家，但是他在1946年毅然率领全家8口人奔赴延安，并于第2年加入中国共产党。这在当时是很不容易的，因为延安的条件毕竟比上海、北京要艰苦得多。

（五）王宠惠

在中国近代法科知识分子当中，成就最大、名声最高的就是王宠惠。

---

⑦ 朝阳大学1912年建立，1929年更名为北平朝阳学院，故出版信息有“大学/学院”两种称谓。

王宠惠(1881 ~ 1958 年),广东省东莞人。天津北洋大学堂法科毕业后,赴日本、欧美学习法律,先后获得美国耶鲁大学法学博士学位、英国律师资格,并被选为德国柏林大学比较法学会的会员。回国后,先后出任外交总长、司法总长、法律编纂会会长、大理院院长、署理国务总理、修订法律馆总裁等职。1927年蒋介石南京政府成立后,王宠惠先后出任司法部长、司法院院长、外交部长。1945 年 4 月作为国民党政府代表,出席在美国旧金山召开的联合国宪章的制定会议。1949 年赴中国台湾定居。

王宠惠对中国近代法和法学的发展的贡献是多方面的。第一,他少年的时候就认识孙中山,参加了中国资产阶级的民主革命。第二,作为中国近代第一位在美国获得法学博士学位的人,他回国后参与了民国政府几乎每一项的立法与司法制度的改革。第三,他发表了众多法学研究成果,如中华民国宪法刍议(1913 年)、《五权宪法》(1939 年)、《今后司法改良之方针》(1929 年)、《二十五年中国之司法》(1930 年)、《比较民法概要》(1916 年)、《刑法草案与暂行新刑律之异同》(1928 年)等。这些作品,为中国近代法理学、宪法学、民法学和刑法学等的诞生与成长作出了贡献。第四,王宠惠是中国近代第一张学士学位证书的获得者。这张学位证书现保存在天津大学档案室,上面编号为“钦字第一号”,是王宠惠在北洋大学堂法科毕业时获得的。1895 年创办的北洋大学堂(现在天津大学的前身)的法科是中国最早的,请的第一任校长是美国的传教士丁家立。丁家立把耶鲁大学的模式和哈佛大学的模式糅合起来,在北洋大学堂里面开设了法律科,王宠惠考进去以后成为第一个拿到中国近代学士学位证书的人。此外,王宠惠还是《德国民法典》第一个英译本的译者,⑧第一个担任海牙国际法院(庭)大法官的中国人,而且是两次,第一次是 1923 年,第二次是 1929 年,这个职务在当时是给中国人争光的。⑨

---

⑧ 1900 年《德国民法典》公布以后,它一直没有英译本,英国、美国的学者讲解德国民法、搞比较法研究的时候,只有那些懂德语的教授才能开这个课,只有懂德语的同学才能进行比较性的学习。一直到王宠惠到德国留学以后,他把《德国民法典》翻译成了英文,而后在美国出版,成为美国各个法学院的教科书,所以这个光荣也应该是属于中国人的。

⑨ 王宠惠也是中国近代比较法学科的创始人之一。1913 年,王宠惠在上海出任了当时中国比较法学会的首任会长,他的代表作《比较民法导言》也是该学科的奠基之作。

以上虽然仅分析了五位法科知识分子,但他们分别代表了不同阶段、不同类型以及成名后的不同结局的知识分子的法律人生,[⑩]这对现代法律人还是有着启示意义的。

五、法科知识分子对中国近代法和法学的贡献

第一,从事法律教育,培养法律人才。笔者统计了民国时期的综合性大学,20 世纪 30 年代法律院校比较正规的有 15 所左右,到 1949 年单科性的政法学院和综合大学里面的法学院加在一起有 53 所。而在这些院校中,法科知识分子发挥着主要的作用。

第二,建立法学学科。我们的一些学科,如近代的法理学、法史学、民法学、宪法学、行政法学、刑法学、诉讼法学、国际法学等,都是由这一批知识分子创立的。

第三,著书立说,增加学术的积累。笔者这里举一个数字,即民国时期出版的法学专著、主要教材,有 5500 多种,论文有 11,000 多篇。这 5500 余种书正在整理中,中国政法大学出版社出版的《二十世纪中华法学文丛》已经推出了几十种。笔者主编的《中国近代法学译丛》,主要是取译著,整理到 2008 年也已经出版 50 种了。其他出版社也在陆续整理出版。这一万多篇论文,我们现在有些目录已经整理出来了,笔者和李秀清教授主编、在法律出版社出版了一套《民国法学论文精粹》,我们按照各个学科,一共分成了 6 卷。我们认为一些比较好的、现在还有价值的论文,就全文重新点校收录,其他文章就作为存目。不能说非常完整,但大体上都还是收进来了。

第四,创办杂志。中国近代有 150 余种法律类刊物,绝大多数都是由法科

---

⑩　当然还有其他一些人物由于本文的篇幅这里无法展开。包括黄右昌,民法学家;王世杰,宪法学家;史尚宽,民法学家;赵琛,既是刑法学家又是行政法学家;杨鸿烈,法制史学家;丘汉平,既是法理学家又是法制史学家,还是国际私法学家和华侨问题的专家;梅汝璈,东京审判的大法官;杨兆龙,解放前夕出任国民党政府的代理总检察长,在南京的时候,乘蒋介石下野、李宗仁代行总统的机会,他签发命令,释放了 140 多位关押在监狱里的政治犯,而这些政治犯当中绝大多数是中共地下党员。

知识分子创办的。主要有《译书汇编》《法科月刊》《法政学报》《法政介闻》《法治周报》《法轨》《法学专刊》《法学会杂志》《中华法学杂志》《法学季刊》《法律知识》《法律评论》《法学论丛》《法学杂志》《法学月刊》《法学丛刊》《法声新闻》等。这些刊物中,最著名的就是1923年7月1日由朝阳大学所创办的《法律评论》和1922年由东吴大学法学院创办的《法学季刊》。

六、法科知识分子所塑造的近代法学传统

第一个传统是遍师各国,择优从之。近代中国,在法律上是一个后进的国家,原创性的成果很少。我们在课堂上学的法学知识,从制度到概念、原则,几乎都是从西方传进来的。所以在这种情况下,如何选择外国好的东西,怎么才能把它们的精华引进来,就是一个非常重要的课题。我们近代中国的知识分子,不管是士大夫,还是从政的官僚,包括士大夫里面当老师的,在这方面都付出了很多的心血。所以我们近代请进的一些外国教授都是比较著名的,比如当时日本的冈田朝太郎(1868~1936年),搞刑法、法理、刑诉,在日本是走在前沿的;小河滋次郎(1863~1925年),他对监狱学的研究当时在日本是排第1位的;志田钾太郎(1868~1951年),当时搞商法也是处在日本前3位的;还有国际法学家今井嘉幸(1878~1951年),商法学家松冈义正(1870~1939年),这些学者都是非常优秀的。另外,我们还派人出去,把外国著名的法学著作翻译进来,进而自己编著。

为什么说上面这种做法是传统?因为传统就是能延续下来,没有中断,这个传统一直延续到了20世纪80年代改革开放以后,包括我们这一代人。如走出去,请进来,这个过程实际上没有中止。我们现在仍有大量国外优秀的法学著作在不断地翻译进来。所以,善于学习西方各个国家法律中比较好的东西,就形成中国近代法学的第一个传统。

第二个传统是追求民主,不畏专制。中国近代法科知识分子的骨头还是比较硬的,他们追求民主、不畏专制。即使像国民政府高官王世杰,也是不满意蒋

介石的专制的。在他和钱端升合著的《比较宪法》一书中，有很多章节，约占全书一半不到，都是借用法国大革命、法国或者美国的政治法律制度来影射、批评国民党政府的专制统治的。这是很不容易的，因为王世杰本身是当时国民党政府的教育部长和外交部长。这就说明即使像他这样的国民党要员，还是崇尚民主的、公平的、正义的理念。

另外还有一个丘汉平也了不得。如果说王世杰因为他是要员，不好太公开地批评，丘汉平就比较公开了。他在《公安局与民权保障》⑪一文中，专门抨击国民党的警察局。他说如果国民党的警察局不废除，中国即使有 500 万部宪法都是没有用的，宪法规定的民主权利都被国民党的警察局蹂躏了、摧毁了。像这种言论，在当时应该还是属于非常激进的，而且这是白纸黑字公开的。

第三个传统是自强不息、爱国爱学。仅举孟森（1868～1938 年）的例子，历史学界对他比较熟悉，他是明清史专家。早期在日本留学是学法律的，他出版了第一本中国人自己写的法学通论著作《新编法学通论》⑫（商务印书馆 1911 年版），后来，他就开始搞历史研究。孟森研究清代史的时候有一个绝活，即专门考证清朝末年俄国和蒙古边界的地形，写了《宣统三年调查之俄蒙界线图考证》一书。这个成果被日本人知道后，日本人就来收买。他不出让，日本人就通过朋友给他施加各种各样的压力，他始终不肯交出来，最后，日本人就强行抄家，把这个"考证"抄走了，孟森当场就气病了，住在医院里，吐血，没过几天就去世了。临终前他告诉子女，要有民族气节。所以像这样一种自强不息、爱国爱学的精神，应该说也是法科知识分子的一个传统。

第四个传统是甘于清贫、勤奋写作。如民国时期宪法学家、国立中央大学教授、《时代公论》主编阮毅成（1905～1988 年），勤于写作，一生出版各类论著 40 多种，论文 100 多篇。又如历任朝阳大学、中央大学、中央政治学校大学部、燕京大学、华西大学等校民法教授的胡长清（1900～1988 年），也是一个极为勤奋的学者，一生著述丰硕，其代表作《中国民法总论》《中国民法债编总论》《中国民法亲属论》《中国民法继承论》均被确定为民国时期的"大学丛书"，至今仍

---

⑪ 参见何勤华、洪佳期编：《丘汉平法学文集》，中国政法大学出版社 2004 年版。

⑫ 参见孟森：《孟森政法著译辑刊》，中华书局 2008 年版。

然在中国台湾地区再版发行。而其中，他的《中国民法总论》则于 1997 年在中国政法大学出版社出版。

当然，最为令人感动的是丘汉平，他于 1929 年获美国乔治·华盛顿大学法学博士学位，回国后长期担任东吴大学法学院教授、《法学季刊》主编，1951 年至 1952 年，出任中国台湾东吴大学校长。20 世纪 20 年代后，丘汉平为了整理古籍，撰写了《先秦法律思想》(光华书局 1931 年)和《历代刑法志》(商务印书馆 1938 年)等作品，他每天早上 4 点就起床看书写作，持续不断，前后一共坚持了 30 多年。笔者认为，民国时期中国学者在政局动荡、战乱频繁的社会状态下，在法学领域竟然推出了如此之多的成果，创造了诸多学术奇迹，就是因为有像丘汉平这样一批勤奋写作、献身于中国学术的法学家！

新中国外国法制史研究70年

——以学术热点的探索与争鸣为中心*

中国大学开设“外国法制史”课程的历史,可追溯到20世纪初的清末,[①]至中华民国北京政府时期,又新增了罗马法、比较法制史等课程。1949年新中国成立后,中国人民大学法律系于20世纪50年代初,开设了以苏联的“国家与法权通史”为依托的“外国法制史”课程,代替旧有的“西洋法制史”课程。但随着20世纪60年代初中苏关系恶化,苏联的法律也不再讲授。改革开放后,我国外国法制史学科从原“国家与法权通史”中脱胎而出,成为一门独立的学科。[②] 新中国成立70年来,学界对外国法制史的研究经历了一系列的理论更迭和范式变迁,才取得了如今的成就。总结该期间有关外国法制史研究的学术热点,梳理学者们对相关理论的探索与争鸣,对我们进一步发展与壮大这门学科,具有重要的意义。

---

* 本部分原载于《探索与争鸣》2019年第10期,与周小凡合作,系上海市哲社规划“三大系列”一般课题“中国特色社会主义法治的形成与发展研究”(项目号:2017BHC012)的阶段性成果之一。

① 1904年清政府颁布《大学堂章程》,其中“法律学科目”规定的“主课”中包括:“东西各国法制比较、各国宪法、各国民法及民事诉讼法、各国刑法及刑事诉讼法、各国商法、交涉法、泰西各国法。”章程特别解释了“泰西各国法”是指罗马法、英吉利法、法兰西法、德意志法。参见《大清法规大全》(第2册),转引自曾尔恕:《外国法制史学科在我国的发展与展望》,载《中国法学教育研究》2009年第2期。

② 参见陈颐:《在中国理解世界,从世界观照中国——四十年外国法制史研究观感》,载《法治现代化研究》2018年第5期。

一、新中国70年外国法制史研究的学术成就

回顾过去的70年,外国法制史研究取得了可圈可点的学术成就,体现在学会活动、学术成果、学科教育与人才培养等多个方面。

(一)学会活动

谈及外国法制史研究的学会活动,首先必须提到1982年全国外国法制史研究会的成立和第一届学术研讨会的召开。这届研讨会主要为制定外国法制史研究会的章程作出规划,其后每届研讨会都围绕不同的学术主题展开,各类主题所涉内容多样。有关于外国法制史学科未来建设的方向,如1986年第四届研讨会讨论了外国法制史学科如何为中国社会主义法制建设服务,以及对于外国法制史学科体系设想的问题;也有对当下学术热点的聚焦,如2000年第十三届研讨会,研讨了法律移植和法律的本土化的问题;亦有对与学科相关的历史性时刻的纪念,如2019年召开的第32届研讨会,主要是为了纪念具有近代宪法文明起源意义的《魏玛宪法》颁布100周年。

自1982年起,研讨会活动更迭不息,学术问题讨论不止,会议主题在深度和广度上不断拓展,外国法制史学科的研究也日益精进。值得一提的是,1984年,外国法制史研究会编辑出版了第1卷论文集,名为《外国法制史汇刊》(武汉大学出版社);1990年出版了第2卷《外国法制史论文集》(中山大学出版社);2001年5月,由何勤华主编,出版了第3卷论文集《法的移植与法的本土化》(法律出版社)。此后历届研讨会,均于次年出版相关的学术论文集,为外国法制史研究留下了宝贵的学术财富,至今已出版《外国法制史研究》论文集共计20卷。

(二)学术成果

学术成果的丰硕体现在教材编纂、专著出版,以及论文发表等多个方面。

教材编纂方面，新中国成立初始，我国从苏联翻译出教科书《国家与法权通史》。1956年以后，中国人民大学法律系编写了上、中、下3册本《外国法制史讲义》。[3] 1978年改革开放之后，随着外国法制史学科的正式定名，全国各高校逐渐恢复法律史专业的招生，对新体例下外国法制史教材的需求迅速扩大，众多外国法制史教材陆续出版。据统计，改革开放至今，我国已编写出版外国法制史教材100余种。[4]

除教材编纂外，相关学术专著的成果也是可圈可点。从类别上看，可以分为外国法制史通史和不同历史时期中不同国家、区域的具体法律制度两大块。前者的主要成果有由何勤华主持，全国25所高校及科研机构220余名专家学者共同努力进行的"法律文明史"系列丛书的编写，自2014年以来，该系列已陆续出版了《法律文明的起源》《宗教法》《中世纪欧洲世俗法》《大陆法系》等共9卷的成果。后者的主要成果所涉范围广阔，横向上看，包含了有关古美索不达米亚地区法研究、古埃及法研究、古希腊法研究、古罗马法研究、基督教会法研究、日耳曼法研究、伊斯兰法研究、英美法系研究等多个领域；纵向上看，包含了对专门国家的具体法律制度，诸如宪法、民法、刑法、商法、专利法、土地法、司法制度等所做的研究。[5] 改革开放40年来，外国法制史领域已出版专著约200部，发表论文约900篇。[6]

（三）学科教育与人才培养

在学科教育和人才培养方面，20世纪50年代初，外国法制史课程的讲授主要是学习苏联。中国人民大学法律系首先开设的就是从苏联引入的"国家与法权通史"和"苏维埃国家与法权通史"这两门课（分别由林榕年和傅兴岭讲授）。之后因中苏关系的变化，"苏维埃国家与法权通史"课程被并入"国家与法权通史"之中，成了一门课，这就是新中国早期的外国法制史教育。1977年，中国法

③　参见叶秋华：《外国法制史学科形成的历史基础与发展演进》，载《河南省政法管理干部学院学报》2011年第4期。

④　参见何勤华、王静：《改革开放四十年与外国法制史的成长》，载《法学》2018年第7期。

⑤　参见何勤华、王静：《改革开放四十年与外国法制史的成长》，载《法学》2018年第7期。

⑥　参见何勤华、王静：《改革开放四十年与外国法制史的成长》，载《法学》2018年第7期。

学教育恢复，外国法制史这门学科被正式固定下来，是年恢复高考，北京大学和吉林大学等高校率先恢复了对本科生外国法制史的教育。次年，又开始了外国法制史专业硕士研究生的培养工作。1979 年，北京政法学院恢复，曾尔恕成为该院最早一批外国法制史研究生。1981 年，华东政法学院、西南政法学院、西北政法学院，以及北京大学、厦门大学、中国人民大学、安徽大学等校均开始招收外国法制史专业硕士研究生。高鸿钧、米健、何勤华、梁治平、张恒山等是这个时期入学的外国法制史专业的研究生。1984 年之后，外国法制史专业博士研究生的培养开始起步。⑦ 截至 2017 年底，我国已有 24 所高校、研究院拥有了法律史专业博士点，培养中国法制史和外国法制史专业的博士研究生。

二、外国法制史的主要学术热点及争鸣

外国法制史介绍、评判西方法律制度，关注外国法的历史发展、时代精神及其与中国法的关系，在外国法制史领域，对各种法律理念、原则、制度、方法等的探索与争鸣活跃且激烈。梳理外国法制史发展中的学术热点及争鸣，探究其发展的规律，总结经验，对促进本学科的发展具有重要意义。

（一）关于外国法制史的学科建设

首先，新中国成立初期，外国法制史的研究对象就是“国家与法权通史”的研究对象，即“如何并在何种条件之下在历史上存在过的人类社会中发生了阶级划分，并产生了一定类型的生产关系及与之相适应的国家与法权上层建筑”。⑧ 后随着中苏关系恶化，苏联研究模式被逐渐摒弃，其过分重视阶级属性以及国家法权理念的研究也受到批驳。1977 年法学教育恢复后，学界展开了对外国法制史学科研究对象的广泛讨论。1982 年，陈盛清在其主编的《外国法制

---

⑦ 参见何勤华：《新中国外国法制史学 60 年》，载《河南省政法管理干部学院学报》2011 年第 4 期。

⑧ 苏联司法部全联盟法学研究所编：《国家与法权通史》（第 1 分册），中国人民大学国家与法权历史教研室译，中国人民大学出版社 1954 年版，第 4 页。

史》中，将外国法制史的研究对象重新定义为“历史上不同类型法律制度的产生、本质和表现形式”，也就是“研究一定的统治阶级是在什么样的历史条件下，通过什么方式把本阶级的意志提升为法律的”[9]，由此可见，书中对外国法制史研究对象的认定并没有完全摆脱苏联的模式。1987年，徐轶民编并出版《外国法制史教学大纲》，书中认为“（外国法制史）是研究外国各种类型法律制度产生和演变的科学。它是通过各种法律制度的基本内容、表现形式、主要特点和阶级实质探讨其发展规律的科学”，这使外国法制史学科的研究对象被基本固定了下来。[10]

其次，外国法制史学科的研究体系也值得探讨。新中国成立初，外国法制史学科所依据的苏联教材《国家与法权通史》，采用“四大块”的体系，按照“奴隶制”“封建制”“巴黎公社前资本主义时期”“巴黎公社、帝国主义时期资产阶级国家与法权”四个大的阶段为划分依据，讲述法权通史。但这种体系框架存在国家与法不分、对象不清、内容杂乱、涉法范围小等缺陷。[11] 20世纪80年代后，在新成立的全国外国法制史研究会的指导下，新的编纂体系得以面世，1987年，陈盛清主编的《外国法制史》教材出版，该教材从古代法律制度、近代法律制度、现代法律制度着手，更为简单明晰地讲述外国法制史的发展历程。[12] 1992年，林榕年主编的《外国法律制度史》出版，书中将研究体系划分为奴隶社会的法律制度、封建社会的法律制度、资本主义的法律制度以及社会主义的法律制度4个部分，基本形成了以法系为主干、以典型国家发展为脉络的研究体系。[13] 1997年，何勤华主编的《外国法制史》出版，书中以国家或地区为单位，分述了从楔形文字法、印度法、古希腊法等到英、美、法、德、日等国法律制度发展的具体内容，这确立了目前外国法制史教材体系的基本框架。[14]

最后，在外国法制史学的研究方法方面，依然存在分歧。新中国成立早期，

---

⑨ 陈盛清主编：《外国法制史》，北京大学出版社1982年版，第2页。

⑩ 参见徐轶民编：《外国法制史教学大纲》，中国广播电视大学出版社1987年版，第1页。

⑪ 参见何勤华：《新中国外国法制史学60年》，载《河南省政法管理干部学院学报》2011年第4期。

⑫ 参见陈盛清主编：《外国法制史》，北京大学出版社1987年版，第1～5页。

⑬ 参见林榕年主编：《外国法律制度史》，中国人民公安大学出版社1992年版，第1～4页。

⑭ 参见何勤华主编：《外国法制史》，法律出版社1997年版，第1～4页。

我国对外国法制史的研究,主要借鉴苏联法学家历史唯物主义的研究方法,该方法要求从社会的生产方式中把握外国法律制度的发展脉络和内在联系,并且对于所研究制度的评价,应该秉持客观、实事求是的态度。但是,该研究方法在实践中逐渐暴露出其固化为单一的阶级分析法以及排斥其他研究方法的弊端,因此需要为外国法制史的研究提供新的方法。⑮ 20 世纪 70 年代末,比较法的研究方法逐渐兴起,该方法涉及被比较的法和作比较的法、量的比较和质的比较、对内比较和对外比较、一般比较和专题比较、形式比较和内容比较、概念比较和内容比较等多个方面。⑯ 通过比较法产生的学术成果众多,相关著作如沈宗灵的《比较法总论》(北京大学出版社 1987 年版)、吴大英和徐炳编著的《比较法基础知识》(法律出版社 1987 年版)、李秀清等的《20 世纪比较法学》(商务印书馆 2006 年版)等。译著如罗迪埃文的《比较法概论》(陈春龙译,法律出版社 1987 年版)、埃尔曼《比较法律文化》(高鸿钧等译,生活·读书·新知三联书店 1990 年版)等。

除比较法之外,我国通过对外国经典著作的翻译,引入了大量新的研究方法,诸如法律心理学方法,控制论、系统论研究方法,法律经济学研究方法和法律进化论研究方法等。⑰

(二)关于法系理论的探讨

19 世纪 80 年代,日本学者穗积陈重提出"五大法律家族"的学说,是为法系理论的前身。之后,美国学者威格摩尔提出"法系"的概念,将世界各国法律制度分为 16 个法系,开创了现代比较法学的学科体系。⑱ 法系理论传入中国后,引发了国内学者们长久的研究和探讨。

第一,法系的概念。法系的概念在东西方一直以来都备受争议,西方学者对法系的概念,也有诸多不同的理解,如"law system""legal system""legal

---

⑮ 参见何勤华:《外国法制史学的研究方法》,载《社会科学》1988 年第 3 期。

⑯ 参见陈志刚:《比较法方法论探讨》,载《兰州大学学报》1994 年第 3 期。

⑰ 参见何勤华、王静:《改革开放四十年与外国法制史的成长》,载《法学》2018 年第 7 期。

⑱ 参见[美]约翰·H. 威格摩尔:《世界法系概览》(上),何勤华、李秀清、郭光东等译,上海人民出版社 2004 年版,第 2 页。

family”“legal genealogy”等。20 世纪 80 年代以来,国内学者对法系概念的定义,主要有“谱系”、“法律传统”或“法律样式”等。1980 年,陈朝璧在《中华法系特点初探》一文中提出法系是一种“谱系”,即“某国固有的法律同某些从外国接受过来的法律,或者同本国历史上长期积累起来的法律接合起来,形成一种独特的体系”⑲,这种“谱系”概念的认定以“亲缘关系”为依据,继而将世界法律制度予以划分。但是,如此定义并不能清晰地体现划分法系的目的与依据,所体现的仅是划分并接合的现象或者说一种结果,因此后来的学者们在此基础上予以进一步讨论,使得“法律传统”的定义逐渐浮出水面。1985 年出版的《辞海》,就将“法系”一词定义为“资产阶级法学家所划分的各种法律传统”。⑳ 1987 年,沈宗灵在《比较法研究》一书中,将法系定义为“由若干国家和特定地区的、具有某种共性或共同传统的法律的总称”㉑。进入 20 世纪 90 年代后,有学者主张跳出法系的认知,将其认定为一种“法律样式”,如武树臣认为法系是“某一国家或地区法律实践活动的基本方式,即立法和司法的基本工作程序或方法”㉒。

第二,法系的划分。20 世纪 80 年代,学界对法系划分的讨论,多为默认西方学者三分法的划分标准,将世界法律制度划分为大陆法系、普通法法系和社会主义法系。㉓ 进入 90 年代后,三分法的划分受到诸多指责与批评,新的有关法系划分的理论陆续被提出。1990 年,李步云首先提出了法律形式划分法,认为“法系是从法律形式上所作的一种分类”,主张以法律形式为标准,将法律区分为当代(现代和近代)和当代以前两大不同的历史时代再予以划分,据此,当代世界法律制度可划分为大陆法系与英美法系,当代以前的世界法律制度可划分为伊斯兰法系、印度法系、中华法系等。㉔ 1993 年,高鸿钧在《论划分法系的

---

⑲ 陈朝璧:《中华法系特点初探》,载《法学研究》1980 年第 1 期。

⑳ 参见王绍棠:《法系 · 中国法系的再议论》,载《南京大学法律评论》1999 年第 1 期。

㉑ 沈宗灵:《比较法研究》,北京大学出版社 1998 年版,第 53 页。

㉒ 武树臣:《走出“法系”——论世界主要法律样式》,载《中外法学》1995 年第 2 期。

㉓ 其间也有新的划分方法被提出,如吴大英、徐炳在《比较法基础知识》(法律出版社 1987 年版)中提出亲缘关系划分法,主张将世界法律制度划分为大陆法系、英美法系、伊斯兰法系和社会主义法系。

㉔ 参见李步云:《关于法系的几个问题——兼谈判例法在中国的运用》,载《中国法学》1990 年第 1 期。

方法与标准》一文中，提出采用复分法划分法系，以“法律的阶级本质、经济基础和意识形态”、“法律渊源和诉讼技术”以及“特定文化传统”3 个标准为依据，再基于这 3 个标准作出多次划分。㉕ 1995 年，武树臣提出法律文化划分法，通过衡量法律文化的两个要素，即“法律活动的总体精神”和“法律活动的宏观样式”，将世界法律分为宗教主义型、伦理主义型以及现实主义型 3 种。㉖ 1996 年，饶艾提出了动态发展划分法，将诸多法系视为连续不断的动态发展过程，再根据不同的研究需要，确定不同的划分标准进行“连续划分”，即多次划分或把划分后的概念继续划分，直到满足需要为止。根据动态发展划分法，世界法律分成 3 个层次及诸多种类。㉗ 对于法系划分讨论最激烈的时候就是这个时期，之后学界对法系划分的讨论一直存在，但更多是对西方学者法系划分的梳理与总结。值得一提的是，在全球化的背景下，国际法、经济法等法律在世界范围内的交往与继承更加密切，势必会造成对法系划分的新的需求，国内学者也对此展开讨论。2005 年，何勤华等提出了在经济全球化的浪潮下，东亚诸国既模仿大陆法系模式，借鉴英美法系经验，又承袭中华法系传统，使得三大法系之间发生竞合，形成了“东亚共同体法”，这是一种全新的法律体系。㉘ 2010 年，米健提出未来世界法律体系的概念，将世界法律分成大陆法系、英美法系和融合法系三种。㉙

第三，法系的融合。随着欧盟一体化以及全球化法律进程的加快，法系的

㉕ “根据第 1 个标准可以划分为社会主义法系和资本主义法系，在资本主义法系内部可再根据法律渊源和技术划分为大陆法系和英美法系；根据第 2 个标准可以划分为英美法系；根据第 3 个标准可以划分为西方法系、伊斯兰法系、印度法系、犹太法系和东亚法系。”具体参见高鸿钧：《论划分法系的方法与标准》，载《环球法律评论》1993 年第 2 期。

㉖ 参见武树臣：《走出“法系”——论世界主要法律样式》，载《中外法学》1995 年第 2 期。

㉗ 根据这种划分法所划分的 3 个层次及诸多种类有：“第一层次的法系被划分为历史的法系和现存的法系，它们是最大的法系群。第二层次的法系是分别对第一层次法系群的再划分，其中，历史的法系被分为古东方法系和古西方法系，现存的法系被分为渊源于古代却延续至今的法系（西方资本主义法系）和纯为近现代才出现的法系（社会主义法系），它们是次于法系群的法系组。第三层次的法系是分别对第二层次法系组的再划分，在历史的法系中，古东方法系分为埃及法系、楔形文字法系、印度法系和中华法系。”具体参见饶艾：《也谈法系划分——法系层次及种类》，载《比较法研究》1996 年第 1 期。

㉘ 参见何勤华、孔晶：《新中华法系的诞生？——从三大法系到东亚共同体法》，载《法学论坛》2005 年第 4 期。

㉙ 参见米健等：《当今与未来世界法律体系》，法律出版社 2010 年版，第 74 ~ 76 页。

边界变得模糊,学界对于法系的融合趋势已基本达成共识,但针对法系的融合与分立的关系,以及法系如何融合等问题,仍有不同的声音。有学者认为大陆法系和英美法系的融合与分立是同时存在的,如杨联华认为,两大法系之间存在竞争关系,需要各自力争发展自己的影响,但一个事实就是,在同样范围内且归属于这两大法系的国家之间,法律制度的差异性正在相应减少,因此法系的融合与分立是“同时发生的两种倾向”。[30] 也有学者如刘其文,在其主编的《法律与公正》一书中承认 20 世纪以来两大法系融合的趋势,但认为英美法系和大陆法系具有截然不同的特点,因此它们在历史上形成的不同传统将长期存在。[31]对此,冷霞在其文《英美法系的历史转型》的最后也强调,法系的融合只是实现法律进化的手段而非目标,“两大法系之间的相互靠近乃至融合并不意味着两者差异的完全消失是必要的、正确的、可欲的”[32]。还有学者将新的概念运用到法系融合的理论中,如米健提出了“融合法系”的概念。所谓“融合法系”,就是指“历史上曾具有自身法律传统,但在发展过程中不同程度上接受了其他法系或法律传统,并对自身法律秩序进行了重大改造的法系”,而随着大陆法系和英美法系的逐渐趋同,有越来越多国家的法律可以被纳入新的融合法系,并且会不断发展壮大。[33]

(三)关于法律移植的理论争鸣

20 世纪 70 年代,英国学者奥·卡恩·弗洛因德(O. Kahn Freund)作了题为《比较法的应用和误用》的演讲,法律移植悲观论应运而生,后爱丁堡大学教授阿伦·沃森发表论文《法律移植与法律改革》,反驳了弗洛因德的观点,[34]并出版专著《法律移植:比较法的方法》,自此,西方法学界开始对法律移植的相关理论展开广泛讨论。该理论传入我国后,也引发了学界长久不息的讨论,所做的学术研究已然成果颇丰。但是这些研究始终绕不开有关法律移植理论的基本

---

[30] 参见杨联华主编:《外国法制史》,四川大学出版社 1989 年版,第 79 页。

[31] 参见刘其文主编:《法律与公正》,河南人民出版社 2007 年版,第 66~67 页。

[32] 冷霞:《英美法系的历史转型》,载《南京大学法律评论》2014 年第 2 期。

[33] 参见米健等:《当今与未来世界法律体系》,法律出版社 2010 年版,第 74~76 页。

[34] 参见沈宗灵:《论法律移植与比较法学》,载《外国法译评》1995 年第 1 期。

问题，也就是我们比较关心的法律移植的内涵、法律移植的可行性以及法律移植的形式等问题。

关于法律移植的内涵，最初是从植物学和医学中获得的启示，进而作出修辞学意义上的归纳。1995 年，沈宗灵在《法律移植与比较法学》中，认为法律移植就是“将特定国家（或地区）的某种法律规则或制度移植到其他国家（或地区）”[35]，这里的移植是植物学意义上的整体植入。2002 年，何勤华提出，法律移植是对其他国家或地区的法律（体系或内容或形式或理论）的吸收。该过程如同种树，种树必须要从一个地方挖出来，再运到其他地方种下去，而法律移植亦是如此，必须将他国的法律吸收过来，再“植入”本国的法律中。[36] 部分学者认为，法律移植的内涵不能是整体植入，需要受体和供体之间的共同性，也就是说被移植的法律需要继受国或地区的同意或接纳。如张文显认为，法律移植需要在“借鉴、认同、调适、整合”的基础上，“引进、吸收、采纳、摄取、同化”他国法律，使其可以为己所用。[37] 亦有学者另辟蹊径，提出“输入说”这种工具主义法律观的方法，如朱景文认为法律移植是他国法律体系或者多国的法律集团的输入。[38] 还有学者从工具主义、功能主义以及文化传播的视角出发，将法律上的“迁移”进行分类，如高鸿钧提出法律移植的概念有广义和狭义的区分，狭义上的法律移植就是前述植物学和医学意义上的移植，广义上的法律移植包含了“所有法律迁移的现象”。[39]

关于法律移植的可行性，学界主要存在法律移植肯定论、法律移植否定论两种争议。其中多数学者持法律移植肯定论，这些学者一般从哲学、社会学、文化学、历史学等不同角度论证法律移植的可行性。如从哲学角度看，有学者认为法律具有普遍性，人类发展道路具有共同性，虽然不同国家之间存在文化上

[35] 沈宗灵：《论法律移植与比较法学》，载《外国法译评》1995 年第 1 期。

[36] 参见何勤华主编：《法的移植与法的本土化》，法律出版社 2001 年版，第 545 页。

[37] 参见张文显：《继承·移植·改革：法律发展的必由之路》，载《社会科学战线》1995 年第 2 期。

[38] 参见朱景文：《当代中国立法中的法律移植》，载《河南省政法管理干部学院学报》2006 年第 4 期。

[39] 参见高鸿钧：《法律移植：隐喻、范式与全球化时代的新趋向》，载《中国社会科学》2007 年第 4 期。

的差异且发展的时间也不同步，但是“共同的人性和理论决定了他们对秩序和公正的共同感受和需求”[40]；从社会学角度看，法律是社会发展的产物，法律中的某些促进人类社会文明发展的内容是没有国界的，因此某个国家所创造的法律成果，不仅仅是这个国家的财富，也是整个人类社会的财富，理所当然地应当为各个国家所共同享用；[41]从文化学角度看，中西传统法律文化在宏观的文化层面上具有“义务本位”、“非理性因素”以及“团体本位”等共同的价值取向，这意味着中西方的传统社会可以相互移植对方的法律；[42]从历史学角度看，法律的发展具有继承性，处在某一阶段的法律一方面继承了之前法律的发展，另一方面对以后法律的发展产生影响，为后世的法律所吸收，因此法律的继承性中，已经包含了法律的移植属性。[43] 持法律移植否定论态度的学者多注重法治建设的本土资源，如苏力认为“一个法治社会中的法律运作并不只是靠法律，而总是要靠其他一系列因素，包括信用、道德和习俗”，中国的法律文化具有特殊性，其本土资源必须要被考虑，从这一层面看，“法律移植的问题是社会转型问题”，法律不可能完全移植。[44]

关于法律移植的形式，存在诸多理论上的探索。1991年，吴玉章在《对法律移植问题的初步思考》一文中提出，法律移植的三种形式分别是法律规定、法律精神、法律现实，这三种法律形式意味着移植绝非简单，须作出适合本国国情的修改。[45] 1993年，申政武从日本对外国法的移植中吸取经验，提出了制度选择、规范选择和法律选择三种形式。[46] 进入21世纪，随着全球化等大的时代背景的变化，法律移植的形式又被赋予了新的内容，如高鸿钧认为，法律移植与文化的关系非常紧密，而在不同的时代背景下其间的关系会发生变化，相对应的法律

---

[40] 信春鹰：《法律移植的理论与实践》，载《北方法学》2007年第3期。

[41] 参见何勤华：《法的移植与法的本土化》，载《中国法学》2002年第3期。

[42] 参见高鸿钧：《法律文化与法律移植：中西古今之间》，载《比较法研究》2008年第5期。相关理论亦可参考黄金兰：《法律移植研究——法律文化的视角》，山东人民出版社2010年版。

[43] 参见何勤华：《法的移植与法的本土化》，载《中国法学》2002年第3期。

[44] 参见苏力：《这里没有不动产　法律移植问题的理论梳理》，载《法律适用》2005年第8期。

[45] 其中法律规定指的是直接引进“外国的某些法律规定”；法律精神指的是“引进外国某些法律时所体现的精神”；法律现实指的是“该外国围绕某一法律而出现的解释和事实上执行这些法律的方式所组成的全貌”。参见吴玉章：《对法律移植问题的初步思考》，载《比较法研究》1991年第2期。

[46] 参见申政武：《日本对外国法的移植及其对我国的启示》，载《中国法学》1993年第5期。

移植的形式也会发生变化。在全球化时代,文化对法律移植的影响逐渐弱化,由此产生了"三种贯穿不同文化"的法律移植形式,即"文化与法律一道移植""先移植文化后移植法律""只移植法律而拒斥文化"㊼。

(四)关于多元法律文化的理论探索

法律多元理论源自20世纪70年代,西方学者雅克·范德林登(Jacques Vanderlinden)出版的代表作《法律多元》,正式引出"法律多元"的概念,法学界开始关注,经日本学者千叶正士等的进一步研究与传播,该理论在中国的外国法制史学界引发了长期的研究与讨论。

其一,法律文化是否多元。对该问题的讨论,可归纳为肯定法律文化多元的法律多元论,以及否定法律文化多元的法律一元论两种说法。其中支持法律多元论的学者,有从中国法律传统入手,总结法律包含的不同要素的,如徐爱国认为,法律制度的多重属性,是由于法律文化的冲突与变迁,以及法律理念的差异性导致的,据此,中国法律具有多元性。㊽ 也有论述不同国家在不同时期形成的多元法律文化的,如赵立新以日本对他国法的吸收为例,梳理了日本法中违宪审查制度的发展过程,总结出其是第二次世界大战后美国法的产物,后在实际运行中保留了部分本国传统法的同时,又吸收了欧洲大陆宪法的内容,才逐渐发展成型,㊾由此体现出日本法文化的多元。又如,杨代雄以基督教对晚期罗马法的影响为线索论证法律的多元性,其就《优士丁尼法典》中关于基督教的敕令进行了深入的探讨,并认为基督教对古代罗马法的影响,主要集中在身份法部分。㊿

相应地,持法律一元论观点的学者,认为法律是国家制定或认可的行为规则,这突出了国家法律的权威。该观点的代表性学者季卫东认为,"如果法律是多元化的,存在各种地方版本甚至个人版本,又没有一个解释共同体对纷繁复

㊼ 参见高鸿钧:《文化与法律移植:理论之争与范式重构》,载《环球法律评论》2008年第5期。

㊽ 参见徐爱国:《法理念的文化冲突与中国法律的多元属性》,载《社会科学研究》2014年第6期。

㊾ 参见赵立新:《多元法律文化下的日本违宪审查制度》,载《外国法制史研究》2006年第00期。

㊿ 参见杨代雄:《〈优士丁尼法典〉中关于基督教的敕令初探——兼论基督教对晚期罗马法的影响》,载何勤华主编:《外国法制史研究》,法律出版社2006年版。

杂的规范进行整合,那么法律就会因为内在矛盾而减弱实效,很难在社会中发挥统一化的作用。这时很容易出现'一人一是非,一事一立法'的事态,解决纠纷的各种成本会增高,事实上也很难做出决定",因此需要"一元化""普遍性"的法律规范体系。[51] 也有学者认为,只强调法律全球化单一维度的"唯法律全球化论",也是一种变相的法律一元论。如邓正来认为,"唯法律全球化论"所鼓吹的法律的未来之发展,以及新时代下法律思维的变革,都离不开"一元的法律世界的发展进程",这被认为是一种变相的"非国家"的法律一元论。[52]

其二,多元法律文化背景下中国法的发展路径。较法律一元论而言,有很多学者持法律多元论的态度,主要原因在于法律一元主义在当下并未实际发生,而在多元法律文化的背景下,中国法受到了影响,相对于法律多元而言,法律一元论更似非实然的理论性存在。在此基础上,对于多元法律文化背景下中国法的发展路径问题,一直以来存在讨论与争议,对该问题的研究可从地方性和现代性两个视角展开。

从地方性的视角看,以多元法律文化的背景为先导,有学者关注国家法与民间法的关系,[53]如田成有认为,在传统的乡土社会中,国家法"疏离"且"松弱",但民间法"活跃"且"兴盛"。在这种法律多元,甚至呈现"二元对峙"的环境下,国家法不能强行介入、干预民间法,只须保持"隐退的姿态",通过引导和教育推动法律发展。[54] 除民族法外,少数民族地区的法律习惯,也构成了当代中国多元法律中独具特色的一部分,因此,也有学者从少数民族习惯入手,研究当下中国体制转换和社会变革下的多元法律关系,如袁春兰在其文《"坎下法庭"中的法律隐喻》中,以四川凉山彝族地区习惯法特有的"坎下法庭"现象为例,反映出在多元法律文化环境中,少数民族村寨特有的习惯法和国家法的冲突。[55]

---

[51] 参见季卫东:《我对法治中国的具体设计》,载知识产权司法保护网2015年6月12日,https://www.chinaiprlaw.cn/index.php? id=1920.

[52] 参见邓正来:《作为一种"国家法与非国家法多元互动"的全球化进程——对"法律全球化"争辩的中立性批判》,载《河北法学》2008年第3期。

[53] 有关民间法的详细内容可参见谢晖、陈金钊主编:《民间法》(第1至20卷),山东人民出版社连续出版。

[54] 参见田成有:《乡土社会中的国家法与民间法》,载《思想战线》2001年第5期。

[55] 参见袁春兰:《"坎下法庭"中的法律隐喻》,载《外国法制史研究》2006年第00期。

从现代性的视角看，其更多体现在法律多元的背景下，中国法律“本土化”和“西化”的两难境地。中国法律“本土化”的代表人物苏力就提出基于权利和法律制度的非普适性，变法似的制度变迁不适应中国体制下法律的发展，因此须重视中国法律文化的传统和实际。劳东燕认为，中国社会存在的法律多元现象，凸显了西方模式的正式法律制度和中国民间法格格不入的严峻现实，在此基础上，以西方法律体系为中心的法治道路建设的规划不得不宣告破产。[56] 张文显认为，外国优秀的法律成果作为人类文明成果的一部分，值得社会发展以及法律发展较弱的国家学习与效仿。[57] 何勤华认为，本土资源是一种相对的概念，是处在不断的变化发展中的，而在这一过程中，不符合新的社会发展需要的本土资源自会消亡，基于这种情形，吸收他国的优秀法律，是在法律多元背景下中国法发展的重要路径。[58]

（五）关于宗教和法律关系的理论

20 世纪 70 年代，美国学者伯尔曼（Harold J. Berman）在波士顿大学罗威尔神学讲座进行了系列演讲，其演讲集于 1974 年出版成《法律与宗教》一书，该书经出版后不久便风靡学界。1983 年，集合了伯尔曼 40 年研究结晶的著作《法律与革命——西方法律传统的形成》（以下简称《法律与革命》）出版，该书将西方法律的传统归结于教皇革命，该著作出版后产生了巨大反响。1991 年，梁治平将《法律与宗教》翻译出版，引发了中国法学界“法律信仰论”的命题。1993 年，《法律与革命》翻译出版，再次引发了对法律与宗教关系的广泛讨论。西方宗教与法律间的关系纠缠繁复，厘清宗教与法律之间的关系，对外国法制史学的研究具有重要的意义。

首先，法律是否应当被信仰？20 世纪 90 年代，法律信仰肯定论成为主流，当时有一批学者撰文论证法律信仰的重要性，及其对中国法治建设的重要意

---

[56] 参见劳东燕：《也谈本土资源与法律多元——对本土资源论的一些思考》，载《华东政法学院学报》2000 年第 3 期。

[57] 参见张文显：《论立法中的法律移植》，载《法学》1996 年第 1 期。

[58] 参见何勤华：《法的移植与法的本土化》，载《中国法学》2002 年第 3 期。

义。1996年,刘旺洪发表论文《法律信仰与法制现代化》,文中认为中国正处于转型的重要历史时期,该转型需要人们法律观念的现代化,而在法的观念体系中,法律信仰是一个重要的组成部分,因此法律信仰需要被高度重视。[59] 1997年,谢晖《法律信仰的理念与基础》一书出版,书中认为在新的市场经济体制下,法律信仰是中国法治建设以及市场经济、民主政治和精神文明建设的必要条件。[60] 同年,陈金钊发表论文《论法律信仰——法治社会的精神要素》,认为建立真正的法治国家需要诸多条件,"尊法尚法"的法律信仰就是其中一个重要条件。

法律信仰肯定论在国内风靡多年,21世纪初叶以来,逐渐出现了不同的声音。2006年,张永和发表论文《法律不能被信仰的理由》,开始对"法律信仰论"命题提出质疑,文中认为,法律信仰是西式的产物,在西方可能行得通,但在中国不能提倡,其列举了"法律与宗教相勾连的判断不适合中国"、"法律不具备信仰的超然品质"以及"法律至上不等于法律信仰"3个理由,[61]在当时引发了巨大反响。2008年,范愉发表论文《法律信仰批判》,文中认为中国法学界"法律信仰论"的命题是对伯尔曼有关法律和宗教之关系论述的误解。在西方,法律信仰源于宗教传统,但中国没有真正意义上的全民宗教或国教,因此若树立对法律的信仰,只能从道德入手。[62] 2012年,范进学发表《"法律信仰":一个被过度误解的神话》一文,重新解构了伯尔曼的理论,认为伯尔曼所言之"法律"的含义被中国学者误解,"法律"并非指国家法,更多是自然法的概念,并且"法律必须被信仰"翻译也不准确,将其理解为"法律必须被相信"更为妥当。[63]

其次,法律与宗教的关系为何?最初对法律与宗教关系的讨论,主要基于伯尔曼的理论展开,如1998年,蔡定剑发表论文《论法的品质——兼谈宗教、道

---

[59] 参见刘旺洪:《法律信仰与法制现代化》,载南京师范大学法制现代化研究中心编:《法制现代化研究》第2卷,南京师范大学出版社1996年版。

[60] 参见谢晖:《法律信仰的理念与基础》,山东人民出版社1997年版,第2~3页。

[61] 参见张永和:《法律不能被信仰的理由》,载《政法论坛》2006年第3期。

[62] 参见范愉:《法律信仰批判》,载《现代法学》2008年第1期。

[63] 伯尔曼原句为"Law has to be believed in or it will be not work",参见范进学:《"法律信仰":一个被过度误解的神话》,载《政法论坛》2012年第2期。

德与法律的关系》，文中认为西方社会法律的原则、观念和精神都来自宗教和道德，都体现了“正义、自由、秩序、平等、博爱”，综合看来，法律和宗教、道德的精神具有一致性。郭义贵看到了法律与宗教间的互动关系，在不同时期可赋予不同内涵，2001 年其在《论西方法律与宗教的互动关系》一文中，确立了“两剑说”的理论，认为不同于古代希伯来和希腊时期、古罗马时期、西欧中世纪时期，在近现代，法律与宗教的关系逐渐上升为一种从宗教到法律的精神衍变，法律和宗教如同两柄“剑”，共同约束人们的行为。

但是近年来，学界对法律与宗教关系的理解逐渐突破之前伯尔曼理论的桎梏，开始从多方位、多角度探索其间的关系。2007 年，高全喜发表论文《法律、政治与宗教》，文中提到伯尔曼关于法律与宗教关系的看法仅是法律的一方面，因为法律终究是国家颁布的规则体系，是具有权威的行为规范，不是信仰体系抑或“价值标识”。也就是说，尽管具有宗教元素，但“法律的归法律”，法律具有自主性。[64] 也有学者从内容、价值、功能等多个向度分析法律与宗教的关系，如杨建军认为，法律和宗教的关系不是单一的，从内容上看，法律吸收了宗教中的自然法思想以及宗教规范中的制度规定；从价值上看，法律与宗教的信仰价值相关联；从功能上看，法律和宗教均具有对行为的约束作用。[65]

三、外国法制史学之争鸣的意义及展望

以上所述虽然是众多争鸣中的一小部分，却依然真实反映出学界同仁对学术的热爱和对真理的追求。学术争鸣所具有的意义是划时代的，它会融入外国法制史学的发展进程，不断为本学科未来的发展注入新的动力。但在发展的同时，我们仍须时刻保持警惕，外国法制史被边缘化的危险依然存在，展望未来，外国法制史的长期发展壮大需要我们共同的努力。

---

[64] 参见高全喜：《法律、政治与宗教》，载《太平洋学报》2007 年第 5 期。

[65] 参见杨建军：《法律与宗教关系的多向度追问》，载《河北法学》2008 年第 8 期。

(一)学术争鸣的意义

外国法制史学的上述探索与争鸣,反映了在国家建设的不同时期,学者们探索西方法律制度、追求学术真理、视国家法治建设为己任的使命感。学术争鸣推动外国法制史学的发展与进步,体现在理论的创新、方法的多元和学科的发展等多个方面。

第一,就外国法制史的学理发展而言,学术争鸣不断引导外国法制史学的相关理论创新。理论的创新离不开思想的碰撞与激荡,外国法制史学的学理发展也是如此。理论创新的形式是多样的,一方面,探索与争鸣推动了外国法制史学已有理论体系的完善。在学科创立的一段时间内,继承而得的苏联式理论框架未能得到反思与纠正,原因是多方面的。幸而,在前辈艰苦卓绝的努力下,自主的学科体系逐步建立,并且随着探索与争鸣的深入与多元而逐渐完备。

另一方面,探索与争鸣推动了外国法制史学理论体系的扩张。理论资源的需求是理论体系扩张的原动力。在新中国成立伊始,奉行"一边倒"外交政策的时代,我们并无讨论多元法律制度、法律文化的需求。但改革与发展将中国推到了世界交流的前台,中国迫切需要外国法的研究来建构法律层面的交流渠道,那么外国法制史的理论领域便需依循世界潮流而动。前文所讨论的"法律的信仰问题"是一例证,法律信仰问题何以能带来长期的争论?答案即在于此研究可推动中国对西方法制的理解。此外,探索与争鸣不仅是一个发现新理论,完善现有理论的过程,还是一个思考理论的过程。新中国成立方 70 年,外国法研究的热潮更是方兴未艾,积淀的缺乏使我们在讨论之中难免存在问题,语言障碍带来的翻译问题,文化差异带来的理解问题都值得思考。在争鸣中推动理论的进步,这也是一种创新。

第二,就外国法制史的研究方法而言,学术争鸣不断提高研究角度的整体性和时代性。我们需要怎样的外国法制史研究?这个问题不断被学者提出并讨论。有关外国法中具体制度的讨论固然重要,但依据学科分类的属性,部门法学者更应有所关注。外国法制史研究的着眼点在于整体性的问题,即外国法的历史发展、外国法的时代精神以及外国法与中国法的关系。观念的转变推动着方法论的进步,探究法的历史发展需将法学研究方法(主要是分析的)与史学研究方法(主要是实证的)相结合;探究法的时代精神便是讨论关于法的问题,法与社会、法与宗教、法与道德研究所涉及的社会学、伦理学、政治学、人类学研究方法纷纷被学者采纳;探究外国法与中国法关系问题则催生了比较法学的发展。

外国法制史研究需要关注方法论的时代性问题,从苏联式研究方法中逐渐“挣脱”的学者更应注意此问题的重要性。但外国纷繁多样的法律史研究方式都可为我所用吗?前文有关法律移植的讨论为该问题作出了注解,中国的外国法制史研究需要服务于中国问题,外国法制史发展进程中为前辈学者所关注的理论资源、方法论的本土化问题值得我们警醒,在关注方法论的时代性的同时,也必须防止“水土不服”。

第三,就外国法制史的学科发展而言,学术争鸣不断开辟外国法制史学研究的科学道路。外国法制史学科经历过“创立—停滞—发展”三大时期,如何保证外国法制史学的发展势头,与发展道路的选择息息相关。学科创始人论证了外国法制史的学科地位,将外国法的发展作为研究的核心对象。20 世纪 80 ~ 90 年代,法律文化、法律比较、法律移植等问题成为外国法制史研究的时代热点。可见,新中国成立的 70 年给我们留下的学术资源是多元的,给今日的研究者留下许多道路选择,多元也常常意味着分散,这一点可由前述学会主题之多样得以证明。那么,如何进行抉择以充分利用既有的研究成果,便成了外国法制史研究的新问题。诉诸历史不仅是外国法制史研究相对于其他法律学科研究的特点,也应该成为学科发展进步所应秉持的信念。“温故而知新”,对外国法制史学进行史学史研究,探究学科发展史的规律,梳理学科发展脉络,发现并解决发展中的问题,将对促进本学科的发展带来长久裨益。

(二)外国法制史研究的展望

新中国成立 70 年来,外国法制史学界在原有的基础上精益求精、开拓创新,使队伍不断壮大、新成果不断涌现,学界同仁辛勤耕耘,积极扩大外国法制史学科的凝聚力和影响力。中国法治道路的建设离不开对优秀法律的借鉴与吸收,外国法制史学至今的每一步发展,都离不开学界诸贤共同的努力,但作为一门基础学科,外国法制史学科难以在当下成为一门显学,因此,我们更需集贤聚智,总结经验,弥补不足,砥砺前行。

首先,加强外国法制史学科的基础建设。学科的基础建设包括教材编写、课程设置、人才培养等多个方面的内容,是保证学科持续发展的前提。在教材编写方面,可积极吸收新的研究成果,加快教材版本的更新,提高教材的质量。古代法部分的编写可充分利用现有材料,塑造古代法的魅力;现代法部分的编写应与时俱进,修改并填充新的内容,让外国法制史教材在不断打磨中愈加精良。在课程设置方面,除外国法制史通识性的基础课外,开设引人入胜的选修课程,如实用性的各国部门法史课程,以满足不同学生学习的需要。在人才培养方面,培养具有创新意识、写作能力,并且热爱本学科的高素质人才。鉴于本学科研究的对象是外国法律制度,各国相关法律制度的材料涉及不同国家、地区的语言,本学科非常需要精通诸如拉丁语、希腊语、阿拉伯语、意大利语等不同种类语言的人才。

其次,保持外国法制史研究开放的学术氛围。开放的学术氛围有利于高质量的学术成果的产出,每年全国范围内年会的召开、小规模的学术研讨会的举办以及著作、论文中对学术热点的探索与争鸣,都体现出本学科蓬勃的生命力。其中年会的建设应当继续搞好,继续秉持兼包并蓄的态度,为学者们搭建切磋交流的平台,使其在探索与争鸣中互相砥砺,递进提升。小规模的学术会议可充分利用可操作性强、变通性高的特点,创建开放的研讨氛围,尽力满足不同学者间思想讨论的需要。著作、论文中对学理的研究应发散思维,从多角度展开,避免对权威理论的一致盲从,与此同时,学者也应有敢于说出不同观点的气魄。

再次,理论结合实际研究外国法制史学。基于当下国情,理论的研究终须为现实的需求服务,作为一门基础学科,研究者须有我为人人的情怀,不能忘记身为一名学者的责任感,法治国家的建设离不开社会中每一分子的努力。法治国家的建设是在怎样的社会环境中发展而来的,又产生了怎样的法律文化,是我们所须研究的。在研究过程中,应充分发挥外国法制史学科的作用,为国家的法治建设总结、引入外国的经验,体现外国法制史学科的重要性,推动本学科研究的发展壮大。

最后,开拓外国法制史学的研究领域。外国法制史学的研究范围非常广泛,横向可涉及任一国家、地区的法律制度,纵向可至4000多年的时间跨度。新中国成立70年来,我们不断开拓外国法制史学研究的领域,对英国、美国、德国等发达国家的法律制度史有着越来越深入的研究,对日耳曼法、教会法、古代西亚法等的研究也取得了重要的成果。但是,外国法制史学的研究远不止这些,还有很多未知的领域需要进一步探索,如对古埃及法、古希伯来法、古巴比伦法的研究仍然较为薄弱,在对这些地区的法律予以研究时仍有语言不通、时间跨度大、材料稀少等多重困难。这些新的领域仍需要进一步探索与开拓,法律的空白仍需要长期的辛勤耕耘来填补。

四、结　　语

学术争鸣是学术进步的原动力,也是学术发展的客观规律之一。上述所梳理的5次学术争鸣,只是外国法制史研究70年中众多探索与争鸣的一小部分。由于外国法制史研究肩负着介绍、评判和褒贬国外法律制度之发展成果的职责,承担着对人类法律文明进步之精华的总结、吸收、借鉴并发扬光大的使命,因此,在外国法制史研究领域,对各种法律理念、法律原则、法律制度(实体规范和程序规范等)和法律方法的探讨和争鸣要更加活跃、更加激烈。当然,探索与争鸣的对象与问题来自历史,更来自现实,随着国家的日益开放、国际交流日益频繁,新焦点、新视角将层出不穷。

一方面,中国对法治发达国家的法律文明,肩负着评判、借鉴的使命,而要达到此目的,外国法制史(包括比较法)研究是一个最为便捷、最为有效的路径。另一方面,中国又是一个千年古国,我们自己早在1300多年前的隋唐时代,就已经发展起了自己庞大而完整的法律体系“中华法系”,而且还影响了日本、朝鲜、越南等周边国家和地区,本国法与外国法之交流亦随之产生并不断深入。因此,当近代中国面对汹涌而来的西方法律文明东进之时,当中国在1840年鸦片战争和1894年甲午战争失败之后不得不进行变法图强(如戊戌变法、沈家本修律等)之时,也就是在对西方法观念和法律制度进行研判、做出是否吸收借鉴以及吸收借鉴到什么程度之时,学界就马上爆发了激烈的争鸣,“中体西用”“礼法之争”就是这些争鸣的典型事例。新中国70年外国法制史研究中的学术争鸣,只是中国近代法律学术争鸣传统的延续。

薪火相传的探索与争鸣带来的是学术的发展与繁荣,20世纪初的探讨推动了中国法律近代化之路,世纪之交的争论带来了学术资源的引入与学术视角的开阔。以史为鉴,学术探讨见证了70年来我国外国法制史学科发展的进程;放眼当下,国内学者不断加强交流,各大主要法律院系逐渐形成了一批具有海外教育背景的优秀外国法制史研究的学者,并利用自身优势不断为学科建设作出贡献;在新时代,外国法制史研究亦不能闭门造车,而应当秉持开放、包容、多元的法律研究视野,继续壮大外国法制史学科队伍,提高外国法制史学术水平。

编 后 记

本法学文集收入了何勤华教授40多年来治学研究的代表性成果。这些成果相应代表了何老师在中国法制史、外国法制史、中国法学史、西方法学史、法律文化史、法律文明史和比较法等研究领域的贡献。作为何老师的博士后，有幸与王静、周小凡和张顺等几位同门一道承担本次文集的编校工作，我们得以更深刻、更充实地体悟一位法学名家的治学经历与心路历程。

何勤华教授参加高考的时候已经22岁，此前一直在农村生活、工作、劳动。在农村的这段时间里，尽管条件艰苦，但他仍把读书当作生活中最大的乐趣，白天劳动再苦再累，也坚持每晚自学，读遍了当时所能接触到的一切书籍。其中，既有马克思、恩格斯、列宁和毛泽东的著作，也有哲学、经济学、历史学等方面的书籍。正是知识积累与储备之广，为他打下了良好的基础，并在1977年高考恢复时，得以一举考入北京大学法律系。而这份刻苦、勤奋此后也一直伴随着何勤华教授的求学、工作与治学。

在北大法律系求学时，何勤华教授与同样怀揣梦想与憧憬的七七级同学们相聚在未名湖畔，心怀为国、为民、为社会献身的使命感与责任感，不敢懈怠、不愿惰贻，在学术研究道路上艰苦奋进。在这4年时间里，何勤华教授广泛涉猎法学、历史、哲学等文史学科的藏书，进一步建立起了严谨、求实、创新的学术品格，而北京大学创建以来就具有的追求学术、追求民主、追求科学、追求真理的传统，也一直牢牢扎根在何勤华教授心中，成为之后学术道路上始终坚持的品质。

何勤华教授的第一篇学术论文发表于《法学研究》，这不仅是他专心求学、攻于学术的见证,也可谓浓缩了他作为恢复高考后首届法科生对于建设新中国法治的特殊情感。按照何勤华教授自己的话来说:“北大法律系七七级,作为中国改革开放、恢复高考制度、开始社会主义法治建设历程的象征性符号,它将永远保留在我们每个同学的心中,直至生命的终结。正是因为有幸加入了这个光荣的集体,我才在中国法治建设的道路上一路走了下来。”

何勤华教授从1984年研究生毕业后便留在华政任教,到今年已经整整40个年头了。在此期间,何勤华教授始终勤恳敬业、严谨治学,在法史学领域取得了诸多瞩目的成果。本次文集所收录的《汉语“法学”一词的起源及其流变》《西语“法学”一词的起源及其流变》《法学形态考——“中国古代无法学论”质疑》《秦汉律学考》《清代法律渊源考》等文,均为学术界开拓性的研究成果,填补了相关学术空白,并为后来者所广为学习、借鉴。何勤华教授作为法史研究者,尤为注重多元、翔实的史料运用,以及与论证的紧密结合。上述文章也使我们有幸学习何勤华教授庞大、成熟的历史观与方法论,并深切感悟到他对于法史学科的独特见解与深厚感情。

何勤华教授曾两次赴日本东京大学法学部进修日本法制史,受这些经历影响,日本法及法律文化研究成为他开拓与聚焦的重要方面。何勤华教授认为,日本作为一个东方国家,在近代比较落后的基础上,通过学习、吸收西方先进的法律制度与文化,迅速走上了法治近代化之路,并挤入世界强国之林,相关经验对我国法治建设有一定的参考价值。本次文集中的《中华法系之法律学术考——以古代中国的律学与日本的明法道为中心》《中华法系之法律教育考——以古代中国的律学教育与日本的明法科为中心》《中华法系之律家考——以中国古代与日本为中心》等文,仅为其中一小部分的代表性研究成果,而已出版的《东京审判始末》(1986年)、《日本破产法》(1995年)、《20世纪日本法学》(2003年)等则更为填补国内空白之重要著作。

近年来,何勤华教授对“法律文明”这个命题进行了深入思考与细致研究,并获得了华政第一个国家社科基金重大项目——“法律文明史”。本次文集所收录的《比较法的早期史》《法典化的早期史》等文便是这一重大项目的研究成果。何勤华教授认为,所谓文明,就是指人类进化(发展)到一定阶段而形成的生存方式（样态）以及其所创造的成果。围绕该重要命题，何勤华教授“点面结合”产出了一系列重要研究成果，涉及古代巴比伦法、日耳曼法、希伯来法、宗教法、古埃及法、中华法系等，为我们传承中华优秀传统法律文化以及合理借鉴西方法律文明精华，提供了极为珍贵的资源与启示。

何勤华教授的治学态度与法学思想，影响了一代又一代的法史学人，他对待学生和蔼宽容、谆谆教诲，树立了严于律己、言传身教的榜样，更是让我们学生在为人、为学、为事等方面都有极大受惠。在2012年出版的《随笔录》扉页，何勤华教授留下了“做梦，人类进步的开始”的题记，而对待我们学生的梦想，他亦始终给予最大的鼓励与支持，并时常告诫我们一定要坚持作为法律人的梦想与信念。就像何勤华教授曾在采访中提到的：“法治的基本内涵的逐步展开和最终实现，就是我们每一个公民，尤其是法律人的梦想和坚守。”

本部法学文集虽不能完全、完整地反映何勤华教授的学术成就，但是透过所收录的14篇文章的字里行间，我们仍然得以窥见一位著名法学家对学术的追求、对真理的追求，感受他对于法史学科的满腔热情与苦心诣旨，以及投身于新中国法治建设的不悔决心与坚持不懈。

“山不让尘，川不辞盛。”文集的最后，愿我们都能受何勤华教授之鼓舞，坐得了“冷板凳”，守得住“象牙塔”，在追求真理的路上坚守初心、坚持积累，为国家法治之建设贡献自己的力量。

吴思远*

谨识于华东政法大学长宁校区

2024年11月18日

* 华东政法大学刑事法学院副教授、硕士生导师，美国纽约大学访问学者。